企业安全规范与事故隐患排查治理指导丛书

道路运输企业
Dao Lu Yun Shu Qi Ye

安全规范与
事故隐患排查治理指导
An Quan Gui Fan Yu Shi Gu Yin Huan Pai Cha Zhi Li Zhi Dao

《企业安全规范与事故隐患排查治理指导丛书》编委会 编

中国劳动社会保障出版社

图书在版编目(CIP)数据

道路运输企业安全规范与事故隐患排查治理指导/《企业安全规范与事故隐患排查治理指导丛书》编委会编. —北京：中国劳动社会保障出版社，2015

（企业安全规范与事故隐患排查治理指导丛书）

ISBN 978-7-5167-1846-9

Ⅰ.①道… Ⅱ.①企… Ⅲ.①公路运输企业-安全管理-中国 Ⅳ.①F542.6

中国版本图书馆CIP数据核字(2015)第092039号

中国劳动社会保障出版社出版发行

（北京市惠新东街1号 邮政编码：100029）

*

三河市华骏印务包装有限公司印刷装订 新华书店经销

787毫米×1092毫米 16开本 16.75印张 366千字

2015年5月第1版 2015年5月第1次印刷

定价：40.00元

读者服务部电话：(010) 64929211/64921644/84643933

发行部电话：(010) 64961894

出版社网址：http://www.class.com.cn

版权专有 侵权必究

如有印装差错，请与本社联系调换：(010) 80497374

我社将与版权执法机关配合，大力打击盗印、销售和使用盗版图书活动，敬请广大读者协助举报，经查实将给予举报者奖励。

举报电话：(010) 64954652

编 委 会

主　　编：张力娜

编写人员：于　静　　马　林　　方金良　　方志强　　王　颖　　王昕景
　　　　　王建民　　王继兵　　石忠明　　刘佩清　　刘军喜　　刘立兴
　　　　　刘红旗　　杜文利　　闫长洪　　冯海英　　张力娜　　张伟东
　　　　　张利琴　　张万福　　张　平　　陈国恩　　吴　诚　　吴　淳
　　　　　耿友兵　　赵　卫　　赵一宙　　金永文　　黄增汉　　黄莉新
　　　　　唐　玮　　陈　建　　杜晓琳　　李　涛　　吴克军　　袁　晖
　　　　　袁东旭　　魏英萍

内容提要

道路交通运输是覆盖领域最广、线路最多、与人民群众生产生活联系最为密切的运输方式。道路运输与铁路运输、水路运输、航空运输、管道运输方式相比，是五种运输方式中完成运输量最大、向社会提供就业机会最多、实现营业收入最高的一种运输方式。随着经济的发展和汽车社会保有量的不断增长，道路运输的作用越来越大，已经成为国民经济结构中的基础产业。

但是，道路运输也是危险性最大的运输方式，每年发生的事故最多，伤亡人数也最多，因此，特别需要加强对道路运输的安全管理，降低事故发生率，保证人员和财产安全。

在本书中，根据道路运输企业的实际情况，对道路运输企业生产与事故特点、道路运输企业安全生产相关法律法规、道路运输企业安全生产规范要求、道路运输企业事故隐患排查治理相关规章与制度、道路运输企业安全检查、道路运输企业应急救援预案参考、道路运输企业典型事故案例分析等内容，进行了全面详细的介绍。

本书适合于道路运输企业开展各类人员的安全培训，也是道路运输企业进行安全管理的必备图书。

前 言

安全生产事关人民群众生命财产安全，事关改革发展稳定大局，事关党和政府形象和声誉。党中央、国务院高度重视安全生产，确立了安全发展理念和"安全第一、预防为主、综合治理"的方针，采取一系列重大举措加强安全生产工作，十八大以来，以《安全生产法》为基础的安全生产法律法规体系不断完善，以"关爱生命、关注安全"为主旨的安全文化建设不断深入，安全生产形势也在不断好转，连续几年呈现出事故起数、重特大事故起数持续下降的局面。

2014年8月31日，十二届全国人大常委会第十次会议审议通过了《关于修改〈中华人民共和国安全生产法〉的决定》，修改后的《安全生产法》于2014年12月1日施行。在《安全生产法》修订中，特别加强了基础性工作，这个基础性工作既包括科技教育方面的内容，也包括经济投入和社会支持。第三十七条规定：生产经营单位对重大危险源应当登记建档，进行定期检测、评估、监控，并制定应急预案，告知从业人员和相关人员在紧急情况下应当采取的应急措施。第三十八条规定：生产经营单位应当建立健全生产安全事故隐患排查治理制度，采取技术、管理措施，及时发现并消除事故隐患。事故隐患排查治理情况应当如实记录，并向从业人员通报。对于企业来说，对重大危险源登记建档，对安全事故隐患排查治理，是全面改进安全生产工作的重要基础工作。

为了促进企业全面贯彻落实新的《安全生产法》，提高企业安全生产管理水平，提高企业排查治理安全事故隐患的能力，我们组织专业人员编写了这套"企业安全规范与事故隐患排查治理指导丛书"。这套丛书分为十本，根据不同企业的特点，对煤矿企业、非煤矿山企业、化工生产企业、危险化学品储存运输企业、冶金企业、机械制造企业、建筑施工企业、道路交通运输企业、商贸服务企业、特种设备使用单位的事故隐患排查治理，以及重大危险源登记建档、事故应急救援等知识，做了比较详细全面的介绍，同时还介绍了相关企业的经验与做法，比较细致地分析了相关典型事故案例。

在企业的安全生产工作中，人是起决定作用的关键因素，企业的各项安全管理工作都需要具体人员来贯彻落实，企业的生产、技术、经营等活动也需要人员来实现。因此，加强人员的安全培训与安全教育，实际上就是在保障企业的安全。这套"企业安全规范与事故隐患排查治理指导丛书"，适合企业各类人员的安全培训与安全教育，是比较好的企业各类人员安全培训教材。希望这套丛书能够切实有效地提高企业的安全管理水平，促进企业安全生产各项工作。

《企业安全规范与事故隐患排查治理指导丛书》编委会
2015年5月

目 录

第一章 道路运输企业生产与事故特点 …………………………………（1）

第一节 道路运输的作用与特点 …………………………………（1）
一、道路运输的特征、作用与特点 …………………………………（1）
二、道路交通事故的特点 …………………………………………（4）

第二节 道路交通事故原因分析与预防思路 ……………………（7）
一、道路交通事故原因分析 ………………………………………（7）
二、道路运输安全管理的保障体系建设 …………………………（9）
三、道路运输对营运驾驶员的安全要求 …………………………（10）

第二章 道路运输企业安全生产相关法律法规及规定 ……………（13）

第一节 道路运输企业安全生产相关法律法规 …………………（13）
一、《安全生产法》(修订版)相关要点 ……………………………（13）
二、《道路交通安全法》相关要点 …………………………………（19）
三、《道路交通安全法实施条例》相关要点 ………………………（23）
四、《中华人民共和国道路运输条例》相关要点 …………………（29）
五、《国务院关于加强道路交通安全工作的意见》相关要点 ……（34）

第二节 道路运输企业旅客与货物运输相关规定 ………………（37）
一、《道路旅客运输及客运站管理规定》相关要点 ………………（37）
二、《道路货物运输及站场管理规定》相关要点 …………………（48）
三、《道路危险货物运输管理规定》相关要点 ……………………（54）
四、《道路运输车辆动态监督管理办法》相关要点 ………………（63）

第三章 道路运输企业安全生产规范要求 ……………………………（68）

第一节 道路运输企业安全生产规范相关规定 ……………………（68）
一、《道路旅客运输企业安全管理规范》（试行）相关要点 …………（68）
二、《道路旅客运输企业安全管理规范》解读 …………………………（77）

第二节 道路运输车辆安全管理规范 ………………………………（82）
一、《道路运输车辆维护管理规定》相关要点 …………………………（82）
二、《汽车运输危险货物规则》相关要点 ………………………………（84）
三、《汽车运输、装卸危险货物作业规程》相关要点 …………………（88）

第三节 道路运输从业人员管理相关规定 …………………………（101）
一、《道路运输从业人员管理规定》相关要点 …………………………（101）
二、《机动车驾驶证申领和使用规定》相关要点 ………………………（108）

第四章 道路运输企业事故隐患排查治理相关规章与制度 …………（120）

第一节 道路运输企业事故隐患排查治理相关规章 ………………（120）
一、《安全生产事故隐患排查治理暂行规定》相关要点 ………………（120）
二、《安全生产事故隐患排查治理体系建设实施指南》相关要点 ……（123）

第二节 道路运输企业安全生产管理相关制度 ……………………（131）
一、道路运输企业安全生产检查实施办法 ……………………………（132）
二、道路运输企业安全事故隐患监控整改实施办法 …………………（134）
三、道路运输企业机动车驾驶员安全管理规定 ………………………（136）

第三节 道路运输企业事故隐患治理新做法 ………………………（137）
一、佛山汽运集团实施科学管理提高本质安全水平的做法 …………（138）
二、曲靖交运集团公司实施以人为本安全源头管理的做法 …………（140）
三、菏泽交通集团总公司用安全审计排查事故隐患的做法 …………（143）
四、辽河油田公司创新管理提升交通安全保障水平的做法 …………（146）
五、大连石化公司强化管理职能确保车辆运输安全的做法 …………（148）

第五章　道路运输企业安全检查 (153)

第一节　营运客车安全例行检查及出站检查工作规范 (153)
一、《汽车客运站营运客车安全例行检查工作规范》 (153)
二、《营运客车安全例行检查技术规范（试行）》 (155)
三、《汽车客运站营运客车出站检查工作规范》 (158)

第二节　道路运输企业安全检查的要求 (159)
一、道路运输企业安全检查的类型与要求 (159)
二、道路交通运输企业安全管理检查表 (161)
三、道路运输企业驾驶人员操作安全检查 (169)

第六章　道路运输企业应急救援预案参考 (181)

第一节　道路运输企业应急救援管理相关政策法规 (181)
一、《突发事件应对法》相关要点 (181)
二、《交通运输突发事件应急管理规定》相关要点 (190)
三、《突发事件应急预案管理办法》相关要点 (195)
四、《危险货物道路运输企业运输事故应急预案编制要求》 (199)

第二节　道路运输企业应急救援预案的编制 (204)
一、编制应急救援预案的基本要求 (204)
二、企业应急救援预案编制与实施要点 (205)

第三节　机械制造企业事故应急救援预案参考 (208)
一、公路交通突发事件应急预案 (209)
二、中国石油天然气运输公司天津分公司道路运输应急预案 (225)

第七章　道路运输企业典型事故案例分析 (234)

第一节　道路旅客运输重大事故分析 (234)
一、客运车辆连续转弯超载制动失灵翻下山崖重大交通事故 (234)
二、客运车辆制动系统存在问题未能解决导致的重大事故 (236)
三、通勤客车更换报废发动机致使燃油渗漏导致燃烧事故 (238)

四、大型卧铺客车违规装运危险化学品导致的燃烧事故 …………………（242）
　　五、客车司机安全意识淡薄雨雪天气操作不当导致重大事故 ……………（247）
第二节　道路货物运输重大事故分析 ………………………………………（249）
　　一、厢式货车司机超速行驶与载人三轮摩托车相撞事故 ………………（249）
　　二、重型半挂车司机严重超载遇情况措施不当导致重大事故 …………（252）
　　三、重型货车逆向驶入高速公路与大客车正面相撞起火事故 …………（255）

第一章 道路运输企业生产与事故特点

道路运输是覆盖领域最广、线路最多、与人民群众生产生活联系最为密切的运输方式。与铁路运输、水路运输、航空运输、管道运输方式相比，道路运输是五种运输方式中完成运输量最大、向社会提供就业机会最多、实现营业收入最高的一种运输方式。特别是随着我国高速公路通车里程的不断增加，道路运输的市场占有率得到了进一步的提高。但是道路运输同时也是危险性最大的运输方式，每年发生的事故最多，伤亡人数也最多，因此，特别需要加强对道路运输的安全管理，降低事故发生率，保证人员和财产安全。

第一节 道路运输的作用与特点

道路运输的优点十分突出，它具有机动灵活、运输方便，能够实现"门到门"的直达运输，而且还具有运送速度快、原始投资少、资金周转快、经济效益高等特点。随着经济的发展和汽车社会保有量的不断增长，道路运输的作用越来越大，已经成为国民经济结构中的基础产业。可以说，没有现代化的道路运输，经济活动就会停顿，社会再生产也无法正常进行。

一、道路运输的特征、作用与特点

1. 道路交通的基本情况

随着我国国民经济的发展和人民生活水平的提高，全社会机动车拥有量和机动车驾驶员数量迅速增长，道路交通安全工作始终面临较大压力。

宏观上来看，近年来我国车辆和驾驶人保持快速增长，至2013年底，全国机动车数量突破2.5亿辆，机动车驾驶人近2.8亿人。其中，汽车达1.37亿辆，扣除报废量，增加1 651万辆，增长了13.7%；汽车驾驶人2.19亿人，扣除注销量，增加1 844万人，增长了9.2%。在车辆和交通流大幅增长、交通管理压力和安全风险不断加大的情况下，经各级政府、各有关部门和全社会的共同努力，全年道路交通安全形势保持持续稳定。2013年，全国共发生一次死亡10人以上重大事故16起，首次降至20起以下，是1990年有重特大事故统计以来起数最少的一年。

在道路运输方面，大中型客货车拉载人员多、货物量大，一旦发生交通事故往往造成重大人员伤亡和财产损失，是道路交通事故预防的重点和难点。2013年，全国大中型客车数量达249万辆，货车数量达2 016万辆，货车增加116万辆。为保障重点车辆安全，公安交管部门会同有关部门部署开展"道路客运安全年"活动，深入开展"大检查、大整治、大教育"活动，严格客运场站源头管理，强化车辆GPS动态监控，开展驾驶人点对点服务和教育管理，严格路面通行秩序整治，取得良好成效。2013年，全国大中型客货车检验率达到86%，提高6.6个百分点，及时消除了不少安全隐患。但全国仍有133.8万辆大中型客货车逾期未进行安全检验。在人员伤亡事故中，有6 790起是由于机动车安全性能不合格导致的，造成3 491人死亡，7 291人受伤。

据有关专家分析，当前和今后一个时期，我国汽车社会发展仍将保持强劲势头，但是交通参与者安全意识、规则意识、文明意识不适应汽车文明社会发展，交通安全基础仍比较薄弱，安全隐患还大量存在，预防和减少道路交通事故任重道远。

2. 道路运输业的发展

近年来，国民经济和社会发展持续保持平稳较快发展的态势，为道路运输业健康快速发展提供了良好的外部条件，为发展现代道路运输业奠定了坚实的环境基础。

根据相关数据，2012年全国营业性客车完成公路客运量355.7亿人次，旅客周转量18 467.55亿人·千米，比2011年分别增长8.2%和10.2%。全国营业性货运车辆完成货运量318.85亿吨，货物周转量59 531.86亿吨·千米，比2011年分别增长13.1%和15.9%，平均运距为186.72 km，提高2.5%。

2012年底，全国共有道路旅客运输经营业户（不含公交和出租）5.55万户，道路货物运输经营业户751.59万户，拥有载客汽车86.71万辆，拥有载货汽车1 253.19万辆，道路运输从业人员2 767.87万人。

2012年底，全国高速公路通车里程达9.62万千米，道路运输发展迅猛，客货运输量增长明显。2012年我国高速公路行驶量3 633.75亿车·千米，同比增长8.79%。实现货物周转量20 275.22亿吨·千米，同比增长2.39%。实现旅客周转量11 916.25亿人·千米，同比增长7.48%。2012年我国高速公路占公路总里程的2.27%，实现的货物周转量占全社会营业性货车货物周转量的34.06%，同比下降4.49%。

道路客货运输量的增幅与国民经济发展保持一致，充分发挥了国民经济发展的基础性作用，并为之提供了有力的运输服务保障。

3. 道路运输业的特征

道路运输是承运人利用汽车在一定的道路上实现货物或旅客有目的的位移过程。道路运输业就是专门利用汽车从事客货位移的行业，是一个特殊的物质生产部门。

道路运输业的特征主要表现在以下几个方面。

（1）在生产力要素构成方面的独特性

作为一般的物质生产部门，不论是工业还是农业，在从事劳动生产时，各企业都必须具备生产力的三要素，即劳动力、劳动工具和劳动对象。但就道路运输业这个特殊的生产领域来说，道路运输企业只具备劳动力和劳动工具，而不具备劳动对象，当进行运输生产时，只能通过劳动力代价的付出和劳动工具的磨损为劳动对象提供运输服务，而不能将劳动对象消耗或转化。

（2）在生产和消费过程中表现出独特性

作为一般的物质生产部门，其产品生产过程与消费过程在时间和空间上是相互分离的。它们生产的产品只有以商品的形式进入流通领域后才能被用户消费掉。而道路运输的生产过程与消费过程是同时发生、同时结束的，表现为运输企业使劳动对象产生位移的生产过程，劳动对象消费运输产品获取使用价值的过程。

(3) 在产品形态上具有独特性

作为一般的物质生产部门，其生产活动中劳动对象的形态或属性将被改变，劳动产品以实物形态存在。而运输生产活动不改变运输对象的形态和属性，只改变其空间位置，产品为非实物形态，既不能储存，也不能调拨，产品的消费也只是瞬间完毕。运输产品以吨、吨·千米或人、人·千米予以计量。

(4) 在产品的"销售"方面表现出独特性

作为一般的物质生产部门，其产品的销售活动发生在产品生产之后。而汽车运输产品的"销售"活动则发生在生产之前，具有"销售"的前置性。运输企业的生产必须先有货源、客源，再组织运输生产，实现其"位移"，先于生产取得营运收入。因此，运输企业的"销售"活动是运输生产的前提条件。

4. 道路运输对经济的促进作用

随着城乡经济的发展和人民生活水平的提高，道路运输对经济的促进作用越来越明显，从宏观经济角度讲，道路运输对经济的促进作用主要体现在以下几个方面。

(1) 促进农业的发展

道路运输是我国广大农村地区最基本的运输方式。道路运输的发展为农村地区农副产品的流通、城乡物资交流、商品经济的发展、人员的流动和社会的文明进步创造了物质条件。道路运输是我国广大农村地区社会经济发展最重要的基础条件之一。

(2) 促进工业的发展

道路运输是工业企业能源、原材料得以及时输入，销售产品能够及时输出的必要条件。便利的交通为现代企业降低了流通成本，通畅的运输加速了资金周转，为企业创造了利润，高效的物流服务提高了企业的市场竞争能力。我国的乡镇企业已在我国现代化建设中具有重要的地位，其发展更是离不开道路运输。在我国乡镇企业发达的长江三角洲、珠江三角洲地区，各种经济成分的企业竞相沿公路向纵深发展，公路成为企业发展的载体，公路的走向成为企业群体布局的方向，而道路运输则成为确保这些企业生产所需的原材料输入以及产成品输出的首选运输方式。

(3) 促进第三产业的发展

道路运输特别是以高速公路为代表的快速客货运输，相对缩短了人员交往和商品流通的时空距离，为人与物的流动创造了有利条件，因而促进商业、旅游业等第三产业的发展。道路运输使商品流通在更大的空间进行得以实现，扩大了市场的范围；同时公路会带来沿线地区商业的繁荣，促进各类大小集贸中心的形成。道路运输也为沿线旅游业提供了便利的条件，促进旅游景点向纵深拓展并提高旅游业的综合服务水平。

5. 道路运输的特点

道路运输与铁路运输、水路运输、航空运输、管道运输方式相比，具有十分明显突出的特点，这种特点主要体现在以下几个方面。

(1) 机动灵活、运输方便

道路运输在运输时间上，可以随时调度、装车和起运，具有较大机动性；在运输空间上，长、短途均可，因此可以深入到广大的城镇和农村、工厂、车站、码头等地；在批量上，既能满足大宗货物的运输，又能满足零散、小批量的运输；在班次安排上，班次多、密度大，既可满足旅客随到随走，又能根据客流变化随时增开加班车和包车。

（2）点多面广、流动分散

与航空运输的点与点之间或铁路运输以线为主的运输形式不同，道路运输是一种地区性的"面"上运输。由于目前公路网密布全国城乡，覆盖区域大，全国所有的县城、98%以上的乡镇和91%以上的行政村通公路，因此道路运输能满足各种需要。

（3）送达迅捷，可实现"门到门"的直达运输

道路运输可以做到取货（接客）上门、送货（送客）到家，是综合运输体系中唯一可以实现"门到门"直达运输的方式，可减少中转环节和装卸次数，送达速度快。

（4）可达性与可靠性高，服务能力强

道路运输既可为其他运输方式提供集疏运服务，也可以自成体系，独立完成运输任务。

（5）原始投资少，资金周转快，回收期短

道路运输准入成本较低，原始投资回收期短，运输资本周转快。

（6）运量小，单位运输成本相对较高

这是道路运输的不足之处，尤其与铁路运输相比，在运量和单位运输成本上都不如铁路运输。

二、道路交通事故的特点

1. 道路交通事故的概念

道路交通事故是指车辆在道路上因过错或者意外造成的人身伤亡或者财产损失的事件。

随着社会的发展进步、旅客和货物的运输量增多，特别是随着机动车拥有量的增加，道路交通事故日益严重，已成为和平时期严重威胁人类生命财产安全的社会问题。根据相关统计，2013年全国发生道路交通事故19.83万起，死亡5.85万人，同比分别下降2.8%和2.4%。发生一次死亡3人以上较大道路交通事故818起、死亡3 194人，同比分别下降17.9%和17.4%；发生一次死亡10人以上重大道路交通事故16起、死亡208人，分别下降36%和42.2%；未发生一次死亡30人以上特别重大道路交通事故。

对道路交通事故应明确以下几点。

（1）车辆是指各种机动车和非机动车。事故当事人中至少有一方使用了车辆，否则不认为是交通事故。

（2）人员是指参与交通的自然人。

（3）特定道路是指事故发生的空间，即指国家道路法规规定的公路、城市道路、街道以及公共广场等。在厂矿、农场、企业等内部不供公共使用的道路上发生的事件不属于交通事故。

（4）通行过程是指至少有一方车辆在行驶中。车辆停稳后，乘客由车上跳下发生的

伤亡事件，不作为交通事故对待。

（5）违法性质是指当事人的行为违反国家道路交通管理条例的主观过失，至于人力无法抗拒的自然灾害，如地震、台风、洪水等造成的事故，自杀或利用车辆犯罪，精神病患者不能自控发生的事故等，均不属于道路交通事故。

（6）人、车损失是指凡有上述特定条件的事故，又有人员或牲畜伤亡，或车辆、货物损失的后果，否则不能构成道路交通事故。

2. 道路交通事故的分类

道路交通事故按事故后果即事故造成的人身伤亡或财产损失的程度和数额，可分为轻微事故、一般事故、重大事故和特大事故四个等级。

（1）轻微事故

它是指一次造成轻伤 1~2 人，或者财产损失，机动车事故不足 1 000 元，非机动车事故不足 200 元的事故。

（2）一般事故

它是指一次造成重伤 1~2 人，或轻伤 3 人以上，或者财产损失不足 3 万元的事故。

（3）重大事故

它是指一次造成死亡 1~2 人，或者重伤 3 人以上 10 人以下，或者财产损失 3 万元以上不足 6 万元的事故。

（4）特大事故

它是指一次造成死亡 3 人以上，或者重伤 11 人以上，或者死亡 1 人同时重伤 8 人以上，或者死亡 2 人同时重伤 5 人以上，或者财产损失 6 万元以上的事故。

3. 近十年事故情况分析

近些年来，我国道路交通事故总量大幅下降，同时，随着机动车保有量、机动车驾驶人数量的大幅增长，万车死亡率、十万人口死亡率等相对指标也大幅下降。

具体分析，道路交通事故具有以下一些特点。

（1）从总体看，道路交通安全形势继续保持稳定趋势

2013 年，全国道路交通事故起数和死亡人数，在保持往年下降基础上继续保持下降趋势，在机动车增加 1 900 万辆、驾驶人增加 1 790 万人、交通流大幅增长、恶劣天气多发频发、交通管理困难压力加大的不利环境条件下，全力确保了道路交通安全形势持续稳定，四项事故指数均呈下降趋势。

（2）从重特大事故看，实现了历史上的"三个首次"

一是实现了重大事故起数首次降至 20 起以下，创历史最低，为 1990 年有重特大事故统计以来历史最少。二是实现了全年未发生重大事故的月份首次达到 6 个，创历史最多。2013 年 1 月、4 月、5 月、10 月、11 月、12 月六个月均未发生重大交通事故，其中，第二季度、第四季度分别取得了连续 88 天和 98 天未发生重大事故的好成绩，也是 1990 年以来从未有过。三是实现了我国实行"黄金周"14 年来首次全部节假日均未发生重大事故，创历史"零"记录。2013 年元旦、春节、清明节、"五一"、端午节、中秋节、国庆节期间均未发生重特大事故。

（3）从全天时段分析，事故高发期重特大事故得到明显遏制

随着凌晨2时至5时长途客运车辆停运或接驳运输措施的全面推行，驾驶员夜间疲劳行驶的状况得到有效缓解，夜间至凌晨事故高发期重特大事故下降明显。2013年，凌晨2时至5时发生重大事故1起，同比下降1起；5时至9时发生重大事故2起，同比下降9起，下降81.8%。

（4）从发生区域分析，西南、华东地区事故所占比重较大

从事故总量看，死亡人数排名前10的省份华东地区占5位。从重大事故起数看，西南、华东地区分别发生重大道路交通事故6起和5起，占总起数的68.8%。其中，安徽、云南均发生了3起重大道路交通事故，四川、湖北各发生了两起重大道路交通事故。

4. 道路交通事故的特点

根据对大量事故案例的分析，道路交通事故主要有以下一些特点。

（1）交通事故中80%以上都是人为因素造成的

例如，驾驶员缺乏道路行车经验或高速公路行车经验，在高速公路或夜间行车时，驾驶员容易产生麻痹思想，反应迟钝，对于突发的险情判断失误，加之车速过快，不知所措，酿成事故。

（2）交通安全法规意识淡薄，违章驾车

例如，超速、违章超车、超载、逆行、随意停车、不按规定车道行驶、车距过小、疲劳驾驶、酒后驾车等。部分驾驶人员不熟悉或不注意安全行车规则、安全交通标志。

（3）恶劣气候对行车环境的影响

秋冬季节，时常出现雨、雪、雾天气，特别是大雾、大雪天气，道路能见度低，路面摩擦系数、制动距离、抗侧滑力、方向盘控制力较差。因此，每年因恶劣天气发生的交通事故在交通事故中占较大的比例。

（4）车辆技术状况差，检修不及时

交通安全防范除人的意识、管理制度、道路养护、自然条件外，车辆的技术状况是较为重要的方面。有些单位对应该报废的车辆不报废，该送修的不送修，有些驾驶人员出车前，不对车辆进行必要的安全技术状况检查，特别是制动、转向信号灯、轮胎，车辆带病出车后，使事故概率增加，从而导致事故的发生。

（5）使用劣质车胎和配件引发的交通事故

由于部分驾驶人员在车辆维修中贪图便宜，或者车辆修理单位追求经济效益，大量使用假冒伪劣产品，这些假冒伪劣产品在车辆行驶中形成事故隐患，遇到适当条件就会爆发，导致事故的发生。例如，有的车辆使用劣质轮胎，在高速行驶时，由于轮胎散热不及时，温度达到100℃就可能出现爆胎，发生事故。

（6）路面损坏维修及障碍物清理不及时

随着使用时间的增加，有的国道、省道以及县级公路，因缺乏维修保养，导致路面老化、坑洼不平，造成车辆行驶困难，易于造成事故。

（7）道路设施被盗、被毁造成事故

由于有的道路路段维护保养不善，常有设施被盗、被毁现象，使得安全系数降低，有些事故就因此而发生。

第二节　道路交通事故原因分析与预防思路

道路交通事故的发生，一方面是由于道路运输过程处于开放、动态的道路交通环境之中，受人、车、路和气象等不确定因素影响，危险因素较多；另一方面则是道路交通安全整体基础还比较薄弱，诱发安全事故的深层次问题还没有从根本上得到解决，导致道路交通事故的多发和易发。因此，道路运输是安全风险高、管理任务重的行业，道路运输企业需要通过对各类事故的分析，认真吸取事故教训，提高企业领导和员工的安全意识，采取有效的事故预防措施，做好安全管理工作。

一、道路交通事故原因分析

1. 事故的特征

事故是对人们的生存和发展产生不利后果的事件。任何事物都有其独特的属性，事故也是一样，它具有几个重要的特性，即因果性、随机性、潜伏性及可预防性。

（1）事故的因果性

事故的因果性是指事故的发生是由相互联系的多种因素共同作用的结果。引起事故的原因是多方面的，在伤亡事故调查分析过程中，应弄清事故发生的因果关系，找出事故发生的原因，这将有助于预防类似事故的重复发生。

（2）事故的随机性

事故的随机性是指事故发生的时间、地点和事故后果的严重程度是偶然的，这就给事故的预防带来一定的困难。但是，事故这种随机性在一定范畴内也遵循统计规律。从事故的统计资料中可以找到事故发生的规律性。因此，伤亡事故统计分析对制定正确的预防措施有重大意义。

（3）事故的潜伏性

从表面上来看，事故是一种突发事件，但是事故发生之前有一段潜伏期。事故发生之前，系统（人、车辆、机械、环境）所处的这种状态往往是不稳定的，也就是说系统存在着事故隐患，具有危险性。如果这时有引发事故的因素出现，就会导致事故的发生。要认识事故的潜伏性，人们应克服麻痹思想。在生产活动中，某些企业较长时间内未发生伤亡事故，就会麻痹大意，就会忽视事故的潜伏性，这是造成重大伤亡事故的思想隐患。

（4）事故的可预防性

现代事故预防所遵循的一个原则是事故是可以预防的。也就是说，任何事故，只要采取正确的事故预防措施，加强源头管理，都是可以防止的。认识到这一特性，对坚定信念、防止各类事故发生有促进作用。

2. 道路交通事故新情况

截至 2014 年底，我国汽车保有量达 1.37 亿辆，全国有 31 个城市的汽车数量超过 100 万辆，其中北京、天津、成都、深圳、上海、广州、苏州、杭州八个城市汽车数量超过200万辆，北京市汽车超过500万辆。随着行车里程的不断增长和汽车保有量的不断增加，交通事故也呈现出新的情况。

（1）公路交通事故多，公路交通的事故死亡率远高于城市道路交通事故死亡率。据统计，公路与城市道路事故起数比为1.4：1，而公路交通事故死亡人数是城市道路死亡人数的3倍；公路上平均每5起事故死亡1人，城市道路上平均每12起事故死亡1人。

（2）道路交通事故基本逐年增加，呈现恶化趋势，除了万车死亡率外，其他各项指标基本上逐年增加，道路交通事故致死率和万车死亡率高。交通事故致死率是事故死亡人数与伤亡总人数之比。我国交通事故致死率高于发达国家，2008年我国交通事故致死率达到10‰以上，而发达国家保持在1‰～4‰之间；我国万车死亡率虽呈下降趋势，但远远高于工业发达国家的1.2～1.9人/万车的水平。

（3）道路交通事故按全年、全天呈时间不均衡分布，除了在常规的早、中、晚高峰出现明显外，在凌晨0—1时也是一个高峰时段。据统计，交通事故次数、死亡人数以6月份为最低谷，而最高峰集中在1、2月份，4、5月份和11、12月份三个时段。同时，我国的道路交通事故在时间分布上具有一定的周期性，在季、月、周、时分布上具有周期性，即交通事故受伤人数和事故次数整体上从月初至月中稍有回落，此后明显上升，到24、25日时降至谷底后开始反弹，26日升到本月的最高点后又开始回落，以此规律周而复始。

（4）经济发达地区较不发达地区交通事故相对较多，死亡人数多；沿海地区较内陆地区交通事故相对较多，死亡人数多。据统计，广东、浙江、山东、江苏与四川五省道路交通事故数量位居全国前五位，占全国的三分之一，交通事故死亡人数位居前五位的是广东、山东、江苏、浙江与河南，除四川、河南外，其他省份均属于我国沿海及经济发达省份。

（5）绝大多数交通事故都是由于交通违法而引起的。据统计，因疏忽大意、超速行驶、措施不当、违规超车、不按规定让行、违规占道行驶、酒后驾车造成死亡，占交通事故死亡总数的一半以上。

（6）摩托车驾驶人、自行车骑车人和行人因交通违章造成的伤亡严重。全国交通事故中，因摩托车驾驶人交通违法引发交通事故占死伤总数的五分之一和四分之一。同时，由于自行车骑车人和行人在交通事故中常常处于弱势地位，一旦与机动车发生交通事故，很容易受到伤害。自行车骑车人交通违法引发交通事故造成死亡占总数的三分之一。

（7）因大货车、摩托车肇事致死人数下降幅度较大，因小货车、农用运输车肇事致死人数略有增加。

（8）农村人口、进城农民工是交通事故伤亡的主要人员。近年来，由于我国经济持续稳定发展，城市范围不断扩大，道路不断延伸，农村人口、进城务工农民出行大幅度增长，交通参与活动日趋频繁，但同时由于这部分人口受教育程度相对较低，交通安全意识薄弱，容易发生交通事故并造成伤亡。

3. 交通事故发生的主要原因

对于交通事故频繁发生的原因，有不同的总结与归纳，集中起来主要有以下几个方面。

(1) 违章违规开车

有的驾驶员不遵守交通规则，违章驾驶，违规行车、超速超载、人货混装；有的酒后开车，开"英雄"车，开赌气车。这些违规、违章驾驶，往往在遇到紧急情况时都束手无策，手忙脚乱，因采取措施不利而导致交通事故发生。

(2) 驾驶技术生疏

有的驾驶员没有经过正规的驾驶技术培训、考试，而是凭关系"领取"驾驶证开车。他们既不懂机动车辆的构造原理，又不懂交通法规，更不懂车辆维修保养和故障排除的技术知识。有的错将油门当制动器，遇到紧急情况需要刹车时，刹车不当而造成交通事故。此类交通事故往往损失惨重。

(3) 思想麻痹大意

有些驾驶员缺乏牢固的安全意识，开车时思想不集中，注意力分散，存有侥幸心理。如有的驾驶员边开车边与他人聊天；有的驾驶员开车时东张西望；有的驾驶员在开车时吸烟或吃东西；有的驾驶员习惯单手开车，另一只手放在腿上或插在裤袋里；有的驾驶员在冰雪天行车不采取防滑措施等。一旦遇到紧急情况时，处理不当而造成交通事故。

(4) 无证驾驶车辆

有的驾驶员不守法纪，不讲原则，为了顾及人情面子而将机动车辆交给无驾驶证的亲友、同事、领导等人驾驶。在紧急状态下，因无证开车者的操作失误而造成交通事故。

(5) 疲劳驾驶

有的驾驶员开车跑长途，为了抢时间，争班次、客源、货源而不分昼夜地开车；有的驾驶员染上了不良习气，白天辛苦开车，晚上搓麻将、打牌或看电视、看录像至深夜，第二天起床驾车时已疲倦不堪，昏昏欲睡，容易肇事成祸。

(6) 车辆机械故障

有的车辆因出厂时存在质量问题或使用不当而出现故障，有的驾驶员发现故障后懒得及时维修保养，导致车辆曲轴、连杆、半轴损断或方向盘、制动器失灵，脱胎、飞车等机件故障而造成交通事故。

(7) 擅自改装车辆

擅自改装车辆或购买改装车辆营运，由此而引发的交通事故屡见不鲜。有的为了多装降耗，擅自加高车厢，增加座位；有的擅自更换发动机，加大马力，提高时速；有的擅自牵引拖挂车；有的汽车改装厂家擅自将报废或即将报废的车辆改装成"新型车"等。这些擅自改装车辆的行为也是造成交通事故的主要原因。

(8) 车辆乱停乱放

有的车在途中抛锚，驾驶员为了及时维修而就地停车，到了夜晚也不亮灯标示；有的将车停在坡道上不拉手刹，不塞三角木；有的车抛锚在转弯处也不做标志明示等。这些违章停靠行为也是引发交通事故的重要原因。

二、道路运输安全管理的保障体系建设

道路运输安全管理是道路运输得以顺利完成的前提条件，要实现道路运输安全管理

的既定目标，必须建立完善的道路运输安全管理保障体系。一个完善的安全管理保障体系，对于建立安全生产的长效机制意义重大。建立完善的道路运输安全管理保障体系，必须从影响交通安全的人员、车辆、道路、站场和法规五个方面来全面考虑。

1. 人员是道路运输安全工作的主体

对所有的道路运输参与者，特别是驾驶员，要进行安全意识和交通法规教育；对驾驶员还必须定期进行心理、生理检测和技术培训，把那些不适合驾驶机动车者及时清退出驾驶队伍。这些都是预防道路运输事故的措施。一旦出现道路运输事故，为了减少伤亡，还必须采取相应的补救措施，即建立健全事故伤害应急救援体系，以满足应急救援的需要。

2. 车辆是道路运输安全的关键

车辆安全是运输安全的重要环节，对于道路运输企业来讲，要从用车的安全日常保养、车辆的定期检测维护、车辆的按期报废三个方面着手保障车辆的使用性能，特别是与安全有关的性能，保持车辆良好的技术状况，完善车辆的安全结构（包括预防事故和减少损失两方面的结构）。通过这些措施，力争把车辆机械事故降到最低限度，提高其行驶的安全性。

3. 道路是道路运输安全行驶的基础

道路是道路运输安全行驶的基础，一旦基础塌陷就会导致交通事故，所以一定要搞好道路这一基础设施的建设。也就是说，要抓好道路的设计、修建、改造、养护等环节，同时还要及时完善交通信号、标志和标线，做好高速公路出入口的控制，以及通信和其他安全设施的建设。

4. 站场是道路运输安全工作的枢纽

人归点、车进站，必然使站场成为驾驶员、站务员和旅客获取安全信息的集中点，是对从业人员进行安全管理的"指挥部"。所以，完善站场的安全设施，加强科技投入，采用先进管理手段，是道路运输安全管理保障体系中不可缺少的环节。

5. 法律法规是搞好道路运输安全管理的手段和依据

根据我国当前在道路运输法制建设方面存在的不足，要学习借鉴发达国家的先进经验，不断补充、完善我国的道路运输法律法规。新制定的法规要向国际通用法规靠拢，从而使我国的道路运输法规建设迈上一个新台阶。

只有搞好人员、车辆、道路、站场和法规五个方面的安全建设并协调好相互之间的关系，就能使道路运输安全管理工作形成一个完整的保障体系。在这个安全管理保障体系中，还需要与其他有关部门密切配合和协调，实现综合治理，以使道路运输安全管理保障体系各个环节落实到位。

三、道路运输对营运驾驶员的安全要求

在道路运输企业，营运驾驶员能否严格遵守交通规则，做到安全行驶，对于保证运输安全责任重大。道路运输企业需要加强对驾驶员的安全教育和安全管理，促使驾驶员自觉遵守各项安全要求。

1. 营运驾驶员十大安全禁令

（1）禁止在酒后驾车，更不能醉酒驾驶。

(2) 禁止在驾驶机动车时接打手机、吃东西、看电视等。
(3) 禁止驾驶机动车不系安全带上路行驶。
(4) 禁止超速、超载。
(5) 禁止在车门、车厢没有关好时行车。
(6) 禁止超越正在左转弯、掉头、超车的前车。
(7) 禁止开车并线时突然猛转,应该提前打示意灯。
(8) 禁止在机动车驾驶室的前后窗范围内悬挂、放置妨碍驾驶人视线的物品。
(9) 禁止下陡坡时熄火或者空挡滑行。
(10) 禁止疲劳驾驶,连续驾驶机动车 2 h 须停车休息至少 15 min。

2. 营运驾驶员安全驾驶基本要求

营运驾驶员要遵守道路交通安全法律、法规,按照操作规范安全驾驶、文明驾驶,并做到以下几点。
(1) 出车前,对机动车的安全技术性能进行例行检查。
(2) 不得驾驶安全设施不全或者机件不符合技术标准的机动车。
(3) 驾驶车辆时,必须携带驾驶证、行驶证和保险证。
(4) 执行公务车辆不得转交他人驾驶。
(5) 不准驾驶未审验或审验不合格的车辆。
(6) 严禁饮酒后驾驶车辆。
(7) 严禁驾驶不符合装载规定的车辆,禁止超高、超宽。
(8) 在患有妨碍安全行车的疾病或服用镇静药物后不准驾驶。
(9) 严禁疲劳驾驶机动车辆。
(10) 车门、车厢没有关好时,不准行车。
(11) 驾驶车辆时不准赤脚、穿拖鞋、穿高跟鞋、戴耳机或耳塞,不得向车外抛扔杂物。
(12) 不准在驾驶车辆时吸烟、饮食、闲谈或有其他妨碍安全行车的行为。
(13) 在行车中驾驶员和前排乘坐人员须系好安全带。
(14) 未经领导同意,不准私自带学习、实习驾驶员跟车学习、实习。
(15) 车辆必须按国家有关规定办理车辆保险。
(16) 起步前要注意观察车辆四周和车下面有无障碍物,车门是否关闭,仪表是否正常,后方有无来车。
(17) 高速公路上行车,必须遵守高速公路行车相关规定。
(18) 下坡严禁脱挡滑行,下长坡要防止制动鼓过热(气制动车辆制动气压不得低于 5 kg/cm^2);使用真空制动的车辆严禁熄火或脱挡滑行。
(19) 转弯做到"四件事",即减速、鸣号、靠右行、随时准备停车。
(20) 会车、让车做到"礼让三先",即先让、先慢、先停;不得强行超车。
(21) 行车中做到礼貌行车,"宁停勿绕""宁停三分不抢一秒",危险路段不得冒险通过。
(22) 通过铁路、交叉路口要做到"一慢、二看、三通过",不得冒险强行。

（23）停车要选择道路宽阔，视线良好路段靠右停放，坡道停车垫好三角木。山区停车要注意防止意外事件发生。

（24）车辆行驶途中发生故障时，要尽快将车辆移至安全、不妨碍交通的地段，并在车后设置警告标志或打开危险信号灯，夜间还需开示宽灯、尾灯或设置明显标志。

（25）车辆维护修理要做到正确报修，随车进保，竣工验收，签字接车。

3. 车辆日常维护操作要求

日常维护是日常性作业，由驾驶员操作执行，其中心内容是清洁、补给和安全检视。车辆日常维护分出车前、行车中、收车后三个阶段操作，并特别注意轮胎的使用。

（1）出车前，对汽车各部润滑油（脂）、燃料、冷却液、制动液及液压油等各种工作介质和轮胎气压等进行检查补给，保证行车前车辆油液充足、清洁和性能良好，保证轮胎气压符合要求，对车辆制动、转向、传动、悬架、灯光信号等部位和装置以及发动机运转状态进行检查、校紧，确保连接装置坚固可靠。

（2）行车中，在中途休息时，重点检查轮胎气压、表面磨损和车辆花纹间有无镶嵌物并将其剔除；天气炎热时应检查车轮轮毂温度，若温度过高，应将车停在阴凉通风处自然降温；察看仪表灯光工作是否正常；带挂车的要检查挂车连接装置；检查货物的捆扎牢固情况。

（3）行车后，对车辆进行清洁，保持车容和发动机外表整洁；对车辆进行检查，记录车辆行驶的情况。如有故障，应详细记录车辆故障状况，为车辆维修提供资料。

（4）所用轮胎必须保证无任何可能导致对人或路面造成损害的缺陷。严禁使用不相匹配的轮胎。严禁使用有以下状况的轮胎：胎压不足，轮胎出现破裂或局部破裂而引起的结块与撕裂或凸出，轮胎的帘布层或帘布线的任何部分裸裂，轮胎的帘布层中有开裂或有大于 25 mm 或大于轮胎剖面宽度 10% 的开口及轮胎胎面花纹深度低于 1 mm。

第二章 道路运输企业安全生产相关法律法规及规定

近年来，我国交通运输业快速发展，与此同时，交通运输安全形势也发生了重大变化，一些道路运输事故不断重复发生，暴露出一些道路运输企业安全生产责任不落实、客运企业安全管理薄弱、驾驶员违法违规行为严重等突出问题。因此，道路运输企业要针对常见多发事故特点，在安全管理过程中，以法律法规为基准，积极贯彻落实《安全生产法》《道路交通安全法》，坚持"安全第一、预防为主、综合治理"的方针，全面加强企业安全管理，落实安全生产责任，完善安全生产制度，积极防范各类事故。

第一节 道路运输企业安全生产相关法律法规

道路运输业是面向社会的服务性行业，其安全运行状况如何，直接涉及千家万户，关系人们生命和财产安危。因此，排查治理事故、保障安全是道路运输企业管理的永恒主题。要做到安全运输，必须牢固树立"安全第一、预防为主"的观念，严格遵守法律法规的规定要求，采取积极有效的措施，加强对道路运输企业和驾驶人员的安全管理，降低事故发生率，保障人民生命和财产的安全。

一、《安全生产法》（修订版）相关要点

《中华人民共和国安全生产法》（以下简称《安全生产法》）于2002年6月29日由全国人民代表大会常务委员会第二十八次会议通过，自2002年11月1日起施行。2014年8月31日，全国人民代表大会常务委员会第十次会议审议通过《关于修改〈中华人民共和国安全生产法〉的决定》，自2014年12月1日起施行。

1. 制定《安全生产法》的目的

新修订的《安全生产法》分为七章一百一十四条，各章内容分别为第一章总则，第二章生产经营单位的安全生产保障，第三章从业人员的安全生产权利义务，第四章安全生产的监督管理，第五章生产安全事故的应急救援与调查处理，第六章法律责任，第七章附则。制定本法是为了加强安全生产工作，防止和减少生产安全事故，保障人民群众生命和财产安全，促进经济社会持续健康发展。

修改后的安全生产法，从加强预防、强化安全生产主体责任、加强隐患排查、完善监管、加大违法惩处力度等方面做了修改，涉及修改的条款达70多条，旨在为我国经济社会健康发展营造安全的生产环境提供有力的法制保障。

2. 总则中的有关规定

在《安全生产法》第一章总则中,对一些重大事项和原则问题做出了明确的规定。有关规定如下:

(1) 在中华人民共和国领域内从事生产经营活动的单位(以下统称生产经营单位)的安全生产,适用本法;有关法律、行政法规对消防安全和道路交通安全、铁路交通安全、水上交通安全、民用航空安全以及核与辐射安全、特种设备安全另有规定的,适用其规定。

(2) 安全生产工作应当以人为本,坚持安全发展,坚持安全第一、预防为主、综合治理的方针,强化和落实生产经营单位的主体责任,建立生产经营单位负责、职工参与、政府监管、行业自律和社会监督的机制。

(3) 生产经营单位必须遵守本法和其他有关安全生产的法律、法规,加强安全生产管理,建立、健全安全生产责任制和安全生产规章制度,改善安全生产条件,推进安全生产标准化建设,提高安全生产水平,确保安全生产。

(4) 生产经营单位的主要负责人对本单位的安全生产工作全面负责。

(5) 生产经营单位的从业人员有依法获得安全生产保障的权利,并应当依法履行安全生产方面的义务。

(6) 工会依法对安全生产工作进行监督。

生产经营单位的工会依法组织职工参加本单位安全生产工作的民主管理和民主监督,维护职工在安全生产方面的合法权益。生产经营单位制定或者修改有关安全生产的规章制度,应当听取工会的意见。

(7) 国务院安全生产监督管理部门依照本法,对全国安全生产工作实施综合监督管理;县级以上地方各级人民政府安全生产监督管理部门依照本法,对本行政区域内安全生产工作实施综合监督管理。

(8) 国家实行生产安全事故责任追究制度,依照本法和有关法律、法规的规定,追究生产安全事故责任人员的法律责任。

(9) 国家对在改善安全生产条件、防止生产安全事故、参加抢险救护等方面取得显著成绩的单位和个人,给予奖励。

3. 生产经营单位安全生产保障的有关规定

在第二章生产经营单位的安全生产保障中,对相关事项作了规定。

(1) 生产经营单位应当具备本法和有关法律、行政法规和国家标准或者行业标准规定的安全生产条件;不具备安全生产条件的,不得从事生产经营活动。

(2) 生产经营单位的主要负责人对本单位安全生产工作负有下列职责。

1) 建立、健全本单位安全生产责任制。
2) 组织制定本单位安全生产规章制度和操作规程。
3) 组织制定并实施本单位安全生产教育和培训计划。
4) 保证本单位安全生产投入的有效实施。
5) 督促、检查本单位的安全生产工作,及时消除生产安全事故隐患。
6) 组织制定并实施本单位的生产安全事故应急救援预案。

7) 及时、如实报告生产安全事故。

(3) 生产经营单位的安全生产责任制应当明确各岗位的责任人员、责任范围和考核标准等内容。

生产经营单位应当建立相应的机制，加强对安全生产责任制落实情况的监督考核，保证安全生产责任制的落实。

(4) 生产经营单位应当具备的安全生产条件所必需的资金投入，由生产经营单位的决策机构、主要负责人或者个人经营的投资人予以保证，并对由于安全生产所必需的资金投入不足导致的后果承担责任。

(5) 矿山、金属冶炼、建筑施工、道路运输单位和危险物品的生产、经营、储存单位，应当设置安全生产管理机构或者配备专职安全生产管理人员。

前款规定以外的其他生产经营单位，从业人员超过一百人的，应当设置安全生产管理机构或者配备专职安全生产管理人员；从业人员在一百人以下的，应当配备专职或者兼职的安全生产管理人员。

(6) 生产经营单位的安全生产管理机构以及安全生产管理人员履行下列职责。

1) 组织或者参与拟订本单位安全生产规章制度、操作规程和生产安全事故应急救援预案。

2) 组织或者参与本单位安全生产教育和培训，如实记录安全生产教育和培训情况。

3) 督促落实本单位重大危险源的安全管理措施。

4) 组织或者参与本单位应急救援演练。

5) 检查本单位的安全生产状况，及时排查生产安全事故隐患，提出改进安全生产管理的建议。

6) 制止和纠正违章指挥、强令冒险作业、违反操作规程的行为。

7) 督促落实本单位安全生产整改措施。

(7) 生产经营单位的安全生产管理机构以及安全生产管理人员应当恪尽职守，依法履行职责。

生产经营单位作出涉及安全生产的经营决策，应当听取安全生产管理机构以及安全生产管理人员的意见。

生产经营单位不得因安全生产管理人员依法履行职责而降低其工资、福利等待遇或者解除与其订立的劳动合同。

(8) 生产经营单位的主要负责人和安全生产管理人员必须具备与本单位所从事的生产经营活动相应的安全生产知识和管理能力。

(9) 生产经营单位应当对从业人员进行安全生产教育和培训，保证从业人员具备必要的安全生产知识，熟悉有关的安全生产规章制度和安全操作规程，掌握本岗位的安全操作技能，了解事故应急处理措施，知悉自身在安全生产方面的权利和义务。未经安全生产教育和培训合格的从业人员，不得上岗作业。

(10) 生产经营单位使用被派遣劳动者的，应当将被派遣劳动者纳入本单位从业人员统一管理，对被派遣劳动者进行岗位安全操作规程和安全操作技能的教育和培训。劳务派遣单位应当对被派遣劳动者进行必要的安全生产教育和培训。

（11）生产经营单位接收中等职业学校、高等学校学生实习的，应当对实习学生进行相应的安全生产教育和培训，提供必要的劳动防护用品。学校应当协助生产经营单位对实习学生进行安全生产教育和培训。

（12）生产经营单位应当建立安全生产教育和培训档案，如实记录安全生产教育和培训的时间、内容、参加人员以及考核结果等情况。

（13）生产经营单位采用新工艺、新技术、新材料或者使用新设备，必须了解、掌握其安全技术特性，采取有效的安全防护措施，并对从业人员进行专门的安全生产教育和培训。

（14）生产经营单位的特种作业人员必须按照国家有关规定经专门的安全作业培训，取得相应资格，方可上岗作业。

（15）生产经营单位新建、改建、扩建工程项目（以下统称建设项目）的安全设施，必须与主体工程同时设计、同时施工、同时投入生产和使用。安全设施投资应当纳入建设项目概算。

（16）生产经营单位应当在有较大危险因素的生产经营场所和有关设施、设备上，设置明显的安全警示标志。

（17）生产经营单位必须对安全设备进行经常性维护、保养，并定期检测，保证正常运转。维护、保养、检测应当做好记录，并由有关人员签字。

（18）生产经营单位对重大危险源应当登记建档，进行定期检测、评估、监控，并制定应急预案，告知从业人员和相关人员在紧急情况下应当采取的应急措施。

（19）生产经营单位应当建立健全生产安全事故隐患排查治理制度，采取技术、管理措施，及时发现并消除事故隐患。事故隐患排查治理情况应当如实记录，并向从业人员通报。

（20）生产、经营、储存、使用危险物品的车间、商店、仓库不得与员工宿舍在同一座建筑物内，并应当与员工宿舍保持安全距离。

生产经营场所和员工宿舍应当设有符合紧急疏散要求、标志明显、保持畅通的出口。禁止锁闭、封堵生产经营场所或者员工宿舍的出口。

（21）生产经营单位应当教育和督促从业人员严格执行本单位的安全生产规章制度和安全操作规程；并向从业人员如实告知作业场所和工作岗位存在的危险因素、防范措施以及事故应急措施。

（22）生产经营单位必须为从业人员提供符合国家标准或者行业标准的劳动防护用品，并监督、教育从业人员按照使用规则佩戴、使用。

（23）生产经营单位的安全生产管理人员应当根据本单位的生产经营特点，对安全生产状况进行经常性检查；对检查中发现的安全问题，应当立即处理；不能处理的，应当及时报告本单位有关负责人，有关负责人应当及时处理。检查及处理情况应当如实记录在案。

（24）生产经营单位应当安排用于配备劳动防护用品、进行安全生产培训的经费。

（25）两个以上生产经营单位在同一作业区域内进行生产经营活动，可能危及对方生产安全的，应当签订安全生产管理协议，明确各自的安全生产管理职责和应当采取的安全措施,并指定专职安全生产管理人员进行安全检查与协调。

(26)生产经营单位不得将生产经营项目、场所、设备发包或者出租给不具备安全生产条件或者相应资质的单位或者个人。

(27)生产经营单位发生生产安全事故时,单位的主要负责人应当立即组织抢救,并不得在事故调查处理期间擅离职守。

(28)生产经营单位必须依法参加工伤保险,为从业人员缴纳保险费。

国家鼓励生产经营单位投保安全生产责任保险。

4. 从业人员安全生产权利义务的有关规定

在第三章从业人员的安全生产权利义务中,对相关事项作了规定。

(1)生产经营单位与从业人员订立的劳动合同,应当载明有关保障从业人员劳动安全、防止职业危害的事项,以及依法为从业人员办理工伤保险的事项。

生产经营单位不得以任何形式与从业人员订立协议,免除或者减轻其对从业人员因生产安全事故伤亡依法应承担的责任。

(2)生产经营单位的从业人员有权了解其作业场所和工作岗位存在的危险因素、防范措施及事故应急措施,有权对本单位的安全生产工作提出建议。

(3)从业人员有权对本单位安全生产工作中存在的问题提出批评、检举、控告;有权拒绝违章指挥和强令冒险作业。

生产经营单位不得因从业人员对本单位安全生产工作提出批评、检举、控告或者拒绝违章指挥、强令冒险作业而降低其工资、福利等待遇或者解除与其订立的劳动合同。

(4)从业人员发现直接危及人身安全的紧急情况时,有权停止作业或者在采取可能的应急措施后撤离作业场所。

生产经营单位不得因从业人员在前款紧急情况下停止作业或者采取紧急撤离措施而降低其工资、福利等待遇或者解除与其订立的劳动合同。

(5)因生产安全事故受到损害的从业人员,除依法享有工伤保险外,依照有关民事法律尚有获得赔偿的权利的,有权向本单位提出赔偿要求。

(6)从业人员在作业过程中,应当严格遵守本单位的安全生产规章制度和操作规程,服从管理,正确佩戴和使用劳动防护用品。

(7)从业人员应当接受安全生产教育和培训,掌握本职工作所需的安全生产知识,提高安全生产技能,增强事故预防和应急处理能力。

(8)从业人员发现事故隐患或者其他不安全因素,应当立即向现场安全生产管理人员或者本单位负责人报告;接到报告的人员应当及时予以处理。

(9)工会有权对建设项目的安全设施与主体工程同时设计、同时施工、同时投入生产和使用进行监督,提出意见。

工会对生产经营单位违反安全生产法律、法规,侵犯从业人员合法权益的行为,有权要求纠正;发现生产经营单位违章指挥、强令冒险作业或者发现事故隐患时,有权提出解决的建议,生产经营单位应当及时研究答复;发现危及从业人员生命安全的情况时,有权向生产经营单位建议组织从业人员撤离危险场所,生产经营单位必须立即作出处理。

工会有权依法参加事故调查,向有关部门提出处理意见,并要求追究有关人员的责任。

(10) 生产经营单位使用被派遣劳动者的,被派遣劳动者享有本法规定的从业人员的权利,并应当履行本法规定的从业人员的义务。

5. 生产安全事故应急救援与调查处理的有关规定

在第五章生产安全事故的应急救援与调查处理中,对相关事项作了明确规定。

(1) 生产经营单位应当制定本单位生产安全事故应急救援预案,与所在地县级以上地方人民政府组织制定的生产安全事故应急救援预案相衔接,并定期组织演练。

(2) 危险物品的生产、经营、储存单位以及矿山、金属冶炼、城市轨道交通运营、建筑施工单位应当建立应急救援组织;生产经营规模较小的,可以不建立应急救援组织,但应当指定兼职的应急救援人员。

危险物品的生产、经营、储存、运输单位以及矿山、金属冶炼、城市轨道交通运营、建筑施工单位应当配备必要的应急救援器材、设备和物资,并进行经常性维护、保养,保证正常运转。

(3) 生产经营单位发生生产安全事故后,事故现场有关人员应当立即报告本单位负责人。

单位负责人接到事故报告后,应当迅速采取有效措施,组织抢救,防止事故扩大,减少人员伤亡和财产损失,并按照国家有关规定立即如实报告当地负有安全生产监督管理职责的部门,不得隐瞒不报、谎报或者迟报,不得故意破坏事故现场、毁灭有关证据。

(4) 任何单位和个人都应当支持、配合事故抢救,并提供一切便利条件。

(5) 任何单位和个人不得阻挠和干涉对事故的依法调查处理。

6. 有关法律责任的规定

在第六章法律责任中,对法律责任相关事项作了明确规定。

(1) 生产经营单位有下列行为之一的,责令限期改正,可以处五万元以下的罚款;逾期未改正的,责令停产停业整顿,并处五万元以上十万元以下的罚款,对其直接负责的主管人员和其他直接责任人员处一万元以上二万元以下的罚款。

1) 未按照规定设置安全生产管理机构或者配备安全生产管理人员的。

2) 危险物品的生产、经营、储存单位以及矿山、金属冶炼、建筑施工、道路运输单位的主要负责人和安全生产管理人员未按照规定经考核合格的。

3) 未按照规定对从业人员、被派遣劳动者、实习学生进行安全生产教育和培训,或者未按照规定如实告知有关的安全生产事项的。

4) 未如实记录安全生产教育和培训情况的。

5) 未将事故隐患排查治理情况如实记录或者未向从业人员通报的。

6) 未按照规定制定生产安全事故应急救援预案或者未定期组织演练的。

7) 特种作业人员未按照规定经专门的安全作业培训并取得相应资格,上岗作业的。

(2) 生产经营单位有下列行为之一的,责令限期改正,可以处五万元以下的罚款;逾期未改正的,处五万元以上二十万元以下的罚款,对其直接负责的主管人员和其他直接责任人员处一万元以上二万元以下的罚款；情节严重的，责令停产停业整顿；构成犯罪的，依照刑法有关规定追究刑事责任。

1）未在有较大危险因素的生产经营场所和有关设施、设备上设置明显的安全警示标志的。

2）安全设备的安装、使用、检测、改造和报废不符合国家标准或者行业标准的。

3）未对安全设备进行经常性维护、保养和定期检测的。

4）未为从业人员提供符合国家标准或者行业标准的劳动防护用品的。

5）危险物品的容器、运输工具，以及涉及人身安全、危险性较大的海洋石油开采特种设备和矿山井下特种设备未经具有专业资质的机构检测、检验合格，取得安全使用证或者安全标志，投入使用的。

6）使用应当淘汰的危及生产安全的工艺、设备的。

（3）生产经营单位的从业人员不服从管理，违反安全生产规章制度或者操作规程的，由生产经营单位给予批评教育，依照有关规章制度给予处分；构成犯罪的，依照刑法有关规定追究刑事责任。

二、《道路交通安全法》相关要点

2011年4月22日，第十一届全国人民代表大会常务委员会第二十次会议通过《关于修改〈中华人民共和国道路交通安全法〉的决定》（中华人民共和国主席令第四十七号），自2011年5月1日起施行。

《道路交通安全法》分为八章一百二十四条，各章内容分别为第一章总则，第二章车辆和驾驶人，第三章道路通行条件，第四章道路通行规定，第五章交通事故处理，第六章执法监督，第七章法律责任，第八章附则。制定本法是为了维护道路交通秩序，预防和减少交通事故，保护人身安全，保护公民、法人和其他组织的财产安全及其他合法权益，提高通行效率。

1. 总则中的有关规定

在第一章总则中，对相关事项作了规定。

（1）中华人民共和国境内的车辆驾驶人、行人、乘车人以及与道路交通活动有关的单位和个人，都应当遵守本法。

（2）道路交通安全工作，应当遵循依法管理、方便群众的原则，保障道路交通有序、安全、畅通。

（3）国务院公安部门负责全国道路交通安全管理工作。县级以上地方各级人民政府公安机关交通管理部门负责本行政区域内的道路交通安全管理工作。

县级以上各级人民政府交通、建设管理部门依据各自职责，负责有关的道路交通工作。

2. 关于车辆和驾驶人的有关规定

在第二章车辆和驾驶人中，对相关事项作了规定。

（1）国家对机动车实行登记制度。机动车经公安机关交通管理部门登记后，方可上道路行驶。尚未登记的机动车，需要临时上道路行驶的，应当取得临时通行牌证。

(2) 申请机动车登记，应当提交以下证明、凭证。
1) 机动车所有人的身份证明。
2) 机动车来历证明。
3) 机动车整车出厂合格证明或者进口机动车进口凭证。
4) 车辆购置税的完税证明或者免税凭证。
5) 法律、行政法规规定应当在机动车登记时提交的其他证明、凭证。

公安机关交通管理部门应当自受理申请之日起五个工作日内完成机动车登记审查工作，对符合前款规定条件的，应当发放机动车登记证书、号牌和行驶证；对不符合前款规定条件的，应当向申请人说明不予登记的理由。

公安机关交通管理部门以外的任何单位或者个人不得发放机动车号牌或者要求机动车悬挂其他号牌，本法另有规定的除外。

(3) 准予登记的机动车应当符合机动车国家安全技术标准。申请机动车登记时，应当接受对该机动车的安全技术检验。但是，经国家机动车产品主管部门依据机动车国家安全技术标准认定的企业生产的机动车型，该车型的新车在出厂时经检验符合机动车国家安全技术标准，获得检验合格证的，免予安全技术检验。

(4) 驾驶机动车上道路行驶，应当悬挂机动车号牌，放置检验合格标志、保险标志，并随车携带机动车行驶证。

机动车号牌应当按照规定悬挂并保持清晰、完整，不得故意遮挡、污损。

任何单位和个人不得收缴、扣留机动车号牌。

(5) 有下列情形之一的，应当办理相应的登记。
1) 机动车所有权发生转移的。
2) 机动车登记内容变更的。
3) 机动车用作抵押的。
4) 机动车报废的。

(6) 对登记后上道路行驶的机动车，应当依照法律、行政法规的规定，根据车辆用途、载客载货数量、使用年限等不同情况，定期进行安全技术检验。对提供机动车行驶证和机动车第三者责任强制保险单的，机动车安全技术检验机构应当予以检验，任何单位不得附加其他条件。对符合机动车国家安全技术标准的，公安机关交通管理部门应当发给检验合格标志。

(7) 国家实行机动车强制报废制度，根据机动车的安全技术状况和不同用途，规定不同的报废标准。

应当报废的机动车必须及时办理注销登记。

达到报废标准的机动车不得上道路行驶。报废的大型客、货车及其他营运车辆应当在公安机关交通管理部门的监督下解体。

(8) 任何单位或者个人不得有下列行为。
1) 拼装机动车或者擅自改变机动车已登记的结构、构造或者特征。
2) 改变机动车型号、发动机号、车架号或者车辆识别代号。
3) 伪造、变造或者使用伪造、变造的机动车登记证书、号牌、行驶证、检验合格标志、保险标志。

4）使用其他机动车的登记证书、号牌、行驶证、检验合格标志、保险标志。

（9）国家实行机动车第三者责任强制保险制度，设立道路交通事故社会救助基金。具体办法由国务院规定。

（10）驾驶机动车，应当依法取得机动车驾驶证。

申请机动车驾驶证，应当符合国务院公安部门规定的驾驶许可条件；经考试合格后，由公安机关交通管理部门发给相应类别的机动车驾驶证。

驾驶人应当按照驾驶证载明的准驾车型驾驶机动车；驾驶机动车时，应当随身携带机动车驾驶证。

公安机关交通管理部门以外的任何单位或者个人，不得收缴、扣留机动车驾驶证。

（11）驾驶人驾驶机动车上道路行驶前，应当对机动车的安全技术性能进行认真检查；不得驾驶安全设施不全或者机件不符合技术标准等具有安全隐患的机动车。

（12）机动车驾驶人应当遵守道路交通安全法律、法规的规定，按照操作规范安全驾驶、文明驾驶。

饮酒、服用国家管制的精神药品或者麻醉药品，或者患有妨碍安全驾驶机动车的疾病，或者过度疲劳影响安全驾驶的，不得驾驶机动车。

任何人不得强迫、指使、纵容驾驶人违反道路交通安全法律、法规和机动车安全驾驶要求驾驶机动车。

（13）公安机关交通管理部门依照法律、行政法规的规定，定期对机动车驾驶证实施审验。

（14）公安机关交通管理部门对机动车驾驶人违反道路交通安全法律、法规的行为，除依法给予行政处罚外，实行累积记分制度。公安机关交通管理部门对累积记分达到规定分值的机动车驾驶人，扣留机动车驾驶证，对其进行道路交通安全法律、法规教育，重新考试；考试合格的，发还其机动车驾驶证。

对遵守道路交通安全法律、法规，在一年内无累积记分的机动车驾驶人，可以延长机动车驾驶证的审验期。具体办法由国务院公安部门规定。

3. 有关道路通行规定

在第四章道路通行规定中，对相关事项作了规定。

（1）机动车上道路行驶，不得超过限速标志标明的最高时速。在没有限速标志的路段，应当保持安全车速。

夜间行驶或者在容易发生危险的路段行驶，以及遇有沙尘、冰雹、雨、雪、雾、结冰等气象条件时，应当降低行驶速度。

（2）同车道行驶的机动车，后车应当与前车保持足以采取紧急制动措施的安全距离。有下列情形之一的，不得超车。

1）前车正在左转弯、掉头、超车的。

2）与对面来车有会车可能的。

3）前车为执行紧急任务的警车、消防车、救护车、工程救险车的。

4）行经铁路道口、交叉路口、窄桥、弯道、陡坡、隧道、人行横道、市区交通流量大的路段等没有超车条件的。

（3）机动车通过交叉路口，应当按照交通信号灯、交通标志、交通标线或者交通警察的指挥通过；通过没有交通信号灯、交通标志、交通标线或者交通警察指挥的交叉路口时，应当减速慢行，并让行人和优先通行的车辆先行。

（4）机动车遇有前方车辆停车排队等候或者缓慢行驶时，不得借道超车或者占用对面车道，不得穿插等候的车辆。

在车道减少的路段、路口，或者在没有交通信号灯、交通标志、交通标线或者交通警察指挥的交叉路口遇到停车排队等候或者缓慢行驶时，机动车应当依次交替通行。

（5）机动车通过铁路道口时，应当按照交通信号或者管理人员的指挥通行；没有交通信号或者管理人员的，应当减速或者停车，在确认安全后通过。

（6）机动车行经人行横道时，应当减速行驶；遇行人正在通过人行横道，应当停车让行。

机动车行经没有交通信号的道路时，遇行人横过道路，应当避让。

（7）机动车载物应当符合核定的载质量，严禁超载；载物的长、宽、高不得违反装载要求，不得遗洒、飘散载运物。

机动车运载超限的不可解体的物品，影响交通安全的，应当按照公安机关交通管理部门指定的时间、路线、速度行驶，悬挂明显标志。在公路上运载超限的不可解体的物品，应当依照公路法的规定执行。

机动车载运爆炸物品、易燃易爆化学物品以及剧毒、放射性等危险物品，应当经公安机关批准后，按指定的时间、路线、速度行驶，悬挂警示标志并采取必要的安全措施。

（8）机动车载人不得超过核定的人数，客运机动车不得违反规定载货。

（9）禁止货运机动车载客。

货运机动车需要附载作业人员的，应当设置保护作业人员的安全措施。

（10）机动车行驶时，驾驶人、乘坐人员应当按规定使用安全带，摩托车驾驶人及乘坐人员应当按规定戴安全头盔。

（11）机动车在道路上发生故障，需要停车排除故障时，驾驶人应当立即开启危险报警闪光灯，将机动车移至不妨碍交通的地方停放；难以移动的，应当持续开启危险报警闪光灯，并在来车方向设置警告标志等措施扩大示警距离，必要时迅速报警。

（12）机动车应当在规定地点停放。禁止在人行道上停放机动车；但是，依照相关规定施划的停车泊位除外。

在道路上临时停车的，不得妨碍其他车辆和行人通行。

4. 有关交通事故处理的规定

在第五章交通事故处理中，对相关事项作了规定。

（1）在道路上发生交通事故，车辆驾驶人应当立即停车，保护现场；造成人身伤亡的，车辆驾驶人应当立即抢救受伤人员，并迅速报告执勤的交通警察或者公安机关交通管理部门。因抢救受伤人员变动现场的，应当标明位置。乘车人、过往车辆驾驶人、过往行人应当予以协助。

在道路上发生交通事故，未造成人身伤亡，当事人对事实及成因无争议的，可以即行撤离现场，恢复交通，自行协商处理损害赔偿事宜；不即行撤离现场的，应当迅速报告执勤的交通警察或者公安机关交通管理部门。

在道路上发生交通事故，仅造成轻微财产损失，并且基本事实清楚的，当事人应当先撤离现场再进行协商处理。

(2) 车辆发生交通事故后逃逸的，事故现场目击人员和其他知情人员应当向公安机关交通管理部门或者交通警察举报。举报属实的，公安机关交通管理部门应当给予奖励。

(3) 对交通事故损害赔偿的争议，当事人可以请求公安机关交通管理部门调解，也可以直接向人民法院提起民事诉讼。

经公安机关交通管理部门调解，当事人未达成协议或者调解书生效后不履行的，当事人可以向人民法院提起民事诉讼。

(4) 机动车发生交通事故造成人身伤亡、财产损失的，由保险公司在机动车第三者责任强制保险责任限额范围内予以赔偿；不足的部分，按照下列规定承担赔偿责任。

1) 机动车之间发生交通事故的，由有过错的一方承担赔偿责任；双方都有过错的，按照各自过错的比例分担责任。

2) 机动车与非机动车驾驶人、行人之间发生交通事故，非机动车驾驶人、行人没有过错的，由机动车一方承担赔偿责任；有证据证明非机动车驾驶人、行人有过错的，根据过错程度适当减轻机动车一方的赔偿责任；机动车一方没有过错的，承担不超过百分之十的赔偿责任。

交通事故的损失是由非机动车驾驶人、行人故意碰撞机动车造成的，机动车一方不承担赔偿责任。

(5) 车辆在道路以外通行时发生的事故，公安机关交通管理部门接到报案的，参照本法有关规定办理。

三、《道路交通安全法实施条例》相关要点

2004年4月30日，国务院公布《道路交通安全法实施条例》（国务院令第405号），自2004年5月1日起施行。1960年2月11日国务院批准、交通部发布的《机动车管理办法》，1988年3月9日国务院发布的《中华人民共和国道路交通管理条例》，1991年9月22日国务院发布的《道路交通事故处理办法》，同时废止。

《道路交通安全法实施条例》分为八章一百一十五条，各章内容分别为第一章总则，第二章车辆和驾驶人，第三章道路通行条件，第四章道路通行规定，第五章交通事故处理，第六章执法监督，第七章法律责任，第八章附则。根据《中华人民共和国道路交通安全法》的规定，制定本条例。中华人民共和国境内的车辆驾驶人、行人、乘车人以及与道路交通活动有关的单位和个人，应当遵守道路交通安全法和本条例。

1. 有关车辆和驾驶人的规定

在第二章车辆和驾驶人中，对相关事项作了规定。

(1) 机动车应当从注册登记之日起，按照下列期限进行安全技术检验。

1) 营运载客汽车 5 年以内每年检验 1 次；超过 5 年的，每 6 个月检验 1 次。
2) 载货汽车和大型、中型非营运载客汽车 10 年以内每年检验 1 次；超过 10 年的，每 6 个月检验 1 次。

营运机动车在规定检验期限内经安全技术检验合格的，不再重复进行安全技术检验。

（2）已注册登记的机动车进行安全技术检验时，机动车行驶证记载的登记内容与该机动车的有关情况不符，或者未按照规定提供机动车第三者责任强制保险凭证的，不予通过检验。

（3）符合国务院公安部门规定的驾驶许可条件的人，可以向公安机关交通管理部门申请机动车驾驶证。

（4）学习机动车驾驶，应当先学习道路交通安全法律、法规和相关知识，考试合格后，再学习机动车驾驶技能。

（5）机动车驾驶证的有效期为 6 年，本条例另有规定的除外。

（6）公安机关交通管理部门对机动车驾驶人的道路交通安全违法行为除给予行政处罚外，实行道路交通安全违法行为累积记分（以下简称记分）制度，记分周期为 12 个月。对在一个记分周期内记分达到 12 分的，由公安机关交通管理部门扣留其机动车驾驶证，该机动车驾驶人应当按照规定参加道路交通安全法律、法规的学习并接受考试。考试合格的，记分予以清除，发还机动车驾驶证；考试不合格的，继续参加学习和考试。

应当给予记分的道路交通安全违法行为及其分值，由国务院公安部门根据道路交通安全违法行为的危害程度规定。

公安机关交通管理部门应当提供记分查询方式供机动车驾驶人查询。

（7）机动车驾驶人在一个记分周期内记分未达到 12 分，所处罚款已经缴纳的，记分予以清除；记分虽未达到 12 分，但尚有罚款未缴纳的，记分转入下一记分周期。

机动车驾驶人在一个记分周期内记分 2 次以上达到 12 分的，除按照相关规定扣留机动车驾驶证、参加学习、接受考试外，还应当接受驾驶技能考试。考试合格的，记分予以清除，发还机动车驾驶证；考试不合格的，继续参加学习和考试。

接受驾驶技能考试的，按照本人机动车驾驶证载明的最高准驾车型考试。

（8）机动车驾驶人记分达到 12 分，拒不参加公安机关交通管理部门通知的学习，也不接受考试的，由公安机关交通管理部门公告其机动车驾驶证停止使用。

（9）机动车驾驶人在机动车驾驶证的 6 年有效期内，每个记分周期均未达到 12 分的，换发 10 年有效期的机动车驾驶证；在机动车驾驶证的 10 年有效期内，每个记分周期均未达到 12 分的，换发长期有效的机动车驾驶证。

换发机动车驾驶证时，公安机关交通管理部门应当对机动车驾驶证进行审验。

（10）机动车驾驶证丢失、损毁，机动车驾驶人申请补发的，应当向公安机关交通管理部门提交本人身份证明和申请材料。公安机关交通管理部门经与机动车驾驶证档案核实后，在收到申请之日起 3 日内补发。

（11）机动车驾驶人在机动车驾驶证丢失、损毁、超过有效期或者被依法扣留、暂扣期间以及记分达到12分的，不得驾驶机动车。

2. 有关道路通行的规定

在第四章道路通行规定中，对相关事项作了规定。

（1）在道路同方向划有两条以上机动车道的，左侧为快速车道，右侧为慢速车道。在快速车道行驶的机动车应当按照快速车道规定的速度行驶，未达到快速车道规定的行驶速度的，应当在慢速车道行驶。有交通标志标明行驶速度的，按照标明的行驶速度行驶。慢速车道内的机动车超越前车时，可以借用快速车道行驶。

在道路同方向划有两条以上机动车道的，变更车道的机动车不得影响相关车道内行驶的机动车的正常行驶。

（2）机动车在道路上行驶不得超过限速标志、标线标明的速度。在没有限速标志、标线的道路上，机动车不得超过下列最高行驶速度。

1）没有道路中心线的道路，城市道路为 30 km/h，公路为 40 km/h。

2）同方向只有一条机动车道的道路，城市道路为 50 km/h，公路为 70 km/h。

（3）机动车行驶中遇有下列情形之一的，最高行驶速度不得超过 30 km/h，其中拖拉机、电瓶车、轮式专用机械车不得超过 15 km/h。

1）进出非机动车道，通过铁路道口、急弯路、窄路、窄桥时。

2）掉头、转弯、下陡坡时。

3）遇雾、雨、雪、沙尘、冰雹，能见度在 50 m 以内时。

4）在冰雪、泥泞的道路上行驶时。

5）牵引发生故障的机动车时。

（4）机动车超车时，应当提前开启左转向灯，变换使用远、近光灯或者鸣喇叭。在没有道路中心线或者同方向只有一条机动车道的道路上，前车遇后车发出超车信号时，在条件许可的情况下，应当降低速度、靠右让路。后车应当在确认有充足的安全距离后，从前车的左侧超越，在与被超车辆拉开必要的安全距离后，开启右转向灯，驶回原车道。

（5）在没有中心隔离设施或者没有中心线的道路上，机动车遇相对方向来车时应当遵守下列规定。

1）减速靠右行驶，并与其他车辆、行人保持必要的安全距离。

2）在有障碍的路段，无障碍的一方先行；但有障碍的一方已驶入障碍路段而无障碍的一方未驶入时，有障碍的一方先行。

3）在狭窄的坡路，上坡的一方先行；但下坡的一方已行至中途而上坡的一方未上坡时，下坡的一方先行。

4）在狭窄的山路，不靠山体的一方先行。

5）夜间会车应当在距相对方向来车 150 m 以外改用近光灯，在窄路、窄桥与非机动车会车时应当使用近光灯。

（6）机动车在有禁止掉头或者禁止左转弯标志、标线的地点以及在铁路道口、人行横道、桥梁、急弯、陡坡、隧道或者容易发生危险的路段，不得掉头。

机动车在没有禁止掉头或者没有禁止左转弯标志、标线的地点可以掉头，但不得妨碍正常行驶的其他车辆和行人的通行。

（7）机动车倒车时，应当察明车后情况，确认安全后倒车。不得在铁路道口、交叉路口、单行路、桥梁、急弯、陡坡或者隧道中倒车。

（8）机动车通过有交通信号灯控制的交叉路口，应当按照下列规定通行。

1）在划有导向车道的路口，按所需行进方向驶入导向车道。

2）准备进入环形路口的让已在路口内的机动车先行。

3）向左转弯时，靠路口中心点左侧转弯。转弯时开启转向灯，夜间行驶开启近光灯。

4）遇放行信号时，依次通过。

5）遇停止信号时，依次停在停止线以外。没有停止线的，停在路口以外。

6）向右转弯遇有同车道前车正在等候放行信号时，依次停车等候。

7）在没有方向指示信号灯的交叉路口，转弯的机动车让直行的车辆、行人先行。相对方向行驶的右转弯机动车让左转弯车辆先行。

（9）机动车通过没有交通信号灯控制也没有交通警察指挥的交叉路口，除应当遵守相关规定外，还应当遵守下列规定。

1）有交通标志、标线控制的，让优先通行的一方先行。

2）没有交通标志、标线控制的，在进入路口前停车瞭望，让右方道路的来车先行。

3）转弯的机动车让直行的车辆先行。

4）相对方向行驶的右转弯的机动车让左转弯的车辆先行。

（10）机动车遇有前方交叉路口交通阻塞时，应当依次停在路口以外等候，不得进入路口。

机动车在遇有前方机动车停车排队等候或者缓慢行驶时，应当依次排队，不得从前方车辆两侧穿插或者超越行驶，不得在人行横道、网状线区域内停车等候。

机动车在车道减少的路口、路段，遇有前方机动车停车排队等候或者缓慢行驶的，应当每车道一辆依次交替驶入车道减少后的路口、路段。

（11）机动车载物不得超过机动车行驶证上核定的载质量，装载长度、宽度不得超出车厢，并应当遵守下列规定。

1）重型、中型载货汽车，半挂车载物，高度从地面起不得超过 4 m，载运集装箱的车辆不得超过 4.2 m。

2）其他载货的机动车载物，高度从地面起不得超过 2.5 m；

3）摩托车载物，高度从地面起不得超过 1.5 m，长度不得超出车身 0.2 m。两轮摩托车载物宽度左右各不得超出车把 0.15 m；三轮摩托车载物宽度不得超过车身。

载客汽车除车身外部的行李架和内置的行李箱外，不得载货。载客汽车行李架载货，从车顶起高度不得超过 0.5 m，从地面起高度不得超过 4 m。

（12）机动车载人应当遵守下列规定：

1）公路载客汽车不得超过核定的载客人数，但按照规定免票的儿童除外，在载客人数已满的情况下，按照规定免票的儿童不得超过核定载客人数的 10%。

2）载货汽车车厢不得载客。在城市道路上，货运机动车在留有安全位置的情况下，车厢内可以附载临时作业人员1人至5人；载物高度超过车厢栏板时，货物上不得载人。

3）摩托车后座不得乘坐未满12周岁的未成年人，轻便摩托车不得载人。

（13）机动车牵引挂车应当符合下列规定：

1）载货汽车、半挂牵引车、拖拉机只允许牵引1辆挂车。挂车的灯光信号、制动、连接、安全防护等装置应当符合国家标准。

2）小型载客汽车只允许牵引旅居挂车或者总质量700 kg以下的挂车。挂车不得载人。

3）载货汽车所牵引挂车的载质量不得超过载货汽车本身的载质量。

大型、中型载客汽车，低速载货汽车，三轮汽车以及其他机动车不得牵引挂车。

（14）机动车应当按照下列规定使用转向灯：

1）向左转弯、向左变更车道、准备超车、驶离停车地点或者掉头时，应当提前开启左转向灯。

2）向右转弯、向右变更车道、超车完毕驶回原车道、靠路边停车时，应当提前开启右转向灯。

（15）机动车在夜间没有路灯、照明不良或者遇有雾、雨、雪、沙尘、冰雹等低能见度情况下行驶时，应当开启前照灯、示廓灯和后位灯，但同方向行驶的后车与前车近距离行驶时，不得使用远光灯。机动车雾天行驶应当开启雾灯和危险报警闪光灯。

（16）机动车在夜间通过急弯、坡路、拱桥、人行横道或者没有交通信号灯控制的路口时，应当交替使用远近光灯示意。

机动车驶近急弯、坡道顶端等影响安全视距的路段以及超车或者遇有紧急情况时，应当减速慢行，并鸣喇叭示意。

（17）机动车在道路上发生故障或者发生交通事故，妨碍交通又难以移动的，应当按照规定开启危险报警闪光灯并在车后50～100 m处设置警告标志，夜间还应当同时开启示廓灯和后位灯。

（18）牵引故障机动车应当遵守下列规定：

1）被牵引的机动车除驾驶人外不得载人，不得拖带挂车。

2）被牵引的机动车宽度不得大于牵引机动车的宽度。

3）使用软连接牵引装置时，牵引车与被牵引车之间的距离应当大于4 m小于10 m。

4）对制动失效的被牵引车，应当使用硬连接牵引装置牵引。

5）牵引车和被牵引车均应当开启危险报警闪光灯。

汽车吊车和轮式专用机械车不得牵引车辆。摩托车不得牵引车辆或者被其他车辆牵引。

转向或者照明、信号装置失效的故障机动车，应当使用专用清障车拖曳。

（19）驾驶机动车不得有下列行为：

1）在车门、车厢没有关好时行车。

2）在机动车驾驶室的前后窗范围内悬挂、放置妨碍驾驶人视线的物品。

3）拨打接听手持电话、观看电视等妨碍安全驾驶的行为。

4）下陡坡时熄火或者空挡滑行。

5) 向道路上抛撒物品。
6) 驾驶摩托车手离车把或者在车把上悬挂物品。
7) 连续驾驶机动车超过 4 h 未停车休息或者停车休息时间少于 20 min。
8) 在禁止鸣喇叭的区域或者路段鸣喇叭。

(20) 机动车在道路上临时停车，应当遵守下列规定：
1) 在设有禁停标志、标线的路段，在机动车道与非机动车道、人行道之间设有隔离设施的路段以及人行横道、施工地段，不得停车。
2) 交叉路口、铁路道口、急弯路、宽度不足 4 min 的窄路、桥梁、陡坡、隧道以及距离上述地点 50 m 以内的路段，不得停车。
3) 公共汽车站、急救站、加油站、消防栓或者消防队（站）门前以及距离上述地点 30 m 以内的路段，除使用上述设施的以外，不得停车。
4) 车辆停稳前不得开车门和上下人员，开关车门不得妨碍其他车辆和行人通行。
5) 路边停车应当紧靠道路右侧，机动车驾驶人不得离车，上下人员或者装卸物品后，立即驶离。
6) 城市公共汽车不得在站点以外的路段停车上下乘客。

(21) 机动车行经漫水路或者漫水桥时，应当停车察明水情，确认安全后，低速通过。

(22) 机动车载运超限物品行经铁路道口的，应当按照当地铁路部门指定的铁路道口、时间通过。

机动车行经渡口，应当服从渡口管理人员指挥，按照指定地点依次待渡。机动车上下渡船时，应当低速慢行。

(23) 高速公路应当标明车道的行驶速度，最高车速不得超过 120 km/h，最低车速不得低于 60 km/h。

在高速公路上行驶的小型载客汽车最高车速不得超过 120 km/h，其他机动车不得超过 100 km/h，摩托车不得超过 80 km/h。

同方向有 2 条车道的，左侧车道的最低车速为 100 km/h；同方向有 3 条以上车道的，最左侧车道的最低车速为 110 km/h，中间车道的最低车速为 90 km/h。道路限速标志标明的车速与上述车道行驶车速的规定不一致的，按照道路限速标志标明的车速行驶。

(24) 机动车从匝道驶入高速公路，应当开启左转向灯，在不妨碍已在高速公路内的机动车正常行驶的情况下驶入车道。

机动车驶离高速公路时，应当开启右转向灯，驶入减速车道，降低车速后驶离。

(25) 机动车在高速公路上行驶，车速超过 100 km/h 时，应当与同车道前车保持 100 m 以上的距离，车速低于 100 km/h 时，与同车道前车距离可以适当缩短，但最小距离不得少于 50 m。

(26) 机动车在高速公路上行驶，遇有雾、雨、雪、沙尘、冰雹等低能见度气象条件时，应当遵守下列规定：
1) 能见度小于 200 m 时，开启雾灯、近光灯、示廓灯和前后位灯，车速不得超过

60 km/h，与同车道前车保持 100 m 以上的距离。

2）能见度小于 100 m 时，开启雾灯、近光灯、示廓灯、前后位灯和危险报警闪光灯，车速不得超过 40 km/h，与同车道前车保持 50 m 以上的距离。

3）能见度小于 50 m 时，开启雾灯、近光灯、示廓灯、前后位灯和危险报警闪光灯，车速不得超过 20 km/h，并从最近的出口尽快驶离高速公路。

遇有前款规定情形时，高速公路管理部门应当通过显示屏等方式发布速度限制、保持车距等提示信息。

（27）机动车在高速公路上行驶，不得有下列行为：

1）倒车、逆行、穿越中央分隔带掉头或者在车道内停车。

2）在匝道、加速车道或者减速车道上超车。

3）骑、轧车行道分界线或者在路肩上行驶。

4）非紧急情况时在应急车道行驶或者停车。

5）试车或者学习驾驶机动车。

（28）在高速公路上行驶的载货汽车车厢不得载人。两轮摩托车在高速公路行驶时不得载人。

（29）机动车通过施工作业路段时，应当注意警示标志，减速行驶。

四、《中华人民共和国道路运输条例》相关要点

2004 年 4 月 30 日，中华人民共和国国务院公布《中华人民共和国道路运输条例》（国务院令第 406 号），自 2004 年 7 月 1 日起施行。根据 2012 年 11 月 9 日国务院令第 628 号《国务院关于修改和废止部分行政法规的决定》修正。

《道路运输条例》分为七章八十三条，各章内容分别为第一章总则，第二章道路运输经营，第三章道路运输相关业务，第四章国际道路运输，第五章执法监督，第六章法律责任，第七章附则。制定本条例是为了维护道路运输市场秩序，保障道路运输安全，保护道路运输有关各方当事人的合法权益，促进道路运输业的健康发展。

1. 总则中的有关规定

在第一章总则中，对相关事项作了规定。

（1）从事道路运输经营以及道路运输相关业务的，应当遵守本条例。

前款所称道路运输经营包括道路旅客运输经营（以下简称客运经营）和道路货物运输经营（以下简称货运经营）；道路运输相关业务包括站（场）经营、机动车维修经营、机动车驾驶员培训。

（2）从事道路运输经营以及道路运输相关业务，应当依法经营，诚实信用，公平竞争。

（3）道路运输管理，应当公平、公正、公开和便民。

（4）国家鼓励发展乡村道路运输，并采取必要的措施提高乡镇和行政村的通班车率，满足广大农民的生活和生产需要。

（5）国家鼓励道路运输企业实行规模化、集约化经营。任何单位和个人不得封锁或者垄断道路运输市场。

(6) 国务院交通主管部门主管全国道路运输管理工作。

县级以上地方人民政府交通主管部门负责组织领导本行政区域的道路运输管理工作。

县级以上道路运输管理机构负责具体实施道路运输管理工作。

2. 有关道路运输经营的规定

在第二章道路运输经营中，对相关事项作了规定。

（1）申请从事客运经营的，应当具备下列条件。

1）有与其经营业务相适应并经检测合格的车辆。

2）有符合本条例所规定条件的驾驶人员。

3）有健全的安全生产管理制度。

申请从事班线客运经营的，还应当有明确的线路和站点方案。

（2）从事客运经营的驾驶人员，应当符合下列条件。

1）取得相应的机动车驾驶证。

2）年龄不超过 60 周岁。

3）3 年内无重大以上交通责任事故记录。

4）经设区的市级道路运输管理机构对有关客运法律法规、机动车维修和旅客急救基本知识考试合格。

（3）申请从事客运经营的，应当按照下列规定提出申请并提交符合相关规定条件的相关材料。

1）从事县级行政区域内客运经营的，向县级道路运输管理机构提出申请。

2）从事省、自治区、直辖市行政区域内跨 2 个县级以上行政区域客运经营的，向其共同的上一级道路运输管理机构提出申请。

3）从事跨省、自治区、直辖市行政区域客运经营的，向所在地的省、自治区、直辖市道路运输管理机构提出申请。

对从事跨省、自治区、直辖市行政区域客运经营的申请，有关省、自治区、直辖市道路运输管理机构依照本条第二款规定颁发道路运输经营许可证前，应当与运输线路目的地的省、自治区、直辖市道路运输管理机构协商；协商不成的，应当报国务院交通主管部门决定。

客运经营者应当持道路运输经营许可证依法向工商行政管理机关办理有关登记手续。

（4）取得道路运输经营许可证的客运经营者，需要增加客运班线的，应当依照本条例相关规定办理有关手续。

（5）客运经营者应当为旅客提供良好的乘车环境，保持车辆清洁、卫生，并采取必要的措施防止在运输过程中发生侵害旅客人身、财产安全的违法行为。

（6）旅客应当持有效客票乘车，遵守乘车秩序，讲究文明卫生，不得携带国家规定的危险物品及其他禁止携带的物品乘车。

（7）班线客运经营者取得道路运输经营许可证后，应当向公众连续提供运输服务，不得擅自暂停、终止或者转让班线运输。

(8) 从事包车客运的，应当按照约定的起始地、目的地和线路运输。

从事旅游客运的，应当在旅游区域按照旅游线路运输。

(9) 客运经营者不得强迫旅客乘车，不得甩客、敲诈旅客；不得擅自更换运输车辆。

(10) 申请从事货运经营的，应当具备下列条件。

1) 有与其经营业务相适应并经检测合格的车辆。

2) 有符合本条例相关规定条件的驾驶人员。

3) 有健全的安全生产管理制度。

(11) 从事货运经营的驾驶人员，应当符合下列条件。

1) 取得相应的机动车驾驶证。

2) 年龄不超过 60 周岁。

3) 经设区的市级道路运输管理机构对有关货运法律法规、机动车维修和货物装载保管基本知识考试合格。

(12) 申请从事危险货物运输经营的，还应当具备下列条件。

1) 有 5 辆以上经检测合格的危险货物运输专用车辆、设备。

2) 有经所在地设区的市级人民政府交通主管部门考试合格，取得上岗资格证的驾驶人员、装卸管理人员、押运人员。

3) 危险货物运输专用车辆配有必要的通信工具。

4) 有健全的安全生产管理制度。

(13) 申请从事货运经营的，应当按照下列规定提出申请并分别提交符合本条例相关规定条件的相关材料。

1) 从事危险货物运输经营以外的货运经营的，向县级道路运输管理机构提出申请。

2) 从事危险货物运输经营的，向设区的市级道路运输管理机构提出申请。

依照前款规定收到申请的道路运输管理机构，应当自受理申请之日起 20 日内审查完毕，作出许可或者不予许可的决定。予以许可的，向申请人颁发道路运输经营许可证，并向申请人投入运输的车辆配发车辆营运证；不予许可的，应当书面通知申请人并说明理由。

货运经营者应当持道路运输经营许可证依法向工商行政管理机关办理有关登记手续。

(14) 货运经营者不得运输法律、行政法规禁止运输的货物。

法律、行政法规规定必须办理有关手续后方可运输的货物，货运经营者应当查验有关手续。

(15) 国家鼓励货运经营者实行封闭式运输，保证环境卫生和货物运输安全。

货运经营者应当采取必要措施，防止货物脱落、扬撒等。

运输危险货物应当采取必要措施，防止危险货物燃烧、爆炸、辐射、泄漏等。

(16) 运输危险货物应当配备必要的押运人员，保证危险货物处于押运人员的监管之下，并悬挂明显的危险货物运输标志。

托运危险货物的，应当向货运经营者说明危险货物的品名、性质、应急处置方法等情况，并严格按照国家有关规定包装，设置明显标志。

(17)客运经营者、货运经营者应当加强对从业人员的安全教育、职业道德教育，确保道路运输安全。

道路运输从业人员应当遵守道路运输操作规程，不得违章作业。驾驶人员连续驾驶时间不得超过 4 h。

(18)生产（改装）客运车辆、货运车辆的企业应当按照国家规定标定车辆的核定人数或者载重量，严禁多标或者少标车辆的核定人数或者载重量。

客运经营者、货运经营者应当使用符合国家规定标准的车辆从事道路运输经营。

(19)客运经营者、货运经营者应当加强对车辆的维护和检测，确保车辆符合国家规定的技术标准；不得使用报废的、擅自改装的和其他不符合国家规定的车辆从事道路运输经营。

(20)客运经营者、货运经营者应当制定有关交通事故、自然灾害以及其他突发事件的道路运输应急预案。应急预案应当包括报告程序、应急指挥、应急车辆和设备的储备以及处置措施等内容。

(21)发生交通事故、自然灾害以及其他突发事件，客运经营者和货运经营者应当服从县级以上人民政府或者有关部门的统一调度、指挥。

(22)道路运输车辆应当随车携带车辆营运证，不得转让、出租。

(23)道路运输车辆运输旅客的，不得超过核定的人数，不得违反规定载货；运输货物的，不得运输旅客，运输的货物应当符合核定的载重量，严禁超载；载物的长、宽、高不得违反装载要求。

违反前款规定的，由公安机关交通管理部门依照《中华人民共和国道路交通安全法》的有关规定进行处罚。

(24)客运经营者、危险货物运输经营者应当分别为旅客或者危险货物投保承运人责任险。

3. 有关道路运输相关业务的规定

在第三章道路运输相关业务中，对相关事项作了规定。

(1)申请从事道路运输站（场）经营的，应当具备下列条件。

1）有经验收合格的运输站（场）。

2）有相应的专业人员和管理人员。

3）有相应的设备、设施。

4）有健全的业务操作规程和安全管理制度。

(2)申请从事道路运输站（场）经营、机动车维修经营和机动车驾驶员培训业务的，应当向所在地县级道路运输管理机构提出申请，并分别附送符合本条例相关规定条件的相关材料。县级道路运输管理机构应当自受理申请之日起 15 日内审查完毕，作出许可或者不予许可的决定，并书面通知申请人。

道路运输站（场）经营者、机动车维修经营者和机动车驾驶员培训机构，应当持许可证明依法向工商行政管理机关办理有关登记手续。

(3)道路运输站（场）经营者应当对出站的车辆进行安全检查，禁止无证经营的车辆进站从事经营活动，防止超载车辆或者未经安全检查的车辆出站。

道路运输站（场）经营者应当公平对待使用站（场）的客运经营者和货运经营者，无正当理由不得拒绝道路运输车辆进站从事经营活动。

道路运输站（场）经营者应当向旅客和货主提供安全、便捷、优质的服务；保持站（场）卫生、清洁；不得随意改变站（场）用途和服务功能。

（4）道路旅客运输站（场）经营者应当为客运经营者合理安排班次，公布其运输线路、起止经停站点、运输班次、始发时间、票价，调度车辆进站、发车，疏导旅客，维持上下车秩序。

道路旅客运输站（场）经营者应当设置旅客购票、候车、行李寄存和托运等服务设施，按照车辆核定载客限额售票，并采取措施防止携带危险品的人员进站乘车。

（5）道路货物运输站（场）经营者应当按照国务院交通主管部门规定的业务操作规程装卸、储存、保管货物。

4. 有关法律责任的规定

在第六章法律责任中，对相关事项作了规定。

（1）违反本条例的规定，未取得道路运输经营许可，擅自从事道路运输经营的，由县级以上道路运输管理机构责令停止经营；有违法所得的，没收违法所得，处违法所得2倍以上10倍以下的罚款；没有违法所得或者违法所得不足2万元的，处3万元以上10万元以下的罚款；构成犯罪的，依法追究刑事责任。

（2）不符合本条例相关规定条件的人员驾驶道路运输经营车辆的，由县级以上道路运输管理机构责令改正，处200元以上2 000元以下的罚款；构成犯罪的，依法追究刑事责任。

（3）违反本条例的规定，未经许可擅自从事道路运输站（场）经营、机动车维修经营、机动车驾驶员培训的，由县级以上道路运输管理机构责令停止经营；构成犯罪的，依法追究刑事责任。

（4）违反本条例的规定，客运经营者、货运经营者、道路运输相关业务经营者非法转让、出租道路运输许可证件的，由县级以上道路运输管理机构责令停止违法行为，收缴有关证件，处2 000元以上1万元以下的罚款；有违法所得的，没收违法所得。

（5）违反本条例的规定，客运经营者、危险货物运输经营者未按规定投保承运人责任险的，由县级以上道路运输管理机构责令限期投保；拒不投保的，由原许可机关吊销道路运输经营许可证。

（6）违反本条例的规定，客运经营者、货运经营者不按照规定携带车辆营运证的，由县级以上道路运输管理机构责令改正，处警告或者20元以上200元以下的罚款。

（7）违反本条例的规定，客运经营者、货运经营者有下列情形之一的，由县级以上道路运输管理机构责令改正，处1 000元以上3 000元以下的罚款；情节严重的，由原许可机关吊销道路运输经营许可证。

1）不按批准的客运站点停靠或者不按规定的线路、公布的班次行驶的。

2）强行招揽旅客、货物的。

3）在旅客运输途中擅自变更运输车辆或者将旅客移交他人运输的。

4）未报告原许可机关，擅自终止客运经营的。

5) 没有采取必要措施防止货物脱落、扬撒的等。

(8) 违反本条例的规定，客运经营者、货运经营者不按规定维护和检测运输车辆的，由县级以上道路运输管理机构责令改正，处 1 000 元以上 5 000 元以下的罚款。

违反本条例的规定，客运经营者、货运经营者擅自改装已取得车辆营运证的车辆的，由县级以上道路运输管理机构责令改正，处 5 000 元以上 2 万元以下的罚款。

(9) 违反本条例的规定，道路运输站（场）经营者允许无证经营的车辆进站从事经营活动以及超载车辆、未经安全检查的车辆出站或者无正当理由拒绝道路运输车辆进站从事经营活动的，由县级以上道路运输管理机构责令改正，处 1 万元以上 3 万元以下的罚款。

违反本条例的规定，道路运输站（场）经营者擅自改变道路运输站（场）的用途和服务功能，或者不公布运输线路、起止经停站点、运输班次、始发时间、票价的，由县级以上道路运输管理机构责令改正；拒不改正的，处 3 000 元的罚款；有违法所得的，没收违法所得。

五、《国务院关于加强道路交通安全工作的意见》相关要点

2012 年 7 月 22 日，国务院下发《关于加强道路交通安全工作的意见》（国发〔2012〕30 号），《意见》指出：为适应我国道路通车里程、机动车和驾驶人数量、道路交通运量持续大幅度增长的形势，进一步加强道路交通安全工作，保障人民群众生命财产安全，提出以下意见。

1. 总体要求

（1）指导思想

以邓小平理论和"三个代表"重要思想为指导，深入贯彻落实科学发展观，牢固树立以人为本、安全发展的理念，始终把维护人民群众生命财产安全放在首位，以防事故、保安全、保畅通为核心，以落实企业主体责任为重点，全面加强人、车、路、环境的安全管理和监督执法，推进交通安全社会管理创新，形成政府统一领导、各部门协调联动、全社会共同参与的交通安全管理工作格局，有效防范和坚决遏制重特大道路交通事故，促进全国安全生产形势持续稳定好转，为经济社会发展、人民平安出行创造良好环境。

（2）基本原则

1) 安全第一，协调发展。正确处理安全与速度、质量、效益的关系，坚持把安全放在首位，加强统筹规划，使道路交通安全融入国民经济社会发展大局，与经济社会同步协调发展。

2) 预防为主，综合治理。严格驾驶人、车辆、运输企业准入和安全管理，加强道路交通安全设施建设，深化隐患排查治理，着力解决制约和影响道路交通安全的源头性、根本性问题，夯实道路交通安全基础。

3) 落实责任，强化考核。全面落实企业主体责任、政府及部门监管责任和属地管理责任，健全目标考核和责任追究制度，加强督导检查和责任倒查，依法严格追究事故责任。

4）科技支撑，法治保障。强化科技装备和信息化技术应用，建立健全法律法规和标准规范，加强执法队伍建设，依法严厉打击各类交通违法违规行为，不断提高道路交通科学管理与执法服务水平。

2. 强化道路运输企业安全管理

（1）规范道路运输企业生产经营行为

严格道路运输市场准入管理，对新设立运输企业，要严把安全管理制度和安全生产条件审核关。强化道路运输企业安全主体责任，鼓励客运企业实行规模化、公司化经营，积极培育集约化、网络化经营的货运龙头企业。严禁客运车辆、危险品运输车辆挂靠经营。推进道路运输企业诚信体系建设，将诚信考核结果与客运线路招投标、运力投放以及保险费率、银行信贷等挂钩，不断完善企业安全管理的激励约束机制。鼓励运输企业采用交通安全统筹等形式，加强行业互助，提高企业抗风险能力。

（2）加强企业安全生产标准化建设

道路运输企业要建立健全安全生产管理机构，加强安全班组建设，严格执行安全生产制度、规范和技术标准，强化对车辆和驾驶人的安全管理，持续加大道路交通安全投入，提足、用好安全生产费用。建立专业运输企业交通安全质量管理体系，健全客运、危险品运输企业安全评估制度，对安全管理混乱、存在重大安全隐患的企业，依法责令停业整顿，对整改不达标的按规定取消其相应资质。

（3）严格长途客运和旅游客运安全管理

严格客运班线审批和监管，加强班线途经道路的安全适应性评估，合理确定营运线路、车型和时段，严格控制 1 000 km 以上的跨省长途客运班线和夜间运行时间，对现有的长途客运班线进行清理整顿，整改不合格的坚决停止运营。创造条件积极推行长途客运车辆凌晨 2 时至 5 时停止运行或实行接驳运输。客运车辆夜间行驶速度不得超过日间限速的 80%，并严禁夜间通行达不到安全通行条件的三级以下山区公路。夜间遇暴雨、浓雾等影响安全视距的恶劣天气时，可以采取临时管理措施，暂停客运车辆运行。加强旅游包车安全管理，根据运行里程严格按规定配备包车驾驶人，逐步推行包车业务网上申请和办理制度，严禁发放空白旅游包车牌证。运输企业要积极创造条件，严格落实长途客运驾驶人停车换人、落地休息制度，确保客运驾驶人 24 h 累计驾驶时间原则上不超过 8 h，日间连续驾驶不超过 4 h，夜间连续驾驶不超过 2 h，每次停车休息时间不少于 20 min。有关部门要加强监督检查，对违反规定超时、超速驾驶的驾驶人及相关企业依法严格处罚。

（4）加强运输车辆动态监管

抓紧制定道路运输车辆动态监督管理办法，规范卫星定位装置安装、使用行为。旅游包车、三类以上班线客车、危险品运输车和校车应严格按规定安装使用具有行驶记录功能的卫星定位装置，卧铺客车应同时安装车载视频装置，鼓励农村客运车辆安装使用卫星定位装置。重型载货汽车和半挂牵引车应在出厂前安装卫星定位装置，并接入道路货运车辆公共监管与服务平台。运输企业要落实安全监控主体责任，切实加强对所属车辆和驾驶人的动态监管，确保车载卫星定位装置工作正常、监控有效。对不按规定使用或故意损坏卫星定位装置的，要追究相关责任人和企业负责人的责任。

3. 严格驾驶人培训考试和管理

(1) 加强和改进驾驶人培训考试工作

进一步完善机动车驾驶人培训大纲和考试标准，严格考试程序，推广应用科技评判和监控手段，强化驾驶人安全、法制、文明意识和实际道路驾驶技能考试。客、货车辆驾驶人培训考试要增加复杂路况、恶劣天气、突发情况应对处置技能的内容，大中型客、货车辆驾驶人增加夜间驾驶考试。将大客车驾驶人培养纳入国家职业教育体系，努力解决高素质客运驾驶人短缺问题。实行交通事故驾驶人培训质量、考试发证责任倒查制度。

(2) 严格驾驶人培训机构监管

加强驾驶人培训市场调控，提高驾驶人培训机构准入门槛，按照培训能力核定其招生数量，严格教练员资格管理。加强驾驶人培训质量监督，全面推广应用计算机计时培训管理系统，督促落实培训教学大纲和学时。定期向社会公开驾驶人培训机构的培训质量、考试合格率以及毕业学员的交通违法率和肇事率等，并作为其资质审核的重要参考。

(3) 加强客货运驾驶人安全管理

严把客货运驾驶人从业资格准入关，加强从业条件审核与培训考试。建立客货运驾驶人从业信息、交通违法信息、交通事故信息的共享机制，加快推进信息查询平台建设，设立驾驶人"黑名单"信息库。加强对长期在本地经营的异地客货运车辆和驾驶人安全管理。督促运输企业加强驾驶人聘用管理，对发生道路交通事故致人死亡且负同等以上责任的，交通违法记满12分的，以及有酒后驾驶、超员20%以上、超速50%（高速公路超速20%）以上，或者12个月内有3次以上超速违法记录的客运驾驶人，要严格依法处罚并通报企业解除聘用。

4. 加强车辆安全监管

(1) 提高机动车安全性能

制定完善相关政策，推动机动车生产企业兼并重组，调整产品结构，鼓励发展安全、节能、环保的汽车产品，积极推进机动车标准化、轻量化，加快传统汽车升级换代。大力推广厢式货车取代栏板式货车，尽快淘汰高安全风险车型。抓紧清理、修订并逐步提高机动车安全技术标准，督促生产企业改进车辆安全技术，增设客运车辆限速和货运车辆限载等安全装置。进一步提高大中型客车和公共汽车的车身结构强度、座椅安装强度、内部装饰材料阻燃性能等，增强车辆行驶稳定性和抗侧倾能力。客运车辆座椅要尽快全部配置安全带。

(2) 加强机动车安全管理

落实和完善机动车生产企业及产品公告管理、强制性产品认证、注册登记、使用维修和报废等管理制度。积极推动机动车生产企业诚信体系建设，加强机动车产品准入、生产一致性监管，对不符合机动车国家安全技术标准或者与公告产品不一致的车辆，不予办理注册登记，生产企业要依法依规履行更换、退货义务。严禁无资质企业生产、销售电动汽车。落实和健全缺陷汽车产品召回制度，加大对大中型客、货汽车缺陷产品召回力度。严格报废汽车回收企业资格认定和监督管理，依法严厉打击制造和销售拼装车行为，严禁拼装车和报废汽车上路行驶。加强机动车安全技术检验和营运车辆综合性能检测，严格检验检测机构的资格管理和计量认证管理。对道路交通事故中涉及车辆非法生产、改装、拼装以及机动车产品严重质量安全问题的，要严查责任，依法从重处理。

《关于加强道路交通安全工作的意见》还对提高道路安全保障水平、加大农村道路交通安全管理力度、强化道路交通安全执法、深入开展道路交通安全宣传教育、严格道路交通事故责任追究、强化道路交通安全组织保障等事项提出指导意见。

第二节 道路运输企业旅客与货物运输相关规定

在许多企业存在着安全生产与经济效益的矛盾，特别是遇到一些具体事项，安全生产与经济效益之间的关系就变得格外突出。对于道路运输企业来说同样如此。社会的发展和企业的发展都离不开经济效益，但是经济效益必须建立在安全生产的基础上，离开安全生产，发生交通事故，造成人员和财产损失，也就没有经济效益。要实现安全生产，就要遵守国家相关法律法规、有关规章规范的要求，在安全与经济效益之间，安全永远是最重要的。

一、《道路旅客运输及客运站管理规定》相关要点

2005年7月12日原交通部发布实施《道路旅客运输及客运站管理规定》，根据2012年12月11日中华人民共和国交通运输部令2012年第8号《关于修改〈道路旅客运输及客运站管理规定〉的决定》第四次修正。

《道路旅客运输及客运站管理规定》分为八章一百零一条，各章内容分别为第一章总则，第二章经营许可，第三章客运车辆管理，第四章客运经营管理，第五章客运站经营，第六章监督检查，第七章法律责任，第八章附则。制定本规定的目的是依据《中华人民共和国道路运输条例》及有关法律、行政法规的规定，为规范道路旅客运输及道路旅客运输站经营活动，维护道路旅客运输市场秩序，保障道路旅客运输安全，保护旅客和经营者的合法权益。

1. 总则中的有关规定

在第一章总则中，对相关事项作了规定。

（1）从事道路旅客运输（以下简称道路客运）经营以及道路旅客运输站（以下简称客运站）经营的，应当遵守本规定。

（2）本规定所称道路客运经营，是指用客车运送旅客、为社会公众提供服务、具有商业性质的道路客运活动，包括班车（加班车）客运、包车客运、旅游客运。

1）班车客运是指营运客车在城乡道路上按照固定的线路、时间、站点、班次运行的一种客运方式，包括直达班车客运和普通班车客运。加班车客运是班车客运的一种补充形式，是在客运班车不能满足需要或者无法正常运营时，临时增加或者调配客车按客运班车的线路、站点运行的方式。

2）包车客运是指以运送团体旅客为目的，将客车包租给用户安排使用，提供驾驶

劳务，按照约定的起始地、目的地和路线行驶，按行驶里程或者包用时间计费并统一支付费用的一种客运方式。

3）旅游客运是指以运送旅游观光的旅客为目的，在旅游景区内运营或者其线路至少有一端在旅游景区（点）的一种客运方式。

本规定所称客运站经营，是指以站场设施为依托，为道路客运经营者和旅客提供有关运输服务的经营活动。

（3）道路客运和客运站管理应当坚持以人为本、安全第一的宗旨，遵循公平、公正、公开、便民的原则，打破地区封锁和垄断，促进道路运输市场的统一、开放、竞争、有序，满足广大人民群众的出行需求。

道路客运及客运站经营者应当依法经营，诚实信用，公平竞争，优质服务。

（4）国家实行道路客运企业等级评定制度和质量信誉考核制度，鼓励道路客运经营者实行规模化、集约化、公司化经营，禁止挂靠经营。

（5）交通运输部主管全国道路客运及客运站管理工作。

县级以上地方人民政府交通运输主管部门负责组织领导本行政区域的道路客运及客运站管理工作。

县级以上道路运输管理机构负责具体实施道路客运及客运站管理工作。

2. 有关经营许可的规定

在第二章经营许可中，对相关事项作了规定。

（1）班车客运的线路根据经营区域和营运线路长度分为以下四种类型。

1）一类客运班线：地区所在地与地区所在地之间的客运班线或者营运线路长度在800 km以上的客运班线。

2）二类客运班线：地区所在地与县之间的客运班线。

3）三类客运班线：非毗邻县之间的客运班线。

4）四类客运班线：毗邻县之间的客运班线或者县境内的客运班线。

本规定所称地区所在地，是指设区的市、州、盟人民政府所在城市市区；本规定所称县，包括县、旗、县级市和设区的市、州、盟下辖乡镇的区。

县城城区与地区所在地城市市区相连或者重叠的，按起讫客运站所在地确定班线起讫点所属的行政区域。

（2）包车客运按照其经营区域分为省际包车客运和省内包车客运，省内包车客运分为市际包车客运、县际包车客运和县内包车客运。

（3）旅游客运按照营运方式分为定线旅游客运和非定线旅游客运。

定线旅游客运按照班车客运管理，非定线旅游客运按照包车客运管理。

（4）申请从事道路客运经营的，应当具备下列条件：

1）有与其经营业务相适应并经检测合格的客车

①客车技术要求：技术性能符合国家标准《营运车辆综合性能要求和检验方法》（GB 18565—2001）的要求；外廓尺寸、轴荷及质量符合国家标准《道路车辆外廓尺寸、轴荷及质量限值》（GB 1589—2004）的要求；从事高速公路客运或者营运线路长度在800 km以上的客运车辆，其技术等级应当达到行业标准《营运车辆技术等级划分和评定

要求》(JT/T 198)规定的一级技术等级;营运线路长度在 400 km 以上的客运车辆,其技术等级应当达到二级以上;其他客运车辆的技术等级应当达到三级以上。

本规定所称高速公路客运,是指营运线路中高速公路里程在 200 km 以上或者高速公路里程占总里程 70%以上的道路客运。

②客车类型等级要求:从事高速公路客运、旅游客运和营运线路长度在 800 km 以上的客运车辆,其车辆类型等级应当达到行业标准《营运客车类型划分及等级评定》(JT/T 325—2006)规定的中级以上。

③客车数量要求:经营一类客运班线的班车客运经营者应当自有营运客车 100 辆以上、客位 3 000 个以上,其中高级客车在 30 辆以上、客位 900 个以上;或者自有高级营运客车 40 辆以上、客位 1 200 个以上;经营二类客运班线的班车客运经营者应当自有营运客车 50 辆以上、客位 1 500 个以上,其中中高级客车在 15 辆以上、客位 450 个以上;或者自有高级营运客车 20 辆以上、客位 600 个以上;经营三类客运班线的班车客运经营者应当自有营运客车 10 辆以上、客位 200 个以上;经营四类客运班线的班车客运经营者应当自有营运客车 1 辆以上;经营省际包车客运的经营者,应当自有中高级营运客车 20 辆以上、客位 600 个以上;经营省内包车客运的经营者,应当自有营运客车 5 辆以上、客位 100 个以上。

2)从事客运经营的驾驶人员,应当符合下列条件:
①取得相应的机动车驾驶证。
②年龄不超过 60 周岁。
③3 年内无重大以上交通责任事故记录。
④经设区的市级道路运输管理机构对有关客运法规、机动车维修和旅客急救基本知识考试合格而取得相应从业资格证。

本规定所称交通责任事故,是指驾驶人员负同等或者以上责任的交通事故。

3)有健全的安全生产管理制度,包括安全生产操作规程、安全生产责任制、安全生产监督检查、驾驶人员和车辆安全生产管理的制度。

4)申请从事道路客运班线经营,还应当有明确的线路和站点方案。

(5)申请从事客运站经营的,应当具备下列条件:
1)客运站经有关部门组织的工程竣工验收合格,并且经道路运输管理机构组织的站级验收合格。
2)有与业务量相适应的专业人员和管理人员。
3)有相应的设备、设施,具体要求按照行业标准《汽车客运站级别划分及建设要求》(JT/T 200)的规定执行。
4)有健全的业务操作规程和安全管理制度,包括服务规范、安全生产操作规程、车辆发车前例检制度、安全生产责任制、危险品查堵和安全生产监督检查的制度。

(6)申请从事道路客运经营的,应当按照下列规定提出申请:
1)从事县级行政区域内客运经营的,向县级道路运输管理机构提出申请。
2)从事省、自治区、直辖市行政区域内跨 2 个县级以上行政区域客运经营的,向其共同的上一级道路运输管理机构提出申请。

3）从事跨省、自治区、直辖市行政区域客运经营的，向所在地的省、自治区、直辖市道路运输管理机构提出申请。

（7）申请从事客运站经营的，应当向所在地县级道路运输管理机构提出申请。

（8）申请从事道路客运经营的，应当提供下列材料：

1）申请开业的相关材料

①《道路旅客运输经营申请表》。

②企业章程文本。

③投资人、负责人身份证明及其复印件，经办人的身份证明及其复印件和委托书。

④安全生产管理制度文本。

⑤拟投入车辆承诺书，包括客车数量、类型及等级、技术等级、座位数以及客车外廓长、宽、高等，如果拟投入客车属于已购置或者现有的，应当提供行驶证、车辆技术等级证书（车辆技术检测合格证）、客车等级评定证明及其复印件。

⑥已聘用或者拟聘用驾驶人员的驾驶证和从业资格证及其复印件，公安部门出具的3年内无重大以上交通责任事故的证明。

2）同时申请道路客运班线经营的，还应当提供下列材料：

①《道路旅客运输班线经营申请表》。

②可行性报告，包括申请客运班线客流状况调查、运营方案、效益分析以及可能对其他相关经营者产生的影响等。

③进站方案，已与起讫点客运站和停靠站签订进站意向书的，应当提供进站意向书。

④运输服务质量承诺书。

（9）已获得相应道路班车客运经营许可的经营者，申请新增客运班线时，除提供相关规定的材料外，还应当提供下列材料：

1）《道路运输经营许可证》复印件。

2）与所申请客运班线类型相适应的企业自有营运客车的行驶证、《道路运输证》复印件。

3）拟投入车辆承诺书，包括客车数量、类型及等级、技术等级、座位数以及客车外廓长、宽、高等，如果拟投入客车属于已购置或者现有的，应当提供行驶证、车辆技术等级证书（车辆技术检测合格证）、客车等级评定证明及其复印件。

4）拟聘用驾驶人员的驾驶证和从业资格证及其复印件，公安部门出具的3年内无重大以上交通责任事故的证明。

5）经办人的身份证明及其复印件，所在单位的工作证明或者委托书。

（10）申请从事客运站经营的，应当提供下列材料：

1）《道路旅客运输站经营申请表》。

2）客运站竣工验收证明和站级验收证明。

3）拟招聘的专业人员、管理人员的身份证明和专业证书及其复印件。

4）负责人身份证明及其复印件，经办人的身份证明及其复印件和委托书。

5）业务操作规程和安全管理制度文本。

(11) 道路运输管理机构应当按照《中华人民共和国道路运输条例》和《交通行政许可实施程序规定》以及本规定规范的程序实施道路客运经营、道路客运班线经营和客运站经营的行政许可。

(12) 被许可人应当持《道路运输经营许可证》依法向工商行政管理机关办理登记手续。

(13) 被许可人应当按确定的时间落实拟投入车辆承诺书。道路运输管理机构已核实被许可人落实了拟投入车辆承诺书且车辆符合许可要求后，应当为投入运输的客车配发《道路运输证》；属于客运班车的，应当同时配发班车客运标志牌。正式班车客运标志牌尚未制作完毕的，应当先配发临时客运标志牌。

(14) 中外合资、中外合作、外商独资形式投资道路客运和客运站经营的，应当同时遵守《外商投资道路运输业管理规定》。

(15) 道路客运经营者设立子公司的，应当按规定向设立地道路运输管理机构申请经营许可；设立分公司的，应当向设立地道路运输管理机构报备。

(16) 对同一客运班线有 3 个以上申请人的，或者根据实际情况需要，道路运输管理机构可采取服务质量招投标的方式实施道路客运班线经营许可。

(17) 在道路客运班线经营许可过程中，任何单位和个人不得以对等投放运力等不正当理由拒绝、阻挠实施客运班线经营许可。

(18) 客运经营者、客运站经营者需要变更许可事项或者终止经营的，应当向原许可机关提出申请，按本章有关规定办理。

客运班线的经营主体、起讫地和日发班次变更和客运站经营主体、站址变更按照重新许可办理。

客运经营者和客运站经营者在取得全部经营许可证件后无正当理由超过 180 天不投入运营或者运营后连续 180 天以上停运的，视为自动终止经营。

(19) 客运班线的经营期限由省级道路运输管理机构按《中华人民共和国道路运输条例》的有关规定确定。

(20) 客运班线经营者在经营期限内暂停、终止班线经营，应当提前 30 日向原许可机关申请。经营期限届满，需要延续客运班线经营的，应当在届满前 60 日提出申请。原许可机关应当依据本章有关规定作出许可或者不予许可的决定。予以许可的，重新办理有关手续。

客运经营者终止经营，应当在终止经营后 10 日内，将相关的《道路运输经营许可证》和《道路运输证》、客运标志牌交回原发放机关。

(21) 客运站经营者终止经营的，应当提前 30 日告知原许可机关和进站经营者。原许可机关发现关闭客运站可能对社会公众利益造成重大影响的，应当采取措施对进站车辆进行分流，并向社会公告。客运站经营者应当在终止经营后 10 日内将《道路运输经营许可证》交回原发放机关。

(22) 客运经营者在客运班线经营期限届满后申请延续经营，符合下列条件的，应当予以优先许可。

1) 经营者符合申请从事道路客运经营应当具备条件的规定。

2) 经营者在经营该客运班线过程中，无特大运输安全责任事故。
3) 经营者在经营该客运班线过程中，无情节恶劣的服务质量事件。
4) 经营者在经营该客运班线过程中，无严重违法经营行为。
5) 按规定履行了普遍服务的义务。

3. 客运车辆管理的有关规定

在第三章客运车辆管理中，对相关事项作了规定。

（1）客运经营者应当依据国家有关技术规范对客运车辆进行定期维护，确保客运车辆技术状况良好。

客运车辆的维护作业项目和程序应当按照国家标准《汽车维护、检测、诊断技术规范》（GB 18344）等有关技术标准的规定执行。

严禁任何单位和个人为客运经营者指定车辆维护企业；车辆二级维护执行情况不得作为道路运输管理机构的路检路查项目。

（2）客运经营者应当定期进行客运车辆检测，车辆检测结合车辆定期审验的频率一并进行。

客运经营者在规定时间内，到符合国家相关标准的机动车综合性能检测机构进行检测。机动车综合性能检测机构按照国家标准《营运车辆综合性能要求和检验方法》（GB 18565）和《道路车辆外廓尺寸、轴荷及质量限值》（GB 1589）的规定进行检测，出具全国统一式样的检测报告，并依据检测结果，对照行业标准《营运车辆技术等级划分和评定要求》（JT/T 198）进行车辆技术等级评定。客运车辆技术等级分为一级、二级和三级。

车籍所在地县级以上道路运输管理机构应当将车辆技术等级在《道路运输证》上标明。

（3）机动车综合性能检测机构应当使用符合国家和行业标准的设施、设备，严格按照国家和行业有关营运车辆技术检测标准对客运车辆进行检测，如实出具车辆检测报告，并建立车辆检测档案。

（4）县级以上道路运输管理机构应当定期对客运车辆进行审验，每年审验一次。审验内容如下：

1) 车辆违章记录。
2) 车辆技术档案。
3) 车辆结构、尺寸变动情况。
4) 按规定安装、使用符合国家标准的行车记录仪情况。
5) 客运经营者为客运车辆投保承运人责任险情况。

审验符合要求的，道路运输管理机构在《道路运输证》审验记录栏中注明；不符合要求的，应当责令限期改正或者办理变更手续。

（5）鼓励使用配置下置行李舱的客车从事道路客运。没有下置行李舱或者行李舱容积不能满足需求的客运车辆，可在客车车厢内设立专门的行李堆放区，但行李堆放区和乘客区必须隔离，并采取相应的安全措施。严禁行李堆放区内载客。

（6）营运客车类型等级评定由县级以上道路运输管理机构依据行业标准《营运客车

类型划分及等级评定》（JT/T 325）和交通部颁布的《营运客车类型划分及等级评定规则》的要求实施。

（7）禁止使用报废的、擅自改装的、拼装的、检测不合格的客车以及其他不符合国家规定的车辆从事道路客运经营。

（8）客运经营者和县级以上道路运输管理机构应当分别建立客运车辆技术档案和管理档案，并妥善保管。对相关内容的记载应当及时、完整和准确，不得随意更改。

客运经营者车辆技术档案主要内容应当包括：车辆基本情况、主要部件更换情况、修理和二级维护记录（含出厂合格证）、技术等级评定记录、类型及等级评定记录、车辆变更记录、行驶里程记录、交通事故记录等。

道路运输管理机构车辆管理档案主要内容应当包括：车辆基本情况、二级维护和检测记录、技术等级评定记录、类型及等级评定记录、车辆变更记录、交通事故记录等。

（9）客运车辆办理过户变更手续时，客运经营者应当将车辆技术档案完整移交。县级以上道路运输管理机构应当对经营者车辆技术档案的建立情况实施监督管理。

（10）客运经营者对达到国家规定的报废标准或者经检测不符合国家强制性标准要求的客运车辆，应当及时交回《道路运输证》，不得继续从事客运经营。

4. 客运经营管理的有关规定

在第四章客运经营管理中，对相关事项作了规定。

（1）客运经营者应当按照道路运输管理机构决定的许可事项从事客运经营活动，不得转让、出租道路运输经营许可证件。

（2）道路客运企业的全资或者绝对控股的经营道路客运的子公司，其自有营运客车在10辆以上或者自有中高级营运客车5辆以上时，可按照其母公司取得的经营许可从事客运经营活动。

本条所称绝对控股是指母公司控制子公司实际资产51%以上。

（3）道路客运班线属于国家所有的公共资源。班线客运经营者取得经营许可后，应当向公众提供连续运输服务，不得擅自暂停、终止或者转让班线运输。

（4）客运班车应当按照许可的线路、班次、站点运行，在规定的途经站点进站上下旅客，无正当理由不得改变行驶线路，不得站外上客或者沿途揽客。

（5）客运经营者不得强迫旅客乘车，不得中途将旅客交给他人运输或者甩客，不得敲诈旅客，不得擅自更换客运车辆，不得阻碍其他经营者的正常经营活动。

（6）严禁客运车辆超载运行，在载客人数已满的情况下，允许再搭乘不超过核定载客人数10%的免票儿童。

客运车辆不得违反规定载货。

（7）客运经营者应当遵守有关运价规定，使用规定的票证，不得乱涨价、恶意压价、乱收费。

（8）客运经营者应当在客运车辆外部的适当位置喷印企业名称或者标识，在车厢内显著位置公示道路运输管理机构监督电话、票价和里程表。

（9）客运经营者应当为旅客提供良好的乘车环境，确保车辆设备、设施齐全有效，保持车辆清洁、卫生，并采取必要的措施防止在运输过程中发生侵害旅客人身、财产安全的违法行为。

当运输过程中发生侵害旅客人身、财产安全的治安违法行为时，客运经营者在自身能力许可的情况下，应当及时向公安机关报告并配合公安机关及时终止治安违法行为。

客运经营者不得在客运车辆上从事播放淫秽录像等不健康的活动。

（10）客运经营者应当为旅客投保承运人责任险。

（11）客运经营者在运输过程中造成旅客人身伤亡，行李毁损、灭失，当事人对赔偿数额有约定的，依照其约定；没有约定的，参照国家有关港口间海上旅客运输和铁路旅客运输赔偿责任限额的规定办理。

（12）客运经营者应当加强对从业人员的安全、职业道德教育和业务知识、操作规程培训。并采取有效措施，防止驾驶人员连续驾驶时间超过 4 h。

客运车辆驾驶人员应当遵守道路运输法规和道路运输驾驶员操作规程，安全驾驶，文明服务。

（13）客运经营者应当制定突发公共事件的道路运输应急预案。应急预案应当包括报告程序、应急指挥、应急车辆和设备的储备以及处置措施等内容。

发生突发公共事件时，客运经营者应当服从县级及以上人民政府或者有关部门的统一调度、指挥。

（14）客运经营者应当建立和完善各类台账和档案，并按要求及时报送有关资料和信息。

（15）旅客应当持有效客票乘车，遵守乘车秩序，文明礼貌，携带免票儿童的乘客应当在购票时声明。不得携带国家规定的危险物品及其他禁止携带的物品乘车。

（16）客运车辆驾驶人员应当随车携带《道路运输证》、从业资格证等有关证件，在规定位置放置客运标志牌。客运班车驾驶人员还应当随车携带《道路客运班线经营许可证明》。

（17）客运包车应当凭车籍所在地道路运输管理机构核发的包车客运标志牌，按照约定的时间、起始地、目的地和线路运行，并持有包车票或者包车合同，不得按班车模式定点定线运营，不得招揽包车合同外的旅客乘车。

客运包车除执行道路运输管理机构下达的紧急包车任务外，其线路一端应当在车籍所在地。省际、市际客运包车的车籍所在地为车籍所在的地区，县际客运包车的车籍所在地为车籍所在的县。

非定线旅游客车可持注明客运事项的旅游客票或者旅游合同取代包车票或者包车合同。

（18）在春运、旅游"黄金周"或者发生突发事件等客流高峰期运力不足时，道路运输管理机构可临时调用车辆技术等级不低于三级的营运客车和社会非营运客车开行包车或者加班车。非营运客车凭县级以上道路运输管理机构开具的证明运行。

5. 客运站经营的有关规定

在第五章客运站经营中，对相关事项作了规定。

（1）客运站经营者应当按照道路运输管理机构决定的许可事项从事客运站经营活动，不得转让、出租客运站经营许可证件，不得改变客运站用途和服务功能。

客运站经营者应当维护好各种设施、设备，保持其正常使用。

（2）客运站经营者和进站发车的客运经营者应当依法自愿签订服务合同，双方按合同的规定履行各自的权利和义务。

客运站经营者应当按月和客运经营者结算运费。

（3）客运站经营者应当依法加强安全管理，完善安全生产条件，健全和落实安全生产责任制。

客运站经营者应当对出站客车进行安全检查，采取措施防止危险品进站上车，按照车辆核定载客限额售票，严禁超载车辆或者未经安全检查的车辆出站，保证安全生产。

（4）客运站经营者应当禁止无证经营的车辆进站从事经营活动，无正当理由不得拒绝合法客运车辆进站经营。

客运站经营者应当坚持公平、公正原则，合理安排发车时间，公平售票。

客运经营者在发车时间安排上发生纠纷，客运站经营者协调无效时，由当地县级以上道路运输管理机构裁定。

（5）客运站经营者应当公布进站客车的班车类别、客车类型等级、运输线路、起讫停靠站点、班次、发车时间、票价等信息，调度车辆进站发车，疏导旅客，维持秩序。

（6）进站客运经营者应当在发车 30 min 前备齐相关证件进站等待发车，不得误班、脱班、停班。进站客运经营者不按时派车辆应班，1 h 以内视为误班，1 h 以上视为脱班。但因车辆维修、肇事、丢失或者交通堵塞等特殊原因不能按时应班，并且已提前告知客运站经营者的除外。

进站客运经营者因故不能发班的，应当提前 1 日告知客运站经营者，双方要协商调度车辆顶班。

对无故停班达 3 日以上的进站班车，客运站经营者应当报告当地道路运输管理机构。

（7）客运站经营者应当设置旅客购票、候车、乘车指示、行李寄存和托运、公共卫生等服务设施，向旅客提供安全、便捷、优质的服务，加强宣传，保持站场卫生、清洁。

在客运站从事客运站经营以外的其他经营活动时，应当遵守相应的法律、行政法规的规定。

（8）客运站经营者应当严格执行价格管理规定，在经营场所公示收费项目和标准，严禁乱收费。

（9）客运站经营者应当按规定的业务操作规程装卸、储存、保管行包。

（10）客运站经营者应当制定公共突发事件应急预案。应急预案应当包括报告程序、应急指挥、应急设备的储备以及处置措施等内容。

（11）客运站经营者应当建立和完善各类台账和档案，并按要求报送有关信息。

6. 监督检查的有关规定

在第六章监督检查中，对相关事项作了规定。

（1）道路运输管理机构应当加强对道路客运和客运站经营活动的监督检查。

道路运输管理机构工作人员应当严格按照法定职责权限和程序进行监督检查。

(2) 道路运输管理机构及其工作人员应当重点在客运站、旅客集散地对道路客运、客运站经营活动实施监督检查。此外，根据管理需要，可以在公路路口实施监督检查，但不得随意拦截正常行驶的道路运输车辆，不得双向拦截车辆进行检查。

(3) 道路运输管理机构的工作人员在实施道路运输监督检查过程中，发现客运车辆有超载行为的，应当立即予以制止，并采取相应措施安排旅客改乘。

7. 有关法律责任的规定

在第七章法律责任中，对相关事项作了规定。

(1) 违反本规定，有下列行为之一的，由县级以上道路运输管理机构责令停止经营；有违法所得的，没收违法所得，处违法所得2倍以上10倍以下的罚款；没有违法所得或者违法所得不足2万元的，处3万元以上10万元以下的罚款；构成犯罪的，依法追究刑事责任。

1) 未取得道路客运经营许可，擅自从事道路客运经营的。

2) 未取得道路客运班线经营许可，擅自从事班车客运经营的。

3) 使用失效、伪造、变造、被注销等无效的道路客运许可证件从事道路客运经营的。

4) 超越许可事项，从事道路客运经营的。

(2) 违反本规定，有下列行为之一的，由县级以上道路运输管理机构责令停止经营；有违法所得的，没收违法所得，处违法所得2倍以上10倍以下的罚款；没有违法所得或者违法所得不足1万元的，处2万元以上5万元以下的罚款；构成犯罪的，依法追究刑事责任。

1) 未取得客运站经营许可，擅自从事客运站经营的。

2) 使用失效、伪造、变造、被注销等无效的客运站许可证件从事客运站经营的。

3) 超越许可事项，从事客运站经营的。

(3) 违反本规定，客运经营者、客运站经营者非法转让、出租道路运输经营许可证件的，由县级以上道路运输管理机构责令停止违法行为，收缴有关证件，处2 000元以上1万元以下的罚款；有违法所得的，没收违法所得。

(4) 违反本规定，客运经营者有下列行为之一，由县级以上道路运输管理机构责令限期投保；拒不投保的，由原许可机关吊销《道路运输经营许可证》或者吊销相应的经营范围。

1) 未为旅客投保承运人责任险的。

2) 未按最低投保限额投保的。

3) 投保的承运人责任险已过期，未继续投保的。

(5) 违反本规定，取得客运经营许可的客运经营者使用无《道路运输证》的车辆参加客运经营的，由县级以上道路运输管理机构责令改正，处3 000元以上1万元以下的罚款。

违反本规定，客运经营者不按照规定携带《道路运输证》的，由县级以上道路运输管理机构责令改正，处警告或者20元以上200元以下的罚款。

(6) 违反本规定，客运经营者（含国际道路客运经营者）、客运站经营者及客运相关服务经营者不按规定使用道路运输业专用票证或者转让、倒卖、伪造道路运输业专用票证的，由县级以上道路运输管理机构责令改正，处 1 000 元以上 3 000 元以下的罚款。

（7）违反本规定，客运经营者有下列情形之一的，由县级以上道路运输管理机构责令改正，处 1 000 元以上 3 000 元以下的罚款；情节严重的，由原许可机关吊销《道路运输经营许可证》或者吊销相应的经营范围。

1）客运班车不按批准的客运站点停靠或者不按规定的线路、班次行驶的。

2）加班车、顶班车、接驳车无正当理由不按原正班车的线路、站点、班次行驶的。

3）客运包车未持有效的包车客运标志牌进行经营的，不按照包车客运标志牌载明的事项运行的，线路两端均不在车籍所在地的，按班车模式定点定线运营的，招揽包车合同以外的旅客乘车的。

4）以欺骗、暴力等手段招揽旅客的。

5）在旅客运输途中擅自变更运输车辆或者将旅客移交他人运输的。

6）未报告原许可机关，擅自终止道路客运经营的。

（8）违反本规定，客运经营者、客运站经营者已不具备开业要求的有关安全条件、存在重大运输安全隐患的，由县级以上道路运输管理机构责令限期改正；在规定时间内不能按要求改正且情节严重的，由原许可机关吊销《道路运输经营许可证》或者吊销相应的经营范围。

（9）违反本规定，客运经营者不按规定维护和检测客运车辆的，由县级以上道路运输管理机构责令改正，处 1 000 元以上 5 000 元以下的罚款。

（10）违反本规定，客运经营者使用擅自改装或者擅自改装已取得《道路运输证》的客运车辆的，由县级以上道路运输管理机构责令改正，处 5 000 元以上 2 万元以下的罚款。

（11）违反本规定，机动车综合性能检测机构不按照国家有关技术规范进行检测、未经检测出具检测结果或者不如实出具检测结果的，由县级以上道路运输管理机构责令改正，没收违法所得，违法所得在 5 000 元以上的，并处违法所得 2 倍以上 5 倍以下的罚款；没有违法所得或者违法所得不足 5 000 元的，处 5 000 元以上 2 万元以下的罚款；构成犯罪的，依法追究刑事责任。

（12）违反本规定，客运站经营者有下列情形之一的，由县级以上道路运输管理机构责令改正，处 1 万元以上 3 万元以下的罚款。

1）允许无经营许可证件的车辆进站从事经营活动的。

2）允许超载车辆出站的。

3）允许未经安全检查或者安全检查不合格的车辆发车的。

4）无正当理由拒绝客运车辆进站从事经营活动的。

（13）违反本规定，客运站经营者有下列情形之一的，由县级以上道路运输管理机构责令改正；拒不改正的，处 3 000 元的罚款；有违法所得的，没收违法所得。

1）擅自改变客运站的用途和服务功能的。

2）不公布运输线路、起讫停靠站点、班次、发车时间、票价的。

（14）本规定自 2005 年 8 月 1 日起施行。交通部 1995 年 9 月 6 日发布的《省际道路旅客运输管理办法》（交公路发〔1995〕828号）、1998年11月26日发布的《高速公路旅客运输管理规定》（交通部令1998年第8号）、1995年5月9日发布的《汽车客运站管理规定》（交通部令1995年第2号）、2000年4月27日发布的《道路旅客运输企业经营资质管理规定（试行）》（交公路发〔2000〕225号）、1993年5月19日发布的《道路旅客运输业户开业技术经济条件（试行）》（交运发〔1993〕531号）同时废止。

二、《道路货物运输及站场管理规定》相关要点

2005年6月16日，原交通部发布《道路货物运输及站场管理规定》，自2005年8月1日起施行。2012年3月14日，中华人民共和国交通运输部公布《关于修改〈道路货物运输及站场管理规定〉的决定》（交通运输部令2012年第1号），自公布之日起施行。

《道路货物运输及站场管理规定》分为八章七十九条，各章内容分别为第一章总则，第二章经营许可，第三章货运车辆管理，第四章货运经营管理，第五章货运站经营管理，第六章监督检查，第七章法律责任，第八章附则。制定本规定的目的是根据《中华人民共和国道路运输条例》及有关法律、行政法规的规定，为规范道路货物运输和道路货物运输站（场）经营活动，维护道路货物运输市场秩序，保障道路货物运输安全，保护道路货物运输和道路货物运输站（场）有关各方当事人的合法权益。

1. 总则中的有关规定

在第一章总则中，对相关事项作了规定。

（1）从事道路货物运输经营和道路货物运输站（场）经营的，应当遵守本规定。

本规定所称道路货物运输经营，是指为社会提供公共服务、具有商业性质的道路货物运输活动。道路货物运输包括道路普通货运、道路货物专用运输、道路大型物件运输和道路危险货物运输。

本规定所称道路货物专用运输，是指使用集装箱、冷藏保鲜设备、罐式容器等专用车辆进行的货物运输。

本规定所称道路货物运输站（场）（以下简称货运站），是指以场地设施为依托，为社会提供有偿服务的具有仓储、保管、配载、信息服务、装卸、理货等功能的综合货运站（场）、零担货运站、集装箱中转站、物流中心等经营场所。

（2）道路货物运输和货运站经营者应当依法经营，诚实信用，公平竞争。道路货物运输管理应当公平、公正、公开和便民。

（3）鼓励道路货物运输实行集约化、网络化经营。鼓励采用集装箱、封闭厢式车和多轴重型车运输。

（4）交通运输部主管全国道路货物运输和货运站管理工作。

县级以上地方人民政府交通运输主管部门负责组织领导本行政区域的道路货物运输和货运站管理工作。

县级以上道路运输管理机构具体实施本行政区域的道路货物运输和货运站管理工作。

2. 经营许可的有关规定

在第二章经营许可中，对相关事项作了规定。

(1) 申请从事道路货物运输经营的,应当具备下列条件。
1) 有与其经营业务相适应并经检测合格的运输车辆
①车辆技术要求:车辆技术性能应当符合国家标准《营运车辆综合性能要求和检验方法》(GB 18565)的要求;车辆外廓尺寸、轴荷和载质量应当符合国家标准《道路车辆外廓尺寸、轴荷及质量限值》(GB 1589)的要求。
②车辆其他要求:从事大型物件运输经营的,应当具有与所运输大型物件相适应的超重型车组;从事冷藏保鲜、罐式容器等专用运输的,应当具有与运输货物相适应的专用容器、设备、设施,并固定在专用车辆上;从事集装箱运输的,车辆还应当有固定集装箱的转锁装置。
2) 有符合规定条件的驾驶人员
①取得与驾驶车辆相应的机动车驾驶证。
②年龄不超过 60 周岁。
③经设区的市级道路运输管理机构对有关道路货物运输法规、机动车维修和货物及装载保管基本知识考试合格,并取得从业资格证。
3) 有健全的安全生产管理制度,包括安全生产责任制度、安全生产业务操作规程、安全生产监督检查制度、驾驶员和车辆安全生产管理制度等。
(2) 申请从事货运站经营的,应当具备下列条件。
1) 有与其经营规模相适应的货运站房、生产调度办公室、信息管理中心、仓库、仓储库棚、场地和道路等设施,并经有关部门组织的工程竣工验收合格。
2) 有与其经营规模相适应的安全、消防、装卸、通信、计量等设备。
3) 有与其经营规模、经营类别相适应的管理人员和专业技术人员。
4) 有健全的业务操作规程和安全生产管理制度。
(3) 申请从事道路货物运输经营的,应当向县级道路运输管理机构提出申请,并提供以下材料。
1)《道路货物运输经营申请表》。
2) 负责人身份证明,经办人的身份证明和委托书。
3) 机动车辆行驶证、车辆检测合格证明复印件;拟投入运输车辆的承诺书,承诺书应当包括车辆数量、类型、技术性能、投入时间等内容。
4) 聘用或者拟聘用驾驶员的机动车驾驶证、从业资格证及其复印件。
5) 安全生产管理制度文本。
6) 法律、法规规定的其他材料。
(4) 申请从事货运站经营的,应当向县级道路运输管理机构提出申请,并提供以下材料。
1)《道路货物运输站(场)经营申请表》。
2) 负责人身份证明,经办人的身份证明和委托书。
3) 经营道路货运站的土地、房屋的合法证明。
4) 货运站竣工验收证明。
5) 与业务相适应的专业人员和管理人员的身份证明、专业证书。

6）业务操作规程和安全生产管理制度文本。

（5）道路运输管理机构应当按照《中华人民共和国道路运输条例》《交通行政许可实施程序规定》和本规定规范的程序实施道路货物运输经营和货运站经营的行政许可。

（6）道路运输管理机构对道路货运经营申请予以受理的，应当自受理之日起20日内作出许可或者不予许可的决定；道路运输管理机构对货运站经营申请予以受理的，应当自受理之日起15日内作出许可或者不予许可的决定。

（7）被许可人应当按照承诺书的要求投入运输车辆。购置车辆或者已有车辆经道路运输管理机构核实并符合条件的，道路运输管理机构向投入运输的车辆配发《道路运输证》。

（8）道路货物运输经营者和货运站经营者应当持《道路运输经营许可证》依法向工商行政管理机关办理有关登记手续。

（9）道路货物运输经营者设立子公司的，应当向设立地的道路运输管理机构申请经营许可；设立分公司的，应当向设立地的道路运输管理机构报备。

（10）从事货运代理（代办）等货运相关服务的经营者，应当依法到工商行政管理机关办理有关登记手续，并持有关登记证件到设立地的道路运输管理机构备案。

（11）道路货物运输和货运站经营者需要终止经营的，应当在终止经营之日30日前告知原许可的道路运输管理机构，并办理有关注销手续。

（12）道路货物运输经营者变更许可事项、扩大经营范围的，按本章有关许可规定办理。

道路货物运输和货运站经营者变更名称、地址等，应当向作出原许可决定的道路运输管理机构备案。

3. 货运车辆管理的有关规定

在第三章货运车辆管理中，对相关事项作了规定。

（1）道路货物运输经营者应当建立车辆技术管理制度，按照国家规定的技术规范对货运车辆进行定期维护，确保货运车辆技术状况良好。

货运车辆的维护作业项目和程序应当按照国家标准《汽车维护、检测、诊断技术规范》（GB 18344）等有关技术标准的规定执行。

严禁任何单位和个人为道路货物运输经营者指定车辆维护企业；车辆二级维护执行情况不得作为路检路查项目。

（2）道路货物运输经营者应当定期进行货运车辆检测，车辆检测结合车辆定期审验的频率一并进行。

道路货物运输经营者在规定时间内，到符合国家相关标准的机动车综合性能检测机构进行检测。机动车综合性能检测机构按照国家标准《营运车辆综合性能要求和检验方法》（GB 18565）和《道路车辆外廓尺寸、轴荷及质量限值》（GB 1589）的规定进行检测，出具全国统一式样的检测报告。并依据检测结果，对照行业标准《营运车辆技术等级划分和评定要求》（JT/T 198）评定车辆技术等级。货运车辆技术等级分为一级、二级和三级。

车籍所在地县级以上道路运输管理机构应当将车辆技术等级在《道路运输证》上

标明。

(3) 县级以上道路运输管理机构应当定期对货运车辆进行审验，每年审验一次。

审验内容包括车辆技术档案、车辆结构及尺寸变动情况和违章记录等。

审验符合要求的，道路运输管理机构在《道路运输证》审验记录中注明；不符合要求的，应当责令限期改正或者办理变更手续。

(4) 禁止使用报废的、擅自改装的、拼装的、检测不合格的和其他不符合国家规定的车辆从事道路货物运输经营。

(5) 道路货物运输经营者和县级以上道路运输管理机构应当分别建立货运车辆技术档案和管理档案，并妥善保管。对相关内容的记载应当及时、完整和准确，不得随意更改。

道路货物运输经营者车辆技术档案主要内容为：车辆基本情况、主要部件更换情况、修理和二级维护记录（含出厂合格证）、技术等级评定记录、车辆变更记录、行驶里程记录、交通事故记录等。

道路运输管理机构管理档案主要内容为：车辆基本情况、二级维护和检测情况、技术等级记录、车辆变更记录、交通事故记录等。

道路货物运输车辆办理过户变更手续时，道路货物运输经营者应当将货运车辆技术档案完整移交。县级以上道路运输管理机构对经营者车辆技术档案建立情况实施监督管理。

(6) 道路货物运输经营者对达到国家规定的报废标准或者经检测不符合国家强制性标准要求的货运车辆，应当及时交回《道路运输证》，不得继续从事道路货物运输经营。

4. 货运经营管理的有关规定

在第四章货运经营管理中，对相关事项作了规定。

(1) 道路货物运输经营者应当按照《道路运输经营许可证》核定的经营范围从事货物运输经营，不得转让、出租道路运输经营许可证件。

(2) 道路货物运输经营者应当对从业人员进行经常性的安全、职业道德教育和业务知识、操作规程培训。

(3) 道路货物运输经营者应当按照国家有关规定在其重型货运车辆、牵引车上安装、使用行驶记录仪，并采取有效措施，防止驾驶人员连续驾驶时间超过 4 h。

(4) 道路货物运输经营者应当要求其聘用的车辆驾驶员随车携带《道路运输证》。《道路运输证》不得转让、出租、涂改、伪造。

(5) 道路货物运输经营者应当聘用持有从业资格证的驾驶人员。

(6) 营运驾驶员应当驾驶与其从业资格类别相符的车辆。驾驶营运车辆时，应当随身携带从业资格证。

(7) 运输的货物应当符合货运车辆核定的载质量，载物的长、宽、高不得违反装载要求。禁止货运车辆违反国家有关规定超限、超载运输。禁止使用货运车辆运输旅客。

(8) 道路货物运输经营者运输大型物件，应当制定道路运输组织方案。涉及超限运输的应当按照交通部颁布的《超限运输车辆行驶公路管理规定》办理相应的审批手续。

(9) 从事大型物件运输的车辆，应当按照规定装置统一的标志和悬挂标志旗；夜间行驶和停车休息时应当设置标志灯。

（10）道路货物运输经营者不得运输法律、行政法规禁止运输的货物。

道路货物运输经营者在受理法律、行政法规规定限运、凭证运输的货物时，应当查验并确认有关手续齐全有效后方可运输。

货物托运人应当按照有关法律、行政法规的规定办理限运、凭证运输手续。

（11）道路货物运输经营者不得采取不正当手段招揽货物、垄断货源。不得阻碍其他货运经营者开展正常的运输经营活动。

道路货物运输经营者应当采取有效措施，防止货物变质、腐烂、短少或者损失。

（12）道路货物运输经营者和货物托运人应当按照《合同法》的要求，订立道路货物运输合同。

道路货物运输可以采用交通部颁布的《汽车货物运输规则》所推荐的道路货物运单签订运输合同。

（13）国家鼓励实行封闭式运输。道路货物运输经营者应当采取有效的措施，防止货物脱落、扬撒等情况发生。

（14）道路货物运输经营者应当制定有关交通事故、自然灾害、公共卫生以及其他突发公共事件的道路运输应急预案。应急预案应当包括报告程序、应急指挥、应急车辆和设备的储备以及处置措施等内容。

（15）发生交通事故、自然灾害、公共卫生以及其他突发公共事件，道路货物运输经营者应当服从县级以上人民政府或者有关部门的统一调度、指挥。

（16）道路货物运输经营者应当严格遵守国家有关价格法律、法规和规章的规定，不得恶意压价竞争。

5. 货运站经营管理的有关规定

在第五章货运站经营管理中，对相关事项作了规定。

（1）货运站经营者应当按照经营许可证核定的许可事项经营，不得随意改变货运站用途和服务功能。

（2）货运站经营者应当依法加强安全管理，完善安全生产条件，健全和落实安全生产责任制。

货运站经营者应当对出站车辆进行安全检查，防止超载车辆或者未经安全检查的车辆出站，保证安全生产。

（3）货运站经营者应当按照货物的性质、保管要求进行分类存放，危险货物应当单独存放，保证货物完好无损。

（4）货物运输包装应当按照国家规定的货物运输包装标准作业，包装物和包装技术、质量要符合运输要求。

（5）货运站经营者应当按照规定的业务操作规程进行货物的搬运装卸。搬运装卸作业应当轻装、轻卸，堆放整齐，防止混杂、撒漏、破损，严禁有毒、易污染物品与食品混装。

（6）货运站经营者应当严格执行价格规定，在经营场所公布收费项目和收费标准。严禁乱收费。

(7) 进入货运站经营的经营业户及车辆，经营手续必须齐全。货运站经营者应当公平对待使用货运站的道路货物运输经营者，禁止无证经营的车辆进站从事经营活动，无正当理由不得拒绝道路货物运输经营者进站从事经营活动。

(8) 货运站经营者不得垄断货源、抢装货物、扣押货物。

(9) 货运站要保持清洁卫生，各项服务标志醒目。

(10) 货运站经营者经营配载服务应当坚持自愿原则，提供的货源信息和运力信息应当真实、准确。

(11) 货运站经营者不得超限、超载配货，不得为无道路运输经营许可证或证照不全者提供服务；不得违反国家有关规定，为运输车辆装卸国家禁运、限运的物品。

(12) 货运站经营者应当制定有关突发公共事件的应急预案。应急预案应当包括报告程序、应急指挥、应急车辆和设备的储备以及处置措施等内容。

(13) 货运站经营者应当建立和完善各类台账和档案，并按要求报送有关信息。

6. 有关法律责任的规定

在第七章法律责任中，对相关事项作了规定。

(1) 违反本规定，有下列行为之一的，由县级以上道路运输管理机构责令停止经营；有违法所得的，没收违法所得，处违法所得2倍以上10倍以下的罚款；没有违法所得或者违法所得不足2万元的，处3万元以上10万元以下的罚款；构成犯罪的，依法追究刑事责任。

1) 未取得道路货物运输经营许可，擅自从事道路货物运输经营的。

2) 使用失效、伪造、变造、被注销等无效的道路运输经营许可证件从事道路货物运输经营的。

3) 超越许可的事项，从事道路货物运输经营的。

(2) 违反本规定，道路货物运输和货运站经营者非法转让、出租道路运输经营许可证件的，由县级以上道路运输管理机构责令停止违法行为，收缴有关证件，处2 000元以上1万元以下的罚款；有违法所得的，没收违法所得。

(3) 违反本规定，取得道路货物运输经营许可的道路货物运输经营者使用无道路运输证的车辆参加货物运输的，由县级以上道路运输管理机构责令改正，处3 000元以上1万元以下的罚款。

违反本规定，道路货物运输经营者不按照规定携带《道路运输证》的，由县级以上道路运输管理机构责令改正，处警告或者20元以上200元以下的罚款。

(4) 违反本规定，道路货物运输经营者、货运站经营者已不具备开业要求的有关安全条件、存在重大运输安全隐患的，由县级以上道路运输管理机构限期责令改正；在规定时间内不能按要求改正且情节严重的，由原许可机关吊销《道路运输经营许可证》或者吊销其相应的经营范围。

(5) 违反本规定，道路货物运输经营者有下列情形之一的，由县级以上道路运输管理机构责令改正，处1 000元以上3 000元以下的罚款；情节严重的，由原许可机关吊销道路运输经营许可证或者吊销其相应的经营范围。

1) 强行招揽货物的。

2）没有采取必要措施防止货物脱落、扬撒的。

（6）违反本规定，道路货物运输经营者不按规定维护和检测运输车辆的，由县级以上道路运输管理机构责令改正，处 1 000 元以上 5 000 元以下的罚款。

（7）违反本规定，道路货物运输经营者使用擅自改装或者擅自改装已取得《道路运输证》的车辆的，由县级以上道路运输管理机构责令改正，处 5 000 元以上 2 万元以下的罚款。

（8）违反本规定，有下列行为之一的，由县级以上道路运输管理机构责令停止经营；有违法所得的，没收违法所得，处违法所得 2 倍以上 10 倍以下的罚款；没有违法所得或者违法所得不足 1 万元的，处 2 万元以上 5 万元以下的罚款；构成犯罪的，依法追究刑事责任。

1）未取得货运站经营许可，擅自从事货运站经营的。
2）使用失效、伪造、变造、被注销等无效的道路运输经营许可证件从事货运站经营的。
3）超越许可的事项，从事货运站经营的。

（9）违反本规定，货运站经营者对超限、超载车辆配载，放行出站的，由县级以上道路运输管理机构责令改正，处 1 万元以上 3 万元以下的罚款。

（10）违反本规定，货运站经营者擅自改变道路运输站（场）的用途和服务功能，由县级以上道路运输管理机构责令改正；拒不改正的，处 3 000 元的罚款；有违法所得的，没收违法所得。

（11）违反本规定，有下列行为之一的，由县级以上道路运输管理机构责令限期整改，整改不合格的，予以通报。

1）没有建立货运车辆技术档案的；
2）没有按照国家有关规定在货运车辆上安装行驶记录仪的。
3）大型物件运输车辆不按规定悬挂、标明运输标志的。
4）发生公共突发性事件，不接受当地政府统一调度安排的。
5）因配载造成超限、超载的。
6）运输没有限运证明物资的。
7）未查验禁运、限运物资证明，配载禁运、限运物资的。

（12）交通部 1993 年 5 月 19 日发布的《道路货物运输业户开业技术经济条件（试行）》（交运发〔1993〕531 号）、1996 年 12 月 2 日发布的《道路零担货物运输管理办法》（交公路发〔1996〕1039 号）、1997 年 5 月 22 日发布的《道路货物运单使用和管理办法》（交通部令 1997 年第 4 号）、2001 年 4 月 5 日发布的《道路货物运输企业经营资质管理规定（试行）》（交公路发〔2001〕154 号）同时废止。

三、《道路危险货物运输管理规定》相关要点

2013 年 1 月 23 日，中华人民共和国交通运输部公布《道路危险货物运输管理规定》（交通运输部令 2013 年第 2 号），自 2013 年 7 月 1 日起施行。原交通部 2005 年发布的《道路危险货物运输管理规定》（交通部令 2005 年第 9 号）及交通运输部 2010 年发布的

《关于修改〈道路危险货物运输管理规定〉的决定》(交通运输部令2010年第5号)同时废止。

《道路危险货物运输管理规定》分为七章七十一条,各章内容分别为第一章总则,第二章道路危险货物运输许可,第三章专用车辆、设备管理,第四章道路危险货物运输,第五章监督检查,第六章法律责任,第七章附则。制定本规定的目的是根据《中华人民共和国道路运输条例》和《危险化学品安全管理条例》等有关法律、行政法规,为规范道路危险货物运输市场秩序,保障人民生命财产安全,保护环境,维护道路危险货物运输各方当事人的合法权益。

1. 总则中的有关规定

在第一章总则中,对相关事项作了规定。

(1) 从事道路危险货物运输活动,应当遵守本规定。军事危险货物运输除外。

法律、行政法规对民用爆炸物品、烟花爆竹、放射性物品等特定种类危险货物的道路运输另有规定的,从其规定。

(2) 本规定所称危险货物,是指具有爆炸、易燃、毒害、感染、腐蚀等危险特性,在生产、经营、运输、储存、使用和处置中,容易造成人身伤亡、财产损毁或者环境污染而需要特别防护的物质和物品。危险货物以列入国家标准《危险货物品名表》(GB 12268—2012)的为准,未列入《危险货物品名表》的,以有关法律、行政法规的规定或者国务院有关部门公布的结果为准。

本规定所称道路危险货物运输,是指使用载货汽车通过道路运输危险货物的作业全过程。

本规定所称道路危险货物运输车辆,是指满足特定技术条件和要求,从事道路危险货物运输的载货汽车(以下简称专用车辆)。

(3) 危险货物的分类、分项、品名和品名编号应当按照国家标准《危险货物分类和品名编号》(GB 6944—2012)、《危险货物品名表》(GB 12268—2012)执行。危险货物的危险程度依据国家标准《危险货物运输包装通用技术条件》(GB 12463—2012),分为Ⅰ、Ⅱ、Ⅲ等级。

(4) 从事道路危险货物运输应当保障安全,依法运输,诚实信用。

(5) 国家鼓励技术力量雄厚、设备和运输条件好的大型专业危险化学品生产企业从事道路危险货物运输,鼓励道路危险货物运输企业实行集约化、专业化经营,鼓励使用厢式、罐式和集装箱等专用车辆运输危险货物。

(6) 交通运输部主管全国道路危险货物运输管理工作。

县级以上地方人民政府交通运输主管部门负责组织领导本行政区域的道路危险货物运输管理工作。

县级以上道路运输管理机构负责具体实施道路危险货物运输管理工作。

2. 有关道路危险货物运输许可的规定

在第二章道路危险货物运输许可中,对相关事项作了规定。

(1) 申请从事道路危险货物运输经营,应当具备下列条件。

1) 有符合下列要求的专用车辆及设备

①自有专用车辆（挂车除外）5 辆以上；运输剧毒化学品、爆炸品的，自有专用车辆（挂车除外）10 辆以上。

②专用车辆技术性能符合国家标准《营运车辆综合性能要求和检验方法》（GB 18565）的要求；技术等级达到行业标准《营运车辆技术等级划分和评定要求》（JT/T 198）规定的一级技术等级。

③专用车辆外廓尺寸、轴荷和质量符合国家标准《道路车辆外廓尺寸、轴荷和质量限值》（GB 1589—2004）的要求。

④专用车辆燃料消耗量符合行业标准《营运货车燃料消耗量限值及测量方法》（JT 719）的要求。

⑤配备有效的通信工具。

⑥专用车辆应当安装具有行驶记录功能的卫星定位装置。

⑦运输剧毒化学品、爆炸品、易制爆危险化学品的，应当配备罐式、厢式专用车辆或者压力容器等专用容器。

⑧罐式专用车辆的罐体应当经质量检验部门检验合格，且罐体载货后总质量与专用车辆核定载质量相匹配。运输爆炸品、强腐蚀性危险货物的罐式专用车辆的罐体容积不得超过 20 m^3，运输剧毒化学品的罐式专用车辆的罐体容积不得超过 10 m^3，但符合国家有关标准的罐式集装箱除外。

⑨运输剧毒化学品、爆炸品、强腐蚀性危险货物的非罐式专用车辆，核定载质量不得超过 10 t，但符合国家有关标准的集装箱运输专用车辆除外。

⑩配备与运输的危险货物性质相适应的安全防护、环境保护和消防设施设备。

2）有符合下列要求的停车场地：

①自有或者租借期限为 3 年以上，且与经营范围、规模相适应的停车场地，停车场地应当位于企业注册地市级行政区域内。

②运输剧毒化学品、爆炸品专用车辆以及罐式专用车辆，数量为 20 辆（含）以下的，停车场地面积不低于车辆正投影面积的 1.5 倍，数量为 20 辆以上的，超过部分，每辆车的停车场地面积不低于车辆正投影面积；运输其他危险货物的，专用车辆数量为 10 辆（含）以下的，停车场地面积不低于车辆正投影面积的 1.5 倍；数量为 10 辆以上的，超过部分，每辆车的停车场地面积不低于车辆正投影面积。

③停车场地应当封闭并设立明显标志，不得妨碍居民生活和威胁公共安全。

3）有符合下列要求的从业人员和安全管理人员：

①专用车辆的驾驶人员取得相应机动车驾驶证，年龄不超过 60 周岁。

②从事道路危险货物运输的驾驶人员、装卸管理人员、押运人员应当经所在地设区的市级人民政府交通运输主管部门考试合格，并取得相应的从业资格证；从事剧毒化学品、爆炸品道路运输的驾驶人员、装卸管理人员、押运人员，应当经考试合格，取得注明为"剧毒化学品运输"或者"爆炸品运输"类别的从业资格证。

③企业应当配备专职安全管理人员。

4）有健全的安全生产管理制度

①企业主要负责人、安全管理部门负责人、专职安全管理人员安全生产责任制度。

②从业人员安全生产责任制度。
③安全生产监督检查制度。
④安全生产教育培训制度。
⑤从业人员、专用车辆、设备及停车场地安全管理制度。
⑥应急救援预案制度。
⑦安全生产作业规程。
⑧安全生产考核与奖惩制度。
⑨安全事故报告、统计与处理制度。

(2) 符合下列条件的企事业单位,可以使用自备专用车辆从事为本单位服务的非经营性道路危险货物运输。

1) 属于下列企事业单位之一:
①省级以上安全生产监督管理部门批准设立的生产、使用、储存危险化学品的企业。
②有特殊需求的科研、军工等企事业单位。

2) 具备前款规定的条件,但自有专用车辆(挂车除外)的数量可以少于5辆。

(3) 申请从事道路危险货物运输经营的企业,应当向所在地设区的市级道路运输管理机构提出申请,并提交以下材料。

1)《道路危险货物运输经营申请表》,包括申请人基本信息、申请运输的危险货物范围(类别、项别或品名,如果为剧毒化学品应当标注"剧毒")等内容。

2) 拟担任企业法定代表人的投资人或者负责人的身份证明及其复印件,经办人身份证明及其复印件和书面委托书。

3) 企业章程文本。

4) 证明专用车辆、设备情况的材料,包括:
①未购置专用车辆、设备的,应当提交拟投入专用车辆、设备承诺书。承诺书内容应当包括车辆数量、类型、技术等级、总质量、核定载质量、车轴数以及车辆外廓尺寸;通信工具和卫星定位装置配备情况;罐式专用车辆的罐体容积;罐式专用车辆罐体载货后的总质量与车辆核定载质量相匹配情况;运输剧毒化学品、爆炸品、易制爆危险化学品的专用车辆核定载质量等有关情况。承诺期限不得超过1年。
②已购置专用车辆、设备的,应当提供车辆行驶证、车辆技术等级证明或者车辆综合性能检测技术合格证明;通信工具和卫星定位装置配备;罐式专用车辆的罐体检测合格证或者检测报告及复印件等有关材料。

5) 拟聘用专职安全管理人员、驾驶人员、装卸管理人员、押运人员的,应当提交拟聘用承诺书,承诺期限不得超过1年;已聘用的应当提交从业资格证及其复印件以及驾驶证及其复印件。

6) 停车场地的土地使用证、租借合同、场地平面图等材料。

7) 相关安全防护、环境保护、消防设施设备的配备情况清单。

8) 有关安全生产管理制度文本。

(4) 申请从事非经营性道路危险货物运输的单位,向所在地设区的市级道路运输管理机构提出申请时，除提交相关规定的材料外，还应当提交以下材料。

1)《道路危险货物运输申请表》，包括申请人基本信息、申请运输的物品范围（类别、项别或品名，如果为剧毒化学品应当标注"剧毒"）等内容。

2) 下列形式之一的单位基本情况证明：

①省级以上安全生产监督管理部门颁发的危险化学品生产、使用等证明。

②能证明科研、军工等企事业单位性质或者业务范围的有关材料。

3) 特殊运输需求的说明材料。

4) 经办人的身份证明及其复印件以及书面委托书。

(5) 设区的市级道路运输管理机构应当按照《中华人民共和国道路运输条例》和《交通行政许可实施程序规定》，以及本规定所明确的程序和时限实施道路危险货物运输行政许可，并进行实地核查。

决定准予许可的，应当向被许可人出具《道路危险货物运输行政许可决定书》，注明许可事项，具体内容应当包括运输危险货物的范围（类别、项别或品名，如果为剧毒化学品应当标注"剧毒"），专用车辆数量、要求以及运输性质，并在 10 日内向道路危险货物运输经营申请人发放《道路运输经营许可证》，向非经营性道路危险货物运输申请人发放《道路危险货物运输许可证》。

市级道路运输管理机构应当将准予许可的企业或单位的许可事项等，及时以书面形式告知县级道路运输管理机构。

决定不予许可的，应当向申请人出具《不予交通行政许可决定书》。

(6) 被许可人已获得其他道路运输经营许可的，设区的市级道路运输管理机构应当为其换发《道路运输经营许可证》，并在经营范围中加注新许可的事项。如果原《道路运输经营许可证》是由省级道路运输管理机构发放的，由原许可机关按照上述要求予以换发。

(7) 被许可人应当按照承诺期限落实拟投入的专用车辆、设备。

原许可机关应当对被许可人落实的专用车辆、设备予以核实，对符合许可条件的专用车辆配发《道路运输证》，并在《道路运输证》经营范围栏内注明允许运输的危险货物类别、项别或者品名，如果为剧毒化学品应标注"剧毒"；对从事非经营性道路危险货物运输的车辆，还应当加盖"非经营性危险货物运输专用章"。

被许可人未在承诺期限内落实专用车辆、设备的，原许可机关应当撤销许可决定，并收回已核发的许可证明文件。

(8) 被许可人应当按照承诺期限落实拟聘用的专职安全管理人员、驾驶人员、装卸管理人员和押运人员。

被许可人未在承诺期限内按照承诺聘用专职安全管理人员、驾驶人员、装卸管理人员和押运人员的，原许可机关应当撤销许可决定，并收回已核发的许可证明文件。

(9) 道路运输管理机构不得许可一次性、临时性的道路危险货物运输。

(10) 被许可人应当持《道路运输经营许可证》或者《道路危险货物运输许可证》依法向工商行政管理机关办理登记手续。

(11) 中外合资、中外合作、外商独资形式投资道路危险货物运输的，应当同时遵守《外商投资道路运输业管理规定》。

（12）道路危险货物运输企业设立子公司从事道路危险货物运输的，应当向子公司注册地设区的市级道路运输管理机构申请运输许可。设立分公司的，应当向分公司注册地设区的市级道路运输管理机构备案。

（13）道路危险货物运输企业或者单位需要变更许可事项的，应当向原许可机关提出申请，按照本章有关许可的规定办理。

道路危险货物运输企业或者单位变更法定代表人、名称、地址等工商登记事项的，应当在30日内向原许可机关备案。

（14）道路危险货物运输企业或者单位终止危险货物运输业务的，应当在终止之日的30日前告知原许可机关，并在停业后10日内将《道路运输经营许可证》或者《道路危险货物运输许可证》以及《道路运输证》交回原许可机关。

3. 有关专用车辆、设备管理的规定

在第三章专用车辆、设备管理中，对相关事项作了规定。

（1）道路危险货物运输企业或者单位应当按照《道路货物运输及站场管理规定》中有关车辆管理的规定，维护、检测、使用和管理专用车辆，确保专用车辆技术状况良好。

（2）设区的市级道路运输管理机构应当定期对专用车辆进行审验，每年审验一次。审验按照《道路货物运输及站场管理规定》进行，并增加以下审验项目。

1）专用车辆投保危险货物承运人责任险情况。

2）必需的应急处理器材、安全防护设施设备和专用车辆标志的配备情况。

3）具有行驶记录功能的卫星定位装置的配备情况。

（3）禁止使用报废的、擅自改装的、检测不合格的、车辆技术等级达不到一级的和其他不符合国家规定的车辆从事道路危险货物运输。

除铰接列车、具有特殊装置的大型物件运输专用车辆外，严禁使用货车列车从事危险货物运输；倾卸式车辆只能运输散装硫黄、萘饼、粗蒽、煤焦沥青等危险货物。

禁止使用移动罐体（罐式集装箱除外）从事危险货物运输。

（4）运输剧毒化学品、爆炸品专用车辆及罐式专用车辆（含罐式挂车）应当到具备道路危险货物运输车辆维修资质的企业进行维修。

牵引车以及其他专用车辆由企业自行消除危险货物的危害后，可到具备一般车辆维修资质的企业进行维修。

（5）用于装卸危险货物的机械及工具的技术状况应当符合行业标准《汽车运输危险货物规则》（JT 617）规定的技术要求。

（6）罐式专用车辆的常压罐体应当符合国家标准《道路运输液体危险货物罐式车辆 第1部分：金属常压罐体技术要求》（GB 18564.1）、《道路运输液体危险货物罐式车辆 第2部分：非金属常压罐体技术要求》（GB 18564.2）等有关技术要求。

使用压力容器运输危险货物的，应当符合国家特种设备安全监督管理部门制订并公布的《移动式压力容器安全技术监察规程》（TSG R0005—2011）等有关技术要求。

压力容器和罐式专用车辆应当在质量检验部门出具的压力容器或者罐体检验合格的

有效期内承运危险货物。

(7) 道路危险货物运输企业或者单位对重复使用的危险货物包装物、容器,在重复使用前应当进行检查;发现存在安全隐患的,应当维修或者更换。

道路危险货物运输企业或者单位应当对检查情况作出记录,记录的保存期限不得少于2年。

(8) 道路危险货物运输企业或者单位应当到具有污染物处理能力的机构对常压罐体进行清洗(置换)作业,将废气、污水等污染物集中收集,消除污染,不得随意排放,污染环境。

4. 有关道路危险货物运输的规定

在第四章道路危险货物运输中,对相关事项作了规定。

(1) 道路危险货物运输企业或者单位应当严格按照道路运输管理机构决定的许可事项从事道路危险货物运输活动,不得转让、出租道路危险货物运输许可证件。

严禁非经营性道路危险货物运输单位从事道路危险货物运输经营活动。

(2) 危险货物托运人应当委托具有道路危险货物运输资质的企业承运。

危险货物托运人应当对托运的危险货物种类、数量和承运人等相关信息予以记录,记录的保存期限不得少于1年。

(3) 危险货物托运人应当严格按照国家有关规定妥善包装并在外包装设置标志,并向承运人说明危险货物的品名、数量、危害、应急措施等情况。需要添加抑制剂或者稳定剂的,托运人应当按照规定添加,并告知承运人相关注意事项。

危险货物托运人托运危险化学品的,还应当提交与托运的危险化学品完全一致的安全技术说明书和安全标签。

(4) 不得使用罐式专用车辆或者运输有毒、感染性、腐蚀性危险货物的专用车辆运输普通货物。

其他专用车辆可以从事食品、生活用品、药品、医疗器具以外的普通货物运输,但应当由运输企业对专用车辆进行消除危害处理,确保不对普通货物造成污染、损害。

不得将危险货物与普通货物混装运输。

(5) 专用车辆应当按照国家标准《道路运输危险货物车辆标志》(GB 13392—2005)的要求悬挂标志。

(6) 运输剧毒化学品、爆炸品的企业或者单位,应当配备专用停车区域,并设立明显的警示标牌。

(7) 专用车辆应当配备符合有关国家标准以及与所载运的危险货物相适应的应急处理器材和安全防护设备。

(8) 道路危险货物运输企业或者单位不得运输法律、行政法规禁止运输的货物。

法律、行政法规规定的限运、凭证运输货物,道路危险货物运输企业或者单位应当按照有关规定办理相关运输手续。

法律、行政法规规定托运人必须办理有关手续后方可运输的危险货物,道路危险货物运输企业应当查验有关手续齐全有效后方可承运。

(9) 道路危险货物运输企业或者单位应当采取必要措施,防止危险货物脱落、扬散、丢失以及燃烧、爆炸、泄漏等。

（10）驾驶人员应当随车携带《道路运输证》。驾驶人员或者押运人员应当按照《汽车运输危险货物规则》（JT 617—2004）的要求，随车携带《道路运输危险货物安全卡》。

（11）在道路危险货物运输过程中，除驾驶人员外，还应当在专用车辆上配备押运人员，确保危险货物处于押运人员监管之下。

（12）道路危险货物运输途中，驾驶人员不得随意停车。

因住宿或者发生影响正常运输的情况需要较长时间停车的，驾驶人员、押运人员应当设置警戒带，并采取相应的安全防范措施。

运输剧毒化学品或者易制爆危险化学品需要较长时间停车的，驾驶人员或者押运人员应当向当地公安机关报告。

（13）危险货物的装卸作业应当遵守安全作业标准、规程和制度，并在装卸管理人员的现场指挥或者监控下进行。

危险货物运输托运人和承运人应当按照合同约定指派装卸管理人员；若合同未予约定，则由负责装卸作业的一方指派装卸管理人员。

（14）驾驶人员、装卸管理人员和押运人员上岗时应当随身携带从业资格证。

（15）严禁专用车辆违反国家有关规定超载、超限运输。

道路危险货物运输企业或者单位使用罐式专用车辆运输货物时，罐体载货后的总质量应当和专用车辆核定载质量相匹配；使用牵引车运输货物时，挂车载货后的总质量应当与牵引车的准牵引总质量相匹配。

（16）道路危险货物运输企业或者单位应当要求驾驶人员和押运人员在运输危险货物时，严格遵守有关部门关于危险货物运输线路、时间、速度方面的有关规定，并遵守有关部门关于剧毒、爆炸危险品道路运输车辆在重大节假日通行高速公路的相关规定。

（17）道路危险货物运输企业或者单位应当通过卫星定位监控平台或者监控终端及时纠正和处理超速行驶、疲劳驾驶、不按规定线路行驶等违法违规驾驶行为。监控数据应当至少保存 3 个月，违法驾驶信息及处理情况应当至少保存 3 年。

（18）道路危险货物运输从业人员必须熟悉有关安全生产的法规、技术标准和安全生产规章制度、安全操作规程，了解所装运危险货物的性质、危害特性、包装物或者容器的使用要求和发生意外事故时的处置措施，并严格执行《汽车运输危险货物规则》（JT 617—2004）、《汽车运输、装卸危险货物作业规程》（JT 618—2004）等标准，不得违章作业。

（19）道路危险货物运输企业或者单位应当通过岗前培训、例会、定期学习等方式，对从业人员进行经常性安全生产、职业道德、业务知识和操作规程的教育培训。

（20）道路危险货物运输企业或者单位应当加强安全生产管理，制定突发事件应急预案，配备应急救援人员和必要的应急救援器材、设备，并定期组织应急救援演练，严格落实各项安全制度。

（21）道路危险货物运输企业或者单位应当委托具备资质条件的机构，对本企业或单位的安全管理情况每 3 年至少进行一次安全评估，出具安全评估报告。

（22）在危险货物运输过程中发生燃烧、爆炸、污染、中毒或者被盗、丢失、流散、泄漏等事故，驾驶人员、押运人员应当立即根据应急预案和《道路运输危险货物安全卡》的要求采取应急处置措施，并向事故发生地公安部门、交通运输主管部门和本运输企业或者单位报告。运输企业或者单位接到事故报告后，应当按照本单位危险货物应急预案组织救援，并向事故发生地安全生产监督管理部门和环境保护、卫生主管部门报告。

道路危险货物运输管理机构应当公布事故报告电话。

(23) 在危险货物装卸过程中，应当根据危险货物的性质，轻装轻卸，堆码整齐，防止混杂、撒漏、破损，不得与普通货物混合堆放。

(24) 道路危险货物运输企业或者单位应当为其承运的危险货物投保承运人责任险。

(25) 道路危险货物运输企业异地经营（运输线路起讫点均不在企业注册地市域内）累计3个月以上的，应当向经营地设区的市级道路运输管理机构备案并接受其监管。

5. 有关法律责任的规定

在第六章法律责任中，对相关事项作了规定。

(1) 违反本规定，有下列情形之一的，由县级以上道路运输管理机构责令停止运输经营，有违法所得的，没收违法所得，处违法所得2倍以上10倍以下的罚款；没有违法所得或者违法所得不足2万元的，处3万元以上10万元以下的罚款；构成犯罪的，依法追究刑事责任。

1) 未取得道路危险货物运输许可，擅自从事道路危险货物运输的。

2) 使用失效、伪造、变造、被注销等无效道路危险货物运输许可证件从事道路危险货物运输的。

3) 超越许可事项，从事道路危险货物运输的。

4) 非经营性道路危险货物运输单位从事道路危险货物运输经营的。

(2) 违反本规定，道路危险货物运输企业或者单位非法转让、出租道路危险货物运输许可证件的，由县级以上道路运输管理机构责令停止违法行为，收缴有关证件，处2 000元以上1万元以下的罚款；有违法所得的，没收违法所得。

(3) 违反本规定，道路危险货物运输企业或者单位有下列行为之一，由县级以上道路运输管理机构责令限期投保；拒不投保的，由原许可机关吊销《道路运输经营许可证》或者《道路危险货物运输许可证》，或者吊销相应的经营范围。

1) 未投保危险货物承运人责任险的。

2) 投保的危险货物承运人责任险已过期，未继续投保的。

(4) 违反本规定，道路危险货物运输企业或者单位未按规定维护或者检测专用车辆的，由县级以上道路运输管理机构责令改正，并处1 000元以上5 000元以下的罚款。

(5) 违反本规定，道路危险货物运输企业或者单位不按照规定随车携带《道路运输证》的，由县级以上道路运输管理机构责令改正，处警告或者20元以上200元以下的罚款。

(6) 违反本规定，道路危险货物运输企业或者单位以及托运人有下列情形之一的，由县级以上道路运输管理机构责令改正，并处5万元以上10万元以下的罚款，拒不改正的，责令停产停业整顿；构成犯罪的，依法追究刑事责任。

1) 驾驶人员、装卸管理人员、押运人员未取得从业资格上岗作业的。

2) 托运人不向承运人说明所托运的危险化学品的种类、数量、危险特性以及发生危险情况的应急处置措施，或者未按照国家有关规定对所托运的危险化学品妥善包装并在外包装上设置相应标志的。

3) 未根据危险化学品的危险特性采取相应的安全防护措施，或者未配备必要的防护用品和应急救援器材的。

4) 运输危险化学品需要添加抑制剂或者稳定剂，托运人未添加或者未将有关情况告知承运人的。

（7）违反本规定，道路危险货物运输企业或者单位未配备专职安全管理人员的，由县级以上道路运输管理机构责令改正，可以处1万元以下的罚款；拒不改正的，对危险化学品运输企业或单位处1万元以上5万元以下的罚款，对运输危险化学品以外其他危险货物的企业或单位处1万元以上2万元以下的罚款。

（8）违反本规定，道路危险化学品运输托运人有下列行为之一的，由县级以上道路运输管理机构责令改正，处10万元以上20万元以下的罚款，有违法所得的，没收违法所得；拒不改正的，责令停产停业整顿；构成犯罪的，依法追究刑事责任。

1) 委托未依法取得危险货物道路运输许可的企业承运危险化学品的。

2) 在托运的普通货物中夹带危险化学品，或者将危险化学品谎报或者匿报为普通货物托运的。

（9）违反本规定，道路危险货物运输企业擅自改装已取得《道路运输证》的专用车辆及罐式专用车辆罐体的，由县级以上道路运输管理机构责令改正，并处5 000元以上2万元以下的罚款。

四、《道路运输车辆动态监督管理办法》相关要点

2014年1月28日，中华人民共和国交通运输部、中华人民共和国公安部、国家安全生产监督管理总局联合公布《道路运输车辆动态监督管理办法》（交通运输部、公安部、国家安全生产监督管理总局令2014年第5号），自2014年7月1日起施行。

《道路运输车辆动态监督管理办法》分为六章四十二条，各章内容分别为第一章总则，第二章系统建设，第三章车辆监控，第四章监督检查，第五章法律责任，第六章附则。制定本办法的目的，是依据《中华人民共和国安全生产法》《中华人民共和国道路交通安全法实施条例》《中华人民共和国道路运输条例》等有关法律法规，为加强道路运输车辆动态监督管理，预防和减少道路交通事故。

1. 总则中的有关规定

在第一章总则中，对相关事项作了规定。

（1）道路运输车辆安装、使用具有行驶记录功能的卫星定位装置（以下简称卫星定位装置）以及相关安全监督管理活动，适用本办法。

（2）本办法所称道路运输车辆，包括用于公路营运的载客汽车、危险货物运输车辆、半挂牵引车以及重型载货汽车（总质量为12 t及以上的普通货运车辆）。

（3）道路运输车辆动态监督管理应当遵循企业监控、政府监管、联网联控的原则。

（4）道路运输管理机构、公安机关交通管理部门、安全监管部门依据法定职责，对道路运输车辆动态监控工作实施联合监督管理。

2. 有关系统建设的规定

在第二章系统建设中，对相关事项作了规定。

（1）道路运输车辆卫星定位系统平台应当符合以下标准要求
1)《道路运输车辆卫星定位系统平台技术要求》(JT/T 796—2011)。
2)《道路运输车辆卫星定位系统终端通信协议及数据格式》(JT/T 808—2011)。
3)《道路运输车辆卫星定位系统平台数据交换》(JT/T 809—2011)。

（2）在道路运输车辆上安装的卫星定位装置应符合以下标准要求。
1)《道路运输车辆卫星定位系统车载终端技术要求》(JT/T 794)。
2)《道路运输车辆卫星定位系统终端通信协议及数据格式》(JT/T 808)。
3)《机动车运行安全技术条件》(GB 7258)。
4)《汽车行驶记录仪》(GB/T 19056—2012)。

（3）道路运输车辆卫星定位系统平台和车载终端应当通过有关专业机构的标准符合性技术审查。对通过标准符合性技术审查的系统平台和车载终端，由交通运输部发布公告。

（4）道路旅客运输企业、道路危险货物运输企业和拥有50辆及以上重型载货汽车或者牵引车的道路货物运输企业应当按照标准建设道路运输车辆动态监控平台，或者使用符合条件的社会化卫星定位系统监控平台（以下统称监控平台），对所属道路运输车辆和驾驶员运行过程进行实时监控和管理。

（5）道路运输企业新建或者变更监控平台，在投入使用前应当通过有关专业机构的系统平台标准符合性技术审查，并向原发放《道路运输经营许可证》的道路运输管理机构备案。

（6）提供道路运输车辆动态监控社会化服务的，应当向省级道路运输管理机构备案，并提供以下材料。
1) 组织机构代码证、营业执照。
2) 服务格式条款、服务承诺。
3) 履行服务能力的相关证明材料。
4) 通过系统平台标准符合性技术审查的证明材料。

（7）旅游客车、包车客车、三类以上班线客车和危险货物运输车辆在出厂前应当安装符合标准的卫星定位装置。重型载货汽车和半挂牵引车在出厂前应当安装符合标准的卫星定位装置，并接入全国道路货运车辆公共监管与服务平台（以下简称道路货运车辆公共平台）。

车辆制造企业为道路运输车辆安装符合标准的卫星定位装置后，应当随车附带相关安装证明材料。

（8）道路运输经营者应当选购安装符合标准的卫星定位装置的车辆，并接入符合要求的监控平台。

（9）道路运输企业应当在监控平台中完整、准确地录入所属道路运输车辆和驾驶人员的基础资料等信息，并及时更新。

（10）道路旅客运输企业和道路危险货物运输企业监控平台应当接入全国重点营运车辆联网联控系统（以下简称联网联控系统），并按照要求将车辆行驶的动态信息和企业、驾驶人员、车辆的相关信息逐级上传至全国道路运输车辆动态信息公共交换平台。

道路货运企业监控平台应当与道路货运车辆公共平台对接，按照要求将企业、驾驶人员、车辆的相关信息上传至道路货运车辆公共平台，并接收道路货运车辆公共平台转发的货运车辆行驶的动态信息。

（11）道路运输管理机构在办理营运手续时，应当对道路运输车辆安装卫星定位装置及接入系统平台的情况进行审核。

（12）对新出厂车辆已安装的卫星定位装置，任何单位和个人不得随意拆卸。除危险货物运输车辆接入联网联控系统监控平台时按照有关标准要求进行相应设置以外，不得改变货运车辆车载终端监控中心的域名设置。

（13）道路运输管理机构负责建设和维护道路运输车辆动态信息公共服务平台，落实维护经费，向地方人民政府争取纳入年度预算。道路运输管理机构应当建立逐级考核和通报制度，保证联网联控系统长期稳定运行。

（14）道路运输管理机构、公安机关交通管理部门、安全监管部门间应当建立信息共享机制。

公安机关交通管理部门、安全监管部门根据需要可以通过道路运输车辆动态信息公共服务平台，随时或者定期调取系统数据。

（15）任何单位、个人不得擅自泄露、删除、篡改卫星定位系统平台的历史和实时动态数据。

3. 有关车辆监控的规定

在第三章车辆监控中，对相关事项作了规定。

（1）道路运输企业是道路运输车辆动态监控的责任主体。

（2）道路旅客运输企业、道路危险货物运输企业和拥有 50 辆及以上重型载货汽车或牵引车的道路货物运输企业应当配备专职监控人员。专职监控人员配置原则上按照监控平台每接入 100 辆车设 1 人的标准配备，最低不少于 2 人。

监控人员应当掌握国家相关法规和政策，经运输企业培训、考试合格后上岗。

（3）道路货运车辆公共平台负责对个体货运车辆和小型道路货物运输企业（拥有 50 辆以下重型载货汽车或牵引车）的货运车辆进行动态监控。道路货运车辆公共平台设置监控超速行驶和疲劳驾驶的限值，自动提醒驾驶员纠正超速行驶、疲劳驾驶等违法行为。

（4）道路运输企业应当建立健全动态监控管理相关制度，规范动态监控工作。

1）系统平台的建设、维护及管理制度。
2）车载终端安装、使用及维护制度。
3）监控人员岗位职责及管理制度。
4）交通违法动态信息处理和统计分析制度。
5）其他需要建立的制度。

（5）道路运输企业应当根据法律法规的相关规定以及车辆行驶道路的实际情况，按照规定设置监控超速行驶和疲劳驾驶的限值，以及核定运营线路、区域及夜间行驶时间等，在所属车辆运行期间对车辆和驾驶员进行实时监控和管理。

设置超速行驶和疲劳驾驶的限值，应当符合客运驾驶员 24 h 累计驾驶时间原则上不超过 8 h，日间连续驾驶不超过 4 h，夜间连续驾驶不超过 2 h，每次停车休息时间不少于 20 min，客运车辆夜间行驶速度不得超过日间限速 80% 的要求。

（6）监控人员应当实时分析、处理车辆行驶动态信息，及时提醒驾驶员纠正超速行驶、疲劳驾驶等违法行为，并记录存档至动态监控台账；对经提醒仍然继续违法驾驶的驾驶员，应当及时向企业安全管理机构报告，安全管理机构应当立即采取措施制止；对拒不执行制止措施仍然继续违法驾驶的，道路运输企业应当及时报告公安机关交通管理部门，并在事后解聘驾驶员。

动态监控数据应当至少保存 6 个月，违法驾驶信息及处理情况应当至少保存 3 年。对存在交通违法信息的驾驶员，道路运输企业在事后应当及时给予处理。

（7）道路运输经营者应当确保卫星定位装置正常使用，保持车辆运行实时在线。

卫星定位装置出现故障不能保持在线的道路运输车辆，道路运输经营者不得安排其从事道路运输经营活动。

（8）任何单位和个人不得破坏卫星定位装置以及恶意人为干扰、屏蔽卫星定位装置信号，不得篡改卫星定位装置数据。

（9）卫星定位系统平台应当提供持续、可靠的技术服务，保证车辆动态监控数据真实、准确，确保提供监控服务的系统平台安全、稳定运行。

4. 有关监督检查的规定

在第四章监督检查中，对相关事项作了规定。

（1）道路运输管理机构应当充分发挥监控平台的作用，定期对道路运输企业动态监控工作的情况进行监督考核，并将其纳入企业质量信誉考核的内容，作为运输企业班线招标和年度审验的重要依据。

（2）公安机关交通管理部门可以将道路运输车辆动态监控系统记录的交通违法信息作为执法依据，依法查处。

（3）安全监管部门应当按照有关规定认真开展事故调查工作，严肃查处违反本办法规定的责任单位和人员。

（4）道路运输管理机构、公安机关交通管理部门、安全监管部门监督检查人员可以向被检查单位和个人了解情况，查阅和复制有关材料。被监督检查的单位和个人应当积极配合监督检查，如实提供有关资料和说明情况。

道路运输车辆发生交通事故的，道路运输企业或者道路货运车辆公共平台负责单位应当在接到事故信息后立即封存车辆动态监控数据，配合事故调查，如实提供肇事车辆动态监控数据；肇事车辆安装车载视频装置的，还应当提供视频资料。

（5）鼓励各地利用卫星定位装置，对营运驾驶员安全行驶里程进行统计分析，开展安全行车驾驶员竞赛活动。

5. 有关法律责任的规定

在第五章法律责任中，对相关事项作了规定。

（1）道路运输管理机构对未按照要求安装卫星定位装置，或者已安装卫星定位装置但未能在联网联控系统（重型载货汽车和半挂牵引车未能在道路货运车辆公共平台）正常显示的车辆，不予发放或者审验《道路运输证》。

（2）违反本办法的规定，道路运输企业有下列情形之一的，由县级以上道路运输管理机构责令改正。拒不改正的，处3 000元以上8 000元以下罚款。

1）道路运输企业未使用符合标准的监控平台、监控平台未接入联网联控系统、未按规定上传道路运输车辆动态信息的。

2）未建立或者未有效执行交通违法动态信息处理制度、对驾驶员交通违法处理率低于90%的。

3）未按规定配备专职监控人员的。

（3）违反本办法的规定，道路运输经营者使用卫星定位装置出现故障不能保持在线的运输车辆从事经营活动的，由县级以上道路运输管理机构责令改正。拒不改正的，处800元罚款。

（4）违反本办法的规定，有下列情形之一的，由县级以上道路运输管理机构责令改正，处2 000元以上5 000元以下罚款。

1）破坏卫星定位装置以及恶意人为干扰、屏蔽卫星定位装置信号的。

2）伪造、篡改、删除车辆动态监控数据的。

（5）违反本办法的相关规定，发生道路交通事故的，具有前款情形之一的，依法追究相关人员的责任；构成犯罪的，依法追究刑事责任。

（6）在本办法实施前已经进入运输市场的重型载货汽车和半挂牵引车，应当于2015年12月31日前全部安装、使用卫星定位装置，并接入道路货运车辆公共平台。

第三章 道路运输企业安全生产规范要求

道路运输属于危险性比较大的行业，事故发生率较高，而且往往伴随人身伤亡的严重后果。这是道路运输行业性质的特殊性所决定的。针对道路运输的行业特点，道路运输企业需要加强规范化、标准化管理，通过安全生产规范化建设，可以使大量不安全因素得到整改，强化设备、设施的本质安全性，提高人员的安全观念和技术水平，从而保障行车安全。

第一节 道路运输企业安全生产规范相关规定

企业实施安全生产规范化管理，主要目的是改变随意性的管理模式，建立规范化管理体系，从而进一步明确各部门职能，清晰职位职责，使责权相互匹配，形成最佳的安全管理与协作模式，解决职能缺乏、职责不清、责权不等等问题。同时，通过建立规范化管理体系，对于及时排查事故隐患，提高设备的安全可靠性，提高人员的技术水平，预防操作失误，也有着十分积极的作用。在道路运输企业安全生产规范化管理方面，2012年1月发布实施的《道路旅客运输企业安全管理规范（试行）》是一部重要的规章制度，在此进行介绍。

一、《道路旅客运输企业安全管理规范（试行）》相关要点

2012年1月19日，交通运输部、公安部、国家安全生产监督管理总局联合发布《道路旅客运输企业安全管理规范（试行）》（交运发〔2012〕33号），自发布之日起施行。在《关于印发道路旅客运输企业安全管理规范（试行）的通知》中明确要求：组织实施好《规范》，是贯彻落实《国务院安全会关于深入开展企业安全生产标准化建设指导意见》（安委〔2011〕4号）的具体体现，是深化道路客运隐患整治行动、强化企业安全生产主体责任的客观要求，对促进企业安全生产标准化、提高安全管理水平具有十分重要的现实意义。

《道路旅客运输企业安全管理规范（试行）》分为七章七十四条，各章内容分别为第一章总则，第二章安全生产基础保障，第三章安全生产管理职责，第四章安全生产管理制度，第五章安全隐患排查与治理，第六章目标考核，第七章附则。制定本规范的目的，是为加强和规范道路旅客运输企业的安全生产工作，提高企业安全管理水平，全面落实道路旅客运输企业安全主体责任，预防和减少道路交通事故。

1. 总则中的有关规定

在第一章总则中，对相关事项作了规定。

（1）本规范适用于所有从事道路旅客运输的企业。

（2）道路旅客运输企业是安全生产的责任主体，应当坚持"安全第一、预防为主、综合治理"的方针，严格遵守安全生产、道路交通和运输管理等有关法律、法规、规章和标准，建立健全安全生产责任制、岗位责任制和安全生产管理各项制度，完善安全生产条件，严格执行各项安全生产操作规程，加强车辆技术管理和客运驾驶人等从业人员管理，保障道路旅客运输安全。

（3）道路旅客运输企业应当接受交通运输、公安和安全监管等有关部门对其安全主体责任履行情况依法实施的监督管理。

（4）道路旅客运输企业应当推行安全标准化管理，积极采用新技术、新工艺和新设备，不断改善安全生产条件。

2. 安全生产基础保障的有关规定

在第二章安全生产基础保障中，对相关事项作了规定。

（1）道路旅客运输企业及分支机构应当依法设置安全生产领导机构和管理机构，配备与本单位安全生产工作相适应的专职安全管理人员。

道路旅客运输企业安全生产领导机构应当包括企业主要负责人，运输经营、安全管理、车辆管理、从业人员管理等部门负责人及分支机构的主要负责人。

拥有10辆以上（含）营运客车的道路旅客运输企业应当设置专门的安全生产管理机构，配备专职安全管理人员。拥有10辆以下营运客车的道路旅客运输企业应当配备专职安全管理人员。原则上按照每20辆车1人的标准配备专职安全管理人员，最低不少于1人。

（2）安全管理人员应当具有高中以上文化程度，具有在道路客运行业三年以上从业经历，掌握道路旅客运输安全生产相关政策和法规，经相关部门统一培训且考核合格，持证上岗。

（3）安全管理人员应当定期参加相关管理部门组织的培训，且每年参加脱产培训的时间不少于24学时。

（4）道路旅客运输企业应当定期召开安全生产工作会议和例会，分析安全形势，安排各项安全生产工作，研究解决安全生产中的重大问题。安全工作会议至少每季度召开一次，安全例会至少每月召开一次。特别是发生较大及以上事故后，应及时召开安全分析通报会。

安全生产工作会议和例会应当有会议记录，会议记录应建档保存，保存期不少于3年。

（5）道路旅客运输企业应当保障安全生产投入，按照《高危行业企业安全生产费用财务管理暂行办法》或地方政府的有关规定，按不低于营业收入的0.5%的比例提取、设立安全生产专项资金。

安全生产专项资金主要用于完善、改造、维护安全运营设施和设备，配备应急救援器材、设备和人员安全防护用品，开展安全宣传教育、安全培训，进行安全检查与隐患治理，开展应急救援演练等各项工作的费用支出。安全生产专项资金的使用应建立独立的台账。

（6）道路旅客运输企业应当按照《机动车交通事故责任强制保险条例》和《中华人民共和国道路运输条例》的规定，为营运车辆投保机动车交通事故责任强制保险以及为旅客投保承运人责任险。

（7）鼓励道路旅客运输企业积极探索、完善安全统筹行业互助形式，提高企业抗风险的能力。

3. 安全生产管理职责的有关规定

在第三章安全生产管理职责中，对相关事项作了规定。

（1）道路旅客运输企业应当依法建立健全安全生产目标管理，并将本单位的安全生产责任目标分解到各部门、各岗位，明确责任人员、责任内容和考核奖惩要求。

安全生产目标管理内容应当包括：

1）主要负责人的安全生产责任、目标。

2）分管安全生产和运输经营的负责人的安全生产责任、目标。

3）管理科室、分公司等部门及其负责人的安全生产责任、目标。

4）车队和车队队长的安全生产责任、目标。

5）岗位从业人员的安全生产责任、目标。

（2）道路旅客运输企业应当与各分支机构层层签订安全生产目标责任书，制定明确的考核指标，定期考核并公布考核结果及奖惩情况。

（3）道路旅客运输企业应实行安全生产一岗双责。道路旅客运输企业的主要负责人是安全生产的第一责任人，负有安全生产的全面责任；分管安全生产的负责人协助主要负责人履行安全生产职责，对安全生产工作负组织实施和综合管理及监督的责任；其他负责人对各自职责范围内的安全生产工作负直接管理责任。企业各职能部门、各岗位人员在职责范围内承担相应的安全生产职责。

（4）道路旅客运输企业的主要负责人对本单位安全生产工作负有下列职责：

1）严格执行安全生产的法律、法规、规章、规范和标准，组织落实相关管理部门的工作部署和要求。

2）建立健全本单位安全生产责任制，组织制定并落实本单位安全生产规章制度、客运驾驶人和车辆安全生产管理办法，落实安全生产操作规程。

3）依法建立适应安全生产工作需要的安全生产管理机构，确定符合条件的分管安全生产的负责人、技术负责人，配备专职安全管理人员。

4）按规定足额提取安全生产专项资金，保证本单位安全生产投入的有效实施。

5）督促、检查本单位安全生产工作，及时消除生产安全事故隐患。

6）组织开展本单位的安全生产教育培训工作。

7）组织开展安全生产标准化建设。

8）组织制定并实施本单位的生产安全事故应急救援预案，建立应急救援组织，开展应急救援演练。

9）定期组织分析企业安全生产形势，研究解决重大问题。

10）按相关规定报告道路旅客运输生产安全事故，严格按照"事故原因不查清不放过、事故责任者得不到处理不放过、整改措施不落实不放过、教训不吸取不放过"原则,严肃处理事故责任人,落实生产安全事故处理的有关工作。

11)实行安全生产目标管理,定期公布本单位安全生产情况,认真听取和积极采纳工会、职工关于安全生产的合理化建议和要求。

(5)道路旅客运输企业的安全生产管理机构及安全管理人员,负有下列职责:

1)监督执行安全生产法律、法规和标准,参与企业安全生产决策。

2)制定本单位安全生产规章制度、客运驾驶人和车辆安全生产管理办法、操作规程和相关技术规范,明确各部门、各岗位的安全生产职责,督促贯彻执行。

3)制定本单位安全生产年度管理目标和安全生产管理工作计划,组织实施考核工作,参与本单位安全生产事故应急预案的制定和演练,参与企业营运车辆的选型和客运驾驶人的招聘等安全运营工作。

4)制定本单位安全生产经费投入计划和安全技术措施计划,组织实施或监督相关部门实施。

5)组织开展本单位的安全生产检查,对检查出的安全隐患及其他安全问题应当督促相关部门立即处理,情况严重的,责令停止生产活动,并立即上报。对相关管理部门抄告、通报的车辆和客运驾驶人交通违法行为,进行及时处理。

6)组织实施本单位安全生产宣传、教育和培训,总结和推广安全生产工作的先进经验。

7)发生生产安全事故时,按照《生产安全事故报告和调查处理条例》等有关规定,及时报告相关部门;组织或者参与本单位生产安全事故的调查处理,承担生产安全事故统计和分析工作。

8)其他安全生产管理工作。

(6)道路旅客运输企业应当履行法律、法规规定的其他安全生产职责。

4. 安全生产管理制度的有关规定

在第四章安全生产管理制度中,对相关事项作了规定。

第一节 客运驾驶人管理

◆道路旅客运输企业应当建立客运驾驶人聘用制度。依照劳动合同法,严格客运驾驶人录用条件,统一录用程序,对客运驾驶人进行面试,审核客运驾驶人安全行车经历和从业资格条件,积极实施驾驶适宜性检测,明确新录用客运驾驶人的试用期。客运驾驶人的录用应当经过企业安全生产管理部门的审核,并录入企业动态监控平台(或监控端)。

对三年内发生道路交通事故致人死亡且负同等以上责任的,交通违法记分有满分记录的,以及有酒后驾驶、超员20%、超速50%或12个月内有三次以上超速违法记录的驾驶人,道路旅客运输企业不得聘用其驾驶客运车辆。

◆道路旅客运输企业应当建立客运驾驶人岗前培训制度。

岗前培训的主要内容包括:国家道路交通安全和安全生产相关法律法规、安全行车知识、典型交通事故案例警示教育、职业道德、安全告知知识、应急处置知识、企业有关安全运营管理的规定等。客运驾驶人岗前理论培训不少于12学时,实际驾驶操作不少于30学时,并要提前熟悉和了解客运车辆性能和客运线路情况。

◆道路旅客运输企业应当建立客运驾驶人安全教育、培训及考核制度。定期对客运驾驶人开展法律法规、典型交通事故案例警示、技能训练、应急处置等教育培训。客运驾驶人应当每月接受不少于两次,每次不少于 1 h 的教育培训。道路旅客运输企业应当组织和督促本企业的客运驾驶人参加继续教育,保证客运驾驶人参加教育和培训的时间,提供必要的学习条件。

道路旅客运输企业应在客运驾驶人接受教育与培训后,对客运驾驶人教育与培训的效果进行考核。客运驾驶人教育与培训考核的有关资料应纳入客运驾驶人教育与培训档案。客运驾驶人教育与培训档案的内容应包括:教育或培训的内容、培训时间、培训地点、授课人、参加培训人员的签名、考核人员、安全管理人员的签名、培训考试情况等。档案保存期限不少于 3 年。

道路旅客运输企业应当每月查询一次客运驾驶人的违法和事故信息,及时进行针对性的教育和处理。

◆道路旅客运输企业应当建立客运驾驶人从业行为定期考核制度。客运驾驶人从业行为定期考核的内容主要包括:客运驾驶人违法驾驶情况、交通事故情况、服务质量、安全运营情况、安全操作规程执行情况、参加教育与培训情况以及客运驾驶人心理和生理健康状况等。考核的周期不大于 3 个月。客运驾驶人从业行为定期考核的结果应与企业安全生产奖惩制度挂钩。

◆道路旅客运输企业应当建立客运驾驶人信息档案管理制度。客运驾驶人信息档案实行一人一档,包括客运驾驶人基本信息、客运驾驶人体检表、安全驾驶信息、诚信考核信息等情况。

◆道路旅客运输企业应当建立客运驾驶人调离和辞退制度。对交通违法记满分、诚信考核不合格以及从业资格证被吊销的客运驾驶人要及时调离或辞退。

◆道路旅客运输企业应当建立客运驾驶人安全告诫制度。安全管理人员对客运驾驶人出车前进行问询、告知,督促客运驾驶人做好对车辆的日常维护和检查,防止客运驾驶人酒后、带病或者带不良情绪上岗。

◆道路旅客运输企业应当建立防止客运驾驶人疲劳驾驶制度。关心客运驾驶人的身心健康,定期组织客运驾驶人进行体检,为客运驾驶人创造良好的工作环境,合理安排运输任务,防止客运驾驶人疲劳驾驶。

第二节 车辆管理

◆道路旅客运输企业应当加强车辆技术管理,确保营运车辆处于良好的技术状况。

◆道路旅客运输企业不得使用已达到报废标准、检测不合格、非法拼(改)装等不符合运行安全技术条件的客车以及其他不符合国家规定的车辆从事道路旅客运输经营。

◆道路旅客运输企业应当设立负责车辆技术管理的机构,配备专业车辆技术管理人员。

拥有 10 辆以上(含)营运客车的道路旅客运输企业应当设置专门的车辆技术管理机构,配备专业车辆技术管理人员;拥有 10 辆以下营运客车的道路旅客运输企业应当配备专业车辆技术管理人员。

◆道路旅客运输企业应当按照国家规定建立营运车辆技术档案，实行一车一档，实现车辆从购置到退出市场的全过程管理。

道路旅客运输企业应当逐步建立车辆技术信息化管理系统，完善营运车辆的技术管理。

◆道路旅客运输企业应当建立车辆维护制度，企业车辆技术管理机构应制订车辆维护计划，保证车辆按照国家有关规定、技术规范以及企业的相关规定进行维护。

车辆的日常维护由客运驾驶人或专门人员在每日出车前、行车中、收车后执行。一级维护和二级维护应由具备资质条件的车辆维修企业执行。

◆道路旅客运输企业应当定期检查车内安全带、安全锤、灭火器、故障车警告标志的配备是否齐全有效，确保安全出口通道畅通，应急门、应急顶窗开启装置有效，开启顺畅，并在车内明显位置标示客运车辆行驶区间和线路、经批准的停靠站点。

道路旅客运输企业应当在车厢内前部、中部、后部明显位置标示客运车辆车牌号码、核定载客人数和投诉举报座机、手机电话，方便旅客监督举报。

◆道路旅客运输企业应当按照国家有关规定建立车辆安全技术状况检测和年度审验、检验制度，严格执行营运车辆综合性能检测和技术等级评定制度，确保车辆符合安全技术条件。逾期未年审、年检或年审、年检不合格的车辆禁止上路行驶。

◆道路旅客运输车辆改型与报废应当严格执行国家规定的条件要求。对达到国家规定的报废标准或者检测不符合国家强制性要求的客运车辆，不得继续从事客运经营。道路旅客运输企业应当在车辆报废期满前，将车辆交售给机动车回收企业，并及时办理车辆注销登记。车辆报废相关材料应至少保存2年。

◆道路旅客运输企业应当对客运车辆牌证统一管理，建立派车单制度。车辆发班前，企业应对车辆的技术状况进行检查，合格后，企业签发派车单，由客运驾驶人领取派车单和车辆运营牌证。在营运中，客运驾驶人应如实填写派车单相关内容，营运客车完成运输任务后，企业及时收回派车单和运营单证。

派车单的主要内容包括：由企业填写的车辆、客运驾驶人、线路基本信息，始发点（站），中途停靠点（站），终点（站），批准签发人。由客运驾驶人填写的旅客人数，运行距离和时间，途中休息时间，天气和道路状况，以及行车中发生的车辆故障、事故等。派车单应存档保存，时间不少于1年。

◆道路旅客运输企业应自备或租用停车场所，对停放的营运车辆进行统一管理。

第三节　动态监控

◆道路旅客运输企业应当按相关规定，为其营运客车安装符合标准的卫星定位装置（卧铺客车应安装符合标准且具有视频功能的卫星定位装置），接入符合标准的监控平台或监控端，并有效接入全国重点营运车辆联网联控系统。

◆道路旅客运输企业应当建立卫星定位装置及监控平台的安装、使用管理制度，建立动态监控工作台账，规范卫星定位装置及监控平台的安装、管理、使用工作，履行监控主体责任。

◆道路旅客运输企业应当配备或聘请专职人员负责实时监控车辆行驶动态，记录分析处理动态信息，及时提醒、提示违规行为。对违法驾驶信息及处理情况要留存在案，其中监控数据应当至少保存1个月，违法驾驶信息及处理情况应当至少保存3年。

◆道路旅客运输企业应当按照法律规定设置的道路通行最高车速限值以及车辆行驶道路的实际情况，合理设置相应路段的车辆行驶速度限速标准。对异常停车、超速行驶、疲劳驾驶、逆向行驶、不按规定线路行驶等违法、违规行为及时给予警告和纠正，并事后进行处理。

◆道路旅客运输企业应当确保卫星定位装置正常使用，保持车辆运行时在线。

道路旅客运输企业应当对故意遮挡车载卫星定位装置信号、破坏车载卫星定位装置的驾驶人员，以及不严格监控车辆行驶动态的值守人员给予处罚，严重的应调离相应岗位，直至辞退。

◆道路旅客运输企业应当运用动态监控手段做好营运车辆的组织调度，并及时发送重特大道路交通事故通报、安全提示、预警信息。

◆鼓励有条件的道路旅客运输企业积极通过科技手段，加强动态监控工作。

第四节 运输组织

◆道路旅客运输企业在申请线路经营时应当进行实际线路考察，按照许可的要求投放营运车辆。

道路旅客运输企业应当建立每一条客运线路的交通状况、限速情况、气候条件、沿线安全隐患路段情况等信息台账，并提供给客运驾驶人。

◆道路旅客运输企业在安排运输任务时应当严格要求客运驾驶人在 24 h 内累计驾驶时间不得超过 8 h（特殊情况下可延长 2 h，但每月延长的总时间不超过 36 h），连续驾驶时间不得超过 4 h，每次停车休息时间不少于 20 min。

对于单程运行里程超过 400 km（高速公路直达客运 600 km）的客运车辆，企业应当配备两名以上客运驾驶人。对于超长线路运行的客运车辆，企业要积极探索接驳运输的方式，创造条件，保证客运驾驶人停车换人、落地休息。对于长途卧铺客车，企业要合理安排班次，尽量减少夜间运行时间。

◆对于三级以下（含三级）山区公路达不到夜间安全通行要求的路段，道路旅客运输企业不应在夜间（晚22时至早6时）安排营运客车在该路段运行。

◆道路旅客运输企业应当规范运输经营行为。

班线客车要严格按照许可的线路、班次、站点运行，在规定的停靠站点上下旅客，不得随意站外上客或揽客，不得超员运输。驾乘人员要对途中上车的旅客进行危险品检查，行李堆放区和乘客区要隔离，不得在行李堆放区内载客。

客运包车要凭包车客运标志牌，按照约定的时间、起始地、目的地和线路，持包车票或包车合同运行，不得承运包车合同约定之外的旅客。驾乘人员要对旅客携带物品进行安全检查。

道路旅客运输企业不得挂靠经营，不得违法转租、转让客运车辆和线路牌。

◆道路旅客运输企业应当对途经高速公路的营运客车乘客座椅安装符合标准的安全带。驾乘人员负责做好宣传工作，发车前、行驶中要督促乘客系好安全带。

◆道路旅客运输企业应当与汽车客运站签订进站协议，明确双方的安全责任，严格遵守汽车客运站安全生产的有关规定。

第五节 安全生产操作规程

◆道路旅客运输企业应当根据关键岗位的特点，分类制定安全生产操作规程，并监督员工严格执行，推行安全生产标准化作业。

◆道路旅客运输企业应当制定客运驾驶人行车操作规程，客运驾驶人行车操作规程的内容应至少包括："出车前、行车中、收车后"的车辆技术状况检查、开车前向旅客的安全告知、高速公路及特殊路段行车注意事项、恶劣天气下的行车注意事项、夜间行车注意事项、应急驾驶操作程序、进出客运站注意事项等。

◆道路运输企业应当制定车辆日常安全检查操作规程，车辆日常安全检查操作规程的内容应至少包括：轮胎、制动、转向、灯光等安全部件检查要求和检查程序，安检不合格车辆返修及复检程序等。

◆道路旅客运输企业应当制定车辆动态监控操作规程，车辆动态监控操作规程的内容应至少包括：卫星定位系统车载终端、监控平台设备的检修和维护要求，监控信息采集、分析、处理规范和流程，违章信息统计、报送及处理要求和程序，监控信息保存要求和程序等。

◆道路旅客运输企业应当建立乘务员安全服务操作规程，乘务员安全服务操作规程的内容应至少包括：乘务员值乘工作规范、值乘途中安全检查要求、车辆行驶中相关信息报送等。

◆道路旅客运输企业应当根据安全运营实际需求，制定其他相关安全运营操作规程。

第六节 其他安全生产管理制度

◆道路旅客运输企业应当建立安全生产基础档案制度，明确安全生产管理资料的归档、查阅。

◆道路旅客运输企业应当建立安全生产奖惩制度。对各部门、各岗位人员进行日常管理和安全运营的全过程考核，定期通报奖惩情况，根据考核结果做出奖惩处理。

◆道路旅客运输企业应当建立安全生产事故应急处置制度。发生安全生产事故后，道路旅客运输企业应当立即采取有效措施，组织抢救，防止事故扩大，减少人员伤亡和财产损失。

对于在旅客运输过程中发生的行车安全事故，客运驾驶人应及时向事发地的公安部门以及所属的道路旅客运输企业报告，道路旅客运输企业应当按规定时间、程序、内容向事故发生地和企业所属地县级以上的安监、公安、交通运输等相关职能部门报告事故情况，并启动安全生产事故应急处置预案。

道路运输企业应当定期进行安全生产事故统计和分析，总结事故特点和原因，提出针对性的事故预防措施。

◆道路旅客运输企业应当建立安全生产事故责任倒查制度。按照"事故原因不查清不放过、事故责任者得不到处理不放过、整改措施不落实不放过、教训不吸取不放过"的原则，对相关责任人进行严肃处理。

道路旅客运输企业应当认真吸取事故教训，落实防范和整改措施，防止事故再次发生。

◆道路旅客运输企业应当建立应急救援制度。健全应急救援组织体系，建立应急救援队伍，制定完善应急救援预案，开展应急救援演练。

◆道路旅客运输企业应当建立安全生产宣传和教育制度。普及安全知识，强化员工安全生产操作技能，提高员工安全生产能力。

道路旅客运输企业应当配备和完善开展安全宣传、教育活动的设施和设备，定期更新宣传、教育的内容。安全宣传、教育与培训应予以记录并建档保存，保存期限应至少为3年。

◆道路旅客运输企业应当建立健全安全生产社会监督机制，规范道路客运旅客安全告知制度，公开举报电话号码、通信地址或者电子邮件信箱，完善举报制度，充分发挥乘客、新闻媒体及社会各界的监督作用。对接到的举报和投诉，企业应当及时予以调查和处理。

◆道路旅客运输企业还应当建立本企业安全生产管理所需要的其他制度。

5. 安全隐患排查与治理的有关规定

在第五章安全隐患排查与治理中，对相关事项作了规定。

◆道路旅客运输企业应当建立事故隐患排查治理制度，依据相关法律法规及自身管理规定，对营运车辆、客运驾驶人、运输线路、运营过程等安全生产各要素和环节进行安全隐患排查，及时消除安全隐患。

◆道路旅客运输企业应根据安全生产的需要和特点，采用综合检查、专业检查、季节性检查、节假日检查、日常检查等方式进行隐患排查。

◆道路旅客运输企业应对排查出的安全隐患进行登记和治理，落实整改措施、责任、资金、时限和预案，及时消除事故隐患。

对于能够立即整改的一般安全隐患，由运输企业立即组织整改；对于不能立即整改的重大安全隐患，运输企业应组织制定安全隐患治理方案，依据方案及时进行整改；对于自身不能解决的重大安全隐患，运输企业应立即向有关部门报告，依据有关规定进行整改。

◆道路旅客运输企业应当建立安全隐患排查治理档案，档案应包括以下内容：隐患排查治理日期；隐患排查的具体部位或场所；发现事故隐患的数量、类别和具体情况；事故隐患治理意见；参加隐患排查治理的人员及其签字；事故隐患治理情况、复查情况、复查时间、复查人员及其签字。

◆道路旅客运输企业应当每季、每年对本单位事故隐患排查治理情况进行统计，分析隐患形成的原因、特点及规律，建立事故隐患排查治理长效机制。

◆道路旅客运输企业应当建立安全隐患报告和举报奖励制度，鼓励、发动职工发现和排除事故隐患，鼓励社会公众举报。对发现、排除和举报事故隐患的有功人员，应当给予物质奖励和表彰。

◆道路旅客运输企业应当积极配合有关部门的监督检查人员依法进行的安全隐患监督检查，不得拒绝和阻挠。

6. 有关目标考核的规定

在第六章目标考核中，对相关事项作了规定。

◆道路旅客运输企业应当根据相关管理部门的要求和自身实际情况，制定年度安全生产目标。安全生产目标应至少包括道路交通责任事故起数、死亡人数、受伤人数、财产损失、万车公里事故起数、万车公里伤亡人数等指标。

◆道路旅客运输企业应当建立安全生产年度考核与奖惩制度。针对年度目标，对各部门、各岗位人员进行安全绩效考核，通报考核结果。

道路旅客运输企业应根据安全生产年终考核结果，对安全生产相关部门、岗位工作人员给予一定的奖惩。对全年无事故、无交通违法记录、无旅客投诉的文明安全驾驶人予以表彰奖励。

◆道路旅客运输企业应当建立安全生产内部评价机制，每年至少进行1次安全生产内部评价。评价内容应包括安全生产目标、安全生产责任制、安全投入、安全教育培训、从业人员管理、车辆管理、生产安全监督与检查、应急响应与救援、事故处理与统计报告等各项安全生产制度的适宜性、充分性及有效性。

道路旅客运输企业应当根据相关规定定期聘请第三方机构对本单位的安全生产管理情况进行评估。

道路旅客运输企业应当根据第三方机构评估结果和安全生产内部评价结果及时改进安全生产管理工作内容和方法，修订和完善各项安全生产制度，持续改进和提高安全管理水平。

二、《道路旅客运输企业安全管理规范》解读

2012年1月19日，交通运输部、公安部、国家安全生产监督管理总局三个部门联合发布《道路旅客运输企业安全管理规范（试行）》（以下简称《规范》），目的是通过强化道路客运企业安全生产主体责任，促进企业安全管理方式转变，提高道路客运企业安全生产管理水平，预防和减少道路交通事故。

《规范》对道路客运企业安全生产提出了哪些具体要求？企业管理者、驾驶人的安全生产职责如何界定？企业应建立怎样的安全生产制度？企业安全生产硬件建设如何提高？就这些问题，交通运输部道路运输司司长对《规范》进行了解读。

具体来看，《规范》贯穿了"人员""机制"和"硬件"三条主线，分别从人员选拔与素质提升、安全制度体系建设、硬件设施安全维护三大方面对道路客运企业建设标准化的安全生产体系提出了全面、细致的要求。

1. 把人选好、用好、培训好，是保障道路客运安全的重要因素

人是企业安全生产责任的承担者和落实者，把人选好、用好、培训好，是保障道路客运安全的重要因素。因此，《规范》从"人"的角度出发，对道路客运企业安全生产主体责任的落实作了明确要求，其中又具体分为安全生产管理者与客运驾驶人两个层面。

（1）安全生产管理者：既"专"且"优"

过去，对道路客运企业从业人员的安全管理主要是针对一线操作人员的管理与培

训，事实上，企业安全管理人员的素质与管理水平对于企业安全生产也至关重要。因此，借鉴国际交通安全管理的成熟经验，《规范》专门对企业安全管理人员的素质与教育培训提出了要求。

《规范》首次明确了拥有10辆以上（含）营运客车的道路旅客运输企业应当设置专门的安全生产管理机构，配备专职安全管理人员。拥有10辆以下营运客车的道路旅客运输企业应当配备专职安全管理人员。原则上按照每20辆车1人的标准配备专职安全管理人员，最低不少于1人。

安全管理人员不仅要"有"，更要"优"，《规范》对其素质与培训也作了严格要求。《规范》要求企业安全管理人员应具有高中以上文化程度，具有在道路客运行业三年以上从业经历，掌握道路旅客运输安全生产相关政策和法规，经相关部门统一培训且考核合格，持证上岗。

此外，安全管理人员的培训不是一次性的，应当定期参加相关管理部门组织的培训，且每年参加脱产培训的时间不少于24学时。

（2）客运驾驶人：严"选"勤"训"。

驾驶人是道路客运安全的重要责任人，《规范》对驾驶人的聘用、培训、考试、档案管理等方面进行了详细的规定。

1）提高门槛。《规范》指出，道路旅客运输企业应当依照劳动合同法，严格客运驾驶人录用条件，统一录用程序，对客运驾驶人进行面试，审核客运驾驶人安全行车经历和从业资格条件，积极实施驾驶适宜性检测，明确录用客运驾驶人的试用期。

《规范》还要求，对三年内发生道路交通事故致人死亡且负同等以上责任的，交通违法记分有满分记录的，有酒后驾驶、超员20%、超速50%或者12个月内有三次以上超速违法记录的客运驾驶人，道路旅客运输企业不得聘用其驾驶客运车辆。

2）强化培训。丰富及时的培训能够不断提高客运驾驶人的业务素质，《规范》明确要求道路旅客运输企业应建立客运驾驶人岗前培训制度，岗前培训的主要内容包括：国家道路交通安全和安全生产相关法律法规、安全行车知识、典型交通事故案例警示教育、职业道德、安全告知知识、应急处置知识、企业有关安全运营管理的规定等。客运驾驶人岗前理论培训不少于12学时，实际驾驶操作不少于30学时。值得一提的是，《规范》还要求驾驶人上岗前应提前熟悉客运车辆性能和客运线路情况。

除了岗前培训外，客运驾驶人上岗后还要定期接受继续培训。《规范》要求，道路客运企业应定期对客运驾驶人开展法律法规、典型交通事故案例警示、技能训练、应急处置等教育培训。客运驾驶人应当每月接受不少于2次，每次不少于1h的教育培训。道路客运企业应当组织和督促本企业的客运驾驶人参加继续教育，保证客运驾驶人参加教育和培训的时间，提供必要的学习条件。

3）严格考核。严格的考核能有效督促客运驾驶人严于律己。《规范》要求道路客运企业建立客运驾驶人从业行为定期考核制度，考核内容包括驾驶人违法驾驶情况、交通事故情况、服务质量、安全运营情况、安全操作规程执行情况、参加教育与培训情况以及心理与卫生健康状况。考核的周期不大于3个月，而且考核的结果要与企业安全生产奖惩制度挂钩。

4) 健全档案。对于企业来说，只有对客运驾驶人的各方面情况全面掌握，才能更有效地对其进行管理。因此，《规范》要求道路客运企业建立客运驾驶人信息档案管理制度，驾驶人信息档案实行一人一档，包括客运驾驶人基本信息、客运驾驶人体检表、安全驾驶信息、诚信考核信息等情况。

5) 加强关心。为使客运驾驶人提高安全意识，《规范》要求，道路客运企业应当建立客运驾驶人安全告诫制度，安全管理人员对驾驶人出车前进行问询、告知，督促驾驶人做好车辆的日常维护和检查，防止驾驶人酒后、带病或不良情绪上岗。此外，《规范》还要求企业关心驾驶人的身心健康，定期组织驾驶人进行体检，为驾驶人创造良好的工作环境。

2. 完善的、良好的制度体系，是道路客运企业安全生产的基础保障

一个完善的、良好的制度体系是道路客运企业安全生产的基础保障。《规范》从隐患预防、目标设立、责任划分、应急处置、隐患治理、考核评价等方面对道路客运企业安全生产制度的建立进行了详细规定。

(1) 预防机制：例会要常开，疲劳不上路

《规范》要求，道路旅客运输企业应定期召开安全生产工作会议和例会，分析安全形势，安排各项安全生产工作，研究解决安全生产中的重大问题。企业每季度至少应召开一次安全生产工作会议，每月至少召开一次安全例会。安全生产工作会议和例会应当有会议记录，并建档保存。

为避免疲劳驾驶造成的安全隐患，《规范》规定道路客运企业在安排运输任务时应严格要求客运驾驶人在 24 h 内累计驾驶时间不得超过 8 h（特殊情况下可延长 2 h，但每月延长的总时间不超过 36 h），连续驾驶时间不得超过 4 h，每次停车休息时间不少于 20 min，并明确要求企业要积极探索接驳运输的方式，为超长线路运行的客运车辆创造条件，保证客运驾驶人停车换人、落地休息。对于长途卧铺客车，企业要合理安排班次，尽量减少夜间运行时间。

《规范》还明确规定道路旅客运输企业不得挂靠经营，不得违法转租、转让客运车辆和线路牌。

(2) 责任机制：责任层层定，位高担子重

《规范》明确了道路客运企业应当依法建立健全安全生产目标管理，与各分支机构层层签订安全生产目标责任书，明确责任人员、责任内容，制定明确的考核指标，定期考核并公布考核结果及奖惩情况。

其中，《规范》明确了道路客运企业的主要负责人是安全生产的第一责任人，负有安全生产的全面责任。其主要职责包括建立健全本单位安全生产责任制、按规定足额提取安全生产专项资金、严肃处理事故责任人等。

此外，企业分管安全生产的责任人协助主要负责人履行安全生产职责，对安全生产工作负组织实施和综合管理及监督的责任；其他负责人对各自职责范围内的安全生产工作负直接管理责任。企业各职能部门、各岗位人员在职责范围内承担相应的安全生产职责。

(3) 应急机制：出事反应快，救援当及时

《规范》要求，道路旅客运输企业应当建立安全生产事故应急处置制度。发生安全生产事故后，企业应立即采取有效措施，组织抢救，防止事故扩大，减少人员伤亡和财产损失。

对于在旅客运输过程中发生的行车安全事故，客运驾驶人应及时向事发地的公安部门以及所属的道路旅客运输企业报告，企业应当按规定时间、程序、内容向事故发生地和企业所属地县级以上的安监、公安、交通运输等相关职能部门报告事故情况，并启动安全生产事故应急处置方案。

《规范》还明确了道路旅客运输企业应当建立应急救援制度，健全应急救援组织体系，建立应急救援队伍，制定完善应急救援预案，开展应急救援演练。

(4) 治理机制：防微以杜渐，隐患尽早灭

为使道路客运安全隐患降到最低，《规范》要求道路客运企业建立事故隐患排查治理制度，依据相关法律法规及自身管理规定，对营运车辆、客运驾驶人、运输线路、运营过程等安全生产各要素和环节进行安全隐患排查，及时消除隐患。

在排查方式上，企业可根据需要采用综合检查、专业检查、季节性检查、节假日检查、日常检查等多种方式。一旦查出隐患，企业应对隐患进行登记和治理，落实整改措施、责任、资金、时限和预案，及时消除事故隐患。

此外，《规范》还明确要求道路客运企业建立安全隐患排查治理档案，每季、每年对本单位事故隐患排查治理情况进行统计，分析隐患形成的原因、特点及规律，建立事故隐患排查治理长效机制，并鼓励、发动职工发现和排除事故隐患，鼓励社会公众举报。

(5) 考核机制：内外相结合，不足及时改

为督促道路客运企业切实将安全生产管理落到实处，建立企业自律机制，《规范》对企业安全生产的目标考核进行了详细的规定。

《规范》要求道路客运企业应当依据相关管理部门的要求和自身实际情况，制定年度安全生产目标，并建立安全生产年度考核与奖惩制度，针对年度目标对各部门、各岗位人员进行安全绩效考核。考核结果与企业安全生产相关部门、岗位工作人员所受的奖惩挂钩。

在安全生产目标考核机制方面，《规范》强调企业内部考核与外部考核相结合。首先，企业应当建立安全生产内部评价机制，每年至少进行1次安全生产内部评价。此外，企业应当依据相关规定定期聘请第三方机构对本单位的安全生产管理情况进行评估。

《规范》还特别强调了评估考核结果的落实，指出企业应当根据第三方机构评估结果和安全生产内部评价结果及时改进安全生产管理工作内容和方法，修订和完善各项安全生产制度，持续改进和提高安全管理水平。

3. 确保道路旅客运输企业安全生产的物质条件

维护道路客运安全需要充足的资金保障、可靠的硬件设施以及先进的科技支撑。《规范》对这几个方面也进行了详细规定，确保道路旅客运输企业安全生产的物质条件。

(1) 保障安全生产投入：专项资金，双重保险

《规范》明确规定，道路旅客运输企业应当保障安全生产投入，按照《高危行业企业安全生产费用财务管理暂行办法》或地方政府的有关规定，按照不低于营业收入的0.5％的比例提取、设立安全生产专项资金。

安全生产专项资金主要用于完善、改造、维护安全运营设施和设备，配备应急救援器材、设备和人员安全防护用品，开展安全宣传教育、安全培训，进行安全检查与隐患治理，开展应急救援演练等各项工作的费用支出。安全生产专项资金的使用应建立独立的台账。

为减轻道路客运安全的后顾之忧，《规范》还要求，道路旅客运输企业应当按照《机动车交通事故责任强制保险条例》和《中华人民共和国道路运输条例》的规定，为营运车辆投保机动车交通事故责任险，为乘客投保承运人责任险。

(2) 加强车辆硬件监管：安全设备齐，牌证统一管

良好的营运车辆是道路客运安全不可或缺的一环。《规范》指出，道路客运企业应当加强车辆技术管理，确保营运车辆处于良好的技术状况。《规范》明确了道路客运企业应当设立负责车辆技术管理的机构，配备专业车辆技术管理人员。

资料显示，2010年我国道路运输行业事故导致的死亡和受伤人数接近1∶1，远远超过国际交通事故导致的死伤比例（约为1∶50），这说明我国营运客车被动安全性不足，安全带没有发挥应有的作用。因此，《规范》要求道路客运企业应对途经高速公路的营运客车乘客座椅安装符合标准的安全带，驾乘人员在发车前、行驶中要督促乘客系好安全带。并应当定期检查车内安全带、安全锤、故障车警告标志和配备是否齐全有效，确保安全出口通道畅通，应急门、应急顶窗开启装置有效，开启顺畅，并在车内明显位置标示客运车辆行驶区间和线路、经批准的停靠站点。

此外，《规范》要求道路客运企业应在车厢内前部、中部、后部明显位置标示客运车辆车牌号码、核定载客人数和投诉举报座机、手机电话，方便旅客监督举报。

《规范》还要求道路客运企业对客运车辆牌证统一管理，建立派车单制度。车辆发班前，企业应对车辆的技术状况进行检查，合格后签发派车单，由客运驾驶人领取派车单和车辆运营牌证。在营运中，客运驾驶人应如实填写派车单相关内容。营运客车完成运输任务后，企业及时收回派车单和运营牌证。

(3) 完善动态监管系统：联网联控，及时提醒

动态监控是维护道路旅客运输安全、降低安全隐患的一种重要的技术手段。为实现对于道路运输车辆的实时动态监控，《规范》首次对客运车辆动态监控系统的安装和使用提出了明确细致的要求，要求道路客运企业应当按相关规定，为其营运客车安装符合标准的卫星定位装置（卧铺客车应安装符合标准且具有视频功能的卫星定位装置），接入符合标准的监控平台或监控端，并有效接入全国重点营运车辆联网联控系统。

道路旅客运输企业应当建立卫星定位装置及监控平台的安装、使用管理制度，建立动态监控工作台账，规范卫星定位装置及监控平台的安装、管理、使用工作。

《规范》还对动态监控的主体责任进行了明确规定，要求企业要配备专人负责实时监控车辆行驶动态，记录分析处理动态信息，及时提醒、提示违规行为。对于故意遮挡车载卫星定位装置信号、破坏车载卫星定位装置的驾驶人员，以及不严格监控车辆行驶

动态的值守人员,道路旅客运输企业应对其给予处罚,严重的应调离相应岗位,直至辞退。

第二节　道路运输车辆安全管理规范

对道路运输企业来说,营运车辆状况如何,对能否保证运输安全起着至关重要的作用。因此,为了能够更好地满足道路运输安全的需要,营运车辆的维护及保养工作不容忽视。道路运输企业要按照有关规定,使营运车辆保持车容的整洁,及时发现并清除故障和隐患,进而减少机件磨损,防止车辆早期和不必要的损坏,延长车辆使用寿命,时刻保持车辆最良好的技术状况。安全的车辆加上安全的人员是保证企业安全的基础。

一、《道路运输车辆维护管理规定》相关要点

2001年8月20日,原交通部公布《关于修改〈道路运输车辆维护管理规定〉的决定》(交通部令2001年第4号),自公布之日起施行。

《道路运输车辆维护管理规定》分为六章二十九条,各章内容分别为第一章总则,第二章道路运输车辆维护,第三章道路运输车辆二级维护检测,第四章管理与监督检查,第五章罚则,第六章附则。制定本规定的目的,是根据国家有关规定,为加强道路运输车辆管理,保持车辆技术状况良好,确保运行安全,保护环境,降低运行消耗,提高运输质量。

1. 总则中的有关规定

在第一章总则中,对相关事项作了规定。

◆车辆维护制度是贯彻安全第一、预防为主的方针,保障汽车运行安全的基本制度。车辆维护是指道路运输车辆运行到国家有关标准规定的行驶里程或间隔时间,必须按期执行的维护作业。

◆本规定适用于在中华人民共和国境内,从事道路客货运输的经营业户(单位或个人)和汽车维修一、二类企业及汽车综合性能检测站。

◆各级交通行政主管部门归口管理辖区内道路运输车辆的维护管理工作,各级道路运输管理机构负责组织实施。

2. 道路运输车辆维护的有关规定

在第二章道路运输车辆维护中,对相关事项作了规定。

◆道路运输车辆的维护分为:日常维护、一级维护、二级维护。

日常维护是由驾驶员每日出车前、行车中和收车后负责执行的车辆维护作业。其作业中心内容是清洁、补给和安全检视。

一级维护是由维修企业负责执行的车辆维护作业。其作业中心内容除日常维护作业外,以清洁、润滑、紧固为主,并检查有关制动、操纵等安全部件。

二级维护是由维修企业负责执行的车辆维护作业。其作业中心内容是除一级维护作业外,以检查、调整转向节、转向摇臂、制动蹄片、悬架等经过一定时间的使用容易磨

损或变形的安全部件为主,并拆检轮胎,进行轮胎换位。二级维护必须按期执行。

◆道路运输经营业户和驾驶员,必须按国家或行业有关标准规定的行驶里程或间隔时间,对车辆进行维护作业,进口车辆及特种车辆按出厂说明书的规定执行。

◆道路运输经营业户,可以自主选择经道路运输管理机构资质认定的二类以上的汽车维修企业进行维护作业。危险品运输车辆必须到具备危险品运输车辆修理条件的维修企业进行维护作业。

◆经道路运输管理机构资质认定,达到二类以上汽车维修企业开业条件的道路运输经营业户,可以对本单位的车辆进行维护作业。

◆凡从事道路运输车辆维护作业的维修企业(以下简称维修企业),应遵守国家有关法规、标准,按规定的作业规范或说明书进行作业,不得漏项或减项作业。

◆维修企业实行车辆维修合同制,承修方与托修方应签订维修合同,并实行竣工上线检测制度、出厂合格证制度和质量保证期制度。

◆维修企业应与经道路运输管理机构资质认定的汽车综合性能检测站签订二级维护竣工检测委托合同书。

◆维修企业应配备专职的质量检验员和价格结算人员。质量检验员及价格结算人员必须经过培训,考核合格持证上岗。

◆维修企业及价格结算人员,应严格执行当地交通部门制定的工时定额,并严格按当地交通部门会同物价部门制定的工时费率标准收取工时费。

3. 道路运输车辆二级维护检测的有关规定

在第三章道路运输车辆二级维护检测中,对相关事项作了规定。

◆道路运输车辆二级维护检测分为以下三类:

(1) 二级维护前的诊断检测,主要是针对驾驶员的反映和车辆的外检情况,应用仪器、设备对车辆进行不解体诊断检测,以确定二级维护的附加作业项目。由维修企业按标准来执行,出具的诊断报告作为签订维护合同的依据之一。

(2) 二级维护作业过程中的检测,主要是对二级维护生产过程中的车辆维修质量进行跟踪检测,发现问题及时解决,由维修企业按标准进行,并作出检测记录。

(3) 二级维护竣工检测,主要是对二级维护及其附加作业项目的作业质量进行检测评定,由汽车综合性能检测站按标准进行,出具的检测报告作为维修企业的质量检验员签发出厂合格证的依据之一。

◆汽车综合性能检测站应配备技术负责人、质量负责人和专职的检测员,并必须经过培训,考核合格并取得证书后方可上岗。

◆汽车综合性能检测站应严格执行交通部门制定的有关检测标准、规范和程序,由技术负责人签发检测报告。汽车综合性能检测站应严格按当地交通部门会同物价部门制定的检测费标准收取检测费。

4. 有关管理与监督检查的规定

在第四章管理与监督检查中,对相关事项作了规定。

◆道路运输经营业户,必须按国家有关规定执行车辆维护制度,并加强管理。车辆的二级维护由各级道路运输管理机构负责监督管理。

◆车辆二级维护出厂前,须进行竣工检测,并由维修企业的质量检验员审验合格后,签发出厂合格证。维修企业应开具统一规定的汽车维修项目、费用清单和结算凭证。

◆道路运输经营业户应持出厂合格证到当地道路运输管理机构审核备案。实行了计算机联网的地区,应实现车辆技术管理及信息传递的自动化。

◆从事驻在运输超过三个月的车辆,车主应持车籍地道路运输管理机构的委托书,纳入驻在地车辆维护的管理。

◆对车辆二级维护执行情况的监督应在车站、货场和车辆所属道路运输经营业户驻地进行。对达到二级维护里程或间隔时间的车辆,道路运输经营业户应自觉按时维护,道路运输管理机构要及时督促道路运输经营业户按时维护。

◆道路运输经营业户年度审验时应出示车辆二级维护出厂合格证(已审核备案的除外)。

◆对维修企业,主要检查其执行国家有关车辆维护规范的情况、经营行为、在质量保证期内的返修率和质量监督抽查上线检测一次合格率。质量保证期内的车辆返修率应低于5%,质量监督抽查上线检测一次合格率应不低于85%。

◆对汽车综合性能检测站,主要检查二级维护竣工检测标准及项目的执行情况和经营行为。

5. 有关罚则与附则的规定

在第五章罚则和第六章附则中,对相关事项作了规定。

◆对违反本规定的单位和个人,由交通行政主管部门(或其委托的道路运输管理机构)按有关行政处罚规定予以处罚。

◆各省、自治区、直辖市交通厅(局、委)可根据本地实际情况制定实施细则。

二、《汽车运输危险货物规则》相关要点

2004年12月30日,原交通部发布《汽车运输危险货物规则》(JT 617—2004),自2005年3月1日起实施。

1. 适用范围

本标准规定了汽车运输危险货物的托运、承运、车辆和设备、从业人员、劳动防护等基本要求。

本标准适用于汽车运输危险货物的安全管理。

2. 术语和定义

下列术语和定义适用于本标准。

(1)危险货物

危险货物是指具有爆炸、易燃、毒害、腐蚀、放射性等性质,在运输、装卸和储存保管过程中,容易造成人身伤亡和财产损毁而需要特别防护的货物。

(2)危险废物

危险废物是指列入国家危险废物名录或者根据国家规定的危险废物鉴别标准和鉴别方法认定的具有危险特性的废物。

（3）医疗废物

医疗废物是指医疗卫生机构在医疗、预防、保健以及其他相关活动中产生的具有直接或者间接感染性、毒性以及其他危害性的废物。

（4）不可移动罐体车

不可移动罐体车是指罐体永久性固定在车辆底盘上，与车辆不可分离的罐体运输车。

（5）拖挂罐体车

拖挂罐体车是指罐体永久性固定在挂车底盘上，与挂车不可分离，牵引车与挂车可分离的罐体运输车。

（6）罐式集装箱

罐式集装箱是指由箱体框架和罐体两部分组成的集装箱，有单罐式和多罐式两种（GB/T 1992—2006《集装箱术语》，定义2.2.2.2）。

3. 分类和分项

危险货物的分类和分项应符合《危险货物分类和品名编号》（GB 6944—2012）的规定。

4. 包装、标志和标签

（1）包装

危险货物的包装应符合 GB 12463—2009《危险货物运输包装通用技术条件》、GB 11806—2004《放射性物质安全运输规程》和 GB 18564—2001《汽车运输液体危险货物常压容器罐体通用技术条件》的规定。

（2）标志

危险货物的标志应符合 GB 190—2009《危险货物包装标志》和 GB/T 191—2008《包装储运图示标志》的规定。

（3）安全标签

危险货物的安全标签应符合 GB 15258—2009《化学品安全标签编写规定》的规定。

（4）安全技术说明书

危险货物的安全技术说明书应符合国家有关规定。

5. 托运

（1）托运人应向具有汽车运输危险货物经营资质的企业办理托运，且托运的危险货物应与承运企业的经营范围相符合。

（2）托运人应如实详细地填写运单上规定的内容，运单基本内容见附录A，并应提交与托运的危险货物完全一致的安全技术说明书和安全标签。

（3）托运未列入 GB 12268—2012《危险货物品名表》的危险货物时，应提交与托运的危险货物完全一致的安全技术说明书、安全标签和危险货物鉴定表，危险货物鉴定表见附录B。

（4）危险货物性质与消防方法相抵触的货物应分别托运。

（5）盛装过危险货物的空容器，未经消除危险处理、有残留物的，仍按原装危险货物办理托运。

（6）使用集装箱装运危险货物的，托运人应提交危险货物装箱清单。

(7) 托运需控温运输的危险货物，托运人应向承运人说明控制温度、危险温度和控温方法，并在运单上注明。

(8) 托运食用、药用的危险货物，应在运单上注明"食用""药用"字样。

(9) 托运放射性物品，按 GB 11806—2004《放射性物质安全运输规程》办理。

(10) 托运需要添加抑制剂或者稳定剂的危险化学品，托运人交付托运时应当添加抑制剂或者稳定剂，并在运单上注明。

(11) 托运凭证运输的危险货物，托运人应提交相关证明文件，并在运单上注明。

(12) 托运危险废物、医疗废物，托运人应提供相应识别标识。

6. 承运

(1) 承运人应按照道路运输管理机构核准的经营范围受理危险货物的托运。

(2) 承运人应核实所装运危险货物的收发货地点、时间以及托运人提供的相关单证是否符合规定，并核实货物的品名、编号、规格、数量、件重、包装、标志、安全技术说明书、安全标签和应急措施以及运输要求。

(3) 危险货物装运前应认真检查包装的完好情况，当发现破损、撒漏，托运人应重新包装或修理加固，否则承运人应拒绝运输。

(4) 承运人自接货起至送达交付前，应负保管责任。货物交接时，双方应做到点收、点交，由收货人在运单上签收。发生剧毒、爆炸、放射性物品货损、货差的，应及时向公安部门报告。

(5) 危险货物运达卸货地点后，因故不能及时卸货的，应及时与托运人联系妥善处理；不能及时处理的，承运人应立即报告当地公安部门。

(6) 承运人应拒绝运输托运人应派押运人员而未派的危险货物。

(7) 承运人应拒绝运输已有水渍、雨淋痕迹的遇湿易燃物品。

(8) 承运人有权拒绝运输不符合国家有关规定的危险货物。

7. 车辆和设备

(1) 基本要求

1) 车辆安全技术状况应符合 GB 7258—2012《机动车运行安全技术条件》的要求。

2) 车辆技术状况应符合 JT/T 198—2004《营运车辆技术等级划分和评定要求》规定的一级车况标准。

3) 车辆应配置符合 GB 13392—2005《道路运输危险货物车辆标志》的标志，并按规定使用。

4) 车辆应配置运行状态记录装置（如行驶记录仪）和必要的通信工具。

5) 运输易燃易爆危险货物车辆的排气管，应安装隔热和熄灭火星装置，并配装符合 JT 230—1995《汽车导静电橡胶拖地带》规定的导静电橡胶拖地带装置。

6) 车辆应有切断总电源和隔离电火花装置，切断总电源装置应安装在驾驶室内。

7) 车辆车厢底板应平整完好，周围栏板应牢固；在装运易燃易爆危险货物时，应使用木质底板等防护衬垫措施。

8) 各种装卸机械及工、属具，应有可靠的安全系数；装卸易燃易爆危险货物的机械及工、属具，应有消除产生火花的措施。

9）根据装运危险货物性质和包装形式的需要，应配备相应的捆扎、防水和防散失等用具。

10）运输危险货物的车辆应配备消防器材并定期检查、保养，发现问题应立即更换或修理。

（2）特定要求

1）运输爆炸品的车辆，应符合国家爆破器材运输车辆安全技术条件规定的有关要求。

2）运输爆炸品、固体剧毒品、遇湿易燃物品、感染性物品和有机过氧化物时，应使用厢式货车运输，运输时应保证车门锁牢；对于运输瓶装气体的车辆，应保证车厢内空气流通。

3）运输液化气体、易燃液体和剧毒液体时，应使用不可移动罐体车、拖挂罐体车或罐式集装箱；罐式集装箱应符合 GB/T 16563—1996《系列1：液体、气体及加压干散货罐式集中箱 技术要求和试验方法》的规定。

4）运输危险货物的常压罐体，应符合 GB 18564—2001《汽车运输液体危险货物常压容器罐体通用技术条件》规定的要求。

5）运输危险货物的压力罐体，应符合 GB 150—2011《压力容器》规定的要求。

6）运输放射性物品的车辆，应符合 GB 11806—2004《放射性物质安全运输规程》规定的要求。

7）运输需控温危险货物的车辆，应有有效的温控装置。

8）运输危险货物的罐式集装箱，应使用集装箱专用车辆。

8. 运输

（1）危险货物运输车辆严禁超范围运输。严禁超载、超限。

（2）运输危险货物时应随车携带"道路运输危险货物安全卡"，见附录C。

（3）运输不同性质危险货物，其配装应按"危险货物配装表"规定的要求执行，"危险货物配装表"见附录D。

（4）运输危险货物应根据货物性质，采取相应的遮阳、控温、防爆、防静电、防火、防震、防水、防冻、防粉尘飞扬、防撒漏等措施。

（5）运输危险货物的车厢应保持清洁干燥，不得任意排弃车上残留物；运输结束后被危险货物污染过的车辆及工、属具，应按附录E的方法到具备条件的地点进行车辆清洗消毒处理。

（6）运输危险废物时，应采取防止污染环境的措施，并遵守国家有关危险货物运输管理的规定。

（7）运输医疗废物时，应使用有明显医疗废物标识的专用车辆；医疗废物专用车辆应达到防渗漏、防遗撒以及其他环境保护和卫生要求；专用车辆使用后，应当在医疗废物集中处置场所内及时进行消毒和清洁；运送医疗废物的专用车辆不得运送其他物品。

（8）夏季高温期间限制运输的危险货物，应按有关规定执行。

（9）运输危险货物的车辆禁止搭乘无关人员。

（10）运输危险货物的车辆不得在居民聚居点、行人稠密地段、政府机关、名胜古迹、风景游览区停车。如需在上述地区进行装卸作业或临时停车，应采取安全措施。

（11）运输爆炸物品、易燃易爆化学物品以及剧毒、放射性等危险物品，应事先报经当地公安部门批准，按指定路线、时间、速度行驶。

9. 从业人员

（1）运输危险货物的驾驶人员、押运人员和装卸管理人员应持证上岗。

（2）从业人员应了解所运危险货物的特性、包装容器的使用特性、防护要求和发生事故时的应急措施，熟练掌握消防器材的使用方法。

（3）运输危险货物应配备押运人员。押运人员应熟悉所运危险货物特性，并负责监管运输全过程。

（4）驾驶人员和押运人员在运输途中应经常检查货物装载情况，发现问题及时采取措施。

（5）驾驶人员不得擅自改变运输作业计划。

10. 劳动防护

（1）运输危险货物的企业（单位），应配备必要的劳动防护用品和现场急救用具；特殊的防护用品和急救用具应由托运人提供。

（2）危险货物装卸作业时，应穿戴相应的防护用具，并采取相应的人身肌体保护措施；防护用具使用后，应按照国家环保要求集中清洗、处理；对被剧毒、放射性、恶臭物品污染的防护用具应分别清洗、消毒。

（3）运输危险货物的企业（单位），应负责定期对从业人员进行健康检查和事故预防、急救知识的培训。

（4）危险货物一旦对人体造成灼伤、中毒等危害，应立即进行现场急救，并迅速送医院治疗。

11. 事故应急处理

运输危险货物的企业（单位），应建立事故应急预案和安全防护措施。

三、《汽车运输、装卸危险货物作业规程》相关要点

2004年12月30日，原交通部发布《汽车运输、装卸危险货物作业规程》（JT 618—2004），自2005年3月1日起实施。

本标准分为八章，各章内容分别为范围，规范性引用文件，术语和定义，通则，包装货物运输、装卸要求，散装货物运输、装卸要求，集装箱货物运输、装卸要求，部分常见大宗危险货物运输、装卸要求。本标准的全部技术内容为强制性。本标准代替JT 3145—1991《汽车危险货物运输、装卸作业规程》。

1. 适用范围

本标准规定了汽车运输、装卸危险货物的基本要求和安全作业要求。

本标准适用于爆炸品、压缩气体和液化气体、易燃液体、易燃固体、自燃物品和遇湿易燃物品、氧化剂和有机过氧化物、毒害品和感染性物品、放射性物品、腐蚀品和杂类等危险货物的汽车运输和装卸。

2. 术语和定义

下列术语和定义适用于本标准。

（1）自行加速分解温度是指运输包装件中的自反应物质或有机过氧化物可能发生自行加速分解的最低温度。

（2）控制温度是指自反应物质和有机过氧化物可以安全运输的最高温度。

（3）应急温度是指对温度失去控制的自反应物质和有机过氧化物实施应急措施的最高温度。

（4）最高容许浓度又称极限阈值，是指健康成人长期经受而不致造成急性或慢性危害的最高浓度。

（5）自反应物质是指热不稳定物质，即使没有氧气（空气）参与也易产生强烈的放热分解，属于易燃固体。

3. 通则

（1）基本要求

1）汽车运输危险货物应符合 JT617—2004《汽车运输危险货物规则》的规定。

2）危险货物的装卸应在装卸管理人员的现场指挥下进行。

3）在危险货物装卸作业区应设置警告标志。无关人员不得进入装卸作业区。

4）进入易燃、易爆危险货物装卸作业区应禁止随身携带火种；关闭随身携带的手机等通信工具和电子设备；穿着不产生静电的工作服和不带铁钉的工作鞋。

5）雷雨天气装卸时，应确认避雷电、防湿潮措施有效。

6）运输危险货物的车辆在一般道路上最高车速为 60 km/h，在高速公路上最高车速为 80 km/h，并应确认有足够的安全车间距离。如遇雨天、雪天、雾天等恶劣天气，最高车速为 20 km/h，并打开示警灯，警示后车，防止追尾。

7）运输过程中，应每隔 2 h 检查一次。若发现货损（如丢失、泄漏等），应及时联系当地有关部门予以处理。

8）驾驶人员一次连续驾驶 1 h 应休息 20 min 以上；24 h 内实际驾驶车辆时间累计不得超过 8 h。

9）运输危险货物的车辆发生故障需修理时，应选择在安全地点和具有相关资质的汽车修理企业进行。

10）禁止在装卸作业区内维修运输危险货物的车辆。

11）对装有易燃易爆的和有易燃易爆残留物的运输车辆，不得动火修理。确需修理的车辆，应向当地公安部门报告，根据所装载的危险货物特性，采取可靠的安全防护措施，并在消防员监控下作业。

（2）作业要求

1）出车前

①运输危险货物车辆的有关证件、标志应齐全有效，技术状况应为良好，并按照有关规定对车辆安全技术状况进行严格检查，发现故障应立即排除。

②运输危险货物车辆的车厢底板应平坦完好、栏板牢固，对于不同的危险货物，应采取相应的衬垫防护措施（如铺垫木板、胶合板、橡胶板等），车厢或罐体内不得有与所装危险货物性质相抵触的残留物。

③检查运输危险货物的车辆配备的消防器材，发现问题应立即更换或修理。

④驾驶人员、押运人员应检查随车携带的"道路运输危险货物安全卡"是否与所运危险货物一致。

⑤根据所运危险货物特性，应随车携带遮盖、捆扎、防潮、防火、防毒等工、属具和应急处理设备、劳动防护用品。

⑥装车完毕后，驾驶员应对货物的堆码、遮盖、捆扎等安全措施及对影响车辆起动的不安全因素进行检查，确认无不安全因素后方可起步。

2）运输

①驾驶人员应根据道路交通状况控制车速，禁止超速和强行超车、会车。

②运输途中应尽量避免紧急制动，转弯时车辆应减速。

③通过隧道、涵洞、立交桥时，要注意标高、限速。

④运输危险货物过程中，押运人员应密切注意车辆所装载的危险货物，根据危险货物性质定时停车检查，发现问题及时会同驾驶人员采取措施妥善处理。驾驶人员、押运人员不得擅自离岗、脱岗。

⑤运输过程中如发生事故时，驾驶人员和押运人员应立即向当地公安部门及安全生产管理部门、环境保护部门、质检部门报告，并应看护好车辆、货物，共同配合采取一切可能的警示、救援措施。

⑥运输过程中需要停车住宿或遇有无法正常运输的情况时，应向当地公安部门报告。

⑦运输过程中遇有天气、道路路面状况发生变化，应根据所装载危险货物特性，及时采取安全防护措施。遇有雷雨时，不得在树下、电线杆、高压线、铁塔、高层建筑及容易遭到雷击和产生火花的地点停车。若要避雨时，应选择安全地点停放。遇有泥泞、冰冻、颠簸、狭窄及山崖等路段时，应低速缓慢行驶，防止车辆侧滑、打滑及危险货物剧烈震荡等，确保运输安全。

⑧工业企业厂内进行危险货物运输，应按 GB 4387—1994《工业企业厂内铁路、道路运输安全规程》执行。

3）装卸

①装卸作业现场要远离热源，通风良好；电气设备应符合国家有关规定要求，严禁使用明火灯具照明，照明灯应具有防爆性能；易燃易爆货物的装卸场所要有防静电和避雷装置。

②运输危险货物的车辆应按装卸作业的有关安全规定驶入装卸作业区，应停放在容易驶离作业现场的方位上，不准堵塞安全通道。停靠货垛时，应听从作业区业务管理人员的指挥，车辆与货垛之间要留有安全距离。待装卸的车辆与装卸中的车辆应保持足够的安全距离。

③装卸作业前，车辆发动机应熄火，并切断总电源（需从车辆上取得动力的除外）。在有坡度的场地装卸货物时，应采取防止车辆溜坡的有效措施。

④装卸作业前应对照运单，核对危险货物名称、规格、数量，并认真检查货物包装。货物的安全技术说明书、安全标签、标识、标志等与运单不符或包装破损、包装不符合有关规定的货物应拒绝装车。

⑤装卸作业时应根据危险货物包装的类型、体积、质量、件数等情况和包装储运图示标志的要求，采取相应的措施，轻装轻卸，谨慎操作。同时应做到以下几点。

a. 堆码整齐，紧凑牢靠，易于点数。

b. 装车堆码时，桶口、箱盖朝上，允许横倒的桶口及袋装货物的袋口应朝里；卸车堆码时，桶口、箱盖朝上，允许横倒的桶口及袋装货物的袋口应朝外。

c. 装载平衡；堆码时应从车厢两侧向内错位骑缝堆码，高出栏板的最上一层包装件，堆码超出车厢前挡板的部分不得大于包装件本身高度的二分之一。

d. 装车后，货物应用绳索捆扎牢固；易滑动的包装件，需用防散失的网罩覆盖并用绳索捆扎牢固或用苫布覆盖严密；需用多块苫布覆盖货物时，两块苫布中间接缝处须有大于15 cm的重叠覆盖，且货厢前半部分苫布需压在后半部分的苫布上面。

e. 包装件体积为450 L以上的易滚动危险货物应紧固。

f. 带有通气孔的包装件不准倒置、侧置，防止所装货物泄漏或混入杂质造成危害。

⑥装卸过程中需要移动车辆时，应先关上车厢门或栏板。若车厢门或栏板在原地关不上时，应有人监护，在保证安全的前提下才能移动车辆。起步要慢，停车要稳。

⑦装卸危险货物的托盘、手推车应尽量专用。装卸前，要对装卸机具进行检查。装卸爆炸品、有机过氧化物、剧毒品时，装卸机具的最大装载量应小于其额定负荷的75%。

⑧危险货物装卸完毕，作业现场应清扫干净。装运过剧毒品和受到危险货物污染的车辆、工具应按JT 617—2004中附录E车辆清洗消毒方法洗刷和除污。危险货物的撒漏物和污染物应送到当地环保部门指定地点集中处理。

4. 包装货物运输、装卸要求

（1）爆炸品

1）出车前

①运输爆炸品应使用厢式货车。

②厢式货车的车厢内不得有酸、碱、氧化剂等残留物。

③不具备有效的避雷电、防湿潮条件时，雷雨天气应停止对爆炸品的运输、装卸作业。

2）运输

①应按公安部门核发的道路通行证所指定的时间、路线等行驶。

②运输过程中发生火灾时，应尽可能将爆炸品转移到危害最小的区域或进行有效隔离。不能转移、隔离时，应组织人员疏散。

③施救人员应戴防毒面具。扑救时禁止用沙土等物压盖，不得使用酸碱灭火剂。

3）装卸

①严禁接触明火和高温；严禁使用会产生火花的工具、机具。

②车厢装货总高度不得超过1.5 m。无外包装的金属桶只能单层摆放，以免压力过大或撞击摩擦引起爆炸。

③火箭弹和旋上引信的炮弹应横装，与车辆行进方向垂直。凡从1.5 m以上高度跌落或经过强烈震动的炮弹、引信、火工品等应单独存放，未经鉴定不得装车运输。

④任何情况下,爆炸品不得配装;装运雷管和炸药的两车不得同时在同一场地进行装卸。

(2) 压缩气体和液化气体

此条款特指包装件为气瓶装的压缩气体和液化气体。

1) 出车前

①车厢内不得有与所装货物性质相抵触的残留物。

②夏季运输应检查并保证瓶体遮阳、瓶体冷水喷淋降温设施等安全有效。

2) 运输

①运输中,低温液化气体的瓶体及设备受损、真空度遭破坏时,驾驶人员、押运人员应站在上风处操作,打开放空阀泄压,注意防止灼伤。一旦出现紧急情况,驾驶人员应将车辆转移到距火源较远的地方。

②压缩气体遇燃烧、爆炸等险情时,应向气瓶大量浇水使其冷却,并及时将气瓶移出危险区域。

③从火场上救出的气瓶,应及时通知有关技术部门另作处理,不可擅自继续运输。

④发现气瓶泄漏时,应确认拧紧阀门,并根据气体性质做好相应的人身防护:施救人员应戴上防毒面具,站在上风处抢救;易燃、助燃气体气瓶泄漏时,严禁靠近火种;有毒气体气瓶泄漏时,应迅速将所装载车辆转移到空旷安全处。

⑤除另有限运规定外,当运输过程中瓶内气体的温度高于40℃时,应对瓶体实施遮阳、冷水喷淋降温等措施。

3) 装卸

①装卸人员应根据所装气体的性质穿戴防护用品,必要时需戴好防毒面具。用起重机装卸大型气瓶或气瓶集装架(格)时,应戴好安全帽。

②装车时要旋紧瓶帽,注意保护气瓶阀门,防止撞坏。车下人员须待车上人员将气瓶放置妥当后,才能继续往车上装瓶。在同一车厢内不准有两人以上同时单独往车上装瓶。

③气瓶应尽量采用直立运输,直立气瓶高出栏板部分不得大于气瓶高度的四分之一。不允许纵向水平装载气瓶。水平放置的气瓶均应横向平放,瓶口朝向应统一;水平放置最上层气瓶不得超过车厢栏板高度。

④妥善固定瓶体,防止气瓶窜动、滚动,保证装载平衡。

⑤卸车时,要在气瓶落地点铺上铅垫或橡皮垫;应逐个卸车,严禁溜放。

⑥装卸作业时,不要把阀门对准人身,注意防止气瓶安全帽脱落,气瓶应直立转动,不准脱手滚瓶或传接,气瓶直立放置时应稳妥牢靠。

⑦装运大型气瓶(盛装净重在0.5 t以上的)或气瓶集装架(格)时,气瓶与气瓶、集装架与集装架之间需填牢填充物,在车厢后栏板与气瓶空隙处应有固定支撑物,并用紧绳器紧固,严防气瓶滚动,重瓶不准多层装载。

⑧装卸有毒气体时,应预先采取相应的防毒措施。

⑨装货时,漏气气瓶、严重破损瓶(报废瓶)、异形瓶不准装车。收回漏气气瓶时,漏气气瓶应装在车厢的后部,不得靠近驾驶室。

⑩装卸氧气瓶时，工作服、手套和装卸工具、机具上不得沾有油脂；装卸氧气瓶的机具应采用氧溶性润滑剂，并应装有防止产生火花的防护装置；不得使用电磁起重机搬运。库内搬运氧气瓶应采用带有橡胶车轮的专用小车，小车上固定氧气瓶的槽、架也要注意不产生静电。

⑪配装时应做到：易燃气体中除非助燃性的不燃气体、易燃液体、易燃固体、碱性腐蚀品、其他腐蚀品外，不得与其他危险货物配装；助燃气体（如空气、氧气及具有氧化性的有毒气体）不得与易燃、易爆物品及酸性腐蚀品配装；不燃气体不得与爆炸品、酸性腐蚀品配装；有毒气体不得与易燃易爆物品、氧化剂和有机过氧化物、酸性腐蚀物品配装；有毒气体液氯与液氨不得配装。

（3）易燃液体

1）出车前。根据所装货物和包装情况（如化学试剂、油漆等小包装），随车携带好遮盖、捆扎等防散失工具，并检查随车灭火器是否完好，车辆货厢内不得有与易燃液体性质相抵触的残留物。

2）运输。装运易燃液体的车辆不得接近明火、高温场所。

3）装卸

①装卸作业现场应远离火种、热源。操作时货物不准撞击、摩擦、拖拉；装车堆码时，桶口、箱盖一律向上，不得倒置；箱装货物，堆码整齐；装载完毕，应罩好网罩，捆扎牢固。

②钢桶盛装的易燃液体，不得从高处翻滚溜放卸车。装卸时应采取措施防止产生火花，周围需有人员接应，严防钢桶撞击致损。

③钢制包装件多层堆码时，层间应采取合适衬垫，并应捆扎牢固。

④对低沸点或易聚合的易燃液体，若发现其包装容器内装物有膨胀（鼓桶）现象时，不得装车。

（4）易燃固体、自燃物品和遇湿易燃物品

1）出车前

①运输危险货物车辆的货厢及随车工、属具不得沾有水、酸类和氧化剂。

②运输遇湿易燃物品，应采取有效的防水、防潮措施。

2）运输

①运输过程中，应避开热辐射，通风良好，防止受潮。

②雨雪天气运输遇湿易燃物品，应保证防雨雪、防湿潮措施切实有效。

3）装卸

①装卸场所及装卸用工、属具应清洁干燥，不得沾有酸类和氧化剂。

②搬运时应轻装轻卸，不得摩擦、撞击、震动、摔碰。

③装卸自燃物品时，应避免与空气、氧化剂、酸类等接触；对需用水（如黄磷）、煤油、石蜡（如金属钠、钾）、惰性气体（如三乙基铝等）或其他稳定剂进行防护的包装件，应防止容器受撞击、震动、摔碰、倒置等造成容器破损，避免自燃物品与空气接触发生自燃。

④遇湿易燃物品不宜在潮湿的环境下装卸。若不具备防雨雪、防湿潮的条件，不准

进行装卸作业。

⑤装卸容易升华、挥发出易燃、有害或刺激性气体的货物时，现场应通风良好、防止中毒；作业时应防止摩擦、撞击，以免引起燃烧、爆炸。

⑥装卸钢桶包装的碳化钙（电石）时，应确认包装内有无填充保护气体（氮气）。如未填充的，在装卸前应侧身轻轻地拧开桶上的通气孔放气，防止爆炸、冲击伤人。电石桶不得倒置。

⑦装卸对撞击敏感，遇高热、酸易分解、爆炸的自反应物质和有关物质时，应控制温度；且不得与酸性腐蚀品及有毒或易燃脂类危险品配装。

⑧配装时还应做到：易燃固体不得与明火、水接触，不得与酸类和氧化剂配装；遇湿易燃物品不得与酸类、氧化剂及含水的液体货物配装。

（5）氧化剂和有机过氧化物

1）出车前

①有机过氧化物应选用控温厢式货车运输；若车厢为铁质底板，需铺有防护衬垫。车厢应隔热、防雨、通风，保持干燥。

②运输货物的车厢与随车工具不得沾有酸类、煤炭、砂糖、面粉、淀粉、金属粉、油脂、磷、硫、洗涤剂、润滑剂或其他松软、粉状等可燃物质。

③性质不稳定或由于聚合、分解在运输中能引起剧烈反应的危险货物，应加入稳定剂；有些常温下会加速分解的货物，应控制温度。

④运输需要控温的危险货物应做到：装车前检查运输车辆、容器及制冷设备；配备备用制冷系统或备用部件；驾驶人员和押运人员应具备熟练操作制冷系统的能力。

2）运输

①有机过氧化物应加入稳定剂后方可运输。

②有机过氧化物的混合物按所含最高危险有机过氧化物的规定条件运输，并确认自行加速分解温度（SADT），必要时应采取有效控温措施。

③运输应控制温度的有机过氧化物时，要定时检查运输组件内的环境温度并记录，及时关注温度变化，必要时采取有效控温措施。

④运输过程中，环境温度超过控制温度时，应采取相应补救措施；环境温度超过应急温度，应启动有关应急程序。其中，控制温度低于应急温度，应急温度低于自行加速分解温度（SADT），三者之间的关系见附录A。

3）装卸

①对加入稳定剂或需控温运输的氧化剂和有机氧化物，作业时应认真检查包装，密切注意包装有无渗漏及膨胀（鼓桶）情况，发现异常应拒绝装运。

②装卸时，禁止摩擦、震动、摔碰、拖拉、翻滚、冲击。防止包装及容器损坏。

③装卸时发现包装破损，不能自行将破损件改换包装，不得将撒漏物装入原包装内，而应另行处理。操作时，不得踩踏、碾压撒漏物，禁止使用金属和可燃物（如纸、木等）处理撒漏物。

④外包装为金属容器的货物，应单层摆放。需要堆码时，包装物之间应有性质与所运货物相容的不燃材料衬垫并加固。

⑤有机过氧化物装卸时严禁混有杂质，特别是酸类、重金属氧化物、胺类等物质。

⑥配装时还应做到：氧化剂不能和易燃物质配装运输，尤其不能与酸、碱、硫黄、粉尘类（炭粉、糖粉、面粉、洗涤剂、润滑剂、淀粉）及油脂类货物配装；漂白粉及无机氧化剂中的亚硝酸盐、亚氯酸盐、次亚氯酸盐不得与其他氧化剂配装。

（6）毒害品和感染性物品

1）毒害品

①出车前。除有特殊包装要求的剧毒品采用化工物品专业罐车运输外，毒害品应采用厢式货车运输。

②运输。运输毒害品过程中，押运人员要严密监视，防止货物丢失、撒漏。行车时要避开高温、明火场所。

③装卸

a. 装卸作业前，对刚开启的仓库、集装箱、封闭式车厢要先通风排气，驱除积聚的有毒气体。当装卸场所的各种毒害品浓度低于最高容许浓度时方可作业。

b. 作业人员应根据不同货物的危险特性，穿戴好相应的防护服装、手套、防毒口罩、防毒面具和护目镜等。

c. 认真检查毒害品的包装，应特别注意剧毒品、粉状的毒害品的包装，外包装表面应无残留物。发现包装破损、渗漏等现象，则拒绝装运。

d. 装卸作业时，作业人员尽量站在上风处，不能停留在低洼处。

e. 避免易碎包装件、纸质包装件的包装损坏，防止毒害品撒漏。

f. 货物不得倒置；堆码要靠紧堆齐，桶口、箱口向上，袋口朝里。

g. 对刺激性较强的和散发异臭的毒害品，装卸人员应采取轮班作业。

h. 在夏季高温期，尽量安排在早晚气温较低时作业；晚间作业应采用防爆式或封闭式安全照明。积雪、冰封时作业，应有防滑措施。

i. 忌水的毒害品（如磷化铝、磷化锌等），应防止受潮。装运毒害品之后的车辆及工、属具要严格清洗消毒，未经安全管理人员检验批准，不得装运食用、药用的危险货物。

j. 配装时应做到：无机毒害品不得与酸性腐蚀品、易感染性物品配装；有机毒害品不得与爆炸品、助燃气体、氧化剂、有机过氧化物及酸性腐蚀物品配装；毒害品严禁与食用、药用的危险货物同车配装。

2）感染性物品

①出车前

a. 应穿戴专用安全防护服和用具。

b. 认真检查盛装感染性物品的每个包装件外表的警示标识，核对医疗废物标签，标签内容包括医疗废物产生单位、产生日期、类别及需要的特别说明等。标签、封口不符合要求时，拒绝运输。

②运输

a. 运输感染性物品，应经有关的卫生检疫机构的特许。

b. 运输医疗废物，应符合 JT 617—2004 的相关要求。

c. 运输医疗废物,应按照有关部门规定的时间和路线,从产生地点运送至指定地点。

d. 车厢内温度应控制在所运医疗废物要求的温度范围之内。

③装卸

a. 根据不同的医疗废物分类,作业人员在工作中应穿戴好相应的防护服装、手套、防毒口罩、防毒面具和护目镜等。

b. 作业人员受到医疗废物刺伤、擦伤等伤害时,应采取相应的处理措施,并及时报告相关部门。

(7) 放射性物品

放射性物品的运输装卸应按 GB 11806—2004 的有关规定执行。

(8) 腐蚀品

1) 出车前。根据危险货物性质配备相应的防护用品和应急处理器具。

2) 运输

①运输过程中发现货物撒漏时,要立即用干砂、干土覆盖吸收;货物大量溢出时,应立即向当地公安、环保等部门报告,并采取一切可能的警示和消除危害措施。

②运输过程中发现货物着火时,不得用水柱直接喷射,以防腐蚀品飞溅,应用水柱向高空喷射形成雾状覆盖火区;对遇水发生剧烈反应,能燃烧、爆炸或放出有毒气体的货物,不得用水扑救;着火货物是强酸时,应尽可能抢出货物,以防止高温爆炸、酸液飞溅;无法抢出货物时,可用大量水降低容器温度。

③扑救易散发腐蚀性蒸气或有毒气体的货物时,应穿戴防毒面具和相应的防护用品。扑救人员应站在上风处施救。如果被腐蚀物品灼伤,应立即用流动自来水或清水冲洗创面 15~30 min,之后送医院救治。

3) 装卸

①装卸作业前应穿戴具有防腐蚀的防护用品,并穿戴带有面罩的安全帽。对易散发有毒蒸气或烟雾的,应配备防毒面具。并认真检查包装、封口是否完好,要严防渗漏,特别要防止内包装破损。

②装卸作业时,应轻装、轻卸,防止容器受损。液体腐蚀品不得肩扛、背负;忌震动、摩擦;易碎容器包装的货物,不得拖拉、翻滚、撞击;外包装没有封盖的组合包装件不得堆码装运。

③具有氧化性的腐蚀品不得接触可燃物和还原剂。

④有机腐蚀品严禁接触明火、高温或氧化剂。

⑤配装时应做到:腐蚀品不得与普通货物配装;酸性腐蚀品不得与碱性腐蚀品配装;有机酸性腐蚀品不得与有氧化性的无机酸性腐蚀品配装;浓硫酸不得与任何其他物质配装。

(9) 杂类

杂类危险货物汽车运输,应按货物特性采取相应措施。

5. 散装货物运输、装卸要求

(1) 散装固体

1) 运输散装固体车辆的车厢应采取衬垫措施,防止撒漏;应带好装卸工、属具和苫布。

2) 易撒漏、飞扬的散装粉状危险货物,装车后应用苫布遮盖严密,必要时应捆扎结实,防止飞扬,包装良好方可装运。

3) 行车中尽量防止货物窜动、甩出车厢。

4) 高温季节,散装煤焦沥青应在早晚时段进行装卸。

5) 装卸硝酸铵时,环境温度不得超过 40℃,否则应停止作业。装卸现场应保持足够的水源以降温和应急。

6) 装卸会散发有害气体、粉尘或致病微生物的散装固体,应注意人身保护并采取必要的预防措施。

(2) 散装液体

1) 运输易燃液体的罐车应有阻火器和呼吸阀,应配备导除静电装置;排气管应安装熄灭火星装置;罐体内应设置防波挡板,以减少液体震荡产生静电。

2) 装卸作业可采用泵送或自流灌装。

3) 作业环境温度要适应该液体的储存和运输安全的理化性质要求。

4) 作业中要密切注视货物动态,防止液体泄漏、溢出。需要换罐时,应先开空罐,后关满罐。

5) 易燃液体装卸始末,管道内流速不得超过 1 m/s,正常作业流速不宜超过 3 m/s。其他液体产品可采用经济流速。

6) 装卸料管应专管专用。

7) 装卸作业结束后,应将装卸管道内剩余的液体清扫干净;可采用泵吸或氮气清扫易燃液体装卸管道。

(3) 散装气体

1) 出车前

①根据所装危险货物的性质选择罐体。与罐壳材料、垫圈、装卸设备及任何防护衬料接触可能发生反应而形成危险产物或明显减损材料强度的货物,不得充灌。

②装卸前应对罐体进行检查,罐体应符合下列要求:罐体无渗漏现象;罐体内应无与待装货物性质相抵触的残留物;阀门应能关紧,且无渗漏现象;罐体与车身应紧固,罐体盖应严密;装卸料导管状况应良好无渗漏;装运易燃易爆的货物,导除静电装置应良好;罐体改装其他液体时,应经过清洗和安全处理,检验合格后方可使用。清洗罐体的污水经处理后,按指定地点排放。

2) 运输

①在运输过程中罐体应采取防护措施,防止罐体受到横向、纵向的碰撞及翻倒时导致罐壳及其装卸设备损坏。

②化学性质不稳定的物质,需采取必要的措施后方可运输,以防止运输途中发生危险性的分解、化学变化或聚合反应。

③运输过程中,罐壳(不包括开口及其封闭装置)或隔热层外表面的温度不应超过 70℃。

3) 装卸

①装卸作业现场应通风良好。装卸人员应站在上风处作业。

②装卸前要连好防静电装置。易燃易爆品的装卸工具要有防止产生火花的性能。装卸时应轻开、轻关孔盖，密切注视进出料情况，防止溢出。

③装料时，认真核对货物品名后按车辆核定吨位装载，并应按规定留有膨胀余位，严禁超载。装料后，关紧罐体进料口，将导管中的残留液体或残留气体排放到指定地点。

④卸料时，储罐所标货名应与所卸货物相符；卸料导管应支撑固定，保证卸料导管与阀门的连接牢固；要逐渐缓慢开启阀门。

⑤卸料时，装卸人员不得擅离操作岗位。卸料后应收好卸料导管、支撑架及防静电设施等。

(4) 液化气体

此条款的液化气体是指"压缩气体和液化气体"中的液化气体。

1) 一般规定

①车辆进入储罐区前，应停车提起导除静电装置；进入充灌车位后，再接好导除静电装置。

②灌装前，应对罐体阀门和附件（安全阀、压力计、液位计、温度计）以及冷却、喷淋设施的灵敏度和可靠性进行检查，并确认罐体内有规定的余压；如无余压的，经检验合格后方可充灌。

③严格按规定控制灌装量，做好灌装量复核、记录，严禁超量、超温、超压。

④发生下列异常情况时，一律不准灌装，操作人员应立即采取紧急措施，并及时报告有关部门：容器工作压力、介质温度或壁温超过许可值，采取各种措施仍不能使之下降；容器的主要受压元件发生裂缝、鼓包、变形、泄漏等缺陷而危及安全；安全附件失效、接管端断裂或紧固件损坏，难以保证运输安全；雷雨天气，充装现场不具备避雷电作用；充装易燃易爆气体时，充装现场附近发生火灾。

⑤禁止用直接加热罐体的方法卸液。卸液后，罐体内应留有规定的余压。

⑥运输过程中应严密注视车内压力表的工作情况，发现异常，应立即停车检查；排除故障后方可继续运行。

2) 非冷冻液化气体

①非冷冻液化气体的单位体积最大质量（kg/L）不得超过50℃时该液化气体密度的0.95倍；罐体在60℃时不得充满液化气体。

②装载后的罐体不得超过最大允许总重，并且不得超过所运各种气体的最大允许载重。

③罐体在下列情况下不得交付运输：罐体处于不足量状态，由于罐体压力骤增可能产生不可承受的压力；罐体渗漏时；罐体的损坏程度已影响到罐体的总体及其起吊或紧固设备；罐体的操作设备未经过检验，不清楚是否处于良好的工作状态。

3) 冷冻液化气体

①不可使用保温效果变差的罐体。

②充灌度应不超过92%，且不得超重。

③装卸作业时，装卸人员应穿戴防冻伤的防护用品（如防冻手套），并穿戴带有面罩的安全帽。

(5) 有机过氧化物和易燃固体中的自反应物质

此条款适用于运输自行加速分解温度（SADT）为55℃或以上的有机过氧化物和易燃固体项中的自反应物质。

1) 罐体应配置感温装置。

2) 罐体应有泄压安全装置和应急释放装置。在达到由有机过氧化物的性质和罐体的结构特点所确定的压力时，泄压安全装置就应启动。罐壳上不允许有易熔化的元件。

3) 罐体的表面应采用白色或明亮的金属。罐体应有遮阳板隔热或保护。如果罐体中所运物质的自行加速分解温度（SADT）为55℃或以下，或者罐体为铝质的，罐体则应完全隔热。

4) 环境温度为15℃时，充灌度不得超过90%。

(6) 放射性物质

1) 运输放射性物质的可移动罐体不得用于装运其他货物。

2) 运输放射性物质的可移动罐体的充灌度不得超过90%或代以经主管机关批准的其他数值。

(7) 腐蚀品

1) 运输腐蚀品的罐体材料和附属设施应具有防腐性能。

2) 运输腐蚀品的罐车应专车专运。

3) 装卸操作时应注意以下几点。

①作业时，装卸人员应站在上风处。

②出车前或灌装前，应检查卸料阀门是否关闭，防止上放下漏。

③卸货前，应让收货人确认卸货储槽无误，防止放错储槽引发货物化学反应而酿成事故。

④灌装和卸货后，应将进料口盖严盖紧，防止行驶中车辆的晃动导致腐蚀品溅出。

⑤卸料时，应保证导管与阀门的连接牢固后，逐渐缓慢开启阀门。

6. 集装箱货物运输、装卸要求

(1) 装箱作业前，应检查所用集装箱，确认集装箱技术状态良好并清扫干净，去除无关标志、标记和标牌。

(2) 装箱作业前，应检查集装箱内有无与待装危险货物性质相抵触的残留物。发现问题，应及时通知发货人进行处理。

(3) 装箱作业前，应检查待装的包装件。破损、撒漏、水湿及沾污其他污染物的包装件不得装箱，对撒漏破损件及清扫的撒漏物交由发货人处理。

(4) 不准将性质相抵触、灭火方法不同或易污染的危险货物装在同一集装箱内。如符合配装规定而与其他货物配装时，危险货物应装在箱门附近。包装件在集装箱内应有足够的支撑和固定。

(5) 装箱作业时，应根据装载要求装箱，防止集重和偏重。

（6）装箱完毕，关闭、封锁箱门，并按要求粘贴好与箱内危险货物性质相一致的危险货物标志、标牌。

（7）熏蒸中的集装箱，应标贴有熏蒸警告符号。当固体二氧化碳（干冰）用作冷却目的时，集装箱外部门端明显处应贴有指示标记或标志，并标明"内有危险的二氧化碳（干冰），进入之前务必彻底通风！"字样。

（8）集装箱内装有易产生毒害气体或易燃气体的货物时，卸货时应先打开箱门，进行足够的通风后方可装卸作业。

（9）对卸空危险货物的集装箱要进行安全处理；有污染的集装箱，要在指定地点、按规定要求进行清扫或清洗。

（10）装过毒害品、感染性物品、放射性物品的集装箱在清扫或清洗前，应开箱通风。进行清扫或清洗的工作人员应穿戴适用的防护用品。洗箱污水在未作处理之前，禁止排放。经处理过的污水，应符合 GB 8978—2002《污水综合排放标准》的规定。

7. 部分常见大宗危险货物运输、装卸要求

（1）液化石油气

此条款是指汽车罐车运输液化石油气。

1）运输

①运输液化石油气罐车应按当地公安部门规定的路线、时间和车速行驶，不准带拖挂车，不得携带其他易燃、易爆危险物品。罐体内温度达到40℃时，应采取遮阳或罐外冷水降温措施。

②运输过程中，液化石油气罐车若发生大量泄漏时，应切断一切火源，戴好防护面具与手套；同时应立即采取防火、灭火措施，关闭阀门制止渗漏，并用雾状水保护关闭阀门的人员；设立警戒区，组织人员向逆风方向疏散。一般不得起动车辆。

2）装卸

①作业前应接好安全地线，管道和管接头连接应牢固，并排尽空气。

②装卸人员应相对稳定。作业时，驾驶人员、装卸人员均不得离开现场。在正常装卸时，不得随意起动车辆。

③新罐车或检修后、首次充装的罐车，充装前应做抽真空或充氮置换处理，严禁直接充装。

④液化石油气罐车充装时须用地磅、液面计、流量计或其他计量装置进行计量，严禁超装。罐车的充装量不得超过设计所允许的最大充装量。

⑤充装完毕，应复检质量或液位，并应认真填写充装记录。若有超装，应立即处理。

⑥液化石油气罐车抵达厂（站）后，应及时卸货。罐车不得兼作储罐用。一般情况不得从罐车直接向钢瓶直接灌装；如临时确需从罐车直接灌瓶，现场应符合安全防火、灭火要求，并有相应的安全措施，且应预先取得当地公安消防部门的同意。

⑦禁止采用蒸气直接注入罐车罐内升压，或直接加热罐车罐体的方法卸货。

⑧液化石油气罐车卸货后，罐内应留有规定的余压。

⑨凡出现下列情况，罐车应立即停止装卸作业，并做妥善处理：雷击天气；附近发

生火灾；检测出液化气体泄漏；液压异常；其他不安全因素。

(2) 油品

此条款是指用常压燃油罐车运输燃油。

1) 运输。当罐车的罐体内温度达到40℃时，应采取遮阳或罐外冷水降温措施。

2) 装卸

①在灌油前和放油后，驾驶人员应检查阀门和罐盖是否关牢，查看接地线是否接牢，不得敞盖行驶，严禁罐车顶部载物。

②燃油罐车可采用泵送或自流灌装。

③罐车进加油站卸油时，要有专人监护，避免无关人员靠近。

④卸油时发动机应熄火。雷雨天气时，应确认避雷电措施有效，否则应停止卸油作业。

⑤卸油时应夹好导静电接线，接好卸油胶管，当确认所卸油品与储油罐所储的油品种类相同时方可缓慢开启卸油阀门。

⑥卸油前要检查油罐的存油量，以防止卸油时冒顶跑油。卸油时应严格控制流速，在油品没有淹没进油管口前，油品的流速应控制在 0.7~1 m/s，防止产生静电。

⑦卸油过程要做到不冒、不洒、不漏，各部分接口牢固，卸油时驾驶人员不得离开现场，应与加油站工作人员共同监视卸油情况，发现问题随时采取措施。

⑧卸油时，卸油管应深入罐内。卸油管口至罐底距离不得大于 300 mm，以防喷溅产生静电。

⑨卸油要尽可能卸净，当加油站工作人员确认罐内已无储油时方可关闭放油阀门，收好放油管，盖严油罐盖。

⑩测量油量应在卸完油 30 min 以后进行，以防测油尺与油液面、油罐之间静电放电。

附录（略）。

第三节　道路运输从业人员管理相关规定

道路运输从业人员是指经营性道路客货运输驾驶员、道路危险货物运输从业人员、机动车维修技术人员、机动车驾驶培训教练员、道路运输经理人和其他道路运输从业人员。对于道路运输企业来讲，加强对人员的安全教育、安全培训和安全管理十分重要，特别是道路客货运输驾驶员，直接操纵方向盘，稍有疏忽就会酿成事故。因此，要强化驾驶人员的安全意识，出车前对车辆的性能进行安全检查，杜绝"病车"上路，杜绝酒后驾车和超速行驶，遵章守纪，确保行车安全。

一、《道路运输从业人员管理规定》相关要点

2006年11月23日，交通部公布《道路运输从业人员管理规定》（交通部令2006年第9号），自2007年3月1日起施行。2001年9月6日公布的《营业性道路运输驾驶员

职业培训管理规定》（交通部 2001 年第 7 号令）同时废止。

《道路运输从业人员管理规定》分为六章五十三条，各章内容为：第一章总则，第二章从业资格管理，第三章从业资格证件管理，第四章从业行为规定，第五章法律责任，第六章附则。制定本规定的目的，是根据《中华人民共和国道路运输条例》《危险化学品安全管理条例》以及有关法律、行政法规，加强道路运输从业人员管理，提高道路运输从业人员综合素质。

1. 总则中的有关规定

在第一章总则中，对相关事项作了规定。

（1）本规定所称道路运输从业人员是指经营性道路客货运输驾驶员、道路危险货物运输从业人员、机动车维修技术人员、机动车驾驶培训教练员、道路运输经理人和其他道路运输从业人员。

经营性道路客货运输驾驶员包括经营性道路旅客运输驾驶员和经营性道路货物运输驾驶员。

道路危险货物运输从业人员包括道路危险货物运输驾驶员、装卸管理人员和押运人员。

机动车维修技术人员包括机动车维修技术负责人员、质量检验人员以及从事机修、电气、钣金、涂漆、车辆技术评估（含检测）作业的技术人员。

机动车驾驶培训教练员包括理论教练员、驾驶操作教练员、道路客货运输驾驶员从业资格培训教练员和危险货物运输驾驶员从业资格培训教练员。

道路运输经理人包括道路客货运输企业、道路客货运输站（场）、机动车驾驶员培训机构、机动车维修企业的管理人员。

其他道路运输从业人员是指除上述人员以外的道路运输从业人员，包括道路客运乘务员、机动车驾驶员培训机构教学负责人及结业考核人员、机动车维修企业价格结算员及业务接待员。

（2）道路运输从业人员应当依法经营，诚实守信，规范操作，文明从业。

（3）道路运输从业人员管理工作应当公平、公正、公开和便民。

（4）交通部负责全国道路运输从业人员管理工作。

县级以上地方人民政府交通主管部门负责组织领导本行政区域内的道路运输从业人员管理工作，并具体负责本行政区域内道路危险货物运输从业人员的管理工作。

县级以上道路运输管理机构具体负责本行政区域内经营性道路客货运输驾驶员、机动车维修技术人员、机动车驾驶培训教练员、道路运输经理人和其他道路运输从业人员的管理工作。

2. 从业资格管理的有关规定

在第二章从业资格管理中，对相关事项作了规定。

（1）国家对道路运输从业人员实行从业资格考试制度。

从业资格是对道路运输从业人员所从事的特定岗位职业素质的基本评价。

经营性道路客货运输驾驶员和道路危险货物运输从业人员必须取得相应从业资格，方可从事相应的道路运输活动。

机动车维修技术人员、机动车驾驶培训教练员取得从业资格的比例分别是相关经营者依法获取机动车维修和机动车驾驶员培训经营许可的必要条件之一。

(2) 道路运输从业人员从业资格考试应当按照交通部编制的考试大纲、考试题库、考核标准、考试工作规范和程序组织实施。

(3) 经营性道路客货运输驾驶员从业资格考试由设区的市级道路运输管理机构组织实施,每月组织一次考试。

道路危险货物运输从业人员从业资格考试由设区的市级人民政府交通主管部门组织实施,每季度组织一次考试。

机动车维修技术人员从业资格考试由设区的市级道路运输管理机构组织实施,每季度组织一次考试。

道路运输经理人和机动车驾驶培训教练员从业资格考试由省级道路运输管理机构组织实施,每年组织两次考试。

其他道路运输从业人员从业资格考试管理权限由省级道路运输管理机构确定。

(4) 经营性道路旅客运输驾驶员应当符合下列条件

1) 取得相应的机动车驾驶证1年以上。

2) 年龄不超过60周岁。

3) 3年内无重大以上交通责任事故。

4) 掌握相关道路旅客运输法规、机动车维修和旅客急救基本知识。

5) 经考试合格,取得相应的从业资格证件。

(5) 经营性道路货物运输驾驶员应当符合下列条件

1) 取得相应的机动车驾驶证。

2) 年龄不超过60周岁。

3) 掌握相关道路货物运输法规、机动车维修和货物装载保管基本知识。

4) 经考试合格,取得相应的从业资格证件。

(6) 道路危险货物运输驾驶员应当符合下列条件

1) 取得相应的机动车驾驶证。

2) 年龄不超过60周岁。

3) 3年内无重大以上交通责任事故。

4) 取得经营性道路旅客运输或者货物运输驾驶员从业资格2年以上。

5) 接受相关法规、安全知识、专业技术、职业卫生防护和应急救援知识的培训,了解危险货物性质、危害特征、包装容器的使用特性和发生意外时的应急措施。

6) 经考试合格,取得相应的从业资格证件。

(7) 道路危险货物运输装卸管理人员和押运人员应当符合下列条件

1) 年龄不超过60周岁。

2) 初中以上学历。

3) 接受相关法规、安全知识、专业技术、职业卫生防护和应急救援知识的培训,了解危险货物性质、危害特征、包装容器的使用特性和发生意外时的应急措施。

4) 经考试合格,取得相应的从业资格证件。

(8) 机动车维修技术人员应当符合下列条件

1) 技术负责人员

①具有机动车维修或者相关专业大专以上学历，或者具有机动车维修或相关专业中级以上专业技术职称。

②熟悉机动车维修业务，掌握机动车维修及相关政策法规和技术规范。

2) 质量检验人员

①具有高中以上学历。

②熟悉机动车维修检测作业规范，掌握机动车维修故障诊断和质量检验的相关技术，熟悉机动车维修服务收费标准及相关政策法规和技术规范。

3) 从事机修、电气、钣金、涂漆、车辆技术评估（含检测）作业的技术人员

①具有初中以上学历。

②熟悉所从事工种的维修技术和操作规范，并了解机动车维修及相关政策法规。

(9) 机动车驾驶培训教练员应当符合下列条件

1) 理论教练员

①取得相应的机动车驾驶证，具有两年以上安全驾驶经历。

②年龄不超过 60 周岁。

③具有汽车及相关专业中专以上学历或者汽车及相关专业中级以上技术职称。

④掌握道路交通安全法规、驾驶理论、机动车构造、交通安全心理学、常用伤员急救等安全驾驶知识，了解车辆环保和节约能源的有关知识，了解教育学、教育心理学的基本教学知识，具备编写教案、规范讲解的授课能力。

2) 驾驶操作教练员

①取得相应的机动车驾驶证，符合安全驾驶经历和相应车型驾驶经历的要求。

②年龄不超过 60 周岁。

③具有汽车及相关专业中专或者高中以上学历。

④掌握道路交通安全法规、驾驶理论、机动车构造、交通安全心理学和应急驾驶的基本知识，熟悉车辆维护和常见故障诊断、车辆环保和节约能源的有关知识，具备驾驶要领讲解、驾驶动作示范、指导驾驶的教学能力。

3) 道路客货运输驾驶员从业资格培训教练员

①具有汽车及相关专业大专以上学历或者汽车及相关专业高级以上技术职称。

②掌握道路旅客运输法规、货物运输法规以及机动车维修、货物装卸保管和旅客急救等相关知识，具备相应的授课能力。

③具有两年以上从事普通机动车驾驶员培训的教学经历，且近两年无不良的教学记录。

4) 危险货物运输驾驶员从业资格培训教练员

①具有化工及相关专业大专以上学历或者化工及相关专业高级以上技术职称。

②掌握危险货物运输法规、危险化学品特性、包装容器使用方法、职业安全防护和应急救援等知识，具备相应的授课能力。

③具有两年以上化工及相关专业的教学经历，且近两年无不良的教学记录。

（10）申请参加经营性道路客货运输驾驶员从业资格考试的人员，应当向其户籍地或者暂住地设区的市级道路运输管理机构提出申请，填写《经营性道路客货运输驾驶员从业资格考试申请表》（式样见附件1），并提供下列材料。

1) 身份证明及复印件。
2) 机动车驾驶证及复印件。
3) 申请参加道路旅客运输驾驶员从业资格考试的，还应当提供道路交通安全主管部门出具的3年内无重大以上交通责任事故记录证明。

（11）申请参加道路危险货物运输驾驶员从业资格考试的，应当向其户籍地或者暂住地设区的市级交通主管部门提出申请，填写《道路危险货物运输从业人员从业资格考试申请表》（式样见附件2），并提供下列材料。

1) 身份证明及复印件。
2) 机动车驾驶证及复印件。
3) 道路旅客运输驾驶员从业资格证件或者道路货物运输驾驶员从业资格证件及复印件。
4) 相关培训证明及复印件。
5) 道路交通安全主管部门出具的3年内无重大以上交通责任事故记录证明。

（12）申请参加道路危险货物运输装卸管理人员和押运人员从业资格考试的，应当向其户籍地或者暂住地设区的市级交通主管部门提出申请，填写《道路危险货物运输从业人员从业资格考试申请表》，并提供下列材料。

1) 身份证明及复印件。
2) 学历证明及复印件。
3) 相关培训证明及复印件。

（13）申请参加机动车维修技术人员从业资格考试的，应当向其户籍地或者暂住地设区的市级道路运输管理机构提出申请，填写《机动车维修技术人员从业资格考试申请表》（式样见附件3），并提供下列材料。

1) 身份证明及复印件。
2) 学历证明及复印件，申请参加技术负责人员从业资格考试的，也可以提供技术职称证明及复印件。

申请质量检验人员从业资格考试的，还应当同时提供机动车驾驶证及复印件和维修技术工作经历证明。

（14）申请参加机动车驾驶培训教练员从业资格考试的，应当向其户籍地或者暂住地省级道路运输管理机构提出申请，填写《机动车驾驶培训教练员从业资格考试申请表》（式样见附件4），并提供下列材料。

1) 身份证明及复印件。
2) 机动车驾驶证及复印件。
3) 学历证明或者技术职称证明及复印件。
4) 道路交通安全主管部门出具的安全驾驶经历证明。
5) 相应车型驾驶经历证明。

6)申请参加道路客货运输驾驶员从业资格培训教练员和危险货物运输驾驶员从业资格培训教练员从业资格考试的,还应当提供相应的教学经历证明。

(15)交通主管部门和道路运输管理机构对符合申请条件的申请人应当安排考试。

(16)交通主管部门和道路运输管理机构应当在考试结束10日内公布考试成绩。对考试合格人员,应当自公布考试成绩之日起10日内颁发相应的道路运输从业人员从业资格证件。

(17)道路运输从业人员从业资格考试成绩有效期为1年,考试成绩逾期作废。

(18)申请人在从业资格考试中有舞弊行为的,取消当次考试资格,考试成绩无效。

(19)交通主管部门或者道路运输管理机构应当建立道路运输从业人员从业资格管理档案。

道路运输从业人员从业资格管理档案包括从业资格考试申请材料,从业资格考试及从业资格证件记录,从业资格证件换发、补发、变更记录,违章、事故及诚信考核、继续教育记录等。

3. 从业资格证件管理的有关规定

在第三章从业资格证件管理中,对相关事项作了规定。

(1)道路运输从业人员从业资格证件全国通用。

(2)已获得从业资格证件的人员需要增加相应从业资格类别的,应当向原发证机关提出申请,并按照规定参加相应培训和考试。

(3)道路运输从业人员从业资格证件有效期为6年。道路运输从业人员应当在从业资格证件有效期届满30日前到原发证机关办理换证手续。

道路运输从业人员从业资格证件遗失、毁损的,应当到原发证机关办理证件补发手续。

道路运输从业人员服务单位变更的,应当到交通主管部门或者道路运输管理机构办理从业资格证件变更手续。

道路运输从业人员从业资格档案应当由原发证机关在变更手续办结后30日内移交户籍迁入地或者现居住地的交通主管部门或者道路运输管理机构。

(4)经营性道路客货运输驾驶员、道路危险货物运输从业人员在发证机关所在地以外从业,且从业时间超过3个月的,应当到服务地管理部门备案。

(5)道路运输从业人员有下列情形之一的,由发证机关注销其从业资格证件。

1)持证人死亡的。

2)持证人申请注销的。

3)经营性道路客货运输驾驶员、道路危险货物运输从业人员、机动车驾驶培训教练员年龄超过60周岁的。

4)经营性道路客货运输驾驶员、道路危险货物运输驾驶员、机动车维修质量检验人员、机动车驾驶培训教练员的机动车驾驶证被注销或者被吊销的。

5)超过从业资格证件有效期180日未申请换证的。

凡被注销的从业资格证件,应当由发证机关予以收回,公告作废并登记归档;无法收回的,从业资格证件自行作废。

(6)道路运输从业人员诚信考核和计分考核周期为 12 个月，从初次领取从业资格证件之日起计算。诚信考核等级分为优良、合格、基本合格和不合格，分别用 AAA 级、AA 级、A 级和 B 级表示。在考核周期内，累计计分超过规定的，诚信考核等级为 B 级。

省级交通主管部门和道路运输管理机构应当将道路运输从业人员每年的诚信考核和计分考核结果向社会公布，供公众查阅。

道路运输从业人员诚信考核和计分考核具体办法另行制定。

4. 有关从业行为规定

在第四章从业行为规定中，对相关事项作了规定。

（1）经营性道路客货运输驾驶员以及道路危险货物运输从业人员应当在从业资格证件许可的范围内从事道路运输活动。道路危险货物运输驾驶员除可以驾驶道路危险货物运输车辆外，还可以驾驶原从业资格证件许可的道路旅客运输车辆或者道路货物运输车辆。

（2）道路运输从业人员在从事道路运输活动时，应当携带相应的从业资格证件，并应当遵守国家相关法规和道路运输安全操作规程，不得违法经营、违章作业。

（3）道路运输从业人员应当按照规定参加国家相关法规、职业道德及业务知识培训。

（4）经营性道路客货运输驾驶员和道路危险货物运输驾驶员不得超限、超载运输，连续驾驶时间不得超过 4 h。

（5）经营性道路旅客运输驾驶员和道路危险货物运输驾驶员应当按照规定填写行车日志。行车日志式样由省级道路运输管理机构统一制定。

（6）经营性道路旅客运输驾驶员应当采取必要措施保证旅客的人身和财产安全，发生紧急情况时，应当积极进行救护。

经营性道路货物运输驾驶员应当采取必要措施防止货物脱落、扬撒等。

严禁驾驶道路货物运输车辆从事经营性道路旅客运输活动。

（7）道路危险货物运输驾驶员应当按照道路交通安全主管部门指定的行车时间和路线运输危险货物。

道路危险货物运输装卸管理人员应当按照安全作业规程对道路危险货物装卸作业进行现场监督，确保装卸安全。

道路危险货物运输押运人员应当对道路危险货物运输进行全程监管。

道路危险货物运输从业人员应当严格按照《汽车运输危险货物规则》（JT 617—2004）《汽车运输、装卸危险货物作业规程》（JT 618—2004）操作，不得违章作业。

（8）在道路危险货物运输过程中发生燃烧、爆炸、污染、中毒或者被盗、丢失、流散、泄漏等事故，道路危险货物运输驾驶员、押运人员应当立即向当地公安部门和所在运输企业或者单位报告，说明事故情况、危险货物品名和特性，并采取一切可能的警示措施和应急措施，积极配合有关部门进行处置。

（9）机动车维修技术人员应当按照维修规范和程序作业，不得擅自扩大维修项目，不得使用假冒伪劣配件，不得擅自改装机动车，不得承修已报废的机动车，不得利用配件拼装机动车。

5. 有关法律责任的规定

在第五章法律责任中,对相关事项作了规定。

(1) 违反本规定,有下列行为之一的人员,由县级以上道路运输管理机构责令改正,处 200 元以上 2 000 元以下的罚款;构成犯罪的,依法追究刑事责任。

1) 未取得相应从业资格证件,驾驶道路客货运输车辆的。

2) 使用失效、伪造、变造的从业资格证件,驾驶道路客货运输车辆的。

3) 超越从业资格证件核定范围,驾驶道路客货运输车辆的。

(2) 违反本规定,有下列行为之一的人员,由设区的市级人民政府交通主管部门处 2 万元以上 10 万元以下的罚款;构成犯罪的,依法追究刑事责任。

1) 未取得相应从业资格证件,从事道路危险货物运输活动的。

2) 使用失效、伪造、变造的从业资格证件,从事道路危险货物运输活动的。

3) 超越从业资格证件核定范围,从事道路危险货物运输活动的。

(3) 道路运输从业人员有下列不具备安全条件情形之一的,由发证机关吊销其从业资格证件。

1) 经营性道路客货运输驾驶员、道路危险货物运输从业人员、机动车驾驶培训教练员身体健康状况不符合有关机动车驾驶和相关从业要求且没有主动申请注销从业资格的。

2) 经营性道路客货运输驾驶员、道路危险货物运输驾驶员、机动车驾驶培训教练员发生重大以上交通事故,且负主要责任的。

3) 机动车维修技术人员发生重大生产安全事故,且负主要责任的。

4) 发现重大事故隐患,不立即采取消除措施,继续作业的。

被吊销的从业资格证件应当由发证机关公告作废并登记归档。

二、《机动车驾驶证申领和使用规定》相关要点

2012 年 9 月 12 日,公安部发布修订后的《机动车驾驶证申领和使用规定》(公安部令第 123 号),自 2013 年 1 月 1 日起施行。2006 年 12 月 20 日发布的《机动车驾驶证申领和使用规定》和 2009 年 12 月 7 日发布的《公安部关于修改〈机动车驾驶证申领和使用规定〉的决定》同时废止。本规定生效后,公安部以前制定的规定与本规定不一致的,以本规定为准。

《机动车驾驶证申领和使用规定》分为七章八十九条,各章内容为:第一章总则,第二章驾驶证申请,第三章机动车驾驶人考试,第四章发证、换证、补证,第五章机动车驾驶人管理,第六章法律责任,第七章附则。

1. 总则中的有关规定

在第一章总则中,对相关事项作了规定。

(1) 本规定由公安机关交通管理部门负责实施。

(2) 车辆管理所办理机动车驾驶证业务,应当遵循严格、公开、公正、便民的原则。

车辆管理所办理机动车驾驶证业务，应当依法受理申请人的申请，审核申请人提交的材料。对符合条件的，按照规定的标准、程序和期限办理机动车驾驶证。对申请材料不齐全或者不符合法定形式的，应当一次书面告知申请人需要补正的全部内容。对不符合条件的，应当书面告知理由。

车辆管理所应当将法律、行政法规和本规定的有关办理机动车驾驶证的事项、条件、依据、程序、期限以及收费标准、需要提交的全部材料的目录和申请表示范文本等在办公场所公示。

省级、设区的市或者相当于同级的公安机关交通管理部门应当在互联网上建立主页、发布信息，便于群众查阅办理机动车驾驶证的有关规定，查询驾驶证使用状态、交通违法及记分等情况，下载、使用有关表格。

（3）申请办理机动车驾驶证业务的人，应当如实向车辆管理所提交规定的材料，如实申告规定的事项，并对其申请材料实质内容的真实性负责。

（4）公安机关交通管理部门应当建立对车辆管理所办理机动车驾驶证业务的监督制度，加强对驾驶人考试、驾驶证核发和使用的监督管理。

（5）车辆管理所应当使用机动车驾驶证计算机管理系统核发、打印机动车驾驶证，不使用计算机管理系统核发、打印的机动车驾驶证无效。

机动车驾驶证计算机管理系统的数据库标准和软件全国统一，能够完整、准确地记录和存储申请受理、科目考试、机动车驾驶证核发等全过程和经办人员信息，并能够实时将有关信息传送到全国公安交通管理信息系统。

2. 驾驶证申请的有关规定

在第二章驾驶证申请中，对相关事项作了规定。

（1）驾驶机动车，应当依法取得机动车驾驶证。

（2）机动车驾驶人准予驾驶的车型顺序依次分为：大型客车、牵引车、城市公交车、中型客车、大型货车、小型汽车、小型自动挡汽车、低速载货汽车、三轮汽车、残疾人专用小型自动挡载客汽车、普通三轮摩托车、普通两轮摩托车、轻便摩托车、轮式自行机械车、无轨电车和有轨电车。

（3）机动车驾驶证记载和签注以下内容

1）机动车驾驶人信息：姓名、性别、出生日期、国籍、住址、身份证明号码（机动车驾驶证号码）、照片。

2）车辆管理所签注内容：初次领证日期、准驾车型代号、有效期限、核发机关印章、档案编号。

（4）机动车驾驶证有效期分为六年、十年和长期。

（5）申请机动车驾驶证的人，应当符合下列规定。

1）年龄条件

①申请小型汽车、小型自动挡汽车、残疾人专用小型自动挡载客汽车、轻便摩托车准驾车型的，在18周岁以上、70周岁以下。

②申请低速载货汽车、三轮汽车、普通三轮摩托车、普通两轮摩托车或者轮式自行机械车准驾车型的，在18周岁以上、60周岁以下。

③申请城市公交车、大型货车、无轨电车或者有轨电车准驾车型的，在 20 周岁以上、50 周岁以下。

④申请中型客车准驾车型的，在 21 周岁以上、50 周岁以下。

⑤申请牵引车准驾车型的，在 24 周岁以上、50 周岁以下。

⑥申请大型客车准驾车型的，在 26 周岁以上、50 周岁以下。

2）身体条件

①身高：申请大型客车、牵引车、城市公交车、大型货车、无轨电车准驾车型的，身高为 155 cm 以上。申请中型客车准驾车型的，身高为 150 cm 以上。

②视力：申请大型客车、牵引车、城市公交车、中型客车、大型货车、无轨电车或者有轨电车准驾车型的，两眼裸视力或者矫正视力达到对数视力表 5.0 以上。申请其他准驾车型的，两眼裸视力或者矫正视力达到对数视力表 4.9 以上。

③辨色力：无红绿色盲。

④听力：两耳分别距音叉 50 cm 能辨别声源方向。有听力障碍但佩戴助听设备能够达到以上条件的，可以申请小型汽车、小型自动挡汽车准驾车型的机动车驾驶证。

⑤上肢：双手拇指健全，每只手其他手指必须有三指健全，肢体和手指运动功能正常。但手指末节残缺或者右手拇指缺失的，可以申请小型汽车、小型自动挡汽车、低速载货汽车、三轮汽车准驾车型的机动车驾驶证。

⑥下肢：双下肢健全且运动功能正常，不等长度不得大于 5 cm。但左下肢缺失或者丧失运动功能的，可以申请小型自动挡汽车准驾车型的机动车驾驶证。右下肢、双下肢缺失或者丧失运动功能但能够自主坐立的，可以申请残疾人专用小型自动挡载客汽车准驾车型的机动车驾驶证。

⑦躯干、颈部：无运动功能障碍。

（6）有下列情形之一的，不得申请机动车驾驶证。

1）有器质性心脏病、癫痫病、美尼尔氏症、眩晕症、癔病、震颤麻痹、精神病、痴呆以及影响肢体活动的神经系统疾病等妨碍安全驾驶的疾病的。

2）三年内有吸食、注射毒品行为，或者解除强制隔离戒毒措施未满三年，或者长期服用依赖性精神药品成瘾尚未戒除的。

3）造成交通事故后逃逸，构成犯罪的。

4）饮酒后或者醉酒驾驶机动车，发生重大交通事故构成犯罪的。

5）醉酒驾驶机动车或者饮酒后驾驶营运机动车，依法被吊销机动车驾驶证未满五年的。

6）醉酒驾驶营运机动车，依法被吊销机动车驾驶证未满十年的。

7）因其他情形依法被吊销机动车驾驶证未满两年的。

8）驾驶许可依法被撤销未满三年的。

9）法律、行政法规规定的其他情形。

未取得机动车驾驶证驾驶机动车，有第一款第五项至第七项行为之一的，在规定期限内不得申请机动车驾驶证。

（7）初次申领机动车驾驶证的，可以申请准驾车型为城市公交车、大型货车、小型汽车、小型自动挡汽车、低速载货汽车、三轮汽车、残疾人专用小型自动挡载客汽车、普通三轮摩托车、普通两轮摩托车、轻便摩托车、轮式自行机械车、无轨电车、有轨电车的机动车驾驶证。

在暂住地初次申领机动车驾驶证的，可以申请准驾车型为小型汽车、小型自动挡汽车、低速载货汽车、三轮汽车、残疾人专用小型自动挡载客汽车、普通三轮摩托车、普通两轮摩托车、轻便摩托车的机动车驾驶证。

(8) 已持有机动车驾驶证，申请增加准驾车型的，应当在本记分周期和申请前一个记分周期内没有记满12分记录。申请增加中型客车、牵引车、大型客车准驾车型的，还应当符合下列规定。

1) 申请增加中型客车准驾车型的，已取得驾驶城市公交车、大型货车、小型汽车、小型自动挡汽车、低速载货汽车或者三轮汽车准驾车型资格三年以上，并在申请前连续三个记分周期内没有记满12分记录。

2) 申请增加牵引车准驾车型的，已取得驾驶中型客车或者大型货车准驾车型资格三年以上，或者取得驾驶大型客车准驾车型资格一年以上，并在申请前连续三个记分周期内没有记满12分记录。

3) 申请增加大型客车准驾车型的，已取得驾驶中型客车或者大型货车准驾车型资格五年以上，或者取得驾驶牵引车准驾车型资格两年以上，并在申请前连续五个记分周期内没有记满12分记录。

在暂住地可以申请增加的准驾车型为小型汽车、小型自动挡汽车、低速载货汽车、三轮汽车、普通三轮摩托车、普通两轮摩托车、轻便摩托车。

(9) 有下列情形之一的，不得申请大型客车、牵引车、中型客车、大型货车准驾车型。

1) 发生交通事故造成人员死亡，承担同等以上责任的。
2) 醉酒后驾驶机动车的。
3) 被吊销或者撤销机动车驾驶证未满十年的。

(10) 申领机动车驾驶证的人，按照下列规定向车辆管理所提出申请。

1) 在户籍所在地居住的，应当在户籍所在地提出申请。
2) 在暂住地居住的，可以在暂住地提出申请。
3) 现役军人（含武警），应当在居住地提出申请。
4) 境外人员，应当在居留地或者居住地提出申请。
5) 申请增加准驾车型的，应当在所持机动车驾驶证核发地提出申请。

(11) 初次申请机动车驾驶证，应当填写申请表，并提交以下证明。

1) 申请人的身份证明。
2) 县级或者部队团级以上医疗机构出具的有关身体条件的证明。属于申请残疾人专用小型自动挡载客汽车的，应当提交经省级卫生主管部门指定的专门医疗机构出具的有关身体条件的证明。

(12) 申请增加准驾车型的，除填写申请表，提交相关规定的证明外，还应当提交所持机动车驾驶证。

3. 有关机动车驾驶人考试的规定

在第三章机动车驾驶人考试中,对相关事项作了规定。

(1) 机动车驾驶人考试内容分为道路交通安全法律、法规和相关知识考试科目(以下简称科目一)、场地驾驶技能考试科目(以下简称科目二)、道路驾驶技能和安全文明驾驶常识考试科目(以下简称科目三)。

(2) 考试内容和合格标准全国统一,根据不同准驾车型规定相应的考试项目。

(3) 各科目考试的合格标准如下

1) 科目一考试满分为 100 分,成绩达到 90 分的为合格。

2) 科目二考试满分为 100 分,考试大型客车、牵引车、城市公交车、中型客车、大型货车准驾车型的,成绩达到 90 分的为合格,其他准驾车型的成绩达到 80 分的为合格。

3) 科目三道路驾驶技能和安全文明驾驶常识考试满分分别为 100 分,成绩分别达到 90 分的为合格。

(4) 车辆管理所对符合机动车驾驶证申请条件的,应当受理,并按照预约日期安排考试。考试顺序按照科目一、科目二、科目三依次进行,前一科目考试合格后,方准参加后一科目的考试。科目三道路驾驶技能考试合格后,方准参加安全文明驾驶常识考试。

车辆管理所应当提供互联网、电话等方式由申请人自助预约考试,并在车辆管理所和互联网公开考试预约计划、预约人数和考试人数等情况。

(5) 初次申请机动车驾驶证或者申请增加准驾车型的,科目一考试合格后,车辆管理所应当在一日内核发驾驶技能准考证明。

驾驶技能准考证明的有效期为三年,申请人应当在有效期内完成科目二和科目三考试。未在有效期内完成考试的,已考试合格的科目成绩作废。

(6) 初次申请机动车驾驶证或者申请增加准驾车型的,申请人预约考试科目二,应当符合下列规定。

1) 报考小型汽车、小型自动挡汽车、低速载货汽车、三轮汽车、残疾人专用小型自动挡载客汽车、轮式自行机械车、无轨电车、有轨电车准驾车型的,在取得驾驶技能准考证明满十日后预约考试。

2) 报考大型客车、牵引车、城市公交车、中型客车、大型货车准驾车型的,在取得驾驶技能准考证明满二十日后预约考试。

(7) 初次申请机动车驾驶证或者申请增加准驾车型的,申请人预约考试科目三,应当符合下列规定。

1) 报考低速载货汽车、三轮汽车、轮式自行机械车、无轨电车、有轨电车准驾车型的,在取得驾驶技能准考证明满二十日后预约考试。

2) 报考小型汽车、小型自动挡汽车、残疾人专用小型自动挡载客汽车准驾车型的,在取得驾驶技能准考证明满三十日后预约考试。

3) 报考大型客车、牵引车、城市公交车、中型客车、大型货车准驾车型的,在取得驾驶技能准考证明满四十日后预约考试。

(8) 每个科目考试一次，考试不合格的，可以补考一次。不参加补考或者补考仍不合格的，本次考试终止，申请人应当重新预约考试，但科目二、科目三考试应当在十日后预约。科目三安全文明驾驶常识考试不合格的，已通过的道路驾驶技能考试成绩有效。

在驾驶技能准考证明有效期内，科目二和科目三道路驾驶技能考试预约考试的次数不得超过五次。第五次预约考试仍不合格的，已考试合格的其他科目成绩作废。

(9) 车辆管理所应当对考试过程进行全程录音、录像。严肃考试纪律，规范考场秩序，对考场秩序混乱的，应当中止考试。

车辆管理所应当根据考试场地、考试设备、考试车辆、考试员数量等实际情况，核定每个考试场、每个考试员每日最大考试量。

4. 有关发证、换证、补证的规定

在第四章发证、换证、补证中，对相关事项作了规定。

(1) 申请人考试合格后，应当接受不少于 30 min 的交通安全文明驾驶常识和交通事故案例警示教育，并参加领证宣誓仪式。

车辆管理所应当在申请人参加领证宣誓仪式的当日核发机动车驾驶证。属于申请增加准驾车型的，应当收回原机动车驾驶证。属于复员、转业、退伍的，应当收回军队、武装警察部队机动车驾驶证。

(2) 机动车驾驶人在机动车驾驶证的六年有效期内，每个记分周期均未记满 12 分的，换发十年有效期的机动车驾驶证；在机动车驾驶证的十年有效期内，每个记分周期均未记满 12 分的，换发长期有效的机动车驾驶证。

(3) 机动车驾驶人应当于机动车驾驶证有效期满前九十日内，向机动车驾驶证核发地车辆管理所申请换证。申请时应当填写申请表，并提交以下证明、凭证。

1) 机动车驾驶人的身份证明。

2) 机动车驾驶证。

3) 县级或者部队团级以上医疗机构出具的有关身体条件的证明。属于申请残疾人专用小型自动挡载客汽车的，应当提交经省级卫生主管部门指定的专门医疗机构出具的有关身体条件的证明。

(4) 年龄在 60 周岁以上的，不得驾驶大型客车、牵引车、城市公交车、中型客车、大型货车、无轨电车和有轨电车；持有大型客车、牵引车、城市公交车、中型客车、大型货车驾驶证的，应当到机动车驾驶证核发地车辆管理所换领准驾车型为小型汽车或者小型自动挡汽车的机动车驾驶证。

(5) 具有下列情形之一的，机动车驾驶人应当在三十日内到机动车驾驶证核发地车辆管理所申请换证。

1) 在车辆管理所管辖区域内，机动车驾驶证记载的机动车驾驶人信息发生变化的。

2) 机动车驾驶证损毁无法辨认的。

申请时应当填写申请表，并提交机动车驾驶人的身份证明和机动车驾驶证。

(6) 机动车驾驶人身体条件发生变化，不符合所持机动车驾驶证准驾车型的条件，但符合准予驾驶的其他准驾车型条件的，应当在三十日内到机动车驾驶证核发地车辆管理所申请降低准驾车型。申请时应当填写申请表，并提交机动车驾驶人的身份证明、机动车驾驶证、县级或者部队团级以上医疗机构出具的有关身体条件的证明。

机动车驾驶人身体条件不适合驾驶机动车的，不得驾驶机动车。

（7）机动车驾驶证遗失的，机动车驾驶人应当向机动车驾驶证核发地车辆管理所申请补发。申请时应当填写申请表，并提交以下证明、凭证。

1）机动车驾驶人的身份证明。

2）机动车驾驶证遗失的书面声明。

符合规定的，车辆管理所应当在一日内补发机动车驾驶证。

机动车驾驶人补领机动车驾驶证后，原机动车驾驶证作废，不得继续使用。

机动车驾驶证被依法扣押、扣留或者暂扣期间，机动车驾驶人不得申请补发。

5. 机动车驾驶人管理的有关规定

在第五章机动车驾驶人管理中，对相关事项作了规定。

（1）道路交通安全违法行为累积记分周期（即记分周期）为12个月，满分为12分，从机动车驾驶证初次领取之日起计算。

依据道路交通安全违法行为的严重程度，一次记分的分值为：12分、6分、3分、2分、1分五种（附件5）。

（2）对机动车驾驶人的道路交通安全违法行为，处罚与记分同时执行。

机动车驾驶人一次有两个以上违法行为记分的，应当分别计算，累加分值。

（3）机动车驾驶人对道路交通安全违法行为处罚不服，申请行政复议或者提起行政诉讼后，经依法裁决变更或者撤销原处罚决定的，相应记分分值予以变更或者撤销。

（4）机动车驾驶人在一个记分周期内累积记分达到12分的，公安机关交通管理部门应当扣留其机动车驾驶证。

机动车驾驶人应当在十五日内到机动车驾驶证核发地或者违法行为地公安机关交通管理部门参加为期七日的道路交通安全法律、法规和相关知识学习。机动车驾驶人参加学习后，车辆管理所应当在二十日内对其进行道路交通安全法律、法规和相关知识考试。考试合格的，记分予以清除，发还机动车驾驶证；考试不合格的，继续参加学习和考试。拒不参加学习，也不接受考试的，由公安机关交通管理部门公告其机动车驾驶证停止使用。

机动车驾驶人在一个记分周期内有两次以上达到12分或者累积记分达到24分以上的，车辆管理所还应当在道路交通安全法律、法规和相关知识考试合格后十日内对其进行道路驾驶技能考试。接受道路驾驶技能考试的，按照本人机动车驾驶证载明的最高准驾车型考试。

（5）机动车驾驶人在一个记分周期内记分未达到12分，所处罚款已经缴纳的，记分予以清除；记分虽未达到12分，但尚有罚款未缴纳的，记分转入下一记分周期。

（6）机动车驾驶人应当按照法律、行政法规的规定，定期到公安机关交通管理部门接受审验。

持有大型客车、牵引车、城市公交车、中型客车、大型货车驾驶证的驾驶人，应当在每个记分周期结束后三十日内到公安机关交通管理部门接受审验。但在一个记分周期内没有记分记录的，免予本记分周期审验。

在异地从事营运的机动车驾驶人，向营运地车辆管理所备案登记一年后，可以直接在营运地参加审验。

（7）机动车驾驶证审验内容如下。

1）道路交通安全违法行为、交通事故处理情况。

2）身体条件情况。

3）道路交通安全违法行为记分及记满12分后参加学习和考试情况。

持有大型客车、牵引车、城市公交车、中型客车、大型货车驾驶证一个记分周期内有记分的，以及持有其他准驾车型驾驶证发生交通事故造成人员死亡承担同等以上责任未被吊销机动车驾驶证的驾驶人，审验时应当参加不少于3 h的道路交通安全法律法规、交通安全文明驾驶、应急处置等知识学习，并接受交通事故案例警示教育。

对交通违法行为或者交通事故未处理完毕的、身体条件不符合驾驶许可条件的、未按照规定参加学习、教育和考试的，不予通过审验。

（8）机动车驾驶人因服兵役、出国（境）等原因，无法在规定时间内办理驾驶证期满换证、审验、提交身体条件证明的，可以向机动车驾驶证核发地车辆管理所申请延期办理。申请时应当填写申请表，并提交机动车驾驶人的身份证明、机动车驾驶证和延期事由证明。

延期期限最长不超过三年。延期期间机动车驾驶人不得驾驶机动车。

（9）机动车驾驶人在实习期内不得驾驶公共汽车、营运客车或者执行任务的警车、消防车、救护车、工程救险车以及载有爆炸物品、易燃易爆化学物品、剧毒或者放射性等危险物品的机动车；驾驶的机动车不得牵引挂车。

驾驶人在实习期内驾驶机动车上高速公路行驶，应当由持相应或者更高准驾车型驾驶证三年以上的驾驶人陪同。其中，驾驶残疾人专用小型自动挡载客汽车的，可以由持有小型自动挡载客汽车以上准驾车型驾驶证的驾驶人陪同。

在增加准驾车型后的实习期内，驾驶原准驾车型的机动车时不受上述限制。

（10）机动车驾驶人具有下列情形之一的，车辆管理所应当注销其机动车驾驶证。

1）死亡的。

2）提出注销申请的。

3）丧失民事行为能力，监护人提出注销申请的。

4）身体条件不适合驾驶机动车的。

5）有器质性心脏病、癫痫病、美尼尔氏症、眩晕症、癔病、震颤麻痹、精神病、痴呆以及影响肢体活动的神经系统疾病等妨碍安全驾驶疾病的。

6）被查获有吸食、注射毒品后驾驶机动车行为，正在执行社区戒毒、强制隔离戒毒、社区康复措施，或者长期服用依赖性精神药品成瘾尚未戒除的。

7）超过机动车驾驶证有效期一年以上未换证的。

8）年龄在60周岁以上，在一个记分周期结束后一年内未提交身体条件证明的；或者持有残疾人专用小型自动挡载客汽车准驾车型，在三个记分周期结束后一年内未提交身体条件证明的。

9) 年龄在 60 周岁以上，所持机动车驾驶证只具有无轨电车或者有轨电车准驾车型，或者年龄在 70 周岁以上，所持机动车驾驶证只具有低速载货汽车、三轮汽车、轮式自行机械车准驾车型的。

10) 机动车驾驶证依法被吊销或者驾驶许可依法被撤销的。

（11）持有大型客车、牵引车、城市公交车、中型客车、大型货车驾驶证的驾驶人有下列情形之一的，车辆管理所应当注销其最高准驾车型驾驶资格，并通知机动车驾驶人在三十日内办理降级换证业务。

1) 发生交通事故造成人员死亡，承担同等以上责任，未构成犯罪的。

2) 在一个记分周期内有记满 12 分记录的。

3) 连续三个记分周期不参加审验的。

机动车驾驶人在规定时间内未办理降级换证业务的，车辆管理所应当公告注销的准驾车型驾驶资格作废。

（12）机动车驾驶人联系电话、联系地址等信息发生变化，以及持有大型客车、牵引车、城市公交车、中型客车、大型货车驾驶证的驾驶人从业单位等信息发生变化的，应当在信息变更后三十日内，向驾驶证核发地车辆管理所备案。

（13）道路运输企业应当定期将聘用的机动车驾驶人向所在地公安机关交通管理部门备案，督促及时处理道路交通安全违法行为、交通事故和参加机动车驾驶证审验。

公安机关交通管理部门应当每月向辖区内交通运输主管部门、运输企业通报机动车驾驶人的道路交通违法行为、记分和交通事故等情况。

6. 有关法律责任的规定

在第六章法律责任中，对相关事项作了规定。

（1）隐瞒有关情况或者提供虚假材料申领机动车驾驶证的，申请人在一年内不得再次申领机动车驾驶证。

申请人在考试过程中有贿赂、舞弊行为的，取消考试资格，已经通过考试的其他科目成绩无效；申请人在一年内不得再次申领机动车驾驶证。

申请人以欺骗、贿赂等不正当手段取得机动车驾驶证的，公安机关交通管理部门收缴机动车驾驶证，撤销机动车驾驶许可；申请人在三年内不得再次申领机动车驾驶证。

（2）机动车驾驶人有下列行为之一的，由公安机关交通管理部门处 20 元以上 200 元以下罚款。

1) 机动车驾驶人补领机动车驾驶证后，继续使用原机动车驾驶证的。

2) 在实习期内驾驶机动车不符合第六十五条规定的。

3) 驾驶机动车未按规定粘贴、悬挂实习标志或者残疾人机动车专用标志的。

4) 持有大型客车、牵引车、城市公交车、中型客车、大型货车驾驶证的驾驶人，未按照相关规定申报变更信息的。

（3）机动车驾驶人有下列行为之一的，由公安机关交通管理部门处 200 元以上 500 元以下罚款。

1) 机动车驾驶证被依法扣押、扣留或者暂扣期间，采用隐瞒、欺骗手段补领机动车驾驶证的。

2) 机动车驾驶人身体条件发生变化不适合驾驶机动车,仍驾驶机动车的。
3) 逾期不参加审验仍驾驶机动车的。

有第一款第一项、第二项规定情形之一的,由公安机关交通管理部门收回机动车驾驶证。

(4) 伪造、变造或者使用伪造、变造的机动车驾驶证的,由公安机关交通管理部门予以收缴,依法拘留,并处 2 000 元以上 5 000 元以下罚款;构成犯罪的,依法追究刑事责任。

附件 5

1. 机动车驾驶人有下列违法行为之一,一次记 12 分。

(1) 驾驶与准驾车型不符的机动车的。
(2) 饮酒后驾驶机动车的。
(3) 驾驶营运客车(不包括公共汽车)、校车载人超过核定人数 20% 以上的。
(4) 造成交通事故后逃逸,尚不构成犯罪的。
(5) 上道路行驶的机动车未悬挂机动车号牌的,或者故意遮挡、污损、不按规定安装机动车号牌的。
(6) 使用伪造、变造的机动车号牌、行驶证、驾驶证、校车标牌或者使用其他机动车号牌、行驶证的。
(7) 驾驶机动车在高速公路上倒车、逆行、穿越中央分隔带掉头的。
(8) 驾驶营运客车在高速公路车道内停车的。
(9) 驾驶中型以上载客载货汽车、校车、危险物品运输车辆在高速公路、城市快速路上行驶超过规定时速 20% 以上或者在高速公路、城市快速路以外的道路上行驶超过规定时速 50% 以上,以及驾驶其他机动车行驶超过规定时速 50% 以上的。
(10) 连续驾驶中型以上载客汽车、危险物品运输车辆超过 4 h 未停车休息或者停车休息时间少于 20 min 的。
(11) 未取得校车驾驶资格驾驶校车的。

2. 机动车驾驶人有下列违法行为之一,一次记 6 分。

(1) 机动车驾驶证被暂扣期间驾驶机动车的。
(2) 驾驶机动车违反道路交通信号灯通行的。
(3) 驾驶营运客车(不包括公共汽车)、校车载人超过核定人数未达 20% 的,或者驾驶其他载客汽车载人超过核定人数 20% 以上的。
(4) 驾驶中型以上载客载货汽车、校车、危险物品运输车辆在高速公路、城市快速路上行驶超过规定时速未达 20% 的。
(5) 驾驶中型以上载客载货汽车、校车、危险物品运输车辆在高速公路、城市快速路以外的道路上行驶或者驾驶其他机动车行驶超过规定时速 20% 以上未达到 50% 的。
(6) 驾驶货车载物超过核定载质量 30% 以上或者违反规定载客的。
(7) 驾驶营运客车以外的机动车在高速公路车道内停车的。
(8) 驾驶机动车在高速公路或者城市快速路上违法占用应急车道行驶的。
(9) 低能见度气象条件下,驾驶机动车在高速公路上不按规定行驶的。

（10）驾驶机动车运载超限的不可解体的物品，未按指定的时间、路线、速度行驶或者未悬挂明显标志的。

（11）驾驶机动车载运爆炸物品、易燃易爆化学物品以及剧毒、放射性等危险物品，未按指定的时间、路线、速度行驶或者未悬挂警示标志并采取必要的安全措施的。

（12）以隐瞒、欺骗手段补领机动车驾驶证的。

（13）连续驾驶中型以上载客汽车、危险物品运输车辆以外的机动车超过 4 h 未停车休息或者停车休息时间少于 20 min 的。

（14）驾驶机动车不按照规定避让校车的。

3. 机动车驾驶人有下列违法行为之一，一次记 3 分。

（1）驾驶营运客车（不包括公共汽车）、校车以外的载客汽车载人超过核定人数未达 20% 的。

（2）驾驶中型以上载客载货汽车、危险物品运输车辆在高速公路、城市快速路以外的道路上行驶或者驾驶其他机动车行驶超过规定时速未达 20% 的。

（3）驾驶货车载物超过核定载质量未达 30% 的。

（4）驾驶机动车在高速公路上行驶低于规定最低时速的。

（5）驾驶禁止驶入高速公路的机动车驶入高速公路的。

（6）驾驶机动车在高速公路或者城市快速路上不按规定车道行驶的。

（7）驾驶机动车行经人行横道，不按规定减速、停车、避让行人的。

（8）驾驶机动车违反禁令标志、禁止标线指示的。

（9）驾驶机动车不按规定超车、让行的，或者逆向行驶的。

（10）驾驶机动车违反规定牵引挂车的。

（11）在道路上车辆发生故障、事故停车后，不按规定使用灯光和设置警告标志的。

（12）上道路行驶的机动车未按规定定期进行安全技术检验的。

4. 机动车驾驶人有下列违法行为之一，一次记 2 分。

（1）驾驶机动车行经交叉路口不按规定行车或者停车的。

（2）驾驶机动车有拨打、接听手持电话等妨碍安全驾驶的行为的。

（3）驾驶两轮摩托车，不戴安全头盔的。

（4）驾驶机动车在高速公路或者城市快速路上行驶时，驾驶人未按规定系安全带的。

（5）驾驶机动车遇前方机动车停车排队或者缓慢行驶时，借道超车或者占用对面车道、穿插等候车辆的。

（6）不按照规定为校车配备安全设备，或者不按照规定对校车进行安全维护的。

（7）驾驶校车运载学生，不按照规定放置校车标牌、开启校车标志灯，或者不按照经审核确定的线路行驶的。

（8）校车上下学生，不按照规定在校车停靠站点停靠的。

（9）校车未运载学生上道路行驶，使用校车标牌、校车标志灯和停车指示标志的。

（10）驾驶校车上道路行驶前，未对校车车况是否符合安全技术要求进行检查，或者驾驶存在安全隐患的校车上道路行驶的。

(11) 在校车载有学生时给车辆加油,或者在校车发动机引擎熄灭前离开驾驶座位的。

5. 机动车驾驶人有下列违法行为之一,一次记1分。
(1) 驾驶机动车不按规定使用灯光的。
(2) 驾驶机动车不按规定会车的。
(3) 驾驶机动车载货长度、宽度、高度超过规定的。
(4) 上道路行驶的机动车未放置检验合格标志、保险标志,未随车携带行驶证、机动车驾驶证的。

其他附件(略)。

第四章 道路运输企业事故隐患排查治理相关规章与制度

安全生产事故隐患（又称为事故隐患或安全隐患），是指生产经营单位违反安全生产法律、法规、规章、标准、规程和安全生产管理制度的规定，或者因其他因素在生产经营活动中存在可能导致事故发生的物的危险状态、人的不安全行为和管理上的缺陷。许多事故的发生都是由于事故隐患引起的，因此，消除事故隐患，是预防事故的有效措施，也是保证安全生产的有效措施。对于道路运输企业，要保障道路运输安全，就要排查治理事故隐患，防止"带病"车辆上路行驶，这是一项十分重要的措施，也是保证安全的基本措施。

第一节 道路运输企业事故隐患排查治理相关规章

事故隐患分为一般事故隐患和重大事故隐患。一般事故隐患是指危害和整改难度较小，发现后能够立即整改排除的隐患。重大事故隐患是指危害和整改难度较大，应当全部或者局部停产停业，并经过一定时间整改治理方能排除的隐患，或者因外部因素影响致使生产经营单位自身难以排除的隐患。就道路运输企业而言，要特别注重对运营车辆事故隐患的排查治理，因为一些小的隐患往往会引发大的事故，甚至导致车毁人亡的重大事故。

一、《安全生产事故隐患排查治理暂行规定》相关要点

2007年12月28日，国家安全生产监督管理总局公布《安全生产事故隐患排查治理暂行规定》（国家安全生产监督管理总局令第16号），自2008年2月1日起施行。

《安全生产事故隐患排查治理暂行规定》分为五章三十二条，各章内容为：第一章总则，第二章生产经营单位的职责，第三章监督管理，第四章罚则，第五章附则。制定本规定的目的，是根据安全生产法等法律、行政法规，为了建立安全生产事故隐患排查治理长效机制，强化安全生产主体责任，加强事故隐患监督管理，防止和减少事故，保障人民群众生命财产安全。

1. 总则中的有关规定

在第一章总则中，对相关事项做了规定。

（1）生产经营单位安全生产事故隐患排查治理和安全生产监督管理部门、煤矿安全监察机构（以下统称安全监管监察部门）实施监管监察，适用本规定。

有关法律、行政法规对安全生产事故隐患排查治理另有规定的，依照其规定。

（2）本规定所称安全生产事故隐患（以下简称事故隐患），是指生产经营单位违反安全生产法律、法规、规章、标准、规程和安全生产管理制度的规定，或者因其他因素在生产经营活动中存在可能导致事故发生的物的危险状态、人的不安全行为和管理上的缺陷。

事故隐患分为一般事故隐患和重大事故隐患。一般事故隐患，是指危害和整改难度较小，发现后能够立即整改排除的隐患。重大事故隐患，是指危害和整改难度较大，应当全部或者局部停产停业，并经过一定时间整改治理方能排除的隐患，或者因外部因素影响致使生产经营单位自身难以排除的隐患。

（3）生产经营单位应当建立健全事故隐患排查治理制度。

生产经营单位主要负责人对本单位事故隐患排查治理工作全面负责。

（4）各级安全监管监察部门按照职责对所辖区域内生产经营单位排查治理事故隐患工作依法实施综合监督管理；各级人民政府有关部门在各自职责范围内对生产经营单位排查治理事故隐患工作依法实施监督管理。

（5）任何单位和个人发现事故隐患，均有权向安全监管监察部门和有关部门报告。

安全监管监察部门接到事故隐患报告后，应当按照职责分工立即组织核实并予以查处；发现所报告事故隐患应当由其他有关部门处理的，应当立即移送有关部门并记录备查。

2. 生产经营单位的职责的规定

在第二章生产经营单位的职责中，对相关事项作了规定。

（1）生产经营单位应当依照法律、法规、规章、标准和规程的要求从事生产经营活动。严禁非法从事生产经营活动。

（2）生产经营单位是事故隐患排查、治理和防控的责任主体。

生产经营单位应当建立健全事故隐患排查治理和建档监控等制度，逐级建立并落实从主要负责人到每个从业人员的隐患排查治理和监控责任制。

（3）生产经营单位应当保证事故隐患排查治理所需的资金，建立资金使用专项制度。

（4）生产经营单位应当定期组织安全生产管理人员、工程技术人员和其他相关人员排查本单位的事故隐患。对排查出的事故隐患，应当按照事故隐患的等级进行登记，建立事故隐患信息档案，并按照职责分工实施监控治理。

（5）生产经营单位应当建立事故隐患报告和举报奖励制度，鼓励、发动职工发现和排除事故隐患，鼓励社会公众举报。对发现、排除和举报事故隐患的有功人员，应当给予物质奖励和表彰。

（6）生产经营单位将生产经营项目、场所、设备发包、出租的，应当与承包、承租单位签订安全生产管理协议，并在协议中明确各方对事故隐患排查、治理和防控的管理职责。生产经营单位对承包、承租单位的事故隐患排查治理负有统一协调和监督管理的职责。

（7）安全监管监察部门和有关部门的监督检查人员依法履行事故隐患监督检查职责

时，生产经营单位应当积极配合，不得拒绝和阻挠。

（8）生产经营单位应当每季、每年对本单位事故隐患排查治理情况进行统计分析，并分别于下一季度 15 日前和下一年 1 月 31 日前向安全监管监察部门和有关部门报送书面统计分析表。统计分析表应当由生产经营单位主要负责人签字。

对于重大事故隐患，生产经营单位除依照前款规定报送外，应当及时向安全监管监察部门和有关部门报告。重大事故隐患报告应当包括以下内容。

1）隐患的现状及其产生原因。
2）隐患的危害程度和整改难易程度分析。
3）隐患的治理方案。

（9）对于一般事故隐患，由生产经营单位（车间、分厂、区队等）负责人或者有关人员立即组织整改。

对于重大事故隐患，由生产经营单位主要负责人组织制定并实施事故隐患治理方案。重大事故隐患治理方案应当包括以下内容。

1）治理的目标和任务。
2）采取的方法和措施。
3）经费和物资的落实。
4）负责治理的机构和人员。
5）治理的时限和要求。
6）安全措施和应急预案。

（10）生产经营单位在事故隐患治理过程中，应当采取相应的安全防范措施，防止事故发生。事故隐患排除前或者排除过程中无法保证安全的，应当从危险区域内撤出作业人员，并疏散可能危及的其他人员，设置警戒标志，暂时停产停业或者停止使用；对暂时难以停产或者停止使用的相关生产储存装置、设施、设备，应当加强维护和保养，防止事故发生。

（11）生产经营单位应当加强对自然灾害的预防。对于因自然灾害可能导致事故灾难的隐患，应当按照有关法律、法规、标准和本规定的要求排查治理，采取可靠的预防措施，制定应急预案。在接到有关自然灾害预报时，应当及时向下属单位发出预警通知；发生自然灾害可能危及生产经营单位和人员安全的情况时，应当采取撤离人员、停止作业、加强监测等安全措施，并及时向当地人民政府及其有关部门报告。

（12）地方人民政府或者安全监管监察部门及有关部门挂牌督办并责令全部或者局部停产停业治理的重大事故隐患，治理工作结束后，有条件的生产经营单位应当组织本单位的技术人员和专家对重大事故隐患的治理情况进行评估；其他生产经营单位应当委托具备相应资质的安全评价机构对重大事故隐患的治理情况进行评估。

经治理后符合安全生产条件的，生产经营单位应当向安全监管监察部门和有关部门提出恢复生产的书面申请，经安全监管监察部门和有关部门审查同意后，方可恢复生产经营。申请报告应当包括治理方案的内容、项目和安全评价机构出具的评价报告等。

3. 有关监督管理的规定

在第三章监督管理中，对相关事项作了规定。

(1) 安全监管监察部门应当指导、监督生产经营单位按照有关法律、法规、规章、标准和规程的要求，建立健全事故隐患排查治理等各项制度。

(2) 安全监管监察部门应当建立事故隐患排查治理监督检查制度，定期组织对生产经营单位事故隐患排查治理情况开展监督检查；应当加强对重点单位的事故隐患排查治理情况的监督检查。对检查过程中发现的重大事故隐患，应当下达整改指令书，并建立信息管理台账。必要时，报告同级人民政府并对重大事故隐患实行挂牌督办。

(3) 已经取得安全生产许可证的生产经营单位，在其被挂牌督办的重大事故隐患治理结束前，安全监管监察部门应当加强监督检查。必要时，可以提请原许可证颁发机关依法暂扣其安全生产许可证。

(4) 安全监管监察部门应当会同有关部门把重大事故隐患整改纳入重点行业领域的安全专项整治中加以治理，落实相应责任。

(5) 对挂牌督办并采取全部或者局部停产停业治理的重大事故隐患，安全监管监察部门收到生产经营单位恢复生产的申请报告后，应当在10日内进行现场审查。审查合格的，对事故隐患进行核销，同意恢复生产经营；审查不合格的，依法责令改正或者下达停产整改指令。对整改无望或者生产经营单位拒不执行整改指令的，依法实施行政处罚；不具备安全生产条件的，依法提请县级以上人民政府按照国务院规定的权限予以关闭。

4. 有关处罚的规定

在第四章罚则中，对相关事项作了规定。

(1) 生产经营单位及其主要负责人未履行事故隐患排查治理职责，导致发生生产安全事故的，依法给予行政处罚。

(2) 生产经营单位违反本规定，有下列行为之一的，由安全监管监察部门给予警告，并处三万元以下的罚款。

1) 未建立安全生产事故隐患排查治理等各项制度的。
2) 未按规定上报事故隐患排查治理统计分析表的。
3) 未制定事故隐患治理方案的。
4) 重大事故隐患不报或者未及时报告的。
5) 未对事故隐患进行排查治理擅自生产经营的。
6) 整改不合格或者未经安全监管监察部门审查同意擅自恢复生产经营的。

(3) 生产经营单位事故隐患排查治理过程中违反有关安全生产法律、法规、规章、标准和规程规定的，依法给予行政处罚。

(4) 安全监管监察部门的工作人员未依法履行职责的，按照有关规定处理。

二、《安全生产事故隐患排查治理体系建设实施指南》相关要点

2012年7月3日，国务院安全生产委员会办公室下发《关于印发工贸行业企业安全生产标准化建设和安全生产事故隐患排查治理体系建设实施指南的通知》（安委办〔2012〕28号）。《通知》指出：为进一步推进企业安全生产标准化建设和安全隐患排查治理体系建设（以下简称两项建设），夯实安全管理基础，提升安全监管水平，促进全

国安全生产形势持续稳定好转，国务院安委会办公室组织制定了《工贸行业企业安全生产标准化建设实施指南》和《安全生产事故隐患排查治理体系建设实施指南》。

《安全生产事故隐患排查治理体系建设实施指南》分为五章，各章内容为：第一章概述，第二章政府监管工作，第三章企业隐患排查治理工作，第四章隐患排查治理标准，第五章隐患排查治理信息系统。在此主要介绍与企业隐患排查治理工作相关内容。

1. 安全生产事故隐患排查治理基本概念

（1）安全生产事故隐患

安全生产事故隐患（以下简称隐患、事故隐患或安全隐患），是指生产经营单位违反安全生产法律、法规、规章、标准、规程和安全生产管理制度的规定，或者因其他因素在生产经营活动中存在可能导致事故发生的物的危险状态、人的不安全行为和管理上的缺陷。在事故隐患的三种表现中，物的危险状态是指生产过程或生产区域内的物质条件（如材料、工具、设备、设施、成品、半成品）处于危险状态，人的不安全行为是指人在工作过程中的操作、指示或其他具体行为不符合安全规定，管理上的缺陷是指在开展各种生产活动中所必需的各种组织、协调等行动存在缺陷。

（2）隐患分级

隐患的分级是以隐患的整改、治理和排除的难度及其影响范围为标准的，可以分为一般事故隐患和重大事故隐患。一般事故隐患，是指危害和整改难度较小，发现后能够立即整改排除的隐患。重大事故隐患，是指危害和整改难度较大，应当全部或者局部停产停业，并经过一定时间整改治理方能排除的隐患，或者因外部因素影响致使生产经营单位自身难以排除的隐患。

（3）隐患排查

隐患排查是指生产经营单位组织安全生产管理人员、工程技术人员和其他相关人员对本单位的事故隐患进行排查，并对排查出的事故隐患，按照事故隐患的等级进行登记，建立事故隐患信息档案。

（4）隐患治理

隐患治理就是指消除或控制隐患的活动或过程。对排查出的事故隐患，应当按照事故隐患的等级进行登记，建立事故隐患信息档案，并按照职责分工实施监控治理。对于一般事故隐患，由于其危害和整改难度较小，发现后应当由生产经营单位（车间、分厂、区队等）负责人或者有关人员立即组织整改。对于重大事故隐患，由生产经营单位主要负责人组织制定并实施事故隐患治理方案。

2. 企业隐患排查治理工作

企业是隐患排查治理工作的主体，是隐患排查治理工作的直接实施者。企业隐患排查治理工作主要包括四个方面：自查隐患、治理隐患、自报隐患和分析趋势。自查是为了发现自身所存在的隐患，保证全面而减少遗漏；治理是为了将自查中发现的隐患控制住，防止引发后果，尽可能从根本上解决问题；自报是为了将自查和治理情况报送政府有关部门，以使其了解企业在排查和治理方面的信息；分析趋势是为了建立安全生产预警指数系统，对安全生产状况做出科学、综合、定量的判断，为合理分配安全监管资源和加强安全管理提供依据。

(1) 企业自查隐患

企业自查隐患就是在政府及其部门的统一安排和指导下，确定自身分类分级的定位，采用其适用的隐患排查治理标准，通过准备、组织机构建设、建立健全制度、全面培训、实施排查、分析改进等步骤形成完整的、系统的企业自查机制。尤其是大型企业集团，应在企业内部形成连接所有管理层级和各个生产单位，以及当地安全监管部门的隐患排查治理体系。

1）准备工作。为保证隐患自查工作能够打下坚实的基础，企业必须做好与之相关的准备工作。隐患排查治理是涉及企业所有部门、所有生产流程、所有人员的一项系统工程，如果不做好全面的准备，那么所建立的隐患排查治理机制将缺乏系统性和可操作性，结果必然是"一阵风"式的开展一次"运动"，不能做到深入和持久地开展自查工作。准备工作主要包括以下内容。

①收集信息。由企业安全生产主管部门和有关专业人员，对现行的有关隐患排查治理工作的各种信息、文件、资料等通过多种行之有效的方式进行收集。此项工作也可以委托与企业有合作关系的服务方来实施。

②辅助决策。将收集信息形成的有关材料向企业管理层汇报，并说明有关情况，使企业管理层的领导能够全面、正确理解和认识隐患排查治理工作，对企业建设隐患排查治理工作做出正确决策。

③领导决策。高、中层领导需要从思想意识中真正解决为什么要实施隐患排查治理工作的问题，并为此项工作提供充分的各类资源，隐患排查治理工作才会在企业得到有效和完全的实施。

2）组织机构建设。由企业一把手担任隐患排查治理工作的总负责人，以安全生产委员会或领导班子为总决策管理机构，以安全生产管理部门为办事机构，以基层安全管理人员为骨干，以全体员工为基础，形成从上至下的组织保证。形成从主要负责人到一线员工的隐患排查治理工作网络，确定各个层级的隐患排查治理职责。

①领导层。主要负责人是隐患排查治理工作的第一责任人，通过安委会、领导办公会等形式，将隐患排查治理工作纳入其日常工作的范围中，亲自定期组织和参与检查，及时准确把握情况，发出明确的指令。主管负责人要在其职责中明确有关隐患排查治理的内容，将有关情况上传下达，做好主要负责人的帮手。其他有关领导也要在各自管辖范围内做好隐患排查治理工作，至少要知道、过问、督促、确认。

②管理层。安全生产管理机构和专职安全管理人员是隐患排查治理工作的骨干力量，编制有关制度、培训各类人员、组织检查排查、下达整改指令、验证整改效果等是主要的工作内容。还要通过监督方式对各部门和下属单位及所有员工在隐患排查治理工作方面的履职情况进行了解，纳入考核，全力推动隐患排查治理工作的全方位和全员化。

③操作层。按照责任制、相关规章制度和操作规程中明确的隐患排查治理责任，在日常的各项工作中，员工要有高度的隐患意识，随时发现和处理各种隐患和事故苗头，自己不能解决的及时上报，同时采取临时性的控制措施，并注意做好记录，为统计分析隐患留下资料。

3）建立健全规章制度。制度是企业管理的基本依据，需要企业将法律法规和标准规范，以及上级和外部的其他要求全面掌握，将其各项具体的规定结合自身的实际情况，通过编制工作将外部的规定转化为企业内部的各项规章制度，再经过全面的执行和落实，变成企业的管理行动。隐患排查治理工作也不例外，也基本按这一思路展开。企业需要建立的制度主要有：《隐患排查治理和监控责任制》《事故隐患排查治理制度》《隐患排查治理资金使用专项制度》《事故隐患建档监控制度》（事故隐患信息档案）、《事故隐患报告和举报奖励制度》等。

4）隐患排查治理标准的细化。企业应根据其适用的政府部门制定颁布的隐患排查治理标准，结合自身的实际情况，对标准的内容和要求应当进行细化，例如，对企业主要负责人的安全生产职责中规定"督促、检查安全生产工作，及时消除生产安全事故隐患"的内容，企业就应当提出更具体的要求：明确督促的方式方法、检查的方式方法（对矿山等企业领导来说可能就要与下井带班作业相结合）、检查的频率（是每周还是每月参加一次）等。

(2) 人员全面培训

在全面铺开工作之前，应对有关人员进行初步的培训，使其掌握"谁来干？干什么？如何干？工作质量有什么要求？"等内容。企业隐患排查治理体系建设的初期培训对象分为两种，一是对领导层（高层与中层）人员进行背景培训，二是对承担推进工作的骨干人员进行全面培训。对领导（高层与中层）进行背景培训，通过培训，使相关领导充分认识到企业实施隐患排查治理体系的重要意义、作用，让他们了解整个实施过程，知道自己在整个过程中的工作职责，以及应该给予隐患排查治理工作的支持和保障。对承担推进工作的骨干人员进行全面培训，主要内容包括背景（可与领导层培训合并进行）、相关政策法规、隐患排查标准内容详解、制度编写、隐患排查治理过程等方面。

隐患排查的主体是企业的所有人员，包括从领导到一线员工直到在企业工作范围内的外部人员，以保证排查的全面性和有效性。在颁布隐患排查治理制度文件之后，组织全体员工，按照不同层次、不同岗位的要求，学习相应的隐患排查治理制度文件内容。所有人员能不能或者会不会隐患排查是关键，必须对其进行有针对性和有效果的教育培训。在各种安全生产教育培训工作中要将隐患排查的内容纳入，并根据需要做专门的培训，还要确认培训的效果，以保证所有人员有意识、有能力地开展隐患排查。

(3) 实施排查

排查的实施是一个涉及企业所有管理范围的工作，需要有计划、按部就班地开展。

1）排查计划。排查工作涉及面广、时间较长，需要制定一个比较详细可行的实施计划，确定参加人员、排查内容、排查时间、排查安排、排查记录等内容。为提高效率也可以与日常安全检查、安全生产标准化的自评工作或管理体系中的合规性评价和内审工作相结合。

2）隐患排查的种类。隐患排查种类包括以下两种。

①专项排查。专项排查是指采用特定的、专门的排查方法，这种类别的方法具有周期性、技术性和投入性。主要有按隐患排查治理标准进行的全面自查、对重大危险源的

定期评价、对危险化学品的定期现状安全评价等。

②日常排查。日常排查是指与安全生产检查工作的结合，具有日常性、及时性、全面性和群众性。主要有企业全面的安全大检查、主管部门的专业安全检查、专业管理部门的专项安全检查、各管理层级的日常安全检查、操作岗位的现场安全检查等。

3）排查的实施。以专项排查为例，企业组织隐患排查组，根据排查计划到各部门和各所属单位进行全面的排查，流程及关键点如图4—1所示。排查时必须及时、准确和全面地记录排查情况和发现的问题，并随时与被检查单位的人员做好沟通。

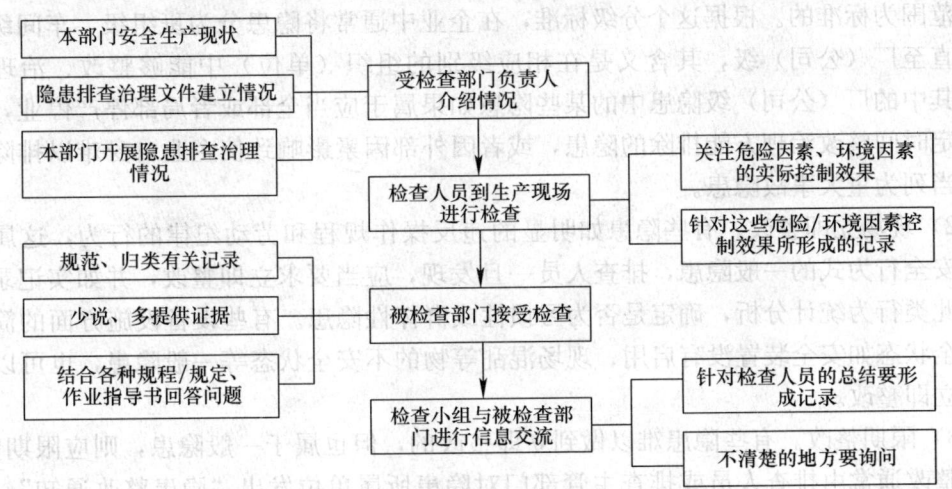

图4—1 在各部门的排查流程及关键点

4）排查结果的分析总结。一是评价本次隐患排查是否覆盖了计划中的范围和相关隐患类别；二是评价本次隐患排查是否做到了"全面、抽样"的原则，是否做到了重点部门、高风险和重大危险源适当突出的原则；三是确定本次隐患排查发现，包括确定隐患清单、隐患级别以及分析隐患的分布（包括隐患所在单位和地点的分布、种类）等；四是做出本次隐患排查治理工作的结论，填写隐患排查治理标准表格。

（4）纳入考核和持续改进

为了确保顺利进行隐患排查治理工作，领导必须责成有关部门以考核手段为基本的保障。必须规定上至一把手、下至普通的员工以及所有的检查人员的职责、权利和义务，特别是必须明确规定企业中、高层领导在此项工作中的义务与职责。因为，企业的中、高层领导是实施与开展隐患排查治理工作的重要保障力量。

隐患排查治理机制的各个方面都不是一成不变的，也要随着安全生产管理水平的提高而与时俱进，借助安全生产标准化的自评和评审、职业健康安全管理体系的合规性评价、内部审核与认证审核等外力的作用，实现企业在此工作方面的持续改进。另外，隐患排查治理也为整体安全生产管理提供了持续改进的信息资源，通过对隐患排查治理情况的统计、分析，能够为预测预警输入必要的信息，能够为管理的改进提供方向性的资料。

3. 企业隐患治理

对隐患排查所发现的各种隐患进行治理，才能真正解决企业生产经营过程中的问题，降低风险，提高安全管理水平。

(1) 一般隐患治理

1) 一般隐患分级。一般隐患是指危害和整改难度较小，发现后能够立即整改排除的隐患。为更好地有针对性地治理在企业生产和管理工作中存在的一般隐患，要对一般隐患进行进一步的细化分级。事故隐患的分级是以隐患的整改、治理和排除的难度及其影响范围为标准的。根据这个分级标准，在企业中通常将隐患分为班组级、车间级、分厂级直至厂（公司）级，其含义是在相应级别的组织（单位）中能够整改、治理和排除。其中的厂（公司）级隐患中的某些隐患如果属于应当全部或者局部停产停业，并经过一定时间整改治理方能排除的隐患，或者因外部因素影响致使企业自身难以排除的隐患应当列为重大事故隐患。

2) 现场立即整改。有些隐患如明显的违反操作规程和劳动纪律的行为，这属于人的不安全行为式的一般隐患，排查人员一旦发现，应当要求立即整改，并如实记录，以备对此类行为统计分析，确定是否为习惯性或群体性隐患。有些设备设施方面的简单的不安全状态如安全装置没有启用、现场混乱等物的不安全状态等一般隐患，也可以要求现场立即整改。

3) 限期整改。有些隐患难以做到立即整改的，但也属于一般隐患，则应限期整改。限期整改通常由排查人员或排查主管部门对隐患所属单位发出"隐患整改通知"，内容中需要明确列出如隐患情况的排查发现时间和地点、隐患情况的详细描述、隐患发生原因的分析、隐患整改责任的认定、隐患整改负责人、隐患整改的方法和要求、隐患整改完毕的时间要求等。限期整改需要全过程监督管理，除对整改结果进行"闭环"确认外，也要在整改工作实施期间进行监督，以发现和解决可能临时出现的问题，防止拖延。

(2) 重大隐患治理

针对重大隐患，就需要"量身定做"，为每个重大隐患制定专门的治理方案。由于重大隐患治理的复杂性和较长的周期性，在没有完成治理前，还要有临时性的措施和应急预案。治理完成后还有书面申请以及接受审查等工作。

1) 制定重大事故隐患治理方案。重大事故隐患由生产经营单位主要负责人组织制定并实施事故隐患治理方案。重大事故隐患治理方案应当包括以下内容。

①治理的目标和任务。

②采取的方法和措施。

③经费和物资的落实。

④负责治理的机构和人员。

⑤治理的时限和要求。

⑥安全措施和应急预案。

根据相关规定，企业在制订重大事故隐患治理方案时还必须考虑安全监管监察部门或其他有关部门所下达的"整改指令书"和政府挂牌督办的有关内容的指示，也要将这些指示的要求体现在治理方案里。

2) 重大事故隐患治理过程中的安全防范措施。生产经营单位在事故隐患治理过程中，应当采取相应的安全防范措施，防止事故发生。事故隐患排除前或者排除过程中无法保证安全的，应当从危险区域内撤出作业人员，并疏散可能危及的其他人员，设置警戒标志，暂时停产停业或者停止使用；对暂时难以停产或停止使用的相关生产储存装置、设施、设备，应当加强维护和保养，防止事故发生。

3) 重大事故隐患的治理过程。企业在重大事故隐患治理过程中，还要随时接受和配合安全监管部门的重点监督检查。如果企业的重大事故隐患属于重点行业领域的安全专项整治的范围，就更应落实相应的整改、治理的主体责任。

4) 重大事故隐患治理情况评估。地方人民政府或者安全监管监察部门及有关部门挂牌督办并责令全部或者局部停产停业治理的重大事故隐患，治理工作结束后，有条件的生产经营单位应当组织本单位的技术人员和专家对重大事故隐患的治理情况进行评估；其他生产经营单位应当委托具备相应资质的安全评价机构对重大事故隐患的治理情况进行评估。这种评估主要针对治理结果的效果进行，确认其措施的合理性和有效性，确认对隐患及其可能导致的事故的预防效果。评估需要有一定条件和资质的技术人员和专家或有相应资质的安全评价机构实施，以保证评估本身的权威性和有效性。

5) 重大事故隐患治理后的工作。重大事故隐患治理后并经过评估，符合安全生产条件的，生产经营单位应当向安全监管监察部门和有关部门提出恢复生产的书面申请，经安全监管监察部门和有关部门审查同意后，方可恢复生产经营。申请报告应当包括治理方案的内容、项目和安全评价机构出具的评价报告等。对挂牌督办并采取全部或者局部停产停业治理的重大事故隐患，安全监管监察部门收到生产经营单位恢复生产的申请报告后，应当在10日内进行现场审查。审查合格的，对事故隐患进行核销，同意恢复生产经营；审查不合格的，依法责令改正或者下达停产整改指令。对整改无望或者生产经营单位拒不执行整改指令的，依法实施行政处罚；不具备安全生产条件的，依法提请县级以上人民政府按照国务院规定的权限予以关闭。

(3) 隐患治理措施

隐患治理及其方案的核心都是通过具体的治理措施来实现的，这些措施大体上分为工程技术措施和管理措施，再加上对重大隐患需要做的临时性防护和应急措施。

1) 治理措施的基本要求。基本要求主要包括能消除或减弱生产过程中产生的危险、有害因素；处置危险和有害物，并降低到国家规定的限值内；预防生产装置失灵和操作失误产生的危险、有害因素；能有效地预防重大事故和职业危害的发生；发生意外事故时，能为遇险人员提供自救和互救条件。

隐患治理的方式方法是多种多样的，因为企业必须考虑成本投入，需要最小代价取得最适当（不一定是最好）的结果。有时候隐患治理很难彻底消除隐患，这就必须在遵守法律法规和标准规范的前提下，将其风险降低到企业可以接受的程度。可以这样说："最好"的方法不一定是最适当的，而最适当的方法一定是"最好"的。

2) 工程技术措施。工程技术措施的实施等级顺序是直接安全技术措施、间接安全技术措施、指示性安全技术措施等；根据等级顺序的要求应遵循的具体原则应按消除、预防、减弱、隔离、连锁、警告的等级顺序选择安全技术措施；应具有针对性、可操作性和经济合理性并符合国家有关法规、标准和设计规范的规定。

3) 安全管理措施。安全管理措施往往在隐患治理工作受到忽视，即使有也是老生常谈式的提高安全意识、加强培训教育和加强安全检查等几种。其实管理措施往往能系统性地解决很多普遍和长期存在的隐患，这就需要在实施隐患治理时，主动和有意识地研究分析隐患产生原因中的管理因素，发现和掌握其管理规律，通过修订有关规章制度和操作规程并贯彻执行来从根本上解决问题。

（4）闭环管理

"闭环管理"是现代安全生产管理中的基本要求，对任何一个过程的管理最终都要通过"闭环"才能最后结束。隐患治理工作的收尾工作也是"闭环"管理，要求治理措施完成后，企业主管部门和人员对其结果进行验证和效果评估。验证就是检查措施的实现情况，是否按方案和计划的要求一一落实了；效果评估是对完成的措施是否起到了隐患治理和整改的作用，是彻底解决了问题还是部分的、达到某种可接受程度的解决，是否真正能做到"预防为主"。当然不可忽略的还有是否隐患的治理措施会带来或产生新的风险也需要特别关注。

4. 安全生产形势预测预警

安全生产形势预测预警是指以隐患排查结果和仪器仪表监测检测数据为基础，辨识和提取有效信息，分析其可能产生的后果并予以量化，将有关信息经过综合分析形成直观的、动态的反映企业安全生产现状的安全生产预警指数系统，运用预测理论，建立数学模型，对未来的安全生产趋势进行预测，得出安全生产趋势的发展情况。

（1）预测预警的任务

1) 以企业日常隐患排查工作为基础，发现工作场所存在的隐患，并及时纠正，使生产过程中人的不安全行为和物的不安全状态及管理缺陷处于被监测、识别、诊断和干预的监控之下。

2) 通过对隐患排查数据、监测信息的分析，可以确定各种信息可能造成的后果，辨明造成伤亡的严重程度如何，确定是否处于安全状态，其主要任务是应用适宜的识别指标判断可能造成的后果，此对整个预警系统的活动至关重要。将分析得出的不安全因素进行量化，对可能造成的后果进行量化统计分析，加以系数修正，计算得出安全生产预警指数，通过安全生产预警指数走向的升高和降低，直观反映当前安全状况是安全、注意、警告或是危险。

3) 利用系统分析、信息处理、建模、预测、决策、控制等主要内容的预测理论，定量计算未来安全生产发展趋势，警示生产过程中将面临的危险程度，提请企业采取有效措施防范事件事故的发生。

4) 根据安全生产预警指数数值大小，对事故征兆（险肇事件）的不良趋势采取不同的措施，进行矫正、预防与控制。

5) 对可能造成损失的事件及时进行整改，分析规律，防范同类事件的发生。

（2）预测预警指数系统的建立

这里所指的预测预警指数系统是根据中国安全生产协会的《安全生产预警指数管理

系统》的有关内容提出的，供企业参考。

1）收集数据。安全生产预警的基础是数据的收集，数据来源为两个方面：隐患排查的结果及仪器仪表监测数据。在隐患排查中，不仅要发现物的不安全状态，同时对人的行为也要加以判断，对于好的安全行为要及时表扬并记录在案，仪器仪表监测过程中不正常的数据要进行整理。通过对历史数据、即时数据的整理、分析、存储，建立安全预警数据档案。

2）分析判断。对收集到的信息、数据进行分析，判断已经发生的异常征兆及可能发生的连锁反应，评价事故征兆可能造成的损失。对分析的结果进行分类统计，形成部门安全预警情况报告，上报企业安全管理部门，汇总分析后，得出当前安全生产预警指数报告。分析判断包括原始数据判断和伤害等级判断。

3）系数修正。系数修正包括以下几种。

①报告份数修正。为了消除规定时间内安全预警情况报告数量不同对安全生产预警指数的影响，按每周（月）适合本企业的平均数来修正周（月）伤害统计值。

②事故修正。事故的发生会造成安全生产预警指数的升高，另外，每次事故发生后都会对一定时期内的安全生产工作产生影响，因此，系数修正要考虑不同级别事故及事故发生后一段时期内的影响。

③隐患整改率修正。隐患整改率的高低直接影响企业安全生产状况，因此，要根据不同的隐患整改率，进行修正。

④培训及演练修正。安全教育培训是提高员工安全意识和安全素质，防止产生不安全行为，减少人员失误的重要途径。因此，培训能够降低企业安全风险，降低安全生产预警指数值不同级别的培训（厂级、车间级和班组级）对员工的影响不同，修正值不同。

4）计算。安全生产预警指数的计算是以规定时间段内的各部门安全预警情况报告为基础，进行报告份数、演练、培训、事故、隐患整改率等系数修正，计算得到安全生产预警指数值。它包括统计值计算和安全生产预警指数计算。

5）生成图形。根据预警指数数值，并按照时间顺序，将一段时间内的安全生产预警指数连接后，即构成了安全生产预警指数图，从而直观反映企业整体安全形势。

运用预测理论，对历史安全生产预警指数进行整理、修正后，消除影响因素，建立数学模型，生成安全生产趋势图，直观预测企业安全生产趋势。

第二节　道路运输企业安全生产管理相关制度

《安全生产法》第十七条规定：生产经营单位的主要负责人对本单位安全生产工作负有下列职责，组织制定本单位安全生产规章制度和操作规程。《安全生产法》所说的"生产经营单位"，也包括道路客货运企业。道路运输企业应依照法律法规的有关规定，根据本企业的实际情况，制定安全管理制度，用规章制度的方式规范员工的行为，防范和减少事故的发生，使规章制度成为安全的重要保障。在这里，选择部分企业所制定的安全管理规章制度,供相关企业和管理人员参考。

一、道路运输企业安全生产检查实施办法

1. 第一条　为加强本企业安全源头管理,促进安全生产检查的规范化、制度化,有效预防和减少事故的发生,根据有关法律法规的规定,结合企业实际,制定本办法。

2. 第二条　安全检查坚持以下原则
（1）分级负责原则
集团公司主要负责对各分公司的检查,各分公司负责对所属单位的检查。
（2）重点监督原则
集团公司按有关规定或根据工作需要,可重点对分公司所属单位以及基层单位或生产作业现场进行安全检查或督察。
（3）注重实效、狠抓落实原则
安全检查应深入生产一线和作业现场,针对一个阶段的工作重点和薄弱环节进行认真细致的检查,切忌走过场,搞形式主义。

3. 第三条　集团公司所属各单位及其从业人员,应积极配合各级组织的安全检查活动,任何单位和个人不得妨碍和干扰正常的安全检查。

4. 第四条　本办法适用于集团公司组织的安全检查活动。各分公司对所属单位的安全检查可参照此办法。

5. 第五条　安全检查分为安全岗位责任人自查、单位自查、集团公司组织的季度检查和专题性检查。

6. 第六条　各分公司应建立健全群众性的安全监督网络,发挥其作用,把安全岗位责任人的自查落实到实处。

7. 第七条　各单位安全自查应做到经常化、制度化,做到季季查、月月查、天天查,确保安全生产。

8. 第八条　安全岗位责任人自查和单位自查的检查办法,由各单位根据岗位和单位特点自行制定。

9. 第九条　集团公司季度性安全检查,是指每年结合重大节假日或重要时期定期组织的检查活动,每季度组织一次。
（1）第一季度安全检查与春运检查等工作同时部署,同时进行。
（2）第二季度安全检查与"安全生产月"和"反三违月"等工作同时部署、同时进行。
（3）第三季度安全检查与"国庆节"黄金周运输等工作同时部署、同时进行。
（4）第四季度安全检查与"安全警示月"、冬季安全生产等工作同时部署、同时进行。必要时,每季度检查也可另行部署进行。

10. 第十条　集团公司专题性检查是指根据有关主管部门部署不定期组织的重要节假日、重点时段、重要期间、重大事件前后开展的专项检查活动。

11. 第十一条　季度性检查与专题性检查在时间上接近重合时,应避免重复,要相互兼顾、相互结合进行。

12. 第十二条　第一季度、第三季度日常性安全检查由集团公司领导带队，集团公司有关职能部门派员参加。

第二季度、第四季度安全检查由集团公司领导带队，由各分公司领导以及分公司安全科（处）长或安办主任参加。

13. 第十三条　专题性安全检查由集团公司安委会办公室组织，各分公司安全科（处）长或安办主任参加。

14. 第十四条　安全检查内容分为一般内容和特殊内容。

15. 第十五条　安全检查一般内容是查思想、查管理、查制度、查现场、查隐患、查整改、查事故处理。

（1）查思想

检查各级领导对安全生产管理工作是否有正确的认识，是否真正关心职工的安全和健康，是否认真贯彻落实党和国家的安全生产管理方针、政策和各项安全劳动卫生法规。

（2）查管理

检查各级领导是否把安全生产管理工作摆到重要议事日程，在计划、布置、检查、总结、评比工作时同时计划、布置、检查、总结、评比安全工作；新建、扩建、改建工程和引进工程项目的劳动保护设施是否与主体工程同时设计、同时施工、同时投产；搞好设计审查和竣工验收工作；领导对安全生产管理工作是否分工负责、落实了各级安全生产管理责任制；安全机构是否健全；职工群众是否参与安全生产管理活动；职工群众安全组织网络是否建立并真正发挥作用。

（3）查制度

检查各项安全生产管理制度是否建立健全并得到贯彻落实，安全生产责任制是否按要求签订，奖罚兑现；安全工作经费是否有保证；各级领导和安全管理人员是否培训、考核等；特殊作业人员是否经过培训，做到持证上岗。

（4）查现场

主要是深入生产现场，检查企业的劳动条件、作业环境、生产设备以及相应的安全卫生设施和人员的操作行为等是否符合安全文明生产的要求。

（5）查隐患

查找可能导致人身伤亡或较大经济损失等安全生产事故的因素，并下达整改通知书，明确整改措施和完成期限。

（6）查整改

在贯彻边查边改原则的同时，对以前查出的事故隐患是否按当时登记的项目、整改措施和完成期限进行整改。

（7）查事故处理

检查各类事故是否按规定及时报告、认真调查、严肃处理，并做到"四不放过"。

16. 第十六条　在按上述一般内容进行检查的同时，应根据季节、行业等特点进行特殊内容的检查。

（1）第一季度安全检查还包括年度安全工作部署、春节安全运输、冬春安全生产等情况。

(2) 第二季度安全检查还包括"五一"期间安全生产、"安全生产活动月"及"反三违月"活动、夏季安全生产等情况。

(3) 第三季度安全检查还包括汛期安全生产、"十一"黄金周安全生产等情况。

(4) 第四季度安全检查还包括"安全警示月"和"安全活动日"活动、"元旦"节日安全生产、秋冬季安全生产等情况。

(5) 其他专题性检查部署的事项等内容。

17. **第十七条** 安全检查采取"听、看、问、查、议、评"等方法进行。

(1) "听"就是听取单位领导关于安全工作情况的汇报。

(2) "看"就是检查人员到现场实地检查安全生产情况和各种安全隐患。

(3) "问"就是检查人员向被检查单位的有关人员询问有关的安全情况,召开座谈会,听取职工的有关反映。

(4) "查"就是查看各种安全内业管理资料、报表台账等基础工作。

(5) "议"就是检查人员对听、看、问、查的情况进行汇报、评议,形成评价结论、要求和意见。

(6) "评"就是对被检查单位的安全工作进行评价,反馈意见,提出要求。

18. **第十八条** 安全检查要坚持日常与专题、综合与专项、明察与暗访以暗访为主"三结合"的检查形式。

19. **第十九条** 检查工作结束后,检查组应向被检查单位下达《反馈意见书》《隐患整改通知书》并于结束后五天之内,写出书面总结,连同被检查单位安全汇报(总结)以及下达的《反馈意见书》《隐患整改通知书》和汇总后的检查总结等完整资料整理后阅卷归档。

20. **第二十条** 本办法由集团公司安全管理部门负责解释。

21. **第二十一条** 本办法自公布之日起执行。

二、道路运输企业安全事故隐患监控整改实施办法

1. **第一条** 为贯彻"安全第一、预防为主"的方针,进一步加强对企业事故隐患的监控整改,预防和减少各类事故的发生,切实保障安全生产,根据国家有关法律、法规、规章和政策,结合本企业实际情况,制定本办法。

2. **第二条** 凡可能导致人身伤亡或经济损失等事故发生的因素,均称为安全事故隐患。

3. **第三条** 安全事故隐患监控整改坚持"谁主管谁负责""法人代表负第一位责任""谁存在事故隐患谁负责监控整改和实施责任追究"的原则,切实保障事故隐患监控整改的各项措施落到实处。

4. **第四条** 本办法适用于集团公司所属各分公司以及相关企事业单位。

5. **第五条** 安全事故隐患监控分为主动监控与被动监控

(1) 主动监控是指各单位在日常生产管理中自查出来,并实施监控整改的安全事故隐患。

(2) 被动监控是指各单位在接受上级安全检查中被查出来的事故隐患，并实施监控整改的安全事故隐患。

6. 第六条　主动监控发现的重大安全事故隐患和整改情况要及时报集团公司安委会办公室（安全管理部门）备案。被动监控的安全事故隐患，能立即整改的必须要立即整改；难以立即整改的要采取防范、监控措施，由检查单位填写《安全生产事故隐患监控整改通知书》（以下简称《通知书》），报集团公司安委会办公室备案。

7. 第七条　《通知书》主要包括事故隐患类别、事故隐患具体部位及主要内容、整改要求及期限、保障措施、监控整改责任单位及责任人、安全检查组成员等。

8. 第八条　安全事故隐患整改资金，原则上由存在事故隐患的单位自行筹措解决。

9. 第九条　存在重大事故隐患的单位应成立监控整改小组，责任人为该单位行政正职或法定代表人。

10. 第十条　安全事故隐患监控整改小组职责
(1) 负责安全事故隐患的现场管理，掌握其动态变化。
(2) 制定应急计划和紧急处置措施。
(3) 落实《通知书》的各项要求，把监控整改工作落到实处。
(4) 保持各种救援、处置设施设备和救护用品等完好有效。

11. 第十一条　集团公司安委会办公室监督和检查所属单位对《通知书》的贯彻落实情况；督促、协调所属单位在安全事故隐患监控整改中的重大问题；必要时报经集团公司安委会批准，对存在事故隐患的所属单位下达暂时停产停业命令书。

12. 第十二条　存有安全事故隐患的单位按《通知书》要求完成事故隐患监控整改后，应及时向集团公司安委会办公室写出报告，申请验收。集团公司安委会办公室组织安全专家及专业技术人员进行审查验收，验收合格后，形成结论报告。

13. 第十三条　安全事故隐患监控整改情况要由事故隐患单位与集团公司安委会办公室分别立档。

14. 第十四条　安全事故隐患档案主要包括以下内容
(1) 存在事故隐患的单位监控整改的有关资料。
(2) 存在事故隐患的单位申请审查验收的报告。
(3) 有关部门审查验收的结论报告。

15. 第十五条　安全事故隐患监控整改的档案要做到专人（兼职）管理，及时准确，完整成套，长期保存。

16. 第十六条　安全事故隐患监控整改工作，纳入集团公司年度安全工作考评，与安全生产管理责任书经济奖罚相挂钩。

17. 第十七条　有下列情况之一的，给予集团公司所属单位和个人责令改正、通报批评、经济处罚、政纪及党纪处分，直至按规定追究刑事责任。
(1) 主动监控不够，未发现隐患而酿成事故的，或主动监控已发现但整改不力而酿成事故的。
(2) 被动监控的隐患隐瞒不报酿成事故的。
(3) 被动监控的隐患不按《通知书》要求整改而酿成事故的。

(4) 不积极配合集团公司或有关部门进行复查或评估、分析、研究的。

(5) 不执行集团公司下达的暂时停产停业整改命令书的。

18. 第十八条　本办法由集团公司安委会负责解释。

19. 第十九条　集团公司所属各单位可参照本办法，对本单位安全事故隐患监控整改责任研究制定具体管理办法。

20. 第二十条　本办法自公布之日起施行。

三、道路运输企业机动车驾驶员安全管理规定

1. 对公司驾驶员的基本要求

(1) 驾驶员经考核录用后，凭劳动人事部门的介绍信文，经劳资处审核后，办理注册登记，并经安全管理部门进行培训考核合格后，办理好有关手续，方准上岗。

(2) 驾驶员必须具备以下条件

1) 思想进步，作风正派，遵纪守法，安全意识强。

2) 年龄在50周岁以下，身体健康，具有初中以上文化程度，持有机动车正式驾驶证、上岗证，并经安全管理部门考核验收合格。

3) 凡符合以上条件的驾驶员，必须上交安全管理部门身份证、驾驶证、运管机关上岗证复印件各1份，1寸照片3张，办理好公司上岗证，签订安全公约、安全责任书后方准上岗。

2. 机动车驾驶员安全工作职责

(1) 严格遵守《道路交通安全法》《道路交通管理条例》和安全操作规程及公司安全生产管理规章制度。

(2) 积极参加单位安全学习和按规定参加安全活动，自觉增强安全意识和职业道德，认真掌握事故预防知识。

(3) 认真做好车辆安全例保检查及定期二级维护保养工作，随时保持车辆技术状况良好，并按规定配带消防灭火器和三角垫块，杜绝机械事故发生。

3. 严格遵守公司驾驶员行车的"安全禁令"

(1) 严禁饮酒后开车。

(2) 严禁人工直流供油。

(3) 严禁将车辆交给无驾驶证（含驾驶证准驾车型与所驾车辆类型不相符合的及无集团公司准驾证）的人驾驶。

(4) 严禁盲目超限速行驶。

(5) 严禁强行超车和抢道会车。

(6) 严禁弯道超车和弯道占线行驶。

(7) 严禁车门未关好开车和车未停稳打开车门。

(8) 严禁在陡坡、傍山险路、雨天路滑等危险路段脱挡滑行或超限速行驶，无防滑设施盲目通过冰雪、冰凌、泥泞路段。

(9) 严禁超员超载和车厢内人、货混装；车辆承运危险物品或超高、超宽、超长、超重货物（载质量超过公路桥涵限制通行标志）时必须到有关部门办理准运手续，方可

行驶；或车辆行经铁路道口、渡口时，必须服从管理人员指挥，确认安全后，低速通行或上下渡船。

(10) 严禁车辆带病行车（开凑合车）及驾驶员疲劳驾车。

4. 公司驾驶员还应遵守下列规定

(1) 跟车培训的驾驶员未经公司考核批准，不准单独驾车。

(2) 按规定由两名驾驶员共同完成的任务、班次，不得由 1 名驾驶员单独完成。

(3) 发生交通事故后，应主动帮助抢救伤员，保护现场，不得擅自闯入肇事现场或挪动现场内的车、物等，并及时向公司及辖区交警部门报告情况。

(4) 技术员试车时，必须在所规定范围内进行，非驾驶员不得擅自驾车。

(5) 驾驶车辆时，须携带有效驾驶证、工作证、上岗证。

(6) 不准驾驶与准驾车型不相符的车辆。

(7) 未按规定进行年度审验或审验不合格的不准继续驾驶车辆。

(8) 不准驾驶不符合装载规定的车辆。

(9) 患有妨碍安全行车的疾病或过度疲劳时，不准驾驶车辆。

(10) 不准在驾驶车辆时饮食或有其他妨碍安全行车的行为。

(11) 坚持"安全第一、预防为主、综合治理"的方针，做好出车前、行驶中、收车后的日常检查及维护工作，每天收车后必须对车辆的重要安全部位如方向、制动、灯光等装置进行检修，消除事故隐患。

(12) 出车时车辆须配备消防器材（灭火器必须有效）。

(13) 同一线路上行驶的车辆不得相互压点、抢客，不得有妨碍安全行车的其他行为。

(14) 严格执行停、靠站制度，小公共汽车不准低速待客。

(15) 驾驶室严禁载客，驾驶车辆时不准穿背心、拖鞋、高跟鞋，行车时不准拨打手机。

(16) 驾驶员不得无故不参加安全例会、安全活动，非营运性驾驶员每月必须参加一次安全学习。

5. 机动车辆和驾驶员必须参加安全统筹（保险），并按规定自觉交纳统筹（保险）费及安全保证金。

6. 从事汽车驾驶培训的教练员（驾驶员）除严格履行本条所述职责外，还须做到严格要求自己、以身作则、为人师表，严禁违章违规教学，认真监护学员安全操作，确保教学培训安全。

7. 机动车驾驶员必须有较强的安全意识和良好的职业道德，对国家和人民生命财产有高度负责的责任感，并保证做到文明行车、礼貌行车、礼让三先（先慢、先让、先停），做到安全运输生产经营。

第三节 道路运输企业事故隐患治理新做法

事故隐患是指作业场所及设备设施的不安全状态、人的不安全行为和管理上的缺陷。事故隐患往往是引发安全事故的直接原因。加强对事故隐患的控制管理，对于预防事故的发生有重要的意义。就机动车而言，事故隐患往往处于不同的状态，有的事故隐患属于外露性的，很容易就能够发现，例如，车胎气压不足、车辆超员等；有的事故隐患属于内涵性的，要透过现象才能分析判定，或者通过检查检测才能够发现。不论属于哪种事故隐患，最重要的是不能麻痹大意、掉以轻心，要及时发现事故隐患、及时整改事故隐患，把事故消灭于萌芽状态之中，从而保证行车安全。

一、佛山汽运集团实施科学管理提高本质安全水平的做法

广东省佛山市汽车运输集团有限公司是一家综合性民营运输企业，主要业务范围包括公路运输、公共汽车运输、出租车运输、货运、物流、汽车制造和汽车维修等。现有员工 2 300 人，营运车辆 723 辆，全年营运车辆行驶里程为 8 693 万车千米，总资产近 5 亿元，车营业额 4 亿多元。

近年来，佛山汽车运输集团公司把安全生产放在企业各项工作的首位，坚持预防和控制的工作思路，积极开展安全评估，实施科学管理，提高企业本质安全生产水平，从而使企业的道路行车事故得到了控制，为公司的发展提供了有力的保障。

佛山汽运集团实施科学管理提高本质安全水平的做法主要有以下几个方面。

1. 认真落实联动机制，预防为主抓住源头

经济的发展，机动车辆的增多，道路交通事故日益成为突出问题。解决道路交通安全问题，关键是三个因素，第一是人，第二是车，第三是路。抓住这三个要素，就能从根本上解决问题。人是道路交通事故预防中的决定性因素，驾驶员的素质直接影响到运输安全。公司狠抓准入关，通过严格审查、统一考核和岗前培训，筛选优良的驾驶员。狠抓后续教育关，通过多种方式的培训教育，提高驾乘人员的综合素质。狠抓淘汰关，对违规超速行驶的驾驶员，公司每次给予批评教育并扣罚款 200 元；一年内累计违章超速行驶 3 次的，先停班整顿，待递交书面检讨和保证后才能继续上岗驾驶；一年内累计违章超速行驶 5 次的，做解聘处理。

车辆设备安全技术性能差是导致道路运输事故的一个重要因素。公司积极运用先进的科技设备，提高行车安全管理的针对性和实效性。一是应用行车记录仪，确保车辆不超速行驶。公司根据不同线路情况确定适当的行车记录仪参数，行车过程中如果车速超过该行驶路段的最高限速，行车记录仪会发出超速提示音，提示驾驶员应及时降低车速。如果驾驶员连续超速行驶时间超过 1 min，则被认定为违章超速行驶。车队管理人员在车辆完成运行任务后采集数据，通过计算机分析驾驶员是否有违规超速行驶等违规行为。目前，公司在近六成的客车上试装了行车记录仪，这些客车基本杜绝了违章超速现象，达到了加强车速监控、防止违章超速的目的。由于车速得到控制，使车速经常处于经济车速范围内，也使得这些客车的燃油经济性较安装行车记录仪前有了较大的提高。发生交通事故后，也能从行车记录仪中提取有关数据，协助有关部门进行事故的分析。二是应用 GPS 车辆监控系统，确保车辆按规定线路行驶。2003 年 8 月，公司开始 GPS 车辆监控系统的筹备和试运行工作，至今已在 70 多辆客货车上安装了 GPS 车载设备。通过 GPS 技术，企业可以对运输生产进行及时的管理，还能够对车辆安全运行进行

有效的监督。具体表现为：及时对车辆进行动态调度，以最少的车辆满足运输生产需求；无须驾驶员自行报告，随时掌握营运车辆的行踪；通过轨迹回放，有效地进行安全监督。

路况环境恶劣是导致道路运输事故的另一个重要因素。通过联动机制，公司向有关部门反映了一些事故多发地带的隐患问题后，道路交通安全联席会议立即召集有关部门实地考察、研究解决方案，形成会议纪要，由牵头及相关部门负责督促落实。

2. 积极开展安全评估，实施科学管理

公路运输业是一个特殊行业，每一辆流动的车辆就是一个流动的危险源，尤其是公司的营运车辆大部分为客运车辆，更是直接关系到人民群众的生命安全。为了提高企业的本质安全水平，公司成立了安全生产状况评查领导小组，通过企业自我评估、注册安全主任监评等形式对总公司及所有下属公司的安全生产状况进行评查打分，从而更加明确了道路交通企业安全生产的具体范围、内容及标准，知道自己具备了什么、还欠缺什么、还有哪些地方需要补充和完善。在评估的基础上，公司主要做了以下工作。

（1）落实安全生产责任制

为进一步明确安全责任，在与下属分公司签订年度《安全生产责任书》的基础上，要求各分公司将责任书中的考核指标分解到各相关部门、班组和驾驶员，层层签订安全目标责任书。并通过考核各项安全指标，对安全达标单位的有关人员进行奖励，对未达标单位的相关人员进行处罚。

（2）充实安全管理机构

为进一步强化安全管理，公司聘用了4名中级安全主任、16名初级安全主任和28名专职安全管理人员负责整个企业的安全管理工作，公司工会还聘请了34名义务安全监督员。这些安全管理人员在日常工作中要求员工自觉遵守各项安全管理的规章制度和操作规程，及时发现安全隐患，认真督促整改，有效地防止了各种事故的发生。

（3）完善安全管理制度

为了使安全管理制度化、规范化、科学化，对照评估标准，公司重新修订了《佛山市汽车运输集团有限公司汽车运输安全生产管理规定》，对安全管理机构、安全管理人员和驾驶员等的安全职责作出了具体规定，补充完善了安全档案管理制度、安全培训制度、回场必检制度、行车记录仪管理制度、驾驶员出车前问讯告知制度、安全生产统计制度等。

（4）健全安全生产档案

公司高度重视安全生产档案的形成、积累、归档和利用，建立健全了基础资料档案、驾驶员档案、车辆档案和行车事故档案，实行驾驶员档案一人一档和行车事故档案一事一档。

（5）形成企业安全文化

为强化员工的安全生产意识，车队管理人员坚持在每天早上、每班车发车前，把天气变化、路面情况等影响安全行车的因素以"一句话"的形式当面对驾驶员进行安全教育，提醒驾驶员当天、当班应注意的情况。"班前一句话"被市安委会作为安全生产管理的典型经验在试点工作中向全市推广后，公司又进一步提炼、提升，增加了"在现场观察驾驶员是否有情绪不稳定、过度疲劳等不适合驾驶的表征,及时更换有问题的驾驶员,确保行车安全"的内容,现已被正式命名为"驾驶员出车前问讯告知制度",在广东省道路运输行业内推行。公司还与驾驶员家属签订助教责任书,充分发挥亲情教育的特有效果,使广大驾驶员牢记家庭责任,时刻做好安全行车工作。通过狠抓人性化教育,在公司内逐步形成了"以人为本"的安全文化。

由于对安全生产的重视,近年来公司事故频率、伤人率、死亡率等指标都远远低于上级考核标准,并且安全生产的好形势促进了企业的经济发展,连续多年公司的经济增长率都超过15%,出现了经济效益增长、发生交通事故概率小的好形势,同时也提高了企业的声誉,增强了企业的竞争力,目前成为佛山市规模最大的综合性民营运输企业。

二、曲靖交运集团公司实施以人为本安全源头管理的做法

云南曲靖交通集团有限公司具有悠久的历史,2003年整体改制,业务范围涉足道路旅客运输、城市公交出租、货运物流、汽车销售、维修、检测及技术服务、驾驶技能培训等多种行业,现已发展成为跨行业的综合性企业集团。公司拥有资产总额11.45亿元,在册机动车辆3 705辆,直属生产经营单位40个,管理部门25个,设立子公司19个,在岗员工2 142人。全年完成客运量2 697.35万人次,旅客周转量32.22亿人千米,货运量115.57万吨,完成货物周转量1.70亿吨千米,累计完成客、货换算周转量4.92亿吨千米。

近年来,曲靖交通运输集团公司始终坚持"安全第一、预防为主、综合治理"的安全管理方针,加大安全生产投入,通过制度创新、管理创新,实现了驾驶人、车辆、过程控制全程可追溯,实施"以人为本"的安全源头管理,严格安全管理规章制度,认真落实各项安全措施,努力把高风险企业建成平安企业,连续多年无较大以上安全责任事故。

曲靖交运集团公司实施以人为本安全源头管理的做法主要有以下几个方面。

1. 针对企业实际,不断完善安全管理制度

近几年,为了适应社会经济发展的要求,云南省和曲靖市对辖区内的专业运输企业进行了兼并调整和资产重组,将不同隶属关系的运输企业都纳入集团公司管理,使得生产经营规模骤然庞大,管理层次增多,经营地域分散,车辆由2000年的917辆猛增到2 850辆,翻了三番。由于挂靠车辆较多,从业人员素质参差不齐,驾驶员队伍技术状况高低不一,车辆技术状况普遍老化,潜在危险系数很大。这一系列问题都给交通安全生产管理提出了新的要求。

在这种情况下,公司领导始终坚持:不管形势怎么变,不论情况多么复杂,以制度管人的规矩不能变。因此,集团公司从上到下,根据变化了的生产经营环境不断修改、完善和落实交通安全管理规章制度,努力提高安全生产管理的规范性和有效性,打开了交通安全管理工作的局面。

(1) 层层落实安全质量责任制

公司领导班子强烈意识到:经济要上去,事故率要下去,当务之急必须强化安全质量管理。在组织建设上,集团公司成立了安全生产委员会,董事长兼总经理任主任,领导亲自抓安全。并按在册员工的0.4%的比例配备安全管理人员,充实加强安全生产管

理部、业务部门具体抓安全。各生产经营单位还分别成立了基层安全生产领导小组，安全员设在生产经营班组。这样，公司的安全生产防范控制形成了一个横向到边、纵向到底的管理网络，遇事有人抓，不搞形式，不走过场。在具体运作过程中，集团公司逐级签订《安全生产责任书》，一级抓一级，层层抓落实，把安全生产目标责任落到实处，形成上至领导，下至一线工人，全员参与的全方位保障、全过程监控的交通安全生产管理体系，贯彻落实了"安全第一、预防为主"的方针，有效地控制了一般事故，杜绝了重特大事故的发生。

（2）实施以人为本的安全源头管理

人是实施安全生产管理的第一要素。集团公司的具体做法：一是对驾驶员，特别是对客车驾驶员加强管理，并非有证者人人都能驾车，公司因人、因工作需要而定。在内部实行"内部准驾证"制度，把挂靠车驾驶员纳入了重点管理范围，要挂公司的牌，必须领公司的证，以保证对公司的安全生产负责。此办法实施以来，共发证 3 000 多个，有效地扭转了随意驾车的被动局面，从源头上消除了安全隐患，在行车安全的控制上有了一定保障。二是抓好关键岗位从业人员的素质关，要求从业人员的技术要过硬，责任心要到位，能够发现和纠正不安全故障和部位，确保不出机械事故。三是坚持对广大员工进行不间断的政治思想教育、安全意识教育，倡导敬业爱岗，弘扬职业道德。因此，职工队伍的整体素质得到了提高，为安全生产夯实了思想基础。

（3）实施科学严谨的安全技术管理

集团公司特别注意把好车辆、设备的安全技术的"准入关"。一是坚持强制重点维修、定期检测制度，凡是运行里程达到保修周期的车辆必须强制进行保养维修，不管何种原因不得脱保脱检，否则强行停班停运不许出车。二是坚持出车前、收车后的安全例保作业，由专人负责实施，以利及早发现和消除隐患。公司曾有一辆中巴客车由于转向机轴承故障导致肇事，在公司内引起了巨大反响，这说明在安全管理控制方面还有漏洞和盲点，公司以此引导全体职工举一反三，查找原因，制订改进和预防措施，完善制度，明确了责任，警醒管理者与全体职工引以为戒，把坏事变成了好事，近年来基本控制了机械责任事故的势头。三是实施严格的日常管理制度，注重管理的有效性。曲靖客运公司率先实施的"三单"（资质、班线、例保单）审验和"三岗"（安全员、驾驶员、站务员）签章安全发车程序，有效地防止了带病车出站等安全隐患的发生。如有一次，一辆开往外地的夜班车即将发车，驾驶员火急火燎地急着要走，由于"三单"不全（无例保、检验、合格证），"三岗"之一的站务员就是不放行，坚持例保检验合格后方予放行；当客车进行例检时竟从客车的后桥上查出一个大活人来，真是不检不知道，一检吓一跳，此事闻所未闻。原来是一个农村小青年想返回昭通又没有路费，才做出了这件蠢事。是公司严格的安全生产管理制度救了他，也消除了一车旅客的安全隐患。从此大家都能自觉遵守安全例保检验，取得了良好的社会效益。

（4）实施程式化的动态管理

公司对不同季节、气候、长假期中的安全生产管理总结出了一套比较完善的管理制度。在一年一度的客运工作中，几乎所有的交通安全矛盾都会集中在"春运"这一段时间，人流骤增、气候条件恶劣、驾驶员求财心切、旅客归心似箭等情况随时都会引发安全隐患。在此期间，单位领导坐镇指挥，安全管理部门全力以赴加大检查力度，职工全体总动员分兵把口，各司其职，干部职工放弃休假，不计报酬，全力打好"歼灭战"，保证站不压客、车不超载，让旅客来得高兴、走得愉快。除此之外，公司还注意抓好"安全生产月""反三违月""百日竞赛活动"，虽是程式化的活动方式，但在内容上力争做到常抓常新。公司还坚持做好安全数据分析，找准存在问题，适时针对新情况推出新举措，使安全生产见到实效。

2. 针对出现的问题，不断深化落实管理措施

（1）领导决策层的重视是安全生产管理方案得以落实的关键

公司领导班子十分明白生产效益与安全生产的辩证关系，因而在每一项重大决策过程中都将安全问题列入议题内容，也并没有因为领导的变动而使安全生产受到影响，或使安全管理受到削弱，从而保证了安全管理的连续性，巩固了安全生产的已有成果。当然，要说领导班子变动引起的不同，则是他们遵循事物变化规律而不断总结制定适合实际情况的新方案、新办法，以及更加完善的安全管理制度。

（2）全体职工安全意识的不断增强是实施安全保障的基础

群众是推动安全工作的真正动力。再好的理论，再严密的规章，如果不付诸于群众的实践，便会变成空中楼阁，迟早要倒塌。经过不间断的安全教育，职工的安全意识得到了明显增强，逐步完成了"要我管"变为"我要管"的观念转变，明确了安全与效益的关系。用他们的话说：安全是有效数字"1"，效益是"1"后边的"0"，有安全的"1"做保证，"0"越多则越好；反之，若无安全的"1"做前提，"0"再多也没有什么意义。这一简单而深刻的道理，成了广大职工的安全共识，人人都把公司当成家，以主人翁的姿态投入到安全生产中去。如"压车速、保安全"这一成功经验，就是职工与公司领导在实践中共同总结出来的成功经验，并将其推广到全公司实施。

（3）"预防为主"是抓住安全工作主动权的关键

公司把安全管理工作的重心定位在事前控制、预防为主的基点上，改变那种只发文件、喊口号、打招呼的"粗放型"管理方式，深入基层，引导各基层单位结合实际，把全面质量管理的原理、方法应用于安全管理上来。采取"PDCA 循环"等科学管理方法，力争消除事故隐患。如公司所属高快客运站组织安全质量 QC 小组进行安全管理项目攻关，取得了明显效果。有一辆高快车在超车时因操作不当产生了侧滑甩尾现象，虽然有惊无险，没造成什么后果，但公司闻讯后仍按规定把驾驶员调换了下来，组织进行原因分析，研究预防措施。驾驶员开始想不通，认为没造成后果，分析来分析去是"小题大做"。领导耐心开导他，并一起分析事故隐患，告之此事并不是和哪个人过不去，重要的是要找出原因，教育和警醒全体驾驶员和管理人员保证行车安全。正是由于科学严格的安全管理措施，高快客运站营运 5 年来，累计开行 1.5 万班次，行程 420 多万千米，运送旅客 60 多万人次，从未发生任何重大交通事故，塑造了良好的企业形象，赢得了良好的社会信誉和经济效益。高快 QC 小组连续两年被云南省交通厅评为"优秀质量管理小组"，其 QC 成果被推广到全省的交通运输系统。"善后为主"转变为"预防为主"，真正使企业的交通安全管理抓住了主动权。

3. 发动和依靠群众，全员安全管理不留死角

由于运输生产的流动性，众多驾驶员都是独自驾车出行，不可能实行面对面的全方位监督,这一点成为运输行业安全管理的一大特点。为此,少数驾驶员轻微违规的情况时有发生,尤其是挂靠客车,出站后把车交给驾驶资质不符的人员替换开车的问题也时有发生。集团公司策划设计了"客运资质合格证管理办法",把客车驾驶员的技术技能水准(由安全千米表示)、准驾车型、本人照片组合成简明证件,贴挂在客车显眼位置,既作为上岗凭证,又作为监督对照的依据,让广大乘客进行监督。公司公开承诺:违章必纠,举报有奖。这种做法实施下来,如同免费聘请了一大批全程跟踪监督的"义务安全员"。虽然也有少数驾驶员抱着侥幸心理违反了规定,虽未造成事故但毕竟违了规。据统计,这个办法实施以来,公司共接到九次举报,落实处罚了当事者的八起违章,向举报人兑现承诺奖金 350 元。公司将这几起违章在全公司进行通报批评,引起了很大的震动,驾驶员深有感触地说:"不怕公司管得严,就怕乘客盯得紧。"

三、菏泽交通集团总公司用安全审计排查事故隐患的做法

菏泽交通集团总公司(以下简称集团)被山东省确认为大型交通运输企业,现有 13 个汽车运输分公司,11 个汽车站,1 750 余部客货营运车辆。货运经营通达全国 22 个省区市,拥有普通、集装箱、特种货物和大件设备的运输能力。客运经营西至陕西西安,东至上海、威海,南至温州、武汉、广州,北至沈阳、大连,服务网络辐射华南、华东、华中、华北、东北 12 省 3 市,年客运量超过 1 700 万人次,日发班次近 2 500 个。每天有 4.75 万人次通过集团运营前往全国各地。

交通运输业是事故多发行业,近年来重特大道路交通事故屡见不鲜,为了抓好源头治理,2005 年下半年以来,集团在强化、细化安全基础管理上,实行安全审计制度。2007 年,国务院安委办在重点行业和领域组织开展安全生产隐患排查治理专项行动,集团以此为契机,积极部署,审计组一行 5 人,深入基层,历时 26 天,对各运输单位和汽车站的安全工作进行了安全审计,取得了较好的效果。

1. 安全审计的特点与作用

所谓安全审计,是借鉴财务审计的做法,对安全管理工作全面审查监督。它是强化安全"双基"工作的有效措施,也是安全检查的进一步升华。安全审计不同于一般的安全检查,它具有以下特点:一是依法进行审计,根据《安全生产法》《道路交通安全法》等有关安全法规,结合企业安全管理规章制度进行审计,审计的过程也是贯彻国家有关安全法规的过程。二是审计的内容要更全面、更深入。审计中不仅要看结果,而且要看过程,要剖析原因,并针对存在的问题提出整改意见;不仅要事后审计,而且采用事前审计、事中审计、跟踪审计等方式,使安全关口前移,有利于建立安全预警系统。三是审计具有严肃性和权威性,有专门的机构和专业人员依法独立行使审计监督。四是安全责任更加明确,审计对象是安全管理人员,审计重点是安全责任的落实。审计人员查不出存在的问题就要追究审计人员的责任,促使审计人员和安全管理人员全面提高自身素质,增强责任意识。

2. 重点审计"八个到位"的落实情况

隐患排查治理中,集团根据安全审计的具体内容,重点审计了"八个到位"的落实情况。

(1) 认识到位

隐患排查治理中，审计组重点审查了领导干部对安全工作重要性的认识是否到位，是否认识到安全无小事、安全责任重于泰山、放松安全管理就是违法、发生责任事故就是犯罪；是否切实把安全生产提到"第一"的位置来抓，做到先安全后生产、不安全不生产、一切为安全让路。二是审查了员工对安全工作的认识是否到位，看员工是否熟悉安全生产法律法规，是否参加了安全教育和培训，是否实现了从"要我安全"到"我要安全""我会安全"的转变，是否形成了"人人讲安全、事事讲安全、时时讲安全"的氛围。通过查看有关会议记录、询问、测试有关职工，检查各单位领导会上是否有强调、有部署，会下安全教育、安全投入等是否已落实到位。

(2) 领导到位

审计组主要审计各单位是否成立了以主要领导负责的安全生产委员会，是否设立了专门的安全管理机构，是否配备了专职的安全管理人员，是否认真落实了"五同时"制度，即研究工作时研究安全、部署工作时部署安全、检查工作时检查安全、总结工作时总结安全、表彰先进时表彰安全。目前，各运输单位均设置了安全管理部门，共有专业安全管理人员98名，安全生产"五同时"制度也得到较好的落实。

(3) 责任到位

按照"谁主管、谁负责""管生产必须管安全""干工作必须保安全"和"一岗双责"原则，审计组主要审计了各单位是否将安全责任落实到每一个岗位、每一个人，逐级签订了安全责任书；是否明确了一把手是第一责任人，并形成一个纵向到底、横向到边的安全管理责任体系。这方面主要通过查看安全责任书的内容是否具体、明确、有针对性，是否同工作岗位相适应。为使各岗位安全责任更加明确，在事故调查中，审计组还按照驾驶员、车辆、营调、站务、事故报告与处理五个方面进行了认真核查，哪个环节出了问题就处理哪个相关责任人。如发生事故，查前3个月驾驶员的教育培训情况，对未能按规定参加教育培训的，就视为安全管理部门教育培训工作没做到位；车辆未进行出入库检查却能报班运行的，说明报班这个环节出了问题；车辆动态、驾驶员动态记录不全或不准确的，说明营调人员动态监管工作不到位；道路客运安全卡超员、"三品"两栏目填写不全的，说明检票人员把关不严等。出现这些情况后，就要对相关人员进行处理，以进一步增强全员"一岗双责"意识。

(4) 措施到位

审计组主要审计了安全管理制度是否齐全，是否有教育培训、驾驶员管理、安全活动、安全检查、责任追究、事故报告与处理等制度；审计了车辆出入库检查情况，是否做到了每日出入库检查（长途班车每个班次一检查），检查率是否达到了100%，检查出的技术隐患是否下发了整改通知单并跟踪落实；审计了"五证两卡"监督情况，是否按照营调、报班、检票顺序进行监督，营调科对车辆运行动态及驾驶员动态管理是否到位，报班室对驾驶员、营运车辆证件的监督是否到位，检票员对车辆站内超员、"三品"监督情况是否到位；审计了车辆保险情况，运营车辆是否按照规定足额投保，车辆投保率是否达到了100%，有无脱保、漏保现象；审计了安全风险金缴纳情况，各单位主要负责人、分管领导、安全管理人员、运输分公司驾驶员是否缴纳了安全风险金。目前，客运单位共收取驾驶员安全风险金 372.1 万元,车辆安全风险金 368.46 万元。

(5) 落实到位

在各项安全措施及制度的落实上,审计组主要查看了各单位是否把安全目标、安全责任、安全措施进行了层层分解,落实到人,做到事事有人管、人人有职责、工作有标准、定期有检查、考核有奖惩,并实行责任追究。"五一""十一"黄金周、春运、"安全生产月"等重点时段,安全生产是否有方案、有布置、有检查、有总结;单位编制的应急预案是否进行了演练;发生事故后是否按照"四不放过"原则进行了处理。

审计发现,七分公司严格落实安全责任追究制度,采用虚拟事故倒查的方式,对不认真履行车辆站内超员监督、"三品"检查职责的 10 名检票员,给予了停职检查,且进行了经济处罚。各下属单位已实行了驾驶员"黑名单"制度,建立了驾驶员"黑名单"数据库,3 年内发生重大行车责任(同等责任及以上)事故的驾驶员、1 年内有两次超员 20% 以上行为的客运驾驶员、不服从管理的驾驶员信息都输入驾驶员"黑名单"数据库,通过集团安全管理网络实现信息共享,全公司范围内不得聘用,从一定程度上消除了驾驶员的不安全因素。现进入数据库的驾驶员近 40 人。

(6) 教育到位

审计各单位安全宣传教育情况,是否通过安全会议、简报、黑板报、演讲、明白纸、影视资料、信息群发等多种途径,广泛深入地进行安全宣传教育;看驾驶员安全教育,是否做到了每月至少两次、教育面达到了 100%;看安全管理人员的培训情况,是否经过培训并持证上岗。对驾驶员安全教育不到位的单位,审计组当场下发了整改通知单,限期整改。

(7) 设备到位

审计组主要查看了各单位安全设施是否配备齐全、有效,安全资金投入是否到位,安全管理手段是否现代化,是否采用了 GPS 定位系统对营运车辆进行全天候、全方位安全监控。目前,集团共有 963 部客车、危险品车辆安装了 GPS 车载终端。依托 GPS 监控平台,集团集中开展了客车超速行驶专项整治(在没有限速标志的道路上,高速公路最高时速设定为 100 km/h,普通公路设定为 80 km/h)。通过 GPS 监控系统捕捉超速信息,共分 11 个时段进行了治理,查出超速车辆 1 024 辆次,超速次数为 28 737 次,罚款 7 万余元。通过整改,超速车辆的百分比由第一时段的 48.1% 下降到 5.2%,单车平均超速次数由第一时段的 58.5 次下降到 2.26 次,切实达到了降车速、刹高速的目的。

(8) 记录到位

记录到位主要是查看安全管理的各种原始记录、台账、报表、档案资料是否齐全、完整、准确和上报及时,是否达到了标准化、规范化。审计组抽查了 145 名驾驶员档案资料,发现有 34 名驾驶员档案资料中存有驾驶证复印件过期现象。抽查了 64 部车辆档案,发现有 8 部车辆档案资料不全。

3. 不断深化完善安全审计

此次隐患排查治理,全公司通过安全审计,安全"双基"工作得到了加强,安全管理水平得到了提升。但在审计过程中,审计组也发现一些突出问题:即个别从事危险货物运输管理的人员资格不符合要求;GPS 卫星定位系统主动用于治理超速的单位少,用于车辆动态控制的单位多;违法违规治理力度小,过宽过软;异地发车、夜班车、旅游车存在安全管理漏洞;有的单位现场存在较大的火灾隐患,有的单位缺少消防栓或消防水源压力不足,个别单位消防器材已失效。

为此,集团进一步加强了危险货物运输管理,同时聘请专家对专职管理人员进行培训,帮助其获取相应管理资格。同时,继续加大了超速行驶治理,加快恢复了行驶记录仪功能进度,建立了车辆 GPS 卫星定位日常监控台账和车载终端报修记录,并将此项工作当做此次隐患排查治理的重点工作进行跟踪落实。此外,集团还进一步加强了异地发车、夜班车、旅游车的安全管理,做到了驾驶员教育、车辆检查、动态控制三到位,签订了车辆检查委托书,明确管理责任,强化审计监督。

四、辽河油田公司创新管理提升交通安全保障水平的做法

辽河油田地跨辽宁省、内蒙古自治区的 13 个市(地)、35 个县(旗),年生产原油 1 000 万吨、天然气 8 亿立方米,油品以稠油、超稠油和高凝油为主。重组整合后,辽河油田公司现有各类用工 11.4 万人,下设油气生产、工程技术、矿区服务等 54 个二级单位和 9 个直属公司,共有 82 个建制车队,拥有客车、危化品运输车、油田特种专用车等 9 大类车辆共 11 000 台,驾驶员 8 700 余人。

几年来,交通安全管理工作坚持"安全第一、预防为主"的方针,认真贯彻集团公司总体部署,严格按照 HSE 体系文件要求,从基层基础工作入手,突出风险识别与控制,不断提高认识,开阔思路,创新方法,强化责任落实和制度执行,取得了较好的效果。重组整合以来没有发生一般 A 类以上交通安全责任事故,特别是今年以来没有发生任何交通事故,有力地保障了油田公司生产经营工作的顺利进行和企业和谐稳定发展。

辽河油田公司创新管理提升交通安全保障水平的做法主要有以下几个方面。

1. 增强对交通安全工作重要性认识,持续加强组织领导

油田公司各级领导,特别是主要领导,高度重视交通安全管理工作,谢文彦总经理身体力行,带头践行有感领导,多次强调:"各级领导干部要带头严格执行交通安全管理制度,要从上车系安全带做起,管住身边人,管好家里人,消除管理漏洞和死角。"公司上下不断强化"安全为天,生命至上""安全生产是企业核心价值"的理念,将交通安全与生产安全放在同等重要的位置,树立"一切事故都是可以预防的"思想,充分认识安全、生产与效益的辩证统一关系;充分认识事故的偶然性与必然性及其相互转化的关系;充分认识"人、车、路、环境"内在联系和辽河油田 11 000 台车辆,就是一万多个流动的危险点(源)的客观现实;充分认识交通安全对辽河油田建设"四大基地"、实现"三大目标"的重要保障作用。认真分析交通安全的形势,正确把握规律性,提高预见性,克服"头疼医头、脚疼医脚"的局部思维定式,树立系统化思维,从战略和全局的高度,防控各类可能的风险,"以一万的努力,防止万一的发生"。

油田公司不断加强对交通安全管理工作的组织领导,按照《HSE 管理原则》和"有感领导、直线责任、属地管理"的刚性要求,明确各级班子的行政正职为交通安全第一责任人,层层签订交通安全目标责任书;将安全目标纳入业绩合同,督促主要领导抓交通安全与生产经营同步筹划、同步推进、同步考核。

油田公司千方百计保证交通管理所需资源，在机构人员编制都十分紧张的情况下，成立了安委会领导下的油田公司交通管理中心，配备 10 名敢于负责、精于管理的同志，从事交通安全监管工作。各二级单位也都成立交通安全管理部门，配备 156 名专职交通安全管理干部。公司每年从单位操作成本中提取 0.05% 的交通安全措施费，用于交通设备设施的更新，配备车辆维护检修设备、安全检查和教育培训工具，为所有车辆配齐了安全带，建立了油田公司 GPS 监控系统。

2. 积极开展"标准化车队"建设，有效夯实基层基础工作

交通事故个案的发生，突显的是人、车、路、环境中某一个"局部缺陷"，但究其规律和深层次原因，都存在事故隐患的"综合病症"。因此，预防交通事故，必须建立综合性、系统性、全方位、全过程的标准化管理体系。

油田公司为了牢牢抓住基层车队这个交通安全管理的基本单元，从 2008 年起开展了"标准化车队"创建工作。创建工作以"规范管理，确保安全"为目标，提出"制定创建标准、抓实标志性载体、明确检查考核标尺、选树典型示范标杆"的思路。从指导思想、机构建设、理念宣贯、教育培训、人员管理、车辆管理和安全管理、道路和设备管理、风险防控管理、专项整治、奖惩考评 10 个方面，制定了涵盖 6 大要素、26 个小要素、43 条具体内容的《交通安全标准化车队建设标准》，配套制定了考核办法。实行千分制考核，每半年对基层车队进行一次考核，对获得 950 分以上的车队授予"标准化优秀车队"的称号。目前已有 50 个车队获得了这一称号。在"标准化车队"创建工作中突出"四个注重"。

（1）注重制度统一性

油田公司统一制定了"八大"制度，涵盖了交通安全管理的各个方面，实现了交通安全"无缝隙"管理。特别是按照直线责任和属地管理的要求，完善了《交通安全责任连带制度》和《车辆回场告知制度》。明确了车辆管理单位、使用单位和带车人在车辆使用过程中的安全责任，形成合力，及时制止各种不安全行为，确保安全行驶。

（2）注重风险预见性

认真执行 HSE 体系规范，落实风险识别和控制措施。一是驾驶员风险识别，从驾驶员健康状况、婚姻家庭情况、性格特点等方面，查找影响安全行驶的因素，制定针对性措施。二是车辆技术状况风险识别，重点查找车辆转向、刹车、传动、灯光等方面存在的问题，及时排除隐患。三是行车路线风险识别，确定危险点（源），制定防范措施，做到"一患一案一牌"。同时，建立恶劣天气预警机制，利用短信平台，对所有驾驶员、车管干部进行预警，落实相应措施。

（3）注重车辆受控性

坚持车辆调派制度、回场告知制度、路单签字制度和值班干部带车制度，规范车辆的调派、运行、回场签字管理。节假日期间，实施交通安全升级管理，严格实行"三交一封"制度，加大违章违纪处罚力度。落实车辆定期检测制度，保证车况完好，杜绝"带病"运行。

（4）注重教育针对性

坚持因人而异，因材施教，对症下药。对 A、B 类驾驶员，实行"师带徒""一对一"跟踪培训指导;对个别"特殊人员",进行重点帮助、重点监控,随时掌握他们的思想动态、身体状况;对七座以上客车、危化品运输车、长途车驾驶员经常"开小灶""吃加餐",着重进行安全理念和技能培训。开展事故案例和"未遂事件"教育,进行安全经验分享,做到举一反三,警钟长鸣。

辽河油田公司"标准化车队"建设做法,得到了辽宁省交通安全系统的肯定和高度评价。在全省标准化示范运输车队评比中,辽河油田公司有3个车队被评为省"标准化示范车队",占全省"标准化示范车队"总数的7%。

3. 围绕防控重大交通安全风险,不断强化监管措施

在强化基层基础工作的同时,油田公司采取各种有力措施,不断强化道路交通安全监控,收到较好效果。

(1) 专项整治法

针对不同时期形势和特点,油田公司与公安交警部门协同配合,先后组织开展"迎奥运,文明出行"百日交通安全专项整治;"迎国庆、保平安"交通安全专项整治;大、中型客车,危化品运输车,长途车等重点车辆专项整治以及矿区道路专项整治。重点查处无证驾车、超速驾车、酒后驾车等"十大不安全违法违规行为"。在2012年,先后组织专项检查23次,检查车辆1 900余台次,查处违法违规车辆112台次。通过专项整治,驾驶员违法、违章、违纪现象持续下降,交通事故逐年减少。

(2) GPS监控法

建立了覆盖全油田公司的GPS监控系统,设立公司级监控中心1个,基层监控室76个,对所有危化品运输车、送班大客车、油田特种作业车、生产指挥车实施三级24 h监控,定期通报监控情况,有效控制和减少了违法违规行为。

(3) 氛围营造法

制度管理管住人,文化管理管住魂。油田公司通过不断探索实践,形成"'1+1'亲情助安全活动、路单提示、阵地熏陶、技术比武"等生动载体,营造交通安全文化氛围,强化司乘人员主动安全意识,培养良好行为习惯,推动员工从"要我安全"到"我要安全"的转变。

(4) 情感关爱法

建立驾驶员休息室,保证驾驶员充分休息;建立完善阅览室,配备各类书籍、报刊供驾驶员学习;建立员工活动室,配备健身器材,定期开展文体活动,丰富和活跃驾驶员业余文化生活;将交通安全的触角延伸到私家车驾驶员,通过组织私家车俱乐部等方式,对私家车驾驶员进行交通法规和安全常识教育,提升私家车驾驶员珍爱生命、平安出行的安全意识。

经过公司领导与员工的共同努力,交通安全管理工作收到明显效果,基层基础工作得到夯实,交通事故率逐年下降,保证了运输安全。

五、大连石化公司强化管理职能确保车辆运输安全的做法

大连石化公司隶属中国石油天然气公司,现有炼油生产装置48套,化工生产装置7套,能生产汽油、煤油、柴油等石化产品200多种,员工总数6 900余人。公司下设建

筑安装工程总公司、运输公司、港务公司等十几个具有法人资格的专业公司，现有货运车辆、特种车辆等各种机动车辆 595 台，驾驶员 600 余名，主要承担着各种货运输、场内运输任务。

近年来，大连石油化工公司把保证机动车辆运输安全作为首要的任务，健全管理机构，完善管理制度，强化管理职能，为了搞好运输安全工作，公司保证了运输安全。

大连石化公司强化管理职能确保车辆运输安全的做法主要有以下几个方面。

1. 强化管理，建立三级运输安全管理机构

建立运输管理机构是搞好运输安全的基础。公司为加强运输工作的管理，建立了三级运输管理机构。一是成立了公司级运输管理委员会，主要任务是根据集团公司和地方政府的工作要求，抓公司运输安全动态，研究、布置公司的运输管理工作。二是根据二级单位分布情况及经营范围，成立二级运输管理委员会。二级运输管理委员会在公司运输管理委员会的直接领导下，负责本单位的运输安全工作，做到分级管理，各负其责。三是成立了基层运输安全活动小组。根据各单位的分布情况，把全厂所有驾驶员分成10个运输安全活动小组，每个小组 50 人左右，从中推选一名责任心比较强的同志担任组长，根据公司运输管理委员会的安排，定期组织驾驶员进行安全活动。

为了强化管理，建立了运输安全例会制度。公司运输管理委员会每月组织两次运输安全组长会议；每月组织两次法定的驾驶员安全活动日。公司每个驾驶员都必须在各自的运输安全活动小组参加学习。因出车任务不能参加的，回来后要补课，把公司布置的运输安全工作直接落实到驾驶员。这样使全公司的运输安全管理工作形成三级管理的网络，横向到边，竖向到底，为搞好运输安全管理工作奠定基础。

2. 吸取事故教训，健全运输安全管理制度

几年来，在运输安全管理工作的实践中，公司根据以往的事故教训不断总结经验，建立和完善各种运输安全管理规章制度。

（1）吸取教训，强化管理，逐步建立健全规章制度

由于公司地处沿海丘陵地带，进入公司大门就是一处 15％坡度的下坡路，有 300 余米长。过去，每到上班时间，机动车、自行车进了大门顺大坡往下快速滑行。因车速快，曾出现过自行车撞人，造成重伤；运输车辆刹车失灵，最后越过铁路，撞在房屋墙上，造成车辆严重受损的事故。针对这些问题，经过调查研究，公司制定了《厂内道路交通管理规定》，规定中明确提出：企业内机动车辆最高限速 25 km/h，坡路自行车不准骑行。规定出台后，受到很多冷嘲热讽的攻击，但在领导的支持下，严格执行规章制度，组织交通管理人员配备测速仪，坚持检查、抽查，发现违章问题不仅批评教育，而且进行罚款处理，机动车超速最高一次罚款 300 元。同时，对企业内行驶的车辆，参照国家交通管理办法，在厂区主要道路上，施划了交通标线，明确机动车、非机动车、行人的通行路线，实现各行其道，通行有序；并且还按国家标准，设置了百余面指示、禁令、警告等交通标志，提醒驾驶员遵章行车，并坚持经常性的检查，强化管理，使厂内各种车辆各行其道，井然有序。通过事故教训，建立健全规章制度，使企业内交通运输安全管理工作收到明显效果。

（2）适应新形势，研究新问题，不断完善规章制度

随着改革形势的不断深入，各二级法人单位有了用工自主权，各单位用工形式出现了多元化的趋势。部分有车单位，根据工作需要，在社会上聘用机动车驾驶员，这些人如何用、如何管理，给运输安全管理工作带来了新问题。本单位驾驶员都按规定及时参加公司组织的安全活动，出现违章及事故等问题，可以采取经济处罚，给予行政处分等方法。对外聘驾驶员怎么管理，弄不好一旦出现交通事故，人跑了却把责任留给企业怎么办？针对这些情况，公司及时修订下发了《外聘机动车驾驶员管理规定》，对外聘驾驶员的资质、驾车年限、安全行车千米数等均做了明确的要求，在履行规定的考核、审批手续时，还采取需要有一名在职职工做"担保人"，并要求交纳一定的风险"抵押金"的措施。这个办法出台以后的实施过程中，受到各二级法人单位领导的赞同及支持，保证了在机动车驾驶员的管理上不留死角，使外聘驾驶员"管得住、管得好"。

几年来，公司在交通运输安全管理工作实践中，不断总结经验教训，逐步完善规章制度，先后制定了《交通安全管理办法》《办公用车管理规定》《节假日出勤车辆管理规定》《长途车辆管理规定》等规章制度，使公司交通运输安全管理工作有章可循。

3. 抓住交通安全的关键，搞好驾驶员队伍建设

搞好交通安全的关键，在于驾驶员队伍的建设和管理。为了建设一支好的驾驶员队伍，公司采取的主要做法有以下几个方面。

(1) 抓教育，提高安全意识

对驾驶员的安全教育历年来都作为首要工作，驾驶员每月两次安全活动为法定时间，人人都要参加；利用安全活动时间对驾驶员进行安全行车教育、职业道德教育、交通法规学习，努力提高驾驶员的整体素质；同时还结合一些典型的事故案例，吸取教训，举一反三，提高驾驶员水平。除此以外，还进行一些有针对性的特殊教育，比如冬季雨、雪天气的行车教育，高速公路行车教育，事故现场教育等。每年初，公司还要求每个驾驶员签订一份交通安全保证书。通过这些形式的教育，逐步提高了驾驶员的安全行车经验，提高了驾驶员遵章守法的自觉性，为交通运输安全打下基础。

(2) 抓练兵，提高技术素质

目前公司的新驾驶员比较多，这部分人的技术水平比较低，为提高他们的技术素质，采取分批对他们进行技术培训，通过培训，来提高他们的技术水平，特别是安全驾驶的水平。2002年以来，公司配合地方交通、消防管理部门，组织货运驾驶员从业资格培训、驾驶员职业技能培训及危险品驾驶员消防安全培训培训班三期，培训驾驶员520余人次，收到了较好的效果。为提高全体驾驶员岗位练兵、学习专业技术的积极性，公司每年第四季度都组织一次全体驾驶员参加的技术大比武活动。经各基层单位的层层选拔，选出十名优胜者参加公司级大比武，最后评出技术状元一名，奖励1 000元；技术标兵2名，各奖励400元；技术能手3名，各奖励200元。在这些活动中，广大驾驶员都能积极地报名参加，调动了学习技术的热情。

(3) 抓考核，合理使用驾驶员

对全公司的驾驶员，实行了"综合考核，统一管理，分类使用"的措施。为全公司600余名驾驶员建立了档案，对技术素质、违章情况、事故情况等均记录在案，实行动态管理。根据其综合情况分为三类：一类是放心驾驶员，他们可以从事长途及危险品货物运输,可以驾驶大型客车以及从事一些比较重要的工作;第二类是一般驾驶员,这些人可以从事普通货物运输;第三类为重点驾驶员,由于这些人的驾驶水平所限,实行控制使用,给他们指定行驶范围和行驶时间,经常进行一些技术指导,对因生理和技术原因不适于驾驶工作的,坚决调离驾驶员岗位。如公司有位驾驶员,几年中因为同一种原因,几次发生同一种性质的交通事故,虽然限制在一定范围使用,但仍不能保证安全行车,为确保交通运输安全,认定此人不能继续驾车,就当机立断调离驾驶岗位,取消其驾车资格,另行安排工作。

(4) 坚持考核、培训、放开原则,加强对新驾驶员的管理

对新启用驾驶员的使用,必须在履行审批程序的基础上,坚持"一考、二训、三放开"的原则。"一考"就是对所有新启用驾驶员,不管是在部队或地方取得的驾驶证,必须经公司运输安全管理部门组织进行逐项考核,达不到标准的不允许使用;"二训"就是对达到了上岗条件的驾驶员,必须进行为期三个月的"以运代训",选择有经验的老驾驶员作陪教,培训期满须再次考核,合格后方能独立驾驶;"三放开"就是对考核合格的驾驶员在上岗时,指定驾车行驶范围,先厂内、后厂外,先近后远,逐步放开。由于采取了这种做法,三年来在新启用的驾驶员中未发生一起交通事故,既保证了交通安全,也圆满地完成了各项生产任务。

(5) 抓纪律,提高遵章守纪自觉性

为了最大限度地减少非生产用车,降低事故概率,杜绝出私车现象,公司各二级单位都制定了办公用车管理制度,由专人负责车辆安排。各有车单位均建立出车台账,每次出车都要填写出车单(证),公司运输管理部门还经常到各单位检查执行情况。除此以外,还不定期到路面检查出车纪律,凡无出车单(证)的视为出私车,对驾驶员按出私车进行处理。同时对节日出勤车辆进行严格控制。节日放假期间,确因工作需要出勤的车辆,首先由用车单位提出申请,公司运输管理部门根据生产的实际情况审批;对与生产无关的车辆,则坚决不准出车,确实需要的办公用车也尽量压缩到最低限度。另外对节日出勤的车辆进行严格检查,对驾驶员进行安全教育,绝不允许节日期间利用公车走亲访友,特别是驾驶员绝对不能酒后驾车。公司还制定了《出私车处罚规定》,对于出私车的驾驶员,一经发现吊扣驾驶证三个月,如果发生交通事故除吊销驾驶证外,还要赔偿全部经济损失。

4. 强化车辆管理,是保障交通安全的根本

车辆状况好与坏直接影响行车安全,抓好车辆状况的检验和车辆更新是交通管理的重要工作。多年来,在车辆状况检验中,主要采取两种方法。

(1) 坚持定期检验,即月检、季检、年检

每次检车时,每台车的检验情况由检车人员填写检验单,记录存档。凡是在检验中发现有不合格的车辆立即收缴行驶证,停车修理,待复检合格后,才准予行驶,不放带病车上路。对检车不合格的,根据具体情况,对驾驶员还要进行相应的处罚。为了保证车检的质量,还培训了一批检车员,他们在车检中都能做到按要求严格检查,不漏项,在车辆管理中发挥了积极的作用。

(2) 坚持车辆检验制度

对于运输车辆，坚持定期检验，据不完全统计，每年进行的车检都在 8 000 台次左右。正是由于坚持在车辆检验上下功夫，多年来全公司没有一起因车辆技术状况而引发的交通事故。

（3）加大投入，更新车辆，从根本上解决车辆运输中存在的隐患

重组改制前，由于车辆更新投入不够，车辆状况较差，已到报废期并办理延缓手续的车辆占总数的 44.6%，给交通运输带来不安全因素。为了保证物资运输安全，特别是化学危险品运输安全，公司组织对危险品运输车辆进行认真检查，对不符合要求的车辆改为普通货物运输或做报废处理，并投资对部分车辆进行更新。2003 年以来，公司共投资 1 000 余万元，更新客车 28 台，货车 56 台，使公司车辆状况得到根本好转，虽然增加成本投入，但为保证交通运输安全提供了保证。

几年来，公司在安全管理工作中，深刻认识到：车是"死"的，人是"活"的，要做好交通运输安全管理工作，关键在人，关键在于如何管理驾驶员，关键在于提高驾驶员的素质、提高驾驶员的安全意识。针对出现的新情况、新问题，要与时俱进，取长补短，在实践中不断创新，扎扎实实做好交通运输安全管理工作，为公司的稳定和发展提供有力的保证。

第五章 道路运输企业安全检查

安全检查是一种被广泛应用的方法,用来发现企业生产过程中存在的事故隐患,进而实施改进以避免可能发生的损失。对于企业来讲,安全检查既是安全管理中常用的一种管理手段,也是发现事故隐患以及预防事故的一个有效措施。对道路运输企业来讲,安全检查更为重要,运行车辆存在事故隐患,很有可能在运行中引发事故。从大量事故案例来看,许多事故的发生,都是由于出车前安全检查不到位而引起的。因此,必须吸取事故教训,根据本企业的情况,加强安全检查工作,及时发现事故隐患,进而采取整改治理措施消除事故隐患,做到防患于未然,才能保证安全运营。

第一节 营运客车安全例行检查及出站检查工作规范

2012年12月24日,交通运输部下发《关于印发汽车客运站营运客车安全例行检查及出站检查工作规范的通知》(交运发[2012]762号)。《通知》指出:认真组织实施好上述两个规范,是贯彻落实《交通运输部关于贯彻落实〈国务院关于加强道路交通安全工作的意见〉的通知》(交运发[2012]490号)的具体体现,是进一步加强道路旅客运输业相关安全制度执行的客观要求,对促进汽车客运站安全管理工作的标准化、规范化具有十分重要的现实意义。道路旅客运输企业、汽车客运站等相关单位和人员,要深入了解和掌握规范的具体内容和相关要求,增强贯彻执行规范的自觉性和主动性,切实落实好这两个规范[包括附件1:《营运客车安全例行检查技术规范(试行)》]。

一、《汽车客运站营运客车安全例行检查工作规范》

1. 第一条 为进一步加强汽车客运站(以下简称客运站)营运客车安全例行检查(以下简称安全例检)工作,规范客运站安全例检行为,依据《中华人民共和国道路运输条例》(中华人民共和国国务院令第406号)、《道路旅客运输及客运站管理规定》(交通运输部令2012年第2号)、《汽车客运站级别划分和建设要求》(交通行业标准JT/T 200—2004)等规定,制定本规范。

2. 第二条 本规范适用于三级及以上客运站。其他客运站可参照执行。

3. 第三条 营运客车实行安全例行检查制度。本规范所称安全例行检查是指在受检车辆进行了正常维护并检验合格的前提下,由客运站车辆安全例检人员(以下简称例检人员)在不拆卸零部件的条件下,借助简单的工具量具,采用人工检视的方法,对影响营运客车行车安全的可视部件技术状况所实施的例行检查。

4. 第四条 客运经营者和营运客车驾驶人（以下简称驾驶人）应严格执行有关法规、规章和标准，定期对车辆进行安全技术检验、综合性能检测与维护，保持车辆技术状况完好。

5. 第五条 客运站应高度重视安全例检工作。客运站应与进入该站的营运客车所属客运经营者签订营运客车进站协议，明确双方关于安全例检的责任和权利，并严格履行协议。

6. 第六条 客运班线单程营运里程小于800 km的客运班车和往返营运时间不超过24 h的营运班车，实行每日检查一次；客运班线单程营运里程在800 km（含）以上的客运班车和往返营运时间在24 h（含）以上的营运班车，实行每个单程检查一次。未经安全例检或安全例检不合格的营运客车，客运站不得排班发车，驾驶人不得用其运送旅客。

7. 第七条 客运站应设立安全例检机构，负责安全例检的组织实施。例检机构应建立健全岗位职责、工作程序和监督机制等，保障安全例检工作正常有效运行。

8. 第八条 客运站应按日检车辆数配备例检人员。客运站例检人员配置可以参照附件2执行。

9. 第九条 客运站应当制订安全例检工作人员培训计划，明确培训内容、培训时间和考核目标，做好培训记录与总结。

10. 第十条 例检人员应具备必要的汽车专业知识和实际工作能力，掌握客车构造和常用检验方法，熟悉客运管理相关政策法规和技术规范，参加客车安全例行检查岗前专项培训并经考核合格，持有机动车维修质量检验员（安全例检）从业资格证。

例检人员工作中，应遵守行为规范，佩戴标识，用语文明，认真作业，秉公办事，不徇私情。

11. 第十一条 客运站应及时向客运经营者通报安全例检信息。

12. 第十二条 客运站应当制订包含安全例检内容的应急预案。

13. 第十三条 客运站应当建立安全例检抱怨处理制度，接受驾驶人和社会的监督。客运站对接到的举报和投诉应当及时予以调查和处理。

14. 第十四条 客运站应设置例检场所，其中应包括辅助用房。同时应设置明显的车辆通行指示标志，正确引导营运客车顺畅进入车辆安全例检场所（以下简称例检场所）。应在例检场所醒目位置公布安全例检流程图示，安全例检项目、检查方法、技术要求及其他注意事项。

15. 第十五条 例检场所面积应满足车辆安全例检的作业要求，例检场所地面应坚实、平整，并具备防风、防淋、防晒及良好的采光、照明和通风等条件。例检场所应配置对讲设备。例检场所应设有供检查客车使用的地沟或举升装置。

新建或改建的客车检查地沟或举升装置配置数量可以参照附件2执行。地沟的长度应当不小于承检车辆最大长度的1.1倍，宽度不小于0.65 m，深度不小于1.3 m，并配备安全电压的照明设施。

16. 第十六条 例检场所应配备保证安全例检工作安全的停车楔及安全例检工作所

需的检验工具和量具。

检验工具和量具主要有：检验锤、便携式照明器具、轮胎气压表、轮胎花纹深度尺，以及套筒扳手、扭力扳手、钢卷尺、钢板尺等。

17. 第十七条　检验量具须经法定或授权的计量检定机构检定，并取得计量检定合格证，且在有效期内使用。

18. 第十八条　安全例检机构应对设施设备加强管理，保持设施设备技术状况良好。

19. 第十九条　客运站营运客车安全例行检查工作流程可以参照附件3执行。

例检人员应按照《营运客车安全例行检查技术规范（试行）》（附件1）的要求进行检查，并填写检查记录或录入安全例检信息管理系统。

20. 第二十条　例检人员对经检验合格的车辆签发安全例检合格通知单，作为营运客车报班发车的依据。

安全例检合格通知单自签发时起，24 h 内报班有效。安全例检合格通知单超过时限的营运客车，须重新进行安全例检，合格后，方可报班。

《营运客车安全例检合格通知单》式样见附件4。实行安全例检信息化管理的，可另行规定。

21. 第二十一条　安全例检不合格的营运客车，需要修理的，由例检人员开具安全例检不合格项目告知单，交当班驾驶人将车辆送到具有相应资质的维修企业进行维修。维修合格后，维修企业检验员开具维修合格凭证，加盖维修企业印章。当班驾驶人凭维修企业出具的合格凭证到安全例检机构办理复检。

22. 第二十二条　安全例检机构应建立健全安全例检台账并妥善保存，保存期不少于6个月。

23. 第二十三条　客运站应逐步建立安全例检信息化管理系统，提高安全例检效率和质量。安全例检信息化管理系统应能够实现营运客车经车辆身份识别进入例检场所完成安全例检的功能。

24. 第二十四条　客运站所在地县级以上道路运输管理机构负责客运站监督检查。

附件：1. 营运客车安全例行检查技术规范（试行）
　　　2. 客运站车辆安全例检人员、设施配置推荐表（略）
　　　3. 客运站车辆安全例检工作流程图（略）
　　　4.《营运客车安全例检合格通知单》（略）

二、《营运客车安全例行检查技术规范（试行）》

1. 范围

本标准规定了营运客车安全例行检查的术语和定义、设施条件、检查项目、检查方法、技术要求和工艺流程。

本标准适用于营运客车的安全例行检查。

2. 术语和定义

营运客车安全例行检查是指在受检车辆按照相关规定进行了正常维护并检验合格的前提下，由车辆安全例检人员在不拆卸零部件的条件下，借助简单的工具，采用人工检视的方法，对影响营运客车行车安全的可视部件技术状况所实施的检查。

营运客车安全例行检查与车辆的日常维护、一级维护和二级维护为非替代关系。

3. 设施条件

（1）车辆安全例行检查场所应满足实施安全例行检查、承检车型和发车频次的需要。

（2）车辆安全例行检查场所应设有车辆检验地沟或举升装置。检验地沟的结构尺寸、举升装置的规格应与承检车型相适应。检验地沟推荐尺寸：长度不小于承检车辆最大长度的1.1倍，宽度不小于0.65 m，深度不小于1.3 m。车辆安全例行检查场所及地沟内应安装照明设施，地沟内的照明设施应采用安全电源。

（3）三级以上汽车客运站车辆安全例行检查应采用计算机管理系统，具有车辆信息登录、检查数据存储、检查信息查询、检查报告生成、人工录入等功能。

（4）车辆安全例行检查场所应配备无线扩音设备，具有车辆安全例行检查人员间、车辆安全例行检查人员与驾驶人间的语音联络功能。

（5）安全例行检查场所应配备灭火器等消防设备，地沟内灭火器的放置数量不少于1具。

（6）车辆安全例行检查场所应具有醒目的文字标志和限速标志。

（7）车辆安全例行检查的工具及设备如下：

1）检验锤。

2）便携式照明器具。

3）轮胎气压表。

4）轮胎花纹深度尺。

5）套筒扳手、扭力扳手。

6）钢卷尺、钢板尺。

7）停车楔，数量不少于两只。

8）其他工具及设备。

4. 检查项目、方法及要求

（1）外观

1）目视检查车身外观及车内环境，车身应整洁、周正，无开裂、明显锈蚀和变形，车窗玻璃齐全、完好，车内应整洁、无杂物。

2）目视检查左右后视镜、内后视镜，应完好、无损毁。

3）打开前风窗玻璃刮水器开关，刮水器各挡位应工作正常，关闭刮水器时刮片应能自动返回到初始位置。

4）目视检查发动机、水箱，应无漏油、漏液现象。

（2）制动系统

1）气压表工作状况。起动发动机，观察气压表指示情况，气压表应能正确指示系统压力。

2）制动管路密封性。采用气压制动的车辆，在储气筒保持一定压力条件下，关闭发动机，踏下制动踏板，检查各车轮制动气室、气阀及制动管路的密封性，应无漏气声。

3) 制动系统自检。接通发动机起动开关，查看制动系统各故障指示灯指示状况，应无故障报警。

4) 空气压缩机传动带。目视检查并指压空气压缩机传动带，应无龟裂、油污和异常磨损，松紧度应适当。

(3) 转向系统

左、右转动转向盘，检视球销总成、横直拉杆，球销总成应无松旷和开裂，横直拉杆应无变形和裂纹，各锁销齐全、紧固。同时检查转向机构连接状况，各连接部位应连接可靠、无松动。

(4) 传动系统

1) 传动机构及连接。目视检查传动轴支架，传动轴支架应无破损和变形。通过晃动传动轴的方式检查传动机构连接状况，万向节、中间轴承应无松旷。

2) 自动变速器、液力缓速器密封性。对于同时装有自动变速器和液力缓速器的车辆，目视检查自动变速器、液力缓速器的密封状况，油液应无泄漏。

(5) 照明、信号指示灯

1) 前照灯。目视检查前照灯，前照灯应齐全、完好、表面清洁，无松脱；开启前照灯，前照灯应工作正常；操作远近光变换开关，远近光变换应正常。

2) 信号指示灯。巡视检查转向灯（前、后、侧）、制动灯、示廓灯、危险报警灯、前后雾灯，应齐全、完好、表面清洁；进行对应操作，分别目视检查上述各信号指示灯，均应工作正常。

(6) 轮胎

1) 轮胎外观。目视检查胎冠、胎壁等部位，不得有长度超过 25 mm 或深度足以暴露出帘布层的破裂、割伤以及凸起、异物刺入等影响使用的缺陷。同时目视检查并装轮胎间，应无异物嵌入。

2) 轮胎花纹深度。目视检查轮胎磨损状况。必要时用轮胎花纹深度尺检测轮胎胎冠花纹深度。营运客车转向轮的胎冠花纹深度不小于 3.2 mm，其余轮胎胎纹深度不小于 1.6 mm。

3) 轮胎规格和花纹。目视检查轮胎规格和花纹，同轴两侧轮胎规格、花纹应一致。

4) 轮胎气压。巡视检查各轮胎充气状况，必要时用气压表测量轮胎气压，轮胎气压应符合要求。

5) 轮胎及半轴螺栓、螺母。巡视检查轮胎螺栓、螺母以及可视的半轴螺栓，各轮胎及半轴的螺栓、螺母应齐全、完好，紧固可靠。

(7) 悬架系统

目视检查悬架的弹性元件，应安装牢固，无断裂、塑性变形等异常情况。检查空气弹簧的气密性，应无泄漏。

目视检查钢板弹簧的 U 形螺栓螺母、吊耳销（套）、锁销等部件，U 形螺栓螺母应齐全、紧固，吊耳销（套）、锁销应齐全、无断裂和松旷。

(8) 安全设施

1) 车门应急开关。目视检查动力启闭车门的车内应急开关，应急开关的标识、机件应齐全、完好。当对应急开关的技术状况有质疑时，应进行启闭检查。

2) 安全顶窗。目视检查安全顶窗，安全顶窗机件应齐全、完好。当对安全顶窗的功能有质疑时，应进行启闭检查。

3) 安全锤。目视检查封闭式客车的应急窗，应配备安全锤并在规定的位置放置。

4) 灭火器。目视检查灭火器，应随车配备。

(9) 摄像头

目视检查车内摄像头，摄像头的拍摄方向应符合规定且无遮挡。

5. 工艺流程

营运客车安全例行检查应在驾驶人的配合下，由两名车辆安全例行检查人员（以下称例检人员甲、例检人员乙）进行。以发动机后置的营运客车为例，其安全例行检查推荐工艺流程（略）。

三、《汽车客运站营运客车出站检查工作规范》

1. 第一条　为进一步加强汽车客运站（以下简称客运站）客车出站检查工作，根据《中华人民共和国道路运输条例》（中华人民共和国国务院令第 406 号）、《道路旅客运输及客运站管理规定》（交通运输部部令 2012 年第 2 号）等相关法律法规规定，制定本规范。

2. 第二条　等级客运站出站检查工作，应当遵守本规范。

3. 第三条　本规范所称出站检查是指客运站经营者在客车出站前，对当班驾驶员资格、客车运营证件、客车安全例行检查情况、客车实际载客人数、车上人员安全带系扣情况、出站登记手续等是否符合规定所进行的核查活动。

4. 第四条　客运站经营者应当贯彻执行国家有关安全生产法律、行政法规和政策，按照本规范，制定出站检查管理制度、工作规程和管理规则，并组织实施。

5. 第五条　出站检查工作人员配备应当与客运站业务规模相适应，原则上日发 50 个班次以下的客运站配置 1 名出站检查人员；50 个班次以上的，每增加 150 个班次，增加 1 名出站检查人员。

6. 第六条　客运站经营者应当加强出站检查工作人员培训，制定培训计划，明确培训内容、培训时间和考核要求，确保出站检查工作人员熟练掌握出站检查工作规范、具备必要的证照真伪辨别知识和应急处置能力。

7. 第七条　客运站经营者应当将出站检查工作情况列入安全生产工作会议和安全例会议程。

8. 第八条　客运站经营者应当保障出站检查工作经费投入。出站检查工作经费主要包括出站检查设备设施的购置和维护、出站检查工作人员的教育培训等经费。

9. 第九条　客运站经营者应当制定有关节假日、重大活动及其他客流高峰期间的应急措施，保障出站检查工作严格执行和出站客车顺畅有序。

10. 第十条　出站检查工作人员应当对每一辆出站客车进行检查，检查合格并经出站检查人员与受检驾驶员签字确认后才准予出站。

11. 第十一条 出站检查主要包括以下主要内容
(1) 检查出站客车报班手续是否完备，确保客车出站前《安全例检合格通知单》、行驶证、道路运输证、客运标志牌等单证经过车站查验且合格。
(2) 核验每一名当班驾驶员持有的从业资格证、机动车驾驶证，确保受检驾驶员与报班的驾驶员一致。
(3) 清点客车载客人数，确保客车不超载出站。如发现客车有超载行为，应当立即制止，并采取相应措施安排旅客改乘。
(4) 检查装有安全带的客车乘客安全带系扣情况，确保客车出站时所有乘客系好安全带。

对出站检查后的所有客车，客运站出站检查人员均需填写出站登记表，并由出站检查人员和当班驾驶员签字确认。出站登记表保存期不少于3个月，式样见附件5。

12. 第十二条 出站检查工作人员应遵守行为规范，佩戴标识，用语文明，认真作业。

13. 第十三条 客车不配合出站检查时，出站检查工作人员应当做好解释和说服工作，经劝告仍不接受出站检查的，客运站有权拒绝客车出站。经劝阻无效，仍滞留现场扰乱秩序的，客运站应当立即采取相应措施安排客车上的旅客改乘并报当地道路运输管理机构；对强行出站的，客运站应当立即报告当地道路运输管理机构处理。对相应客车，客运站可在一定期限内禁止其进站发班。

14. 第十四条 县级以上道路运输管理机构负责本辖区客运站客车出站检查情况的监督检查。重大节假日、重大活动及其他客流高峰期间或根据工作需要，应派专人进驻客运站对客车出站检查情况进行现场督查、抽查，确保客运站严格落实出站检查制度。

附件：5. 出站登记表（略）

第二节 道路运输企业安全检查的要求

事故源于隐患，而隐患又先于事故，这是一条规律。在道路交通运输企业的运营中，车辆、设备设施和人员都存在着风险，随着时间的推移，车辆会慢慢地被磨损侵蚀，原有的条件或状况会在变化，人员的安全意识也会不断发生变化，事物的这种由量变到质变的特性使风险会随着时间的推移而逐渐加剧，因此，企业必须不断地进行检查，及时发现潜在的风险，进而采取消除或降低风险措施，做到防患于未然。

一、道路运输企业安全检查的类型与要求

1. 安全检查的类型
安全检查主要有以下六种类型。
(1) 经常性安全检查
通过采取日常的巡视方式，经常性地对各个生产过程进行预防检查，及时发现隐患并消除。

(2) 季节性（节日性）安全检查

针对不同的季节变化，按照事故发生的规律，重点对冬季防寒、防火、防煤气中毒，夏季防暑降温、防汛防雷电等进行检查。重大节日前后职工忙于过节，注意力不集中，难免造成诸多人的不安全因素，必须检查并杜绝之。

(3) 定期安全检查

通过有组织、有计划、有目的的形式，固定日期和频次进行检查，来发现并解决问题。比如每周、每月、每季度等频次的检查。

(4) 专项检查

对某些专业或专项问题以及某些部位存在的普遍问题，进行单项的定性或定量的检查。通过检查发现问题，制定整改方案，及时进行技术改造。

(5) 综合性大检查

一般由主管部门或公司督查组对全公司各单位进行全面综合的检查。

(6) 员工自查

员工是车辆设备的直接操作者，对车辆设备最为了解，在工作过程中有什么异常情况，可能存在哪些事故隐患，都比较清楚，有利于及时发现、及时解决。开展员工安全自查，能保证事故隐患在第一时间内得到整改。

2. 安全检查的要求

道路运输企业进行安全检查的主要对象，是各种运输车辆和驾驶人员。在安全检查中，可以依照安全检查表的内容，确定检查的场所，并对人员、管理、作业、设备等实施检查。

(1) 现场抽样检查或演练

1) 抽样检查客运、货运车辆质量状况。

2) 抽样检查驾驶人员安全驾驶的执行情况。

3) 抽样检查关键岗位人员的持证上岗情况和安全培训情况。

4) 抽样检查关键岗位的安全操作规程和操作记录。

5) 抽样检查关键岗位的安全技术装备完好状态和检测有效期。

6) 抽样检查特种设备检验合格证。

7) 抽样检查事故救援预案和关键岗位人员是否进行过演练。

8) 必要时进行消防演练或事故救援演练。

(2) 交谈、提问和座谈会

1) 随机找人交谈和询问，包括二级单位负责人、班组长、作业人员。

2) 耐心倾听基层人员反映的安全生产方面的问题。

3) 根据情况需要，适时召开座谈会。

(3) 查阅文件和记录

1) 查阅有关安全生产的法规、文件和技术标准。

2) 查阅受检单位印发的安全生产文件、会议纪要、规章制度等。

3) 查阅安全生产委员会会议记录。

4) 查阅安全问题隐患检查处理记录。

5）查阅事故处理报告和落实责任追究的情况。
（4）检查后交换意见
1）通报检查结果和评价。
2）指出检查发现的安全隐患和问题。
3）提出整改要求。
4）有关意见和建议。

3. 安全检查需要做到"三个纠正"

安全检查的目的是发现问题，通过问题的发现进而解决问题。因此，在安全检查中，需要做到"三个纠正"。

（1）纠正员工的麻痹思想

有些员工在生产过程中，对安全生产重要性的认识不够，对安全措施和安全规定感到麻烦，认为多此一举，存在着麻痹思想和侥幸心理，不遵守操作规程，不按安全要求操作，或者当生产与安全出现冲突时，有重工作轻安全的思想，往往导致事故的发生。因此，要高度重视安全生产，纠正麻痹思想，牢固树立安全第一的思想，实行安全优先的原则，确保生产目标的安全实现。

（2）纠正想当然的习惯

在生产作业中经常有习惯性违章的现象，出现习惯性违章的人员，大多是老员工。由于习惯性违章，致使错误的理念顽固地延续下去，正确的操作得不到执行，也就是说违章得不到纠正，隐患一直存在。根据因果关系原则，事故的发生是许多因素互为因果连续发生的最终结果，只要有诱发事故的因素存在，发生事故就是必然的，只是时间迟早而已。这种习惯性违章是导致事故发生的必然因素，因此，必须纠正和杜绝想当然的习惯，养成良好的行为习惯和操作习惯。

（3）纠正拖拉推脱的作风

安全无小事，一个小的隐患得不到及时的整改，就可能成为一起大事故的导火索。安全工作的中心就是防止人的不安全行为，消除设备的或物质的不安全状态，中断事故连锁的进程，从而避免事故的发生。对安全检查中发现的隐患进行积极有效的整改，就是中断事故进程，消除事故的可能性。拖拉推脱的工作作风只能导致隐患继续存在得不到整改，使事故的苗头得不到遏制，条件一旦具备，事故发生将悔之晚矣。因此，必须纠正拖拉推脱的作风，提高执行力，树立雷厉风行的工作作风。

二、道路交通运输企业安全管理检查表

1. 道路交通运输企业安全管理检查表（见表5—1）

表 5—1　　　　　　　　道路交通运输企业安全管理检查表

序号	检查内容和标准	检查方法	检查记录
1.1	安全生产领导组织机构健全，定期研究安全生产工作重大问题	查资料 听汇报	
1.2	党政工团齐抓共管，安全工作分工明确、各尽其责	查资料 听汇报	

续表

序号	检查内容和标准	检查方法	检查记录
1.3	设有安全生产工作职能机构，按规定配备专（兼）职安全管理人员	查资料 听汇报	
1.4	建立健全工会劳动保护监督检查组织网络及配备专（兼）职人员	查资料	
2.1	建立全员安全生产责任制	看资料	
2.1.1	法人代表的第一安全责任、分管领导的直接安全责任、其他领导的综合治理安全责任条款具体明确，并认真履行	查资料	
2.1.2	各部门、岗位、工种的全员安全生产工作责任制条款具体、明确、完善，并认真履行	查资料 看现场	
2.1.3	层层直至个人签订《安全责任状》，缴纳安全生产保证金，《安全责任状》中有能全面反映其工作职责的内容	查资料	
2.1.4	建立并执行安全生产目标管理制度	查资料	
2.1.5	建立保证目标实现的具体工作计划、措施等	查资料	
2.1.6	制定安全目标的考核办法	查资料	
2.1.7	进行年度安全目标考核、总结、评比	查资料	
2.2	建立健全各项安全管理制度	查资料	
2.2.1	建立各级安全生产办公会议（例会）制度	查资料	
2.2.2	安全职能部门定期召开工作例会，研究安全生产工作，定期组织安全生产检查等安全活动	查资料	
2.2.3	建立安全生产检查制度、隐患整改制度	查资料	
2.2.4	建立安全行政责任追究制度（或实施细则）	查资料	
2.2.5	建立危险点（源）和职业危害监控制度	查资料 看现场	
2.2.6	建立事故统计、报告、调查、分析、处理制度	查资料	
2.2.7	建立安全生产工作考评、奖惩制度	查资料	
2.2.8	按照有关法律、法规制定化学危险物品的运输、储存、使用、监管制度	查资料 看现场	
2.2.9	制定相关消防、救生制度及应急预案	查资料 看现场	
2.2.10	建立机驾等特种岗位工作人员培训、上岗、教育审查等安全管理制度	查资料	
2.2.11	建立所有投入营运生产的车、船、机械、设备安全技术管理制度	查资料 看现场	
2.2.12	制定岗位、工种、车辆运行线路操作规程，并在相应岗位公示	查资料	
2.2.13	建立劳动防护用品管理、发放、使用制度	查资料 看现场	
2.2.14	建立安全生产值日、巡查制度	查记录	
2.2.15	建立安全生产培训教育制度	查资料	

续表

序号	检查内容和标准	检查方法	检查记录
3.1	重视安全文化建设,安全生产氛围浓厚,安全宣传形式多样、效果明显	查资料 现场了解	
3.2	认真宣传、贯彻国家有关安全生产法律、法规	查资料	
3.3	及时传达贯彻上级有关安全生产的指示、要求	查资料 现场了解	
3.4	根据不同季节、不同安全工作重点、不同人员,有针对性进行安全宣传教育	查资料	
3.5	有计划地对职工进行日常安全技术培训	查资料	
3.6	单位领导、安全管理人员定期参加安全生产教育培训,具有相关安全生产专业资质,上岗持证率达100%	查资料 查现场	
3.7	特种作业人员定期参加安全生产教育培训,上岗持证率达100%	查资料 查现场	
3.8	新职工上岗经过岗前三级安全教育培训,上岗持证率达100%	查资料 查现场	
3.9	坚持生产班组班前安全教育	查资料 查现场	
3.10	坚持机驾人员出车(航)前安全教育	查资料 现场询问	
3.11	坚持开展重点不安全因素人员安全教育(帮教活动)	查资料 现场询问	
3.12	坚持开展春运、安全月等重大安全活动	查资料	
3.13	坚持有效开展安全生产业务技能测试竞赛和消防、救生、抢险等实际演练	查资料 看现场	
4.1	企业道路运输市场准入和经营资质经过严格审批,执行严格的升降级制度	查资料	
4.2	年度工作计划有具体安全生产内容	查资料	
4.3	公路长途运输应严格执行"两部一局"安全会签、交代和检查,人员、车辆、监控及配班、装载、运行等规定	查记录	
4.4	设置安全监督、举报信箱、电话,聘请行风安全监督员等	查公示 或资料	
4.5	安全生产的预控、监控、群控、互控和自控监督机制运转正常	查资料 现场询问	
4.6	坚持安全值日巡查制度	查值日记录	
4.7	建立健全工会劳动保护监督检查责任制度,依法实行群众监督	查资料	

续表

序号	检查内容和标准	检查方法	检查记录
4.8	单位行政向职工代表大会或职工大会报告安全生产工作，工会参与安全工作中的重大安全活动	查资料	
4.9	集体合同有明确的安全生产内容	查资料	
4.10	工会协助行政创建安全合格班组	查资料	
4.11	制定实施各类事故及危险化学品运输应急救援预案	查资料	
4.12	按规定提取必需的安全技术措施经费和安全专项基金	查财务账 看实物	
4.13	实行车辆、第三责任、职工工伤等社会保险制度	查资料	
4.14	按规定发放劳动保护用品	查台账	
4.15	防寒保暖、防暑降温费用、设施到位	查现场	
4.16	采用 GPS、"黑匣子"等先进的科技装备车辆	查实物	
4.17	采用危险品检测仪等先进的安全监测设备，严格检查，杜绝夹带危险品上车	查设备	
5.1	建立事故档案、机驾人员安全档案	查档案	
5.2	按月（季、年）度认真进行事故综合分析，及时为领导、上级部门提供安全生产工作决策依据	查资料	
5.3	及时召开重大事故现场分析会	查记录	
5.4	严格执行事故，特别是重、特大事故报告的相关规定，并及时组织调查处理、统计、上报	查资料 现场了解	

检查人员（签名）：　　　　　　检查时间　　年　　月　　日

2. 汽车站现场安全检查表（见表5—2）

表 5—2　　　　　　　　　汽车站现场安全检查表

序号	检查内容	检查方法	检查结果
1	二级以上汽车客运站（含二级）应配置危险品检查设备	查现场	
2	严格查堵夹带危险品，做到坚守岗位，会识别，不漏检	查现场	
3	严格执行出站班车复核制度，加强对营运驾驶员、车辆安全和经营资质的检查，不发超员（载）车、人货混装车	查现场 查资料	
4	旅客流向合理有序，停车场车辆停放整齐，留有安全通道	查现场	
5	站区安全疏散通道畅通，安全标识明显，候车室有禁烟标志，并严格管理	查现场	
6	现场装卸工、铲车工按照规程安全操作，无旅客私自上车顶装卸行李现象	查现场	
7	进站班车符合安全要求，停放定点，旅客上下车、进出站秩序井然	查现场	
8	发车时检票员旗笛指挥，检票员或乘务员对旅客进行安全喊话	查现场	

续表

序号	检查内容	检查方法	检查结果
9	车站大门处有限速标牌,用灯光信号或人员旗笛指挥,转弯交叉路口有标志牌,场内有禁烟(火)区标牌	查现场	
10	车站运用各种宣传工具进行交通安全宣传	查现场	
11	有专人对车站、车场的安全工作进行巡查,夜间值班人员定时对单位内部各重点部位进行巡查,并做好记录	查现场 查资料	
12	消防器材配置数量、种类和设置部位符合规范要求,器材完好有效,检查、更换记录有案可查,工作人员会使用	查现场 查记录	
13	按期组织消防、救生、疏散车辆等应急演练并有记录	查台账	
14	变、配电房的电气设备有保护装置和标识,各种仪表、指示灯齐全、完好。人员经培训合格持证上岗,坚守岗位	查现场	
15	电气安全可靠,线路无老化、私拉乱接现象	查现场	
16	各种设备的安全、防护装置齐全、完好	查现场	

检查人员(签名): 检查时间 年 月 日

3. 汽车维修车间安全检查表(见表5—3)

表5—3 汽车维修车间安全检查表

序号	检查内容	检查评价
1	必须具备汽车维修经营许可证(一类、二类、专项修理);管理人员、操作人员必须取得岗位资格证;配备安全生产专(兼)职安全员	
2	建立健全安全生产责任制、安全检查制度、安全技术操作规程等安全生产规章制度以及事故应急救援体系	
3	厂房内要划分定置线、待修区、完好区(二类以上维修业户);按规定配齐安全设备,并保证完好	
4	凡新入厂的工人,实习、代培、临时参加劳动和改换工种的人员,未经过上岗培训或相应的安全教育,不得参加生产或单独操作;电气、起重、蒸汽锅炉、压力容器、焊接(切割)、司机等特种作业人员均应经专业培训,考核取得合格证(操作证)后才能上岗操作;试车员试车必须持有机动车驾驶证	
5	工作前必须按规定穿戴好防护用品,女工要把辫子放入帽内,检查设备和工作场地,清除不安全因素,排除设备故障和隐患,安全防护、信号、保险装置齐全有效、灵敏可靠,设备润滑及通风良好	
6	不准带小孩到工作场地,不准穿拖鞋、高跟鞋、赤脚、赤膊、敞衣、戴头巾和围巾工作,旋转机械严禁戴手套操作,上班前不准饮酒	
7	工作时应集中精力,坚守岗位,不准擅自离开;不准打闹、睡觉和做与工作无关的事;凡运转设备,不准跨越传递物体和触动危险部位;不准手拉、嘴吹铁屑;不准站在砂轮正前方进行磨削;各种机具不准超限使用	

续表

序号	检查内容	检查评价
8	调整检查设备时,必须先关闭电源,使用中途停电时,应及时关闭电源开关	
9	垃圾废油倒入指定地点的容器内,废旧器材集中堆放,各种工具设备干净整洁,摆放整齐,保证厂区、车间、库房、通道清洁整齐,畅通无阻	
10	厂区内设备必要的警示标志、安全防护设施齐全有效;各种安全防护装置、照明、信号、监测仪表、警戒标记、防雷装置等不准随意拆除或非法占用	
11	厂内行人要走指定通道,注意各种警示标志;严禁贪便道跨越危险区;严禁攀爬正在行驶的车辆或从行驶的车辆内跳下及抛卸物品;车间内不准骑自行车;厂区建筑或路面施工时要设立安全遮拦和标记,夜间设置红标灯	
12	严格执行交接班制度,末班下班前必须切断电源、气源、熄灭火种,清理场地	
13	两人以上共同工作时,必须有主有从,统一指挥协调一致。深夜班、加班以及在封闭厂房内作业时,必须安排两人以上一起工作 严禁任何人攀登正在吊运中的物件以及在吊运物品下通过和停留。严禁货物提升机载人	
14	设备应专人操作,操作工必须熟悉设备性能、工艺要求和设备安全操作规程。开动本工种以外的设备时,必须经有关领导批准后,方可操作	
15	检查修理机械、电气设备时,必须挂停电警示牌,设专人监护。停电警示牌必须谁挂谁取,其他任何人不得随意取走或更换警示牌。非专职工作人员严禁关合电闸,合闸前要细心检查确认无人检修及没有不安全因素时才能合闸	
16	一切电气、机械设备的金属外壳,行车轨道等必须有可靠的接地安全措施,非电专职人员不准装修电气设备和线路。使用手持电动工具必须绝缘可靠,有良好的接地或接零措施,并戴好绝缘手套操作;行车和机床、钳台局部照明电压不得超出 36 V,容器内和危险潮湿地点照明电压不得超出 12 V。带电作业时必须严格遵守带电作业安全操作规程,做好安全防护措施	
17	高空作业时,必须备好安全带,戴好安全帽,不准穿硬底鞋,严禁投掷工具、器材等物件	
18	对易燃、易爆、剧毒、放射和腐蚀等物品,必须分类妥善管理存放,易燃、易爆等危险场地严禁烟火	
19	禁止在有毒、有害、粉尘产生场所进餐、饮水。产生有害人体的气体、液体、尘埃、渣滓、放射线、噪声的场所、生产线和设备,必须配置相应的三废处理装置和安全防护措施,并保持良好有效	
20	变电室、配电室、氧气站、煤气站、乙炔气库、高压机房、发电机房、油库、危险物品库等部门,非岗位人员未经批准严禁入内	
21	使用氧气—乙炔气焊、气割时必须将氧气瓶与乙炔气瓶分开放置,保持有效安全距离,严防近火和日光暴晒,气焊(割)设备严禁油污,并配备消防安全灭火器材	
22	各种消防器材、工具应按消防规范设置齐全,不准随便移动,安放地点周围不准堆放其他物品,要保证消防器材使用方便,可靠有效	

续表

序号	检查内容	检查评价
23	各种压力容器、起重设备、消防器材应遵照规定,定期维护和定期检验	
24	不准用废油烧水、取暖及明火取暖;不准用电炉取暖	
25	生产车间内必须配备消防器材	
26	发生重大事故、恶性未遂事故时,要及时抢救,保护现场,并立即报告领导和上级领导机关	

检查人员(签名): 　　　检查时间　　年　月　日

4. 运输车辆安全检查表（见表 5—4）

表 5—4　　　　　　　　　　运输车辆安全检查表

序号	检查项目	检查内容	检查结果
1	整车检查	(1) 车辆牌照完整无缺;行驶证、驾驶证(操作证)齐全有效 (2) 车容整洁,车身各部机件齐全、完整 (3) 车辆的车外最大允许噪声应符合有关规定,车辆的污染物排放应符合有关规定	
2	灯光电气系统	(1) 各类灯光齐全有效 (2) 雨刮器运转正常,喇叭灵敏有效 (3) 各种仪表齐全有效 (4) 蓄电池清洁无渗漏,液位符合标准 (5) 电动机运转平稳无异响,工作温升正常,电刷接触良好,防护罩齐全	
3	动力系统	(1) 发动机安装牢固可靠,连接部位无松动、脱落、损坏 (2) 发动机动力性能良好,运转平稳,没有异响,能正常起动、熄火 (3) 点火、燃料、润滑、冷却等系统应性能良好,工作正常,安装牢固,管路无漏油、漏水、漏电现象	
4	转动系统	(1) 离合器分离彻底,接合平稳,不打滑,无异响 (2) 传动系统平稳,行驶中不抖动、无异响	
5	行驶系统	(1) 车架和前后桥不得变形、裂纹,前后桥与车架的连接应牢固 (2) 轮辋应完整无损,车轮螺母齐全并按规定紧固 (3) 钢板弹簧片整齐,卡子齐全、螺栓紧固,与转向桥、驱动桥和车架的连接应紧固 (4) 减振器性能良好 (5) 轮胎及轮胎气压符合标准	
6	转向系统	(1) 方向自由间隙符合标准 (2) 转向机构不得缺油、漏油,固定托架必须牢固	

续表

序号	检查项目	检查内容	检查结果
7	制动系统	（1）车辆必须设置行车制动和驻车制动装置，且功能有效，驻车制动器必须是机械式 （2）液压制动器、制动系统不得漏油或进入空气 （3）气压式制动器、制动系统不得漏气，应设有放气、限压装置 （4）在规定车速下点制动无跑偏现象	
8	液化系统	（1）液压系统管路畅通，密封良好 （2）液压元件配合良好，无泄漏现象 （3）工作压力符合设计要求	

检查人员（签名）： 　　检查时间　　年　　月　　日

5. 货运车辆装载安全检查表（见表5—5）

表5—5　　　　　　　　　　货运车辆装载安全检查表

序号	检查内容	检查方法	检查结果
1	车辆应严格按照规定载重量装载，不得超载	现场询问驾驶员	
2	装载货物必须均衡平稳，捆扎牢固，车厢侧板、后栏板要关好、拴牢。货物长度超过后栏板时，不得遮挡号牌、转向灯、尾灯和制动灯。装载散状、粉状或液态货物时，不得散落、飞扬或滴漏车外	查现场	
3	车辆装载货物的高度：大卡车从地面起计算不高于4 m；小卡车不高于2.5 m，防重心过高造成翻车事故和货物甩出事故。车辆装载货物宽度：左右不超出车厢或前罩壳的15 cm，防止行驶中刮带事故。车辆装载货物的长度：大卡车货物伸出车厢前后的总长度不长于2 m，小卡车不长于1 m，防止转弯时刮带事故。装载货物长、宽、高度超过时，必须经过交通管理部门批准，并采取必要措施	查现场	
4	装载大件和易于滚动的货物，应该用绳索捆紧、拴牢、垫死，避免刹车和转弯时引发事故	查现场	
5	装载易燃易爆、剧毒等危险货物时，要严格遵守有关规定	现场询问驾驶员	
6	装载货物应做到轻装轻放，重不压轻，大不压小，堆放平稳，捆扎牢固，质量分布要均匀，车厢前后左右要一致，切勿偏向一旁	查现场	
7	装卸时车辆与堆放物的距离一般不少于2 m，与易滚动物品的距离不少于3 m，间距直线不少于2 m，车辆并列时不少于1.5 m	查现场	

检查人员（签名）： 　　检查时间　　年　　月　　日

6. 运输危险物品安全检查表（见表5—6）

表5—6　　　　　　　　　运输危险物品安全检查表

序号	检查内容	检查方法	检查结果
1	应了解清楚所运危险物品的性质及注意事项，以便采取必要的安全措施	现场询问驾驶员	
2	装载危险品车辆应有明显标志，如插上"危险品"字样的黄旗，车上应有消防器材、防静电的接地装置，排气管上装好灭火罩等	查现场	
3	车辆起动要平稳，防止冲撞和震动；不要高速行驶，适当拉大同向行车的间距，平稳转弯要减速，避免紧急刹车；不要在人群密集处停靠，驾驶员和押运员不可同时离开车辆	现场询问驾驶员	
4	装卸时应注意包装是否牢固，按标记要求切勿倒置，装卸要轻拿轻放；严禁撞击、重压、摩擦和倾倒，并带好必要的劳动防护用品和工具，工作完毕后要进行清洗消毒	查现场	
5	互相接触容易引起燃烧、爆炸的物品，不得混装在同一车辆内	现场询问驾驶员	
6	夏季运输避免暴晒，装运时要有遮阳设施。	查现场	

检查人员（签名）：　　　　检查时间　　年　月　日

三、道路运输企业驾驶人员操作安全检查

1. 一般行驶条件下驾驶操作对照检查表（见表5—7）

表5—7　　　　　　　　一般行驶条件下驾驶操作对照检查表

序号	对照检查内容	检查评价
1	汽车起步前须检查车旁和车下无人、畜和障碍物，并关好车门	
2	起步时应先挂挡，后松手制动，并通过后视镜看后方有无来车再缓缓松离合器，适当加油，鸣喇叭，徐徐起步，夜里浓雾天气及视线不清时，须开大灯和前后小灯及防雾灯	
3	一般空车在平坦坚实道路或场地上起步，可用二挡；重车、铰接车一挡或加力挡起步	
4	起步时，松离合器与踏加速踏板的动作，要配合适当，力求平稳，避免冲撞、跳动、熄火以及车轮滑轮等	
5	平路上踏离合器踏板，感觉离合器初接合时，要慢松，并均匀踏下加速踏板，一经完全接合，即迅速松离离合器踏板	
6	上坡起步时，驾驶员应一手紧握方向盘，一手紧握手制动，拇指下压手制动按钮，右脚适当加油，左脚缓抬离合器，待发动机声响沉闷，即可松手制动，使车辆徐徐起步，不允许用右脚兼踏加速踏板和制动踏板的办法	
7	下坡起步，应慢松离合器；徐徐少许加油，同时松开手制动器	
8	在冰雪、泥泞道路上起步，如驱动轮打滑空转，应采取辅撒沙土或清除轮下的冰雪、泥浆等办法	

续表

序号	对照检查内容	检查评价
9	汽车起步后，应调整百叶窗或散热器布帘，使发动机迅速升温，使水温稳定在80～90℃	
10	平路行车应根据道路的具体情况，用经济车速行驶（一般以时速30～45 km为宜），不宜忽快忽慢或无故晃动方向盘，遇道路不良或不熟悉道路情况，以及气候突变或夜间行车，均应适当降低车速，严禁超速行驶	
11	行车时后车与前车应保持必要的安全距离，在城市、村镇街道车速限制在15 km/h以下，或不少于5 m；在交通量小、路面宽阔的街道上，车速较快时，至少为20 m，在公路上行驶应大于30 m，遇气候不良，道路特殊时应适当延长车距	
12	行驶中应注意人、畜、车辆动态，必要时提前减速或制动，不得滥用喇叭或以车辆突然逼近，惊散行人、车马，除确认其已停止前进，避让汽车外，应减速从其后方通过	
13	行驶中应注意交通标志，服从交通指挥人员和信号的指挥，不得违反交通条例	
14	在行驶中，应经常观察车辆的各种仪表，倾听发动机底盘的声音，如发现操纵困难、车身跳动或颤抖、机件有异响或焦臭味时，应立即停车检修	
15	行驶中应选择较好的路面，注意避让尖石、铁钉、棱角物及道路中的拱坑等，通过粗砂、碎碴、硬泥、石块和桥面损坏的木板等路段后，必须检查轮胎，及时剔出嵌入物	
16	转弯时，方向盘要与车速配合，转角适度，并尽量避免紧急制动和换挡	
17	转弯前，须在距路口50～100 m外打信号灯，降低车速，靠右行驶，并做好制动准备	
18	在城市、村镇和公路上左转弯时，除交通管理人员允许外一律应大转弯	
19	城市街道转弯时，应加大前后车距，并注意人、畜、车，傍山弯路及视线较短的弯道上，先换低速挡，鸣喇叭	
20	冰冻、泥泞道路或阴雾、风、沙天气，开始转弯前，速度降到10 km/h以下，在非禁止鸣喇叭的区域或路段，鸣喇叭缓行，必要时应开前小灯，以使对方注意	
21	狭窄道路转弯后，应迅速使车辆回靠道路右侧行驶	
22	因转弯而降低车速，若天气及道路情况允许，可事先放松加速踏板，或脱挡减速滑行，转弯时，再变换中速挡或低速挡，若仍有行进余力，也可滑行转弯	

检查人员（签名）： 检查时间 年 月 日

2. 坡道行驶条件下驾驶操作对照检查表（见表5—8）

表5—8　　　　　　　　　坡道行驶条件下驾驶操作对照检查表

序号	对照检查内容	检查评价
1	汽车在多坡道上行进前，须先做好机件检查、调整和紧固等准备工作，包括检查风扇皮带松紧度、冷却水量、曲轴箱机油量、半轴螺栓、轮胎气压制动器效能等	
2	汽车上坡应根据坡度距离、路况，于离土坡前有适当距离提高车速或提前换低一级挡加速冲坡，但一般不得超过加速踏板四分之三的行程和规定的最高车速，也不应用阻风门	

续表

序号	对照检查内容	检查评价
3	上坡前须确认坡道有无急弯、坑陷和其他障碍物，且无下坡车辆，方能冲坡	
4	上长坡或陡坡应根据情况及时换挡，不能用高速挡勉强行驶，也不宜过分使用低速挡，必须掌握二、四、五挡不硬撑，一、二挡不硬冲的操作方法，使车辆保持充分的力量徐徐上坡	
5	上坡到接近坡顶时，如发动机仍有余力，应停止加速，应用惯性使之通过，同时警惕对方来车	
6	傍山险路上坡，在不影响会车的情况下，可在路中央行驶，不应接近山谷边缘行进，在转弯将到达坡顶无法看到对面来车时，应靠路右侧行驶，并鸣喇叭示警	
7	险峻坡道，有熄火倒退危险，应随时准备手脚制动，如有助手，可下车使用三角木，必要时自右侧塞住右后轮	
8	上坡时，前后车的安全距离应尽量保持在 30 m 以上，以免前车倒退发生冲撞，当有车下坡时，应事先选择好安全会车地段	
9	连续上坡，应预防发动机过热，必要时选择平坦和适当的停车地点休息。如上坡途中散热器开锅，即不宜行进，应急速运转冷却后熄火，若需加水，应待发动机温度稍降低后在运转时慢慢加注冷水	
10	下坡前，应先试手、脚制动效能，下陡长坡前，应停车检查发动机、转向系、制动系以及半轴螺栓、轮胎螺丝、钢板弹簧螺栓的紧固情况	
11	下坡时，应根据坡度和路况，控制车速在 80 km/h 以内，下陡长坡应首先推进车上坡时同级或低一级挡位利用发动机阻力，并间歇踏放制动器，控制车速，并经常查看气压表的读数，严禁踏下离合器滑行或脱挡滑行，并不应用紧急制动和中途变速	
12	下坡时如必须换挡，应先踏下制动器，当感觉已起制动作用后，应迅速踏下离合器换挡。换挡后，应先松离合器踏板，后松制动器踏板	
13	下坡前，应察看情况，与前车保持 50 m 以上的距离，在视线较短地带，如非禁止鸣喇叭的区域和路段，可鸣喇叭示警，在狭窄或险峻地带，应随时做好停车避让准备	
14	下坡使用制动时间过长，导致制动鼓过热时，应选择适当地点停车休息、冷却，严禁在高温的制动鼓上泼冷水	

检查人员（签名）：　　　　检查时间　　年　　月　　日

3. 会车、超车条件下驾驶操作对照检查表（见表 5—9）

表 5—9　　　　　会车、超车条件下驾驶操作对照检查表

序号	对照检查内容	检查评价
1	会车前应看明来车的半截、有无拖挂、交通情况适当降速，预先选择较宽阔、坚实的地方，靠右缓行交会，如路窄交通拥挤，应准备随时停车避让，在确保安全原则，可先行通过	
2	会车时不得在路中央行驶，不得在单车道、涵洞、急弯、窄桥处会车	

续表

序号	对照检查内容	检查评价
3	行驶前右侧有障碍时，应停车让对方来车先行；狭窄路段先到达路窄处的车辆，应停车让对方先行	
4	阴、雨、雪、雾或黄昏视线不清时，会车应降低车速开小灯或雾灯，并加大会车横向距离，必要时应停车避让，夜间会车应在两车相距100 m外关闭远光灯，使用近光灯和小灯	
5	一般会车，应空车让重车，单车让拖挂，大型让小型，非公共汽车、电车让公共汽车、电车，普通车让特种车，下坡车让上坡车，但下坡车已经行至中途而上坡车未上坡时，上坡车让下坡车，如遇特殊情况应本着"礼让三先"的原则	
6	会车时要提防来车后的行人、车、畜等突然窜出	
7	后车超越前车，应选择路面宽阔、视线良好的路段，与对面50 m以外无来车会车的可能时进行	
8	超车前在非禁止鸣喇叭的区域或路段鸣喇叭，夜间可用变换远近灯光示意，开左转向灯，待前车减速让路后，从前车的左侧超越	
9	在超车路段车辆行驶速度不准超过当地车辆管理机构所核定的最高时速，并随时查看被超车辆的动态及路面情况	
10	超车后，在与被超车辆保持必要的安全距离后，开右转向灯驶回原车道，不准猛拐或紧急制动，以免造成事故	
11	下列情况不准超车 （1）遇风、沙、雨、雪、雾，视线不清时 （2）狭窄或交通繁华路段、泥泞或冰雪路 （3）路口、转弯、下陡坡、桥梁、隧道、涵洞、铁路道口，以及有警告标志或禁止超车标志，有时速限制的路段 （4）前车发出左转弯信号或前车正在超车时	
12	行驶中应随时注意有无尾随车辆，后车要超越时，在情况允许的条件下应减速靠右，并以手势示意后车超越	
13	不准无故不让或让车不让速	

检查人员（签名）：　　　检查时间　　年　月　日

4. 汽车滑行条件下驾驶操作对照检查表（见表5—10）

表5—10　　　　汽车滑行条件下驾驶操作对照检查表

序号	对照检查内容	检查评价
1	车辆滑行须在道路、气候、交通情况许可的条件下，能确保安全，不妨碍其他车辆行驶，确实可以达到减少机件磨损、节约燃料及降低轮胎损耗的基础上，车辆保养状况必须良好，并做好随时刹车的准备	
2	汽车滑行时，放松油门，不准采用踏下离合器不摘挡的方法，气压制动的车辆不准脱挡滑行，但在预定减速停车时，并保证气压不低于7 kg/cm² 时允许熄火脱挡滑行	

续表

序号	对照检查内容	检查评价
3	一般在下列情况下可以减速滑行 （1）预见有障碍或停靠站点 （2）平路、转弯、过桥以及即将到达路口时 （3）道路不平或交通繁华地区	
4	滑行前应使用高速挡加快行驶速度，再脱挡滑行，等到速度降低 30 km 左右时即应终止，以便能直接推入高速挡继续行驶	
5	加速滑行须保证不降低车辆应有的平均技术速度，滑行前的加速应不超过交通管理机关所规定的速度	
6	下坡滑行，限于在波状起伏的丘陵地带，陡坡的坡尾处或坡度小于 5%，长而缓的坡道车速控制在 20 km/h 左右，不准在有陡坡和有转弯的坡路上滑行	
7	在波状起伏的丘陵地带滑行时，可以时速 30～40 km 的速度冲坡，接近坡顶前脱挡，使车辆滑行过顶下坡，待下至坡底再挂挡冲第二坡	
8	下列情况严禁滑行 （1）道路泥泞、积雪、结冰或在陡坡、狭路、急弯、傍山险路以及其他禁止滑行的路段 （2）阴暗、风雪、雨雾天以及黄昏夜间视线不清时 （3）车辆载有危险品或装载超高、超长时 （4）拖带车辆时或正处于走合期的车辆 （5）低温气候，因滑行会影响发动机保持正常温度时	

检查人员（签名）：　　　　　检查时间　　　年　　月　　日

5. 倒车、掉头条件下驾驶操作对照检查表（见表 5—11）

表 5—11　　　　　　　倒车、掉头条件下驾驶操作对照检查表

序号	对照检查内容	检查评价
1	车辆在倒车和掉头时应选择路面宽阔、视线清楚、交通情况不繁华的地点，倒车时须鸣喇叭，观察周围情况，选定进退地点，必要时须下车察看	
2	直线倒车时应前轮扶正，变向倒车应掌握"慢行车，快转弯"的方法，不准原地打方向	
3	直线倒车时单车的车尾所要转动的方向就是方向盘要转的方向，铰接车和拖挂车方向相反	
4	车辆掉头，只准在允许掉头的路段掉头，不准违反交通管理机关的规定	
5	倒车、掉头的每次挂挡必须在车辆停稳后进行，防止机件损坏	
6	倒车或掉头应尽量避开坡道、狭窄地带或交通繁华处，禁止在桥梁、隧道、涵洞、铁路道口等处进行	
7	倒车掉头应尽可能在未上客或未装载货物前进行	

检查人员（签名）：　　　　　检查时间　　　年　　月　　日

6. 停车、收车条件下驾驶操作对照检查表（见表 5—12）

表 5—12　　　　　　停车、收车条件下驾驶操作对照检查表

序号	对照检查内容	检查评价
1	车辆停车应在非禁止停车的路段和区域内靠右停放，不准随意停车。停车前应减速或利用脱挡滑行，并开右转向灯示意，躲避行人和其他车辆，靠右停车，禁止逆向停车	
2	路上停车应选择平坦坚实、视距较长和不影响他人会车的安全地点，如与其他车接近停放时至少保持 2 m 距离，不得与其他车并停，停车场停车应按要求排列，铁轨及铁路道口 6 m 以内不准停车	
3	行驶中如车辆发生故障应设法将车移至路边，以免阻碍交通，并在车后悬挂危险警告标志，以示停车检修	
4	驾驶员停车离开车辆时应取下点火开关钥匙，挂好排挡，拉紧手制动，锁好车门	
5	冬季临时停车应注意关好百叶窗或布帘，避免车头正冲风向，以保持发动机温度，如停放时间较长，可间歇着车升温，以免再次起动困难。夏季停车注意勿使油箱受到烈日暴晒，以防汽油挥发损耗	
6	避免在弯路或荫处停车，如因故必须暂停时，白天应注意来车并以手势示知来车注意，夜间须开示宽灯	
7	车辆靠边停车后，开关车门时须注意来往行人及车辆，如必须在坡道停车须拉紧手制动，上坡推倒一挡，下坡挂一挡，或用三角木及石塞后轮	
8	装载易燃易爆危险品停车时，应远离城市街道或人烟稠密的地方，不准靠近其他车辆，驾驶员不准离车	
9	在下列地点不准停车： （1）路口、急弯、桥梁或消防栓等 20 m 以内，公共汽车及消防机关门口两侧 30 m 以内，交通繁华的街道、单行线、涵洞、隧道、陡坡以及其他规定禁止停车的地点 （2）岸、水边、弯路、坡道、悬崖附近、道路视距短的隐蔽地段，以及路面散有油污、化学物品的路段	
10	停熄发动机时严禁轰油门	
11	柴油发动机停熄，应放松加速踏板，将燃油手柄置于"全关"位置，停后，再放回"开"位置	
12	发动机未熄火不得加注燃料，收车后应进行回场保养和检查	
13	汽车化油器回火时，应立即停车检查并排除故障后方可行驶	
14	汽油着火时应采用灭火器或砂土湿麻袋等扑救，不准用水	
15	电路着火时应立即关闭电开关，拆去一根电线以切断电源，不可乱拆电气系统线路	
16	严禁高压使用"吊火"方法，严禁在油路发生故障时使用人工直流供油	
17	使用四乙铅汽油或混有动力苯汽油时，不得用嘴吸式吹通油管及汽化器附件，以防止中毒和损伤皮肤	

续表

序号	对照检查内容	检查评价
18	车辆不准存放备用燃油,并携带灭火器	
19	拆卸机件,不得使用不合适的工具,卸轮胎时须用千斤顶将车顶起,再放置支车架,并用三角木塞住轮胎,以防发生事故	

检查人员（签名）： 检查时间 年 月 日

7. 特殊路段条件下驾驶操作对照检查表（见表5—13）

表5—13　　　　　　　　特殊路段条件下驾驶操作对照检查表

序号	对照检查内容	检查评价
1	通过城镇、交叉路口时,应遵守《道路交通管理条例》的规定,安全礼让,做文明驾驶员	
2	行经无交通管理和交通信号的村镇时应随时注意人畜的动态,随时做好停车准备	
3	狭窄街道行驶,除注意行人、车马外,并防止车辆与建筑物棚杆和过街悬挂物等发生挂、碰	
4	过桥时,应注意桥头的限重标志,确认安全后,一气通过,尽量避免在桥上变速、制动、会车和停车	
5	通过临时铺架的便桥时,应用低速挡通过,大客车应请乘客下车,以便安全	
6	穿越铁路时,应提前降低车速,切实注意有无火车通过,并听从路口管理人员的指挥,不冒失行驶,绝对禁止与火车抢行	
7	汽车在火车行驶区发生故障时,驾驶员和乘务员须先将乘客疏散下车,然后须千方百计将车移开,不得任其停留	
8	穿越隧道前,应注意标志限高,并在百米外降低车速,可在非禁止鸣喇叭的路段鸣喇叭示意,必要时可开启灯光,避免在隧道内变速和停车	
9	涉水时,须在发动机正常有力、转向和制动机构灵活的情况下进行,如轮胎和制动鼓发热,应待其冷却后再通过。对不熟悉的河流、漫水路、漫水桥,应先停车探查水深、流速、流向及河床、道路、桥面情况,非确认可以安全通过时不得冒险涉水	
10	水不超过轮轴时,应以低速挡（有前驱动应一并使用）慢行通过,如水深超过轮轴以上,汽车在涉水前,应根据情况关闭百叶窗,或用薄木板将散热器挡住,并对油箱、蓄电池、差速器壳上的通气活门、机油尺孔等做好防水处理工作,如流急、水深,还应将点火线圈分电器和连接线路进行防水保护,拆下风扇带,必要时将排气歧管接合螺丝拆开,或用橡皮管将消声器尾管接出水面,水深超过0.8 m,解放车不宜通过	
11	涉水时除过水面或漫水桥应循原车道行驶外,过河滩,则应顺流斜向低速挡一气通过,中途不准变速和停车,行驶中驾驶员应眼看前方,不要注视水流,以免眩晕,通过漫水路、漫水桥时,如对路、桥面无把握,应探明后由人指挥通过	

续表

序号	对照检查内容	检查评价
12	涉水后，应选择空阔地点停车，检查发动机和电器、电线是否沾水，散热器片空隙有无流沙充塞，轮胎有无夹石，底盘有无水草缠裹等，若有应立即清除，并于拆除防水设备恢复原状后，再继续行驶	
13	涉水后行驶应适当降低车速，试验手、脚制动器，如制动因水浸失灵时，须间歇轻踏制动踏板，以除去制动鼓内的水分	
14	通过凹凸不平道路，应紧握方向盘，保持均匀速度行驶，遇凹凸较大路段，则应降低车速缓行，对横断路面的小沟槽可使车辆斜向驶过	
15	通过较大坑洼或较宽的沟槽时，应提前利用滑行降低速度，使汽车前轮平稳滚入坑底时，随即用一挡或二挡适当加速通过	
16	在波浪凹凸路上行驶，应以控制速度和利用惯性来适应路况，要求做到减少冲闯和剧烈的跳震，并尽可能避免使用制动	
17	通过泥泞路面，应选择较坚实、滑溜小的地方，如泥层较薄，应用匀中速或低速通过，避免中途变速制动、转向、停车，如泥泞较深，可循前车辙迹或加以清除，铺垫后通过，通过时，应防止有障碍物碰击车辆底盘部分	
18	通过泥泞坡道应采取防滑措施，稳定低速行驶，较平坦地段也可中速冲坡，下坡路段须以低速挡利用发动机阻力车速缓行	
19	冰雪道路上行驶，须降低车速，延长与前车的距离，避免刹车和猛打方向	
20	雪地应循前车辙行进，冰冻地带可根据具体情况使用防滑链，无此设备可用绳索绑缚车轮，如控制转向有困难可稍加速前进	
21	上冰雪坡道，应估计坡大小及发动机爬坡能力，预先挂入低挡，避免中途变速。如因路滑不能上坡时，应根据地形选择宽阔平坦处暂停（须用三角木或石块塞住后轮）或挂倒挡将车倒回坡下，然后在滑溜处撒砂土等，再加速上坡，下坡也应用低挡以发动机阻力控制车速，避免制动。必须使用制动时，应不踏离合器而间歇轻踏制动器，发生侧滑时，应立即将方向盘向滑动方向适当回转或少许加油	
22	雪地行车，如双目眩晕可戴有色眼镜或选择适当地点停车休息	
23	汽车通过砂土地面，应先用中速或低速直线行驶，尽量避免中途变速、制动；在积砂较厚的路面，应循前车辙行进；如行驶中车轮空转，可清除轮前的砂堆，或稍后退再前进	
24	通过较长的砂砾路面，易使发动机过热，应在通过前预先停车休息或先加注冷却水，然后再前进	
25	在砂砾或砂土地带停车时，应选择坚实地点或在车轮下铺以木板以防车轮下陷，起步困难	

检查人员（签名）： 　　　　检查时间　　　年　　月　　日

8. 特殊环境条件下驾驶操作对照检查表（见表 5—14）

表 5—14　　　　　　　　　特殊环境条件下驾驶操作对照检查表

序号	对照检查项目	对照检查内容	检查评价
1	夏季行车	（1）注意发动机冷却水的消耗和补充，保持冷却系管道畅通，风扇皮带松紧适度 （2）发动机怠速应随外界气温升高适当调整，以减少怠速的耗油量 （3）根据气温和载重情况保持适当速度，注意制动器效果，炎热季节应有一定的途中休息时间，以防发动机、轮胎、蓄电池过热，制动失灵 （4）发动机过热或缺水时，应急速加水或一面开放散热器和发动机放水开关，一面向散热器加注冷却水，不得在发动机高温下熄火加注冷却水，散热器"开锅"时切忌直接打开水箱盖，以防沸水喷出伤人，应急速冷却后或用抹布之类捂住水箱盖后慢慢打开 （5）轮胎过热气压上升时，应停车休息，不得采用放气、浇注冷水的方法 （6）蓄电池液面高度应每日例行检查，液面高度应超出极板 10～15 cm，不足时应加添蒸馏水，通气孔必须保持畅通 （7）行车时，如感到疲劳、瞌睡，应立即停车休息，不可勉强行驶、疲劳驾驶	
2	冬季行车	（1）零度以下无采暖设备的车库或车场停放的车辆，应放净发动机冷却水，然后将车发动使发动机怠速运转 1～2 min，将残余水分排出或蒸发干净 （2）冷车起动时应用手摇柄起动，尽量少用本车电源，防止蓄电池放电过多起动困难 （3）蓄电池经常保持充电状态，如放电超过 25%，应充电；加注蒸馏水时，应在发动机起动后、出车前进行。电池的电液比重温度相当于 15℃时不得低于 1∶200（严寒季节不得低于 1∶250），气温在 -5℃时，蓄电池应加保温设备，当汽车停驶时应将电池卸下置于室内 （4）车辆出车前应根据天气路面情况带防滑链及铁锹等必要工具 （5）汽车开始行驶时，应关好百叶窗或布帘，用低速挡行驶，充分预热和润滑各部机件 （6）车辆下漫长坡，应根据气候情况适当关闭百叶窗，禁止熄火滑行，以防发动机温度过低 （7）冬季金属韧性降低，应尽量避免车辆剧烈跳震，以防机件早损 （8）发动机运转过程中，散热器冻结时，应用温热水浇注，或使发动机怠速运转化开，汽油车尤其不能明火烘烤 （9）严冬时期在露天停放的车辆，应选择避风的地点，车头不应逆风，并采取必要的保暖措施	

续表

序号	对照检查项目	对照检查内容	检查评价
3	夜间行车	（1）夜间的行驶速度一般要比白天的同一条线路上低，不得高速行驶，注意观察路况及注意其他情况的发生，谨慎行驶 （2）傍晚行车应先检查灯光是否良好，如有问题及时解决，不可勉强行驶 （3）车辆在城镇有路灯且视感良好的道路上行驶时，须开放眩目近光灯、示宽灯和尾灯，在没有路灯或路灯照明不足的路段应用大灯，会车时须用近光灯，行驶中须注意交通信号及各种标志和施工信号灯 （4）车辆在夜间行驶中通过急弯、桥梁、隧道、涵洞、铁路道口、交叉口及其他危险路段时，应用变换远近光灯示意（非禁止鸣喇叭的地段或区域可鸣喇叭）并减速，小心通过 （5）在生疏或阴暗的道路上行驶，如前方路况不明应降速，根据标志低速通过，险要地段应停车观察，待清楚后再通过 （6）夜晚行车应使驾驶室适当通风，以保持驾驶员有足够的精力	
4	风、雨、雪、雾中行驶	（1）在风、雨、雪、雾天气中行驶，因视距短、路面滑，应视情况降低车速，并使用刮水器，白天必要时也要开灯行驶 （2）雨中行车，应尽量避免靠边行驶和使用紧急制动，也不应急剧转向，不准在靠河岸、堤边久停，防止滑溜倾陷，大雨或久雨后，应注意道路有无塌陷或坍塌，傍山险路要注意不可久停，以防山石或泥土滑下 （3）雾中行驶应开防雾灯，非禁止鸣喇叭的路段可鸣喇叭，以警示车辆和行人 （4）雨中行车应注意发动机罩盖情况，防止雨水侵入，使电气系统受潮 （5）加强对行人、车、畜的注意，警惕行人为躲避风雨而猛跑或埋头行走等情况	

检查人员（签名）：　　　检查时间　　　年　　月　　日

9. 特殊行驶条件下驾驶操作对照检查表（见表5—15）

表5—15　　　　　　　　特殊行驶条件下驾驶操作对照检查表

序号	对照检查项目	对照检查内容	检查评价
1	拖带车辆的行驶	（1）汽车拖带汽车时，原则上是大型车拖带小型车或同样型号的车拖车，不得以小车拖大车、以空车拖重载车 （2）由正式驾驶员操作，并不准载人 （3）拖带车辆时，被拖车辆如系气压制动须用硬连接装置拖带，液压制动车辆如被拖可用软连接装置，但连接装置的长度应有4～6 m长 （4）汽车拖带汽车须开危险信号灯，时速不得超过15 km，更不准行超车 （5）拖带车辆时只准拖带一辆车 （6）被拖带的车辆，如灯光、制动、转向、雨刮器等机件失效时，须修复后再被拖带	

续表

序号	对照检查项目	对照检查内容	检查评价
2	走合期车辆的行驶	（1）新车或大、中修之后的车辆，在走合期间按规定载重标准减载20%～25%，不准拖带或牵引其他车辆，避免在不良道路行驶，要求行驶中及时换挡，保持最高挡时速超过 40 km，走合期未经允许不准自行拆除限速装置 （2）行驶中应特别注意曲轴轴承、连杆轴承及各部机件，应无异常响声，防止后桥变速器、制动毂等温度过高及轮毂发热等情况，随时做好外部机件螺丝的紧固及例行保养 （3）当行至更换润滑油的里程时，即应按规定进行保养，清洗机油盘和滤清器，并更换新润滑油 （4）走合期终了，拆除限速装置后在正常行驶 1 000 km 内，仍应避免发动机以过高的转速运转和以过高的速度行驶	
3	柴油车的特殊操作事项	（1）发动机起动时严禁使用汽油，以免产生强烈的爆震而损坏机件 （2）发动机起动急速运转 3～5 min，等水温升至 60℃以上时，方可起步，不得使发动机在急速下长时间运转，以免降低发动机的正常状态，并使喷油嘴产生积炭和结胶现象；不得在抖震较大的转速下运转，以免车辆发生共震损坏机件 （3）柴油车重车起步或在不平坦的道路上起步，一般应用一挡并缓慢松离合器，起步换挡，各挡间加速时间应比空车和汽油车适当放长，柴油车的行驶速度在确保安全和道路条件允许，且不超过当地交通管理机关规定的最高时速下，可比汽油车时速慢 5～10 km （4）如遇调速器失灵或喷油泵条卡死，发生飞车现象，应立即关闭油门，同时使用手脚制动器迫使发动机熄火；如在原地空转时，立即挂挡使用手脚制动器，使发动机熄火或迅速取下空气滤清器，堵住进气口，必要时可截断喷油泵通往喷油嘴的通道。无论采取什么样的办法，都要沉着冷静果断，动作迅速 （5）柴油车不允许加速脱挡滑行（因为滑行时，发动机在急速下运转不但省油效果不好，同时发动机因抖动较大增加磨损），但在保证安全的原则下，允许在预见性停车前减速滑行 （6）所用柴油除事先沉淀滤清外，加油时驾驶员应特别注意清洁，勿使尘埃及水分混入，冬季应根据气温高低加注不同型号的柴油	
4	铰接车的驾驶操作	（1）驾驶员须熟知所驾车辆的车型、总质量、总长度及制动装置等情况 （2）出车前须认真检查各部联动机件是否完好 （3）起步前须确实查明车辆的前后左右有无异常情况，起步力求平稳 （4）换挡应迅速果断动作敏捷，低速变高速应比单车加速时间适当延长，高速变低速要适当提前 （5）在平坦道路上行驶，应保持车速均匀，不可忽快忽慢，并尽量保持直线行驶，在避免障碍时，应提前减速慢转方向盘 （6）急转弯时要充分估计后轮的移幅度，根据道路情况适当放大转弯半径，降低车速徐徐通过	

续表

序号	对照检查项目	对照检查内容	检查评价
4	铰接车的驾驶操作	（7）行驶中须与前车保持较单车适当加长的车距，可以安全平稳地减速或停车 （8）行驶中应随时注意后面有无车辆尾随或要求超越，在不影响安全的情况下，应及时允许让超 （9）行驶中如无特殊情况不应超车，必须超车时，须加大两车间的横向距离，超车后在不影响被超车辆行驶的原则下驶回原车道	

检查人员（签名）： 检查时间 年 月 日

第六章　道路运输企业应急救援预案参考

《突发事件应对法》第二十四条规定：公共交通工具、公共场所和其他人员密集场所的经营单位或者管理单位应当制定具体应急预案，为交通工具和有关场所配备报警装置和必要的应急救援设备、设施，注明其使用方法，并显著标明安全撤离的通道、路线，保证安全通道、出口的畅通。有关单位应当定期检测、维护其报警装置和应急救援设备、设施，使其处于良好状态，确保正常使用。按照这一规定，道路运输企业要加强应急救援管理，建立健全应急管理体系，编制应急救援预案，开展应急救援演练，随时应对可能发生的意外事件。这不仅是企业应对自然灾害、事故灾害的重要措施，也是减轻灾害损失的有效办法。

第一节　道路运输企业应急救援管理相关政策法规

中国有句老话：凡事预则立，不预则废。意思是事先有所准备，才能应付自如，不至于束手无策。企业应急救援管理就是一种事先准备。针对各种不同的紧急情况编制有效的应急预案，保证各种应急资源处于良好的备战状态，一旦事故发生，可以指导应急救援行动按计划有序进行，防止因行动组织不力或现场救援工作混乱而延误事故应急救援，从而降低人员伤亡和财产损失。在企业应急救援管理方面，国家颁布有相关法律法规，需要企业认真落实执行。

一、《突发事件应对法》相关要点

2007年8月30日，中华人民共和国第十届全国人民代表大会常务委员会第二十九次会议通过《中华人民共和国突发事件应对法》（中华人民共和国主席令第69号），自2007年11月1日起施行。

《突发事件应对法》分为七章七十条，各章内容为：第一章总则，第二章预防与应急准备，第三章监测与预警，第四章应急处置与救援，第五章事后恢复与重建，第六章法律责任，第七章附则。制定本法的目的，是预防和减少突发事件的发生，控制、减轻和消除突发事件引起的严重社会危害，规范突发事件应对活动，保护人民生命财产安全，维护国家安全、公共安全、环境安全和社会秩序。本法适用于突发事件的预防与应急准备、监测与预警、应急处置与救援、事后恢复与重建等应对活动。

1. 总则中的有关规定

在第一章总则中，对相关事项作了规定。

（1）突发事件的预防与应急准备、监测与预警、应急处置与救援、事后恢复与重建等应对活动，适用本法。

（2）本法所称突发事件，是指突然发生，造成或者可能造成严重社会危害，需要采取应急处置措施予以应对的自然灾害、事故灾难、公共卫生事件和社会安全事件。

按照社会危害程度、影响范围等因素，自然灾害、事故灾难、公共卫生事件分为特别重大、重大、较大和一般四级。法律、行政法规或者国务院另有规定的，从其规定。

突发事件的分级标准由国务院或者国务院确定的部门制定。

（3）国家建立统一领导、综合协调、分类管理、分级负责、属地管理为主的应急管理体制。

（4）突发事件应对工作实行预防为主、预防与应急相结合的原则。国家建立重大突发事件风险评估体系，对可能发生的突发事件进行综合性评估，减少重大突发事件的发生，最大限度地减轻重大突发事件的影响。

（5）国家建立有效的社会动员机制，增强全民的公共安全和防范风险的意识，提高全社会的避险救助能力。

（6）县级人民政府对本行政区域内突发事件的应对工作负责；涉及两个以上行政区域的，由有关行政区域共同的上一级人民政府负责，或者由各有关行政区域的上一级人民政府共同负责。

突发事件发生后，发生地县级人民政府应当立即采取措施控制事态发展，组织开展应急救援和处置工作，并立即向上一级人民政府报告，必要时可以越级上报。

突发事件发生地县级人民政府不能消除或者不能有效控制突发事件引起的严重社会危害的，应当及时向上级人民政府报告。上级人民政府应当及时采取措施，统一领导应急处置工作。

（7）国务院和县级以上地方各级人民政府是突发事件应对工作的行政领导机关，其办事机构及具体职责由国务院规定。

（8）有关人民政府及其部门作出的应对突发事件的决定、命令，应当及时公布。

（9）有关人民政府及其部门采取的应对突发事件的措施，应当与突发事件可能造成的社会危害的性质、程度和范围相适应；有多种措施可供选择的，应当选择有利于最大限度地保护公民、法人和其他组织权益的措施。

公民、法人和其他组织有义务参与突发事件应对工作。

（10）有关人民政府及其部门为应对突发事件，可以征用单位和个人的财产。被征用的财产在使用完毕或者突发事件应急处置工作结束后，应当及时返还。财产被征用或者征用后毁损、灭失的，应当给予补偿。

（11）因采取突发事件应对措施，诉讼、行政复议、仲裁活动不能正常进行的，适用有关时效中止和程序中止的规定，但法律另有规定的除外。

（12）县级以上人民政府做出应对突发事件的决定、命令，应当报本级人民代表大会常务委员会备案；突发事件应急处置工作结束后，应当向本级人民代表大会常务委员会作出专项工作报告。

2. 有关预防与应急准备的规定

在第二章预防与应急准备中，对相关事项作了规定。

（1）国家建立健全突发事件应急预案体系。

国务院制定国家突发事件总体应急预案，组织制定国家突发事件专项应急预案；国务院有关部门根据各自的职责和国务院相关应急预案，制定国家突发事件部门应急预案。

地方各级人民政府和县级以上地方各级人民政府有关部门根据有关法律、法规、规章、上级人民政府及其有关部门的应急预案以及本地区的实际情况，制定相应的突发事件应急预案。

应急预案制定机关应当根据实际需要和情势变化，适时修订应急预案。应急预案的制定、修订程序由国务院规定。

（2）应急预案应当根据本法和其他有关法律、法规的规定，针对突发事件的性质、特点和可能造成的社会危害，具体规定突发事件应急管理工作的组织指挥体系与职责和突发事件的预防与预警机制、处置程序、应急保障措施以及事后恢复与重建措施等内容。

（3）城乡规划应当符合预防、处置突发事件的需要，统筹安排应对突发事件所必需的设备和基础设施建设，合理确定应急避难场所。

（4）县级人民政府应当对本行政区域内容易引发自然灾害、事故灾难和公共卫生事件的危险源、危险区域进行调查、登记、风险评估，定期进行检查、监控，并责令有关单位采取安全防范措施。

省级和设区的市级人民政府应当对本行政区域内容易引发特别重大、重大突发事件的危险源、危险区域进行调查、登记、风险评估，组织进行检查、监控，并责令有关单位采取安全防范措施。

县级以上地方各级人民政府按照本法规定登记的危险源、危险区域，应当按照国家规定及时向社会公布。

（5）县级人民政府及其有关部门、乡级人民政府、街道办事处、居民委员会、村民委员会应当及时调解处理可能引发社会安全事件的矛盾纠纷。

（6）所有单位应当建立健全安全管理制度，定期检查本单位各项安全防范措施的落实情况，及时消除事故隐患；掌握并及时处理本单位存在的可能引发社会安全事件的问题，防止矛盾激化和事态扩大；对本单位可能发生的突发事件和采取安全防范措施的情况，应当按照规定及时向所在地人民政府或者人民政府有关部门报告。

（7）矿山、建筑施工单位和易燃易爆物品、危险化学品、放射性物品等危险物品的生产、经营、储运、使用单位，应当制定具体应急预案，并对生产经营场所和有危险物品的建筑物、构筑物及周边环境开展隐患排查，及时采取措施消除隐患，防止发生突发事件。

（8）公共交通工具、公共场所和其他人员密集场所的经营单位或者管理单位应当制定具体应急预案，为交通工具和有关场所配备报警装置和必要的应急救援设备、设施，注明其使用方法，并显著标明安全撤离的通道、路线，保证安全通道、出口的畅通。

有关单位应当定期检测、维护其报警装置和应急救援设备、设施，使其处于良好状态，确保正常使用。

（9）县级以上人民政府应当建立健全突发事件应急管理培训制度，对人民政府及其有关部门负有处置突发事件职责的工作人员定期进行培训。

（10）县级以上人民政府应当整合应急资源，建立或者确定综合性应急救援队伍。人民政府有关部门可以根据实际需要设立专业应急救援队伍。

县级以上人民政府及其有关部门可以建立由成年志愿者组成的应急救援队伍。单位应当建立由本单位职工组成的专职或者兼职应急救援队伍。

县级以上人民政府应当加强专业应急救援队伍与非专业应急救援队伍的合作，联合培训、联合演练，提高合成应急、协同应急的能力。

（11）国务院有关部门、县级以上地方各级人民政府及其有关部门、有关单位应当为专业应急救援人员购买人身意外伤害保险，配备必要的防护装备和器材，减少应急救援人员的人身风险。

（12）县级人民政府及其有关部门、乡级人民政府、街道办事处应当组织开展应急知识的宣传普及活动和必要的应急演练。

居民委员会、村民委员会、企业事业单位应当根据所在地人民政府的要求，结合各自的实际情况，开展有关突发事件应急知识的宣传普及活动和必要的应急演练。

新闻媒体应当无偿开展突发事件预防与应急、自救与互救知识的公益宣传。

（13）各级各类学校应当把应急知识教育纳入教学内容，对学生进行应急知识教育，培养学生的安全意识和自救与互救能力。教育主管部门应当对学校开展应急知识教育进行指导和监督。

（14）国务院和县级以上地方各级人民政府应当采取财政措施，保障突发事件应对工作所需经费。

（15）国家建立健全应急物资储备保障制度，完善重要应急物资的监管、生产、储备、调拨和紧急配送体系。

设区的市级以上人民政府和突发事件易发、多发地区的县级人民政府应当建立应急救援物资、生活必需品和应急处置装备的储备制度。

县级以上地方各级人民政府应当根据本地区的实际情况，与有关企业签订协议，保障应急救援物资、生活必需品和应急处置装备的生产、供给。

（16）国家建立健全应急通信保障体系，完善公用通信网，建立有线与无线相结合、基础电信网络与机动通信系统相配套的应急通信系统，确保突发事件应对工作的通信畅通。

（17）国家鼓励公民、法人和其他组织为人民政府应对突发事件工作提供物资、资金、技术支持和捐赠。

（18）国家发展保险事业，建立国家财政支持的巨灾风险保险体系，并鼓励单位和公民参加保险。

（19）国家鼓励、扶持具备相应条件的教学科研机构培养应急管理专门人才，鼓励、扶持教学科研机构和有关企业研究开发用于突发事件预防、监测、预警、应急处置与救援的新技术、新设备和新工具。

3. 有关监测与预警的规定

在第三章监测与预警中，对相关事项作了规定。

(1) 国务院建立全国统一的突发事件信息系统。

县级以上地方各级人民政府应当建立或者确定本地区统一的突发事件信息系统，汇集、储存、分析、传输有关突发事件的信息，并与上级人民政府及其有关部门、下级人民政府及其有关部门、专业机构和监测网点的突发事件信息系统实现互联互通，加强跨部门、跨地区的信息交流与情报合作。

(2) 县级以上人民政府及其有关部门、专业机构应当通过多种途径收集突发事件信息。

县级人民政府应当在居民委员会、村民委员会和有关单位建立专职或者兼职信息报告员制度。

获悉突发事件信息的公民、法人或者其他组织，应当立即向所在地人民政府、有关主管部门或者指定的专业机构报告。

(3) 地方各级人民政府应当按照国家有关规定向上级人民政府报送突发事件信息。县级以上人民政府有关主管部门应当向本级人民政府相关部门通报突发事件信息。专业机构、监测网点和信息报告员应当及时向所在地人民政府及其有关主管部门报告突发事件信息。

有关单位和人员报送、报告突发事件信息，应当做到及时、客观、真实，不得迟报、谎报、瞒报、漏报。

(4) 县级以上地方各级人民政府应当及时汇总分析突发事件隐患和预警信息，必要时组织相关部门、专业技术人员、专家学者进行会商，对发生突发事件的可能性及其可能造成的影响进行评估；认为可能发生重大或者特别重大突发事件的，应当立即向上级人民政府报告，并向上级人民政府有关部门、当地驻军和可能受到危害的毗邻或者相关地区的人民政府通报。

(5) 国家建立健全突发事件监测制度。

县级以上人民政府及其有关部门应当根据自然灾害、事故灾难和公共卫生事件的种类和特点，建立健全基础信息数据库，完善监测网络，划分监测区域，确定监测点，明确监测项目，提供必要的设备、设施，配备专职或者兼职人员，对可能发生的突发事件进行监测。

(6) 国家建立健全突发事件预警制度。

可以预警的自然灾害、事故灾难和公共卫生事件的预警级别，按照突发事件发生的紧急程度、发展态势和可能造成的危害程度分为一级、二级、三级和四级，分别用红色、橙色、黄色和蓝色表示，一级为最高级别。

预警级别的划分标准由国务院或者国务院确定的部门制定。

(7) 可以预警的自然灾害、事故灾难或者公共卫生事件即将发生或者发生的可能性增大时，县级以上地方各级人民政府应当根据有关法律、行政法规和国务院规定的权限和程序，发布相应级别的警报，决定并宣布有关地区进入预警期，同时向上一级人民政府报告，必要时可以越级上报，并向当地驻军和可能受到危害的毗邻或者相关地区的人民政府通报。

(8) 发布三级、四级警报，宣布进入预警期后，县级以上地方各级人民政府应当根据即将发生的突发事件的特点和可能造成的危害，采取下列措施。

1）启动应急预案。

2）责令有关部门、专业机构、监测网点和负有特定职责的人员及时收集、报告有关信息，向社会公布反映突发事件信息的渠道，加强对突发事件发生、发展情况的监测、预报和预警工作。

3）组织有关部门和机构、专业技术人员、有关专家学者，随时对突发事件信息进行分析评估，预测发生突发事件可能性的大小、影响范围和强度以及可能发生的突发事件的级别。

4）定时向社会发布与公众有关的突发事件预测信息和分析评估结果，并对相关信息的报道工作进行管理。

5）及时按照有关规定向社会发布可能受到突发事件危害的警告，宣传避免、减轻危害的常识，公布咨询电话。

（9）发布一级、二级警报，宣布进入预警期后，县级以上地方各级人民政府除采取本法第四十四条规定的措施外，还应当针对即将发生的突发事件的特点和可能造成的危害，采取下列一项或者多项措施。

1）责令应急救援队伍、负有特定职责的人员进入待命状态，并动员后备人员做好参加应急救援和处置工作的准备。

2）调集应急救援所需物资、设备、工具，准备应急设施和避难场所，并确保其处于良好状态、随时可以投入正常使用。

3）加强对重点单位、重要部位和重要基础设施的安全保卫，维护社会治安秩序。

4）采取必要措施，确保交通、通信、供水、排水、供电、供气、供热等公共设施的安全和正常运行。

5）及时向社会发布有关采取特定措施避免或者减轻危害的建议、劝告。

6）转移、疏散或者撤离易受突发事件危害的人员并予以妥善安置，转移重要财产。

7）关闭或者限制使用易受突发事件危害的场所，控制或者限制容易导致危害扩大的公共场所的活动。

8）法律、法规、规章规定的其他必要的防范性、保护性措施。

（10）对即将发生或者已经发生的社会安全事件，县级以上地方各级人民政府及其有关主管部门应当按照规定向上一级人民政府及其有关主管部门报告，必要时可以越级上报。

（11）发布突发事件警报的人民政府应当根据事态的发展，按照有关规定适时调整预警级别并重新发布。

有事实证明不可能发生突发事件或者危险已经解除的，发布警报的人民政府应当立即宣布解除警报，终止预警期，并解除已经采取的有关措施。

4. 应急处置与救援的有关规定

在第四章应急处置与救援中，对相关事项作了规定。

（1）突发事件发生后，履行统一领导职责或者组织处置突发事件的人民政府应当针对其性质、特点和危害程度，立即组织有关部门，调动应急救援队伍和社会力量，依照本章的规定和有关法律法规、规章的规定采取应急处置措施。

（2）自然灾害、事故灾难或者公共卫生事件发生后，履行统一领导职责的人民政府可以采取下列一项或者多项应急处置措施。

1）组织营救和救治受害人员，疏散、撤离并妥善安置受到威胁的人员以及采取其他救助措施。

2）迅速控制危险源，标明危险区域，封锁危险场所，划定警戒区，实行交通管制以及其他控制措施。

3）立即抢修被损坏的交通、通信、供水、排水、供电、供气、供热等公共设施，向受到危害的人员提供避难场所和生活必需品，实施医疗救护和卫生防疫以及其他保障措施。

4）禁止或者限制使用有关设备、设施，关闭或者限制使用有关场所，中止人员密集的活动或者可能导致危害扩大的生产经营活动以及采取其他保护措施。

5）启用本级人民政府设置的财政预备费和储备的应急救援物资，必要时调用其他急需物资、设备、设施、工具。

6）组织公民参加应急救援和处置工作，要求具有特定专长的人员提供服务。

7）保障食品、饮用水、燃料等基本生活必需品的供应。

8）依法从严惩处囤积居奇、哄抬物价、制假售假等扰乱市场秩序的行为，稳定市场价格，维护市场秩序。

9）依法从严惩处哄抢财物、干扰破坏应急处置工作等扰乱社会秩序的行为，维护社会治安。

10）采取防止发生次生、衍生事件的必要措施。

（3）社会安全事件发生后，组织处置工作的人民政府应当立即组织有关部门并由公安机关针对事件的性质和特点，依照有关法律、行政法规和国家其他有关规定，采取下列一项或者多项应急处置措施。

1）强制隔离使用器械相互对抗或者以暴力行为参与冲突的当事人，妥善解决现场纠纷和争端，控制事态发展。

2）对特定区域内的建筑物、交通工具、设备、设施以及燃料、燃气、电力、水的供应进行控制。

3）封锁有关场所、道路，查验现场人员的身份证件，限制有关公共场所内的活动。

4）加强对易受冲击的核心机关和单位的警卫，在国家机关、军事机关、国家通讯社、广播电台、电视台、外国驻华使领馆等单位附近设置临时警戒线。

5）法律、行政法规和国务院规定的其他必要措施。

严重危害社会治安秩序的事件发生时，公安机关应当立即依法出动警力，根据现场情况依法采取相应的强制性措施，尽快使社会秩序恢复正常。

（4）发生突发事件，严重影响国民经济正常运行时，国务院或者国务院授权的有关主管部门可以采取保障、控制等必要的应急措施，保障人民群众的基本生活需要，最大限度地减轻突发事件的影响。

（5）履行统一领导职责或者组织处置突发事件的人民政府，必要时可以向单位和个人征用应急救援所需设备、设施、场地、交通工具和其他物资,请求其他地方人民政府提供人力、物力、财力或者技术支援,要求生产、供应生活必需品和应急救援物资的企业组织生产、保证供给,要求提供医疗、交通等公共服务的组织提供相应的服务。

履行统一领导职责或者组织处置突发事件的人民政府,应当组织协调运输经营单位,优先运送处置突发事件所需物资、设备、工具、应急救援人员和受到突发事件危害的人员。

(6) 履行统一领导职责或者组织处置突发事件的人民政府,应当按照有关规定统一、准确、及时发布有关突发事件事态发展和应急处置工作的信息。

(7) 任何单位和个人不得编造、传播有关突发事件事态发展或者应急处置工作的虚假信息。

(8) 突发事件发生地的居民委员会、村民委员会和其他组织应当按照当地人民政府的决定、命令,进行宣传动员,组织群众开展自救和互救,协助维护社会秩序。

(9) 受到自然灾害危害或者发生事故灾难、公共卫生事件的单位,应当立即组织本单位应急救援队伍和工作人员营救受害人员,疏散、撤离、安置受到威胁的人员,控制危险源,标明危险区域,封锁危险场所,并采取其他防止危害扩大的必要措施,同时向所在地县级人民政府报告;对因本单位的问题引发的或者主体是本单位人员的社会安全事件,有关单位应当按照规定上报情况,并迅速派出负责人赶赴现场开展劝解、疏导工作。

突发事件发生地的其他单位应当服从人民政府发布的决定、命令,配合人民政府采取的应急处置措施,做好本单位的应急救援工作,并积极组织人员参加所在地的应急救援和处置工作。

(10) 突发事件发生地的公民应当服从人民政府、居民委员会、村民委员会或者所属单位的指挥和安排,配合人民政府采取的应急处置措施,积极参加应急救援工作,协助维护社会秩序。

5. 有关事后恢复与重建的规定

在第五章事后恢复与重建中,对相关事项作了规定。

(1) 突发事件的威胁和危害得到控制或者消除后,履行统一领导职责或者组织处置突发事件的人民政府应当停止执行依照本法规定采取的应急处置措施,同时采取或者继续实施必要措施,防止发生自然灾害、事故灾难、公共卫生事件的次生、衍生事件或者重新引发社会安全事件。

(2) 突发事件应急处置工作结束后,履行统一领导职责的人民政府应当立即组织对突发事件造成的损失进行评估,组织受影响地区尽快恢复生产、生活、工作和社会秩序,制定恢复重建计划,并向上一级人民政府报告。

受突发事件影响地区的人民政府应当及时组织和协调公安、交通、铁路、民航、邮电、建设等有关部门恢复社会治安秩序,尽快修复被损坏的交通、通信、供水、排水、供电、供气、供热等公共设施。

(3) 受突发事件影响地区的人民政府开展恢复重建工作需要上一级人民政府支持的,可以向上一级人民政府提出请求。

上一级人民政府应当根据受影响地区遭受的损失和实际情况，提供资金、物资支持和技术指导，组织其他地区提供资金、物资和人力支援。

（4）国务院根据受突发事件影响地区遭受损失的情况，制定扶持该地区有关行业发展的优惠政策。

受突发事件影响地区的人民政府应当根据本地区遭受损失的情况，制定救助、补偿、抚慰、抚恤、安置等善后工作计划并组织实施，妥善解决因处置突发事件引发的矛盾和纠纷。

公民参加应急救援工作或者协助维护社会秩序期间，其在本单位的工资待遇和福利不变；表现突出、成绩显著的，由县级以上人民政府给予表彰或者奖励。

县级以上人民政府对在应急救援工作中伤亡的人员依法给予抚恤。

（5）履行统一领导职责的人民政府应当及时查明突发事件的发生经过和原因，总结突发事件应急处置工作的经验教训，制定改进措施，并向上一级人民政府提出报告。

6. 有关法律责任的规定

在第六章法律责任中，对相关事项作了规定。

（1）地方各级人民政府和县级以上各级人民政府有关部门违反本法规定，不履行法定职责的，由其上级行政机关或者监察机关责令改正；有下列情形之一的，根据情节对直接负责的主管人员和其他直接责任人员依法给予处分。

1）未按规定采取预防措施，导致发生突发事件，或者未采取必要的防范措施，导致发生次生、衍生事件的。

2）迟报、谎报、瞒报、漏报有关突发事件的信息，或者通报、报送、公布虚假信息，造成后果的。

3）未按规定及时发布突发事件警报、采取预警期的措施，导致损害发生的。

4）未按规定及时采取措施处置突发事件或者处置不当，造成后果的。

5）不服从上级人民政府对突发事件应急处置工作的统一领导、指挥和协调的。

6）未及时组织开展生产自救、恢复重建等善后工作的。

7）截留、挪用、私分或者变相私分应急救援资金、物资的。

8）不及时归还征用的单位和个人的财产，或者对被征用财产的单位和个人不按规定给予补偿的。

（2）有关单位有下列情形之一的，由所在地履行统一领导职责的人民政府责令停产停业，暂扣或者吊销许可证或者营业执照，并处五万元以上二十万元以下的罚款；构成违反治安管理行为的，由公安机关依法给予处罚。

1）未按规定采取预防措施，导致发生严重突发事件的。

2）未及时消除已发现的可能引发突发事件的隐患，导致发生严重突发事件的。

3）未做好应急设备、设施日常维护、检测工作，导致发生严重突发事件或者突发事件危害扩大的。

4）突发事件发生后，不及时组织开展应急救援工作，造成严重后果的。

前款规定的行为，其他法律、行政法规规定由人民政府有关部门依法决定处罚的，从其规定。

(3) 违反本法规定，编造并传播有关突发事件事态发展或者应急处置工作的虚假信息，或者明知是有关突发事件事态发展或者应急处置工作的虚假信息而进行传播的，责令改正，给予警告；造成严重后果的，依法暂停其业务活动或者吊销其执业许可证；负有直接责任的人员是国家工作人员的，还应当对其依法给予处分；构成违反治安管理行为的，由公安机关依法给予处罚。

(4) 单位或者个人违反本法规定，不服从所在地人民政府及其有关部门发布的决定、命令或者不配合其依法采取的措施，构成违反治安管理行为的，由公安机关依法给予处罚。

(5) 单位或者个人违反本法规定，导致突发事件发生或者危害扩大，给他人人身、财产造成损害的，应当依法承担民事责任。

(6) 违反本法规定，构成犯罪的，依法追究刑事责任。

二、《交通运输突发事件应急管理规定》相关要点

2011年11月14日，交通运输部发布《交通运输突发事件应急管理规定》(2011年第9号令)，自2012年1月1日起施行。

《交通运输突发事件应急管理规定》分为七章四十七条，各章内容为：第一章总则，第二章应急准备，第三章监测与预警，第四章应急处置，第五章终止与善后，第六章监督检查，第七章附则。制定本规定的目的，是根据《中华人民共和国突发事件应对法》和有关法律、行政法规，为规范交通运输突发事件应对活动，控制、减轻和消除突发事件引起的危害。

1. 总则中的有关规定

在第一章总则中，对相关事项作了规定。

(1) 交通运输突发事件的应急准备、监测和预警、应急处理、终止与善后等活动，适用本规定。

本规定所称交通运输突发事件，是指突然发生，造成或者可能造成交通运输设施毁损，交通运输中断、阻塞，重大船舶污染及海上溢油应急处置等，需要采取应急处置措施，疏散或者救援人员，提供应急运输保障的自然灾害、事故灾难、公共卫生事件和社会安全事件。

(2) 国务院交通运输主管部门主管全国交通运输突发事件应急管理工作。

县级以上各级交通运输主管部门按照职责分工负责本辖区内交通运输突发事件应急管理工作。

(3) 交通运输突发事件应对活动应当遵循属地管理原则，在各级地方人民政府的统一领导下，建立分级负责、分类管理、协调联动的交通运输应急管理体制。

(4) 县级以上各级交通运输主管部门应当会同有关部门建立应急联动协作机制，共同加强交通运输突发事件应急管理工作。

2. 应急准备的有关规定

在第二章应急准备中，对相关事项作了规定。

(1) 国务院交通运输主管部门负责编制并发布国家交通运输应急保障体系建设规

划、统筹规划、建设国家级交通运输突发事件应急队伍、应急装备和应急物资保障基地，储备应急运力，相关内容纳入国家应急保障体系规划。

各省、自治区、直辖市交通运输主管部门负责编制并发布地方交通运输应急保障体系建设规划，统筹规划、建设本辖区应急队伍、应急装备和应急物资保障基地，储备应急运力，相关内容纳入地方应急保障体系规划。

（2）国务院交通运输主管部门应当根据国家突发事件总体应急预案和相关专项应急预案，制定交通运输突发事件部门应急预案。

县级以上各级交通运输主管部门应当根据本级地方人民政府和上级交通运输主管部门制定的相关突发事件应急预案，制定本部门交通运输突发事件应急预案。

交通运输企业应当按照所在地交通运输主管部门制定的运输突发事件应急预案，制定本单位交通运输突发事件应急预案。

（3）应急预案应当根据有关法律、法规的规定，针对交通运输突发事件的性质、特点、社会危害程度以及可能需要提供的交通运输应急保障措施，明确应急管理的组织指挥体系与职责、监测与预警、处置程序、应急保障措施、恢复与重建、培训与演练等具体内容。

（4）应急预案的制定、修订程序应当符合国家相关规定。应急预案涉及其他相关部门职能的，在制定过程中应当征求各相关部门的意见。

（5）交通运输主管部门制定的应急预案应当与本级人民政府及上级交通运输主管部门制定的相关应急预案衔接一致。

（6）交通运输主管部门制定的应急预案应当报上级交通运输主管部门和本级人民政府备案。

公共交通工具、重点港口和场站的经营单位以及储运易燃易爆物品、危险化学品、放射性物品等危险物品的交通运输企业所制定的应急预案，应当向所属地交通运输主管部门备案。

（7）应急预案应当根据实际需要、情势变化和演练验证，适时修订。

（8）交通运输主管部门、交通运输企业应当按照有关规划和应急预案的要求，根据应急工作的实际需要，建立健全应急装备和应急物资储备、维护、管理和调拨制度，储备必需的应急物资和运力，配备必要的专用应急指挥交通工具和应急通信装备，并确保应急物资装备处于正常使用状态。

（9）交通运输主管部门可以根据交通运输突发事件应急处置的实际需要，统筹规划、建设交通运输专业应急队伍。

交通运输企业应当根据实际需要，建立由本单位职工组成的专职或者兼职应急队伍。

（10）交通运输主管部门应当加强应急队伍应急能力和人员素质建设，加强专业应急队伍与非专业应急队伍的合作，联合培训及演练，提高协同应急能力。

交通运输主管部门可以根据应急处置的需要，与其他应急力量提供单位建立必要的应急合作关系。

（11）交通运输主管部门应当将本辖区内应急装备、应急物资、运力储备和应急队伍的实时情况及时报上级交通运输主管部门和本级人民政府备案。

交通运输企业应当将本单位应急装备、应急物资、运力储备和应急队伍的实时情况及时报所在地交通运输主管部门备案。

（12）所有列入应急队伍的交通运输应急人员，其所属单位应当为其购买人身意外伤害保险，配备必要的防护装备和器材，减少应急人员的人身风险。

（13）交通运输主管部门可以根据应急处置实际需要鼓励志愿者参与交通运输突发事件应对活动。

（14）交通运输主管部门可以建立专家咨询制度，聘请专家或者专业机构，为交通运输突发事件应对活动提供相关意见和支持。

（15）交通运输主管部门应当建立健全交通运输突发事件应急培训制度，并结合交通运输的实际情况和需要，组织开展交通运输应急知识的宣传普及活动。

交通运输企业应当按照交通运输主管部门制定的应急预案的有关要求，制定年度应急培训计划，组织开展应急培训工作。

（16）交通运输主管部门、交通运输企业应当根据本地区、本单位交通运输突发事件的类型和特点，制定应急演练计划，定期组织开展交通运输突发事件应急演练。

（17）交通运输主管部门应当鼓励、扶持研究开发用于交通运输突发事件预防、监测、预警、应急处置和救援的新技术、新设备和新工具。

（18）交通运输主管部门应当根据本级人民政府财政预算情况，编列应急资金年度预算，设立突发事件应急工作专项资金。

交通运输企业应当安排应急专项经费，保障交通运输突发事件应急工作的需要。

应急专项资金和经费主要用于应急预案编制及修订，应急培训演练、应急装备和队伍建设、日常应急管理、应急宣传以及应急处置措施等。

3. 有关监测与预警的规定

在第三章监测与预警中，对相关事项作了规定。

（1）交通运输主管部门应当建立并完善交通运输突发事件信息管理制度，及时收集、统计、分析、报告交通运输突发事件信息。

交通运输主管部门应当与各有关部门建立信息共享制度，及时获取与交通运输有关的突发事件信息。

（2）交通运输主管部门应当建立交通运输突发事件风险评估机制，对影响或者可能影响交通运输的相关信息及时进行汇总分析，必要时同相关部门进行会商，评估突发事件发生的可能性及可能造成的损害，研究确定应对措施，制定应对方案。对可能发生重大或者特别重大突发事件的，应当立即向本级人民政府及上一级交通运输主管部门报告相关信息。

（3）交通运输主管部门负责本辖区内交通运输突发事件危险源管理工作。对危险源、危险区域进行调查、登记、风险评估，组织检查、监控，并责令有关单位采取安全防范措施。

交通运输企业应当组织开展企业内交通运输突发事件危险源辨识、评估工作，采取相应安全防范措施，加强危险源监控与管理，并按规定及时向交通运输主管部门报告。

(4) 交通运输主管部门应当根据自然灾害、事故灾难、公共卫生事件和社会安全事件的种类和特点，建立健全交通运输突发事件基础数据库，配备必要的监控设备、设施和人员，对突发事件易发区域加强监测。

(5) 交通运输主管部门应当建立交通运输突发事件应急指挥通信系统。

(6) 交通运输主管部门、交通运输企业应当建立应急值班制度，根据交通运输突发事件的种类、特点和实际需要，配备必要值班设施和人员。

(7) 县级以上地方人民政府宣布进入预警期后，交通运输主管部门应当根据预警级别和可能发生的交通运输突发事件的特点，采取下列措施。

1）启动相应的交通运输突发事件应急预案。

2）根据需要启动应急协作机制，加强与相关部门的协调沟通。

3）按照所属地方人民政府和上级交通运输主管部门的要求，指导交通运输企业采取相关预防措施。

4）加强对突发事件发生、发展情况的跟踪监测，加强值班和信息报告。

5）按照地方人民政府的授权，发布相关信息，宣传避免、减轻危害的常识，提出采取特定措施避免或者减轻危害的建议、劝告。

6）组织应急队伍和相关人员进入待命状态，调集应急处置所需的运力和装备，检测用于疏运转移的交通运输工具和应急通信设备，确保其处于良好状态。

7）加强对交通运输枢纽、重点通航建筑物、重点场站、重点港口、码头、重点运输线路及航道的巡查维护。

8）法律、法规或者所属地方人民政府提出的其他应急措施。

(8) 交通运输主管部门应当根据事态发展以及所属地方人民政府的决定，相应调整或者停止所采取的措施。

4. 有关应急处置的规定

在第四章应急处置中，对相关事项作了规定。

(1) 交通运输突发事件的应急处置应当在各级人民政府的统一领导下进行。

(2) 交通运输突发事件发生后，发生地交通运输主管部门应当立即启动相应的应急预案，在本级人民政府的领导下，组织、部署交通运输突发事件的应急处置工作。

(3) 交通运输突发事件发生后，负责或者参与应急处置的交通运输主管部门应当根据有关规定和实际需要，采取以下措施。

1）组织运力疏散、撤离受困人员，组织搜救突发事件中的遇险人员，组织应急物资运输。

2）调集人员、物资、设备、工具，对受损的交通基础设施进行抢修、抢通或搭建临时性设施。

3）对危险源和危险区域进行控制，设立警示标志。

4）采取必要措施，防止次生、衍生灾害发生。

5）必要时请求本级人民政府和上级交通运输主管部门协调有关部门，启动联合机制，开展联合应急行动。

6）按照应急预案规定的程序报告突发事件信息以及应急处置的进展情况。

7）建立新闻发言人制度，按照本级人民政府的委托或者授权及相关规定，统一、及时、准确地向社会和媒体发布应急处置信息。

8）其他有利于控制、减轻和消除危害的必要措施。

（4）交通运输突发事件超出本级交通运输主管部门能力或管辖范围的，交通运输主管部门可以采取以下措施。

1）根据应急处置需要请求上级交通运输主管部门在资金、物资、设备、设施、应急队伍等方面给予支持。

2）请求上级交通运输主管部门协调突发事件发生地周边交通运输主管部门给予支持。

3）请求上级交通运输主管部门派出现场工作组及有关专业技术人员给予指导。

4）按照建立的应急协作机制，协调有关部门参与应急处置。

（5）在需要组织开展大规模人员疏散、物资疏运的情况下，交通运输主管部门应当根据本级人民政府或者上级交通运输主管部门的指令，及时组织运力参与应急运输。

（6）交通运输企业应当加强对本单位应急设备、设施、队伍的日常管理，保证应急处置工作及时、有效开展。

交通运输突发事件应急处置过程中，交通运输企业应当接受交通运输主管部门的组织、调度和指挥。

（7）交通运输主管部门根据应急处置工作的需要，可以征用有关单位和个人的交通运输工具、相关设备和其他物资。有关单位和个人应当予以配合。

5. 有关终止与善后的规定

在第五章终止与善后中，对相关事项作了规定。

（1）交通运输突发事件的威胁和危害得到控制和消除后，负责应急处置的交通运输主管部门应当按照相关人民政府的决定停止执行应急处置措施，并按照有关要求采取必要措施，防止发生次生、衍生事件。

（2）交通运输突发事件应急处置结束后，负责应急处置工作的交通运输主管部门应当对应急处置工作进行评估，并向上级交通运输主管部门和本级人民政府报告。

（3）交通运输突发事件应急处置结束后，交通运输主管部门应当根据国家有关扶持遭受突发事件影响行业和地区发展的政策规定以及本级人民政府的恢复重建规划，制定相应的交通运输恢复重建计划并组织实施，重建受损的交通基础设施，消除突发事件造成的破坏及影响。

（4）因应急处置工作需要被征用的交通运输工具、装备和物资在使用完毕后应当及时返还。交通运输工具、装备、物资被征用或者征用后毁损、灭失的，应当按照相关法律法规予以补偿。

6. 有关监督检查的规定

在第六章监督检查中，对相关事项作了规定。

（1）交通运输主管部门应当建立健全交通运输突发事件应急管理监督检查和考核机制。

监督检查应当包含以下内容。

1）应急组织机构建立情况。
2）应急预案制定及实施情况。
3）应急物资储备情况。
4）应急队伍建设情况。
5）危险源监测情况。
6）信息管理、报送、发布及宣传情况。
7）应急培训及演练情况。
8）应急专项资金和经费落实情况。
9）突发事件应急处置评估情况。
（2）交通运输主管部门应当加强对辖区内交通运输企业等单位应急工作的指导和监督。
（3）违反本规定影响交通运输突发事件应对活动有效进行的，由其上级交通运输主管部门责令改正、通报批评；情节严重的，对直接负责的主管人员和其他直接责任人员按照有关规定给予相应处分；造成严重后果的，由有关部门依法给予处罚或追究相应责任。

三、《突发事件应急预案管理办法》相关要点

2013年10月25日，国务院办公厅下发《关于印发突发事件应急预案管理办法的通知》（国办发〔2013〕101号），自印发之日起施行。《通知》指出：《突发事件应急预案管理办法》已经国务院同意，请认真贯彻执行。

《突发事件应急预案管理办法》分为九章三十四条，各章内容为：第一章总则，第二章分类和内容，第三章预案编制，第四章审批、备案和公布，第五章应急演练，第六章评估和修订，第七章培训和宣传教育，第八章组织保障，第九章附则。制定本办法的目的，是依据《中华人民共和国突发事件应对法》等法律、行政法规，为规范突发事件应急预案（以下简称应急预案）管理，增强应急预案的针对性、实用性和可操作性。

1. 总则中的有关规定

在第一章总则中，对相关事项作了规定。

（1）本办法所称应急预案，是指各级人民政府及其部门、基层组织、企事业单位、社会团体等为依法、迅速、科学、有序应对突发事件，最大限度减少突发事件及其造成的损害而预先制定的工作方案。

（2）应急预案的规划、编制、审批、发布、备案、演练、修订、培训、宣传教育等工作，适用本办法。

（3）应急预案管理遵循统一规划、分类指导、分级负责、动态管理的原则。

（4）应急预案编制要依据有关法律、行政法规和制度，紧密结合实际，合理确定内容，切实提高针对性、实用性和可操作性。

2. 分类和内容的有关规定

在第二章分类和内容中，对相关事项作了规定。

（1）应急预案按照制定主体划分，分为政府及其部门应急预案、单位和基层组织应

急预案两大类。

（2）政府及其部门应急预案由各级人民政府及其部门制定，包括总体应急预案、专项应急预案、部门应急预案等。

总体应急预案是应急预案体系的总纲，是政府组织应对突发事件的总体制度安排，由县级以上各级人民政府制定。

专项应急预案是政府为应对某一类型或某几种类型突发事件，或者针对重要目标物保护、重大活动保障、应急资源保障等重要专项工作而预先制定的涉及多个部门职责的工作方案，由有关部门牵头制定，报本级人民政府批准后印发实施。

部门应急预案是政府有关部门根据总体应急预案、专项应急预案和部门职责，为应对本部门（行业、领域）突发事件，或者针对重要目标物保护、重大活动保障、应急资源保障等涉及部门工作而预先制定的工作方案，由各级政府有关部门制定。

鼓励相邻、相近的地方人民政府及其有关部门联合制定应对区域性、流域性突发事件的联合应急预案。

（3）总体应急预案主要规定突发事件应对的基本原则、组织体系、运行机制，以及应急保障的总体安排等，明确相关各方的职责和任务。

针对突发事件应对的专项和部门应急预案，不同层级的预案内容各有所侧重。国家层面专项和部门应急预案侧重明确突发事件的应对原则、组织指挥机制、预警分级和事件分级标准、信息报告要求、分级响应及响应行动、应急保障措施等，重点规范国家层面应对行动，同时体现政策性和指导性；省级专项和部门应急预案侧重明确突发事件的组织指挥机制、信息报告要求、分级响应及响应行动、队伍物资保障及调动程序、市县级政府职责等，重点规范省级层面应对行动，同时体现指导性；市县级专项和部门应急预案侧重明确突发事件的组织指挥机制、风险评估、监测预警、信息报告、应急处置措施、队伍物资保障及调动程序等内容，重点规范市（地）级和县级层面应对行动，体现应急处置的主体职能；乡镇街道专项和部门应急预案侧重明确突发事件的预警信息传播、组织先期处置和自救互救、信息收集报告、人员临时安置等内容，重点规范乡镇层面应对行动，体现先期处置特点。

针对重要基础设施、生命线工程等重要目标物保护的专项和部门应急预案，侧重明确风险隐患及防范措施、监测预警、信息报告、应急处置和紧急恢复等内容。

针对重大活动保障制定的专项和部门应急预案，侧重明确活动安全风险隐患及防范措施、监测预警、信息报告、应急处置、人员疏散、撤离组织和路线等内容。

针对为突发事件应对工作提供队伍、物资、装备、资金等资源保障的专项和部门应急预案，侧重明确组织指挥机制、资源布局、不同种类和级别突发事件发生后的资源调用程序等内容。

联合应急预案侧重明确相邻、相近地方人民政府及其部门间信息通报、处置措施衔接、应急资源共享等应急联动机制。

（4）单位和基层组织应急预案由机关、企业、事业单位、社会团体和居委会、村委会等法人和基层组织制定，侧重明确应急响应责任人、风险隐患监测、信息报告、预警响应、应急处置、人员疏散撤离组织和路线、可调用或可请求援助的应急资源情况及如何实施等,体现自救互救、信息报告和先期处置特点。

大型企业集团可根据相关标准规范和实际工作需要,参照国际惯例,建立本集团应急预案体系。

(5)政府及其部门、有关单位和基层组织可根据应急预案,并针对突发事件现场处置工作灵活制定现场工作方案,侧重明确现场组织指挥机制、应急队伍分工、不同情况下的应对措施、应急装备保障和自我保障等内容。

(6)政府及其部门、有关单位和基层组织可结合本地区、本部门和本单位具体情况,编制应急预案操作手册,内容一般包括风险隐患分析、处置工作程序、响应措施、应急队伍和装备物资情况,以及相关单位联络人员和电话等。

(7)对预案应急响应是否分级、如何分级、如何界定分级响应措施等,由预案制定单位根据本地区、本部门和本单位的实际情况确定。

3. 预案编制的有关规定

在第三章预案编制中,对相关事项作了规定。

(1)各级人民政府应当针对本行政区域多发易发突发事件、主要风险等,制定本级政府及其部门应急预案编制规划,并根据实际情况适时修订完善。

单位和基层组织可根据应对突发事件需要,制定本单位、本基层组织应急预案编制计划。

(2)应急预案编制部门和单位应组成预案编制工作小组,吸收预案涉及主要部门和单位业务相关人员、有关专家及有现场处置经验的人员参加。编制工作小组组长由应急预案编制部门或单位有关负责人担任。

(3)编制应急预案应当在开展风险评估和应急资源调查的基础上进行。

1)风险评估。针对突发事件特点,识别事件的危害因素,分析事件可能产生的直接后果以及次生、衍生后果,评估各种后果的危害程度,提出控制风险、治理隐患的措施。

2)应急资源调查。全面调查本地区、本单位第一时间可调用的应急队伍、装备、物资、场所等应急资源状况和合作区域内可请求援助的应急资源状况,必要时对本地居民应急资源情况进行调查,为制定应急响应措施提供依据。

(4)政府及其部门应急预案编制过程中应当广泛听取有关部门、单位和专家的意见,与相关的预案做好衔接。涉及其他单位职责的,应当书面征求相关单位意见。必要时,向社会公开征求意见。

单位和基层组织应急预案编制过程中,应根据法律、行政法规要求或实际需要,征求相关公民、法人或其他组织的意见。

4. 审批、备案和公布的有关规定

在第四章审批、备案和公布中,对相关事项作了规定。

(1)预案编制工作小组或牵头单位应当将预案送审稿及各有关单位复函和意见采纳情况说明、编制工作说明等有关材料报送应急预案审批单位。因保密等原因需要发布应急预案简本的,应当将应急预案简本一起报送审批。

(2)应急预案审核内容主要包括预案是否符合有关法律、行政法规,是否与有关应

急预案进行了衔接，各方面意见是否一致，主体内容是否完备，责任分工是否合理明确，应急响应级别设计是否合理，应对措施是否具体简明、管用可行等。必要时，应急预案审批单位可组织有关专家对应急预案进行评审。

(3) 国家总体应急预案报国务院审批，以国务院名义印发；专项应急预案报国务院审批，以国务院办公厅名义印发；部门应急预案由部门有关会议审议决定，以部门名义印发，必要时，可以由国务院办公厅转发。

地方各级人民政府总体应急预案应当经本级人民政府常务会议审议，以本级人民政府名义印发；专项应急预案应当经本级人民政府审批，必要时经本级人民政府常务会议或专题会议审议，以本级人民政府办公厅（室）名义印发；部门应急预案应当经部门有关会议审议，以部门名义印发，必要时，可以由本级人民政府办公厅（室）转发。

单位和基层组织应急预案须经本单位或基层组织主要负责人或分管负责人签发，审批方式根据实际情况确定。

(4) 应急预案审批单位应当在应急预案印发后的20个工作日内依照下列规定向有关单位备案。

1) 地方人民政府总体应急预案报送上一级人民政府备案。

2) 地方人民政府专项应急预案抄送上一级人民政府有关主管部门备案。

3) 部门应急预案报送本级人民政府备案。

4) 涉及需要与所在地政府联合应急处置的中央单位应急预案，应当向所在地县级人民政府备案。

法律、行政法规另有规定的从其规定。

(5) 自然灾害、事故灾难、公共卫生类政府及其部门应急预案，应向社会公布。对确需保密的应急预案，按有关规定执行。

5. 应急演练的有关规定

在第五章应急演练中，对相关事项作了规定。

(1) 应急预案编制单位应当建立应急演练制度，根据实际情况采取实战演练、桌面推演等方式，组织开展人员广泛参与、处置联动性强、形式多样、节约高效的应急演练。

专项应急预案、部门应急预案至少每3年进行一次应急演练。

地震、台风、洪涝、滑坡、山洪、泥石流等自然灾害易发区域所在地政府，重要基础设施和城市供水、供电、供气、供热等生命线工程经营管理单位，矿山、建筑施工单位和易燃易爆物品、危险化学品、放射性物品等危险物品生产、经营、储运、使用单位，公共交通工具、公共场所和医院、学校等人员密集场所的经营单位或者管理单位等，应当有针对性地经常组织开展应急演练。

(2) 应急演练组织单位应当组织演练评估。评估的主要内容包括演练的执行情况，预案的合理性与可操作性，指挥协调和应急联动情况，应急人员的处置情况，演练所用设备装备的适用性，对完善预案、应急准备、应急机制、应急措施等方面的意见和建议等。

鼓励委托第三方进行演练评估。

6. 评估和修订的有关规定

在第六章评估和修订中，对相关事项作了规定。

（1）应急预案编制单位应当建立定期评估制度，分析评价预案内容的针对性、实用性和可操作性，实现应急预案的动态优化和科学规范管理。

（2）有下列情形之一的，应当及时修订应急预案。

1）有关法律、行政法规、规章、标准、上位预案中的有关规定发生变化的。

2）应急指挥机构及其职责发生重大调整的。

3）面临的风险发生重大变化的。

4）重要应急资源发生重大变化的。

5）预案中的其他重要信息发生变化的。

6）在突发事件实际应对和应急演练中发现问题需要作出重大调整的。

7）应急预案制定单位认为应当修订的其他情况。

（3）应急预案修订涉及组织指挥体系与职责、应急处置程序、主要处置措施、突发事件分级标准等重要内容的，修订工作应参照本办法规定的预案编制、审批、备案、公布程序组织进行。仅涉及其他内容的，修订程序可根据情况适当简化。

（4）各级政府及其部门、企事业单位、社会团体、公民等，可以向有关预案编制单位提出修订建议。

7. 培训和宣传教育的有关规定

在第七章培训和宣传教育中，对相关事项作了规定。

（1）应急预案编制单位应当通过编发培训材料、举办培训班、开展工作研讨等方式，对与应急预案实施密切相关的管理人员和专业救援人员等组织开展应急预案培训。

（2）对需要公众广泛参与的非涉密的应急预案，编制单位应当充分利用互联网、广播、电视、报刊等多种媒体广泛宣传，制作通俗易懂、好记管用的宣传普及材料，向公众免费发放。

8. 组织保障的有关规定

在第八章组织保障中，对相关事项作了规定。

（1）各级政府及其有关部门应对本行政区域、本行业（领域）应急预案管理工作加强指导和监督。国务院有关部门可根据需要编写应急预案编制指南，指导本行业（领域）应急预案编制工作。

（2）各级政府及其有关部门、各有关单位要指定专门机构和人员负责相关具体工作，将应急预案规划、编制、审批、发布、演练、修订、培训、宣传教育等工作所需经费纳入预算统筹安排。

四、《危险货物道路运输企业运输事故应急预案编制要求》

2014年6月27日，交通运输部发布《危险货物道路运输企业运输事故应急预案编制要求》（JT/T 911—2014），自2014年11月1日起实施。

1. 适用范围

本标准规定了危险货物道路运输企业运输事故应急预案的编制步骤、预案内容以及文本格式与要求。

本标准适用于指导危险货物道路运输企业编制危险货物运输过程中的事故应急预案。

2. 术语和定义

下列术语和定义适用于本文件。

（1）事故是指危险货物道路运输过程中，突然发生的，造成或者可能造成社会危害，需要采取应急处置措施予以应对的紧急事故。如道路交通事故，运输车辆着火燃烧，车载危险货物发生泄漏、燃烧、爆炸等事故。

（2）事故等级是指根据事故的社会危害程度和影响范围等因素，将其划分成的四个等级：特别重大事故（Ⅰ级）、重大事故（Ⅱ级）、较大事故（Ⅲ级）、一般事故（Ⅳ级）。

（3）危险因素是指引起事故的主要影响因素，包括危险货物运输驾驶员、危险货物及包装、运输及安全设备、道路条件、交通状况、沿途的地质环境和恶劣天气。

（4）应急预案是指针对可能发生的事故，为保证迅速、有序、有效地开展应急与救援行动，消除或减少事故危害，降低事故造成的损失而预先制定的行动计划或方案。

（5）应急响应是指依据事故等级，为迅速、有序地开展应急行动而预先进行的组织、物资准备和应急处理工作部署。

（6）应急处置是指事故发生后，为消除、减少事故危害，防止事故扩大或恶化，最大限度地降低事故造成的损失或危害而采取的救援措施和行动。

（7）应急资源是指应急装备、物资、储备的运力和应急救援队伍等。

3. 编制步骤

（1）编制准备

1）成立由管理人员、专业人员组成的应急预案编制小组，制定负责人。

2）制定应急预案编制计划，至少应包括以下内容。

①评估应急预案编制必要性。

②明确编制人员职责。

③确定工作方案、进度。

④制定应急预案编制计划。

3）收集、调查应急预案编制所需的各种资料，至少应包括以下内容。

①相关法律法规和技术标准。

②国内外同行业事故案例分析。

③车辆技术档案，车辆和从业人员事故违章处理记录。

④运输线路及沿线的地质环境、交通状况等。

4）依据附录A制定事故及其灾害后果预测表。

5）分析本企业和托运人的应急资源。

（2）应急预案编制

根据本标准给定的应急预案内容要求，编制应急预案。编制过程中做到责任分明、科学适用、便于操作，并注重与生产单位和托运人的合作。

（3）应急预案评审和上报

应急预案编写完后，可组织有关人员、机构和专家进行评审。评审通过后，按规定备案，并经企业主要负责人签署后发布。

（4）应急预案更新

有下列情形之一的，应急预案应当进行更新。

1）原则上每两年组织修订、完善应急预案。
2）应急预案依据的法规、标准发生变化，或者出台新的相关法规和标准。
3）应急预案涉及的要素发生变化。
4）应急演练结束后、企业发生事故应急行动结束后取得经验。

4. 预案内容

（1）企业概况

企业基本情况，至少应包括以下内容。

1）企业地址。
2）从业人数。
3）运输车辆车型、罐车罐体材质。
4）主要运输危险货物联合国编号（UN编号）、品名、运量、起始地、目的地、行驶路线图等。
5）企业应急资源。

（2）应急救援组织设置

设置应急救援组织，至少包括应急领导组、技术指导组和现场工作组，明确各组职责。

（3）事故及其灾害后果预测

依据附录A确定可能引起的事故、预测灾害后果，形成事故及其灾害后果预测表，示例参见附录B。

（4）驾驶人员和押运人员应急处置

1）停车处置，至少应明确以下内容。

①立即停车，明确停车后将发动机熄火并切断所有电源的规定；对于无法立即停车的，明确移动后停车的条件以及停车位置的要求。
②撤离驾驶室时需要携带安全卡等重要资料清单。

2）事故发生时的信息报告，至少应明确以下方面。

①事故发生地报警电话。
②事故发生地交通运输主管部门、本企业24 h有效的联络方式、手段。
③事故信息报告的流程和时限。
④事故信息报告的内容和方式。

3）事故信息报告的内容，至少应包括以下部分。

①报告人姓名、联系方式。
②发生的事故及部位。
③发生时间、具体地点（如，×××公路×××km处）、行驶方向。

④车辆牌照、荷载吨位、车辆类型、罐车罐体容积、当前状况。
⑤UN编号、危险货物品名、数量、当前状况。
⑥人员伤亡及危害情况。
⑦已采取或拟采取的应急处置措施。
4）针对灾害后果预测表中事故和灾害后果，现场处置至少应明确以下内容。
①个体防护措施。
②初期应急处理措施。
③放置警告标志，设置警戒、协助疏散人员方案。
④现场保护方案。
⑤配合政府部门开展应急救援的要求。
（5）企业应急处置
1）信息报送与通信联络，至少应明确以下内容。
①当地安全生产监督管理部门及环境保护、公安、卫生主管部门有效的联络方式和手段。
②本企业和托运人24 h有效的应急通信联络方式。
③事故信息接收和通报程序、内容、时限。
2）响应分级。依据事故等级，确定应急响应级别。
3）应急响应和行动。依据应急响应级别，至少应明确以下内容。
①应急指挥。
②分析、评估事态及发展。
③对现场应急处置的技术指导。
④应急资源调配。
⑤接受主管部门的组织、调度和指挥，协助应急救援。
⑥扩大应急。
4）应急结束，至少应明确以下内容。
①应急终止条件。
②事故情况上报事项。
③需向事故调查处理小组移交的相关事项。
（6）信息发布
明确事故信息发布的条件、部门、范围和内容等。
（7）后期处置
恢复和重建等后期处置措施，至少应明确以下内容。
1）污染物处理。
2）受伤人员处理。
3）事故后果影响消除和生产运输秩序恢复。
4）善后赔偿。
5）事故经过、原因和应急处置工作经验教训报告。
6）应急预案的更新。
（8）应急保障

应急保障，至少应明确以下内容。

1) 与应急工作相关联的单位或人员通信联系方式和方法，并提供备用方案。

2) 本企业和托运人的应急救援队伍。

3) 应急装备、物资和储备运力，主要包括名称、型号、数量、性能、存放地点、管理者及其通信联系方式等。

4) 应急专项经费，主要包括来源、使用范围、额度和监督管理措施。

5) 其他相关保障，如运输保障、治安保障、技术保障、医疗保障、后勤保障等。

（9）应急培训和演练

1) 应急培训，至少应明确以下内容。

①培训对象。

②培训内容。

③培训方式。

④培训频率和时间。

2) 应急演练，至少应明确以下内容。

①演练目标、内容、规模。

②参加演练的部门及人员。

③演练频次。

④评估、总结。

（10）应急预案相关附件

应急预案相关附件，主要包括以下内容。

1) 危险货物安全技术说明书。

2) 相关部门和单位通信录。

3) 本企业应急通信录。

4) 应急装备、物资和储备运力的名称、型号、存放地点、管理者及其通信联系方式。

5) 信息接收、处理、上报等规范化格式文本。

6) 事故及其灾害后果预测表。

7) 本企业与周边应急救援队伍签订的协议。

5. 文本格式与要求

（1）格式

应急预案文本格式应包括以下内容。

1) 封面。应急预案名称、编号、版本号、企业名称、实施日期、签发人、公章。

2) 目录。

3) 前言。应急预案在企业应急预案体系中的地位和作用、编制目的和依据、适用范围。

4) 应急预案。主要章、条及内容，见 4.1~4.9。

5) 附件。

（2）字号及装订基本要求

应急预案编排格式应符合以下基本要求。
1) 封面应急预案标题采用黑体 3 号字，其他采用黑体 4 号字。
2) 文中章、条的编号及标题采用黑体 4 号字。
3) 正文内容采用宋体 4 号字。
4) 应急预案文本应打印后装订成册。

附录 A：《规范性附录》事故及其灾害后果预测（略）
附录 B：《资料性附录》事故及其灾害后果预测范本示例（略）

第二节　道路运输企业应急救援预案的编制

按照相关规定，道路运输企业要加强应急救援管理，建立健全应急管理体系，编制应急救援预案，开展应急救援演练，随时应对可能发生的意外事件。各种事故的发生通常是没有规律的，往往在人们意想不到的时间、地点发生。如果在事故发生前，能够准备好各种应急预案做好准备，那么当事故突然发生时，企业领导和员工就能临危不乱、有章可循、沉着应对，在极短的时间内使事件得到有效控制，把损失降到最低。

一、编制应急救援预案的基本要求

编制应急救援预案的基本要求，就是使所编制应急救援预案具有针对性、预见性、科学性和可行性。

1. 编制应急救援预案要有针对性

应急救援预案是针对各种可能发生的事故所需的应急行动而制定的指导性文件，应针对具体的、特定的某一类事故而制定。

2. 编制应急救援预案要有预见性

应急救援预案应对未来可能发生的事故做出具体的描述，对事故进行危害识别和风险评价，并分析可能由此而引起事态扩大、恶化的形式和后果。这是制定灾害应急救援预案的基础和出发点。对已确认的重大危险，应预测发生重大事故的状态和损失程度以及对周边地区可能造成的危害程度。

3. 编制应急救援预案要有科学性

编制应急预案的最基本目的是最大限度地控制事故的影响，把损失降到最低。事故来临时，面对大量的工作从何下手呢？这就应当依据危害识别、风险评价的结论分出轻重缓急，对重点目标应优先施救。当事故发生时现场施救的第一目标应当是救人，预案的措施应当以此为主线展开，当事件的局部已确实无法挽救时，应主动理性地放弃。如石油产品库区的特大型火灾，当事态已经失控时，以采取保护性施救为好。

4. 编制应急救援预案要有可行性

编制应急救援预案是为了在事故状态下能够按照预案有效地组织施救，所以编制预案要从事故状态下的环境去思考问题。如地震发生时，有可能发生停电、停水。处理地震引发的火灾，就不能按照一般的火灾施救处理。

5. 应急救援预案应分级编制

各级组织由于所辖范围不同，职责、权限不同，对系统的控制能力也不同。政府有政府的职能，应根据自己的职能编制应急预案。机关、企事业单位应该按照自己的所辖范围编制应急预案，这样才能使应急预案更加实用、可靠，更加具有可操作性。

6. 编制应急救援预案的基本思路

应急预案在应急系统中起着关键作用，它明确了在突发事故发生之前、处理过程以及处理结束之后，谁负责做什么，何时做，以及相应的策略和资源准备等。它是针对可能发生的重大事故及其影响和后果严重程度，为应急准备和应急响应的各个方面所预先做出的详细安排，是开展及时、有序和有效事故应急救援工作的行动指南。它一般分为三个层次，即综合预案、专项预案和现场预案。

综合预案是一个企业的整体预案，从总体上阐述企业的应急方针、政策，应急组织结构及相应职责，应急行动的总体思路等。

专项预案是针对某种具体的、特定类型的紧急情况而制定的，它是在综合预案的基础上充分考虑了某种特定危险的特点，对应急的形势、组织结构、应急活动等进行更具体的描述，具有较强的针对性。

现场预案是在专项预案基础上，根据具体情况需要而编写。它是针对特定的具体场所，即以现场（通常是事故风险较大的场所或重要防护区域）为目标所制定的，特点是针对某一具体现场的特殊危险及周边环境情况，在详细分析的基础上，对应急救援中的各个方面做出具体、周密而细致的安排，因而现场预案具有更强的针对性和对现场具体救援活动的指导性。

编制好现场应急救援预案对于预防重大事故发生，减少人员伤亡和事故损失具有重要意义。

二、企业应急救援预案编制与实施要点

应急救援预案的建立与实施，对于企业提高生产安全事故应急救援能力、降低企业生产安全事故损失具有重大意义。而应急救援预案的建立与实施对许多企业而言是一个较新的课题，如何制定科学、全面的应急救援预案，使其更具有可操作性及预防减灾性，已成为企业在建立与实施应急救援预案时所共同关心的问题。鉴于此，本文立足企业建立与实施应急救援预案的全过程，来探讨其中的相关问题。

1. 应急预案的编制准备

（1）成立预案编制小组

为了做好预案的编制工作，应成立预案编制小组。预案编制小组的负责人应由企业领导担任，这样可以增强预案的权威性，促进工作的实施。

（2）相关资料收集、整理

在编制预案前，需进行全面、详细的资料收集、整理。企业需要收集、调查的资料主要包括适用的法律、法规和标准；企业安全记录、事故情况；国内外同类企业事故资料；地理、环境、气象资料；相关企业的应急预案等。

（3）危险源辨识与风险评价

危险源辨识与风险评价是应急预案编制过程的基础和关键，因此企业在编制预案前，应对本单位存在的潜在危险进行辨识，然后对潜在事故和事故后果进行风险评价，根据风险评价结果来编制事故应急救援预案。

（4）应急资源与能力评估

依据危险辨识与风险评价的结果，对已有的应急资源和应急能力进行评估，明确应急资源的需求和不足。应急资源与能力评估应包括如下内容：一是企业内部的应急力量的组成、各自的应急能力及分布情况；二是各种重要应急设备设施、物资的准备和布置情况；三是当地政府救援机构或相邻企业可用的应急资源，如地方应急管理办公室、消防部门、危险物质响应机构、应急医疗服务机构、医院、公安部门、社区服务组织、公用设施管理部门、相关合同方、应急设备供应单位、保险机构等。

2. 应急预案的编制过程

应急预案编制过程是一项细致的工作，不能马马虎虎、粗枝大叶，更不能敷衍了事。应急预案编制过程主要包括以下内容。

（1）明确应急救援组织机构、人员及职责

从事故报警到如何实施应急行动或疏散程序。这些行动由企业的哪些部门或人员来完成，即要预先明确各有关部门或人员的应急职责与任务，这是确保应急过程中有关人员迅速各就各位、各司其职，使应急救援工作能迅速有序进行的重要前提。在职责分配时应全面分析并确定需要采取的各种应急行动。例如，紧急疏散、现场警戒、灭火和抢险、通知受影响的相邻单位、指引和接洽外部消防队伍等。应当注意的是，在确定部门职责时，不能仅限于应急行动过程，还应包括事前应急预防、应急准备及事后应急恢复等各阶段的职责。

（2）确定预案文件体系结构

不同类型、不同规模、不同风险的企业，可以针对企业实际应急需要和自身的管理模式，采取不同的应急预案文件体系结构。

（3）撰写应急预案

根据已确定的组织机构、人员与职责及预案文件体系结构，制定预案编写任务清单，把预案编写工作落实到具体的部门和人员，并确定完成各项工作的时间进度表。

编制预案时应注意的几个问题：一是充分收集和参阅已有的应急救援预案，以最大可能减少工作量和避免应急救援预案的重复和交叉，并确保与其他相关应急救援预案（地方政府预案、上级主管单位以及相关部门的预案）协调一致。二是合理地组织预案的章节，以便每个不同的使用者能快速地找到各自所需要的信息，避免从一堆不相关的信息中去查找所需要的信息。三是保证应急预案每个章节及其组成部分，在内容相互衔接方面避免出现明显的位置不当。四是保证应急预案的每个部分都采用相似的逻辑结构来组织内容。五是应急预案的格式应尽量采取范例的格式，以便各级应急预案能更好地协调和对应。

3. 应急预案的评审与发布

为保证应急预案科学性、合理性和有效性，预案编制完成后，应组织各级、各类管理人员，应急响应人员、预案编制人员及有关机构和专家对预案进行评审。

应急预案评审通过后，应由企业最高管理者签署发布，并报送上级主管部门和当地政府负责安全监督管理综合工作的部门备案。

4. 应急预案的实施

应急预案的实施包括开展预案的宣传贯彻，进行预案的培训，落实和检查各个有关部门的职责、程序和资源准备，提高参与应急行动所有相关人员应急救援技能等，为预案的演练做好充分的准备。

为做好预案的实施工作，企业应制定预案实施计划确保预案的宣传、贯彻、培训按计划进行，确保应急资源按需配备并可用。

针对预案，应制定培训计划。根据各级各类人员在预案并组织实施过程中所承担的职责与任务的不同（应包括事故发生后受影响的场外人员）确定相应的培训内容及培训方式，使培训工作具有针对性和实效性。

5. 应急预案的演练

预案的演练是指按一定程式所开展的模拟救援演练。其主要目的在于验证应急预案的整体或关键性局部是否可能有效地付诸实施；验证预案在应对可能出现的各种意外情况所具备的适应性；找出预案可能需要进一步完善和修正的地方；确保建立和保持可靠的通信联络渠道；检查所有相关组织机构、人员是否已经熟悉并履行了他们的职责；检查并提高应急救援的启动能力。

演练结束后应组织预案演练的控制人员和评价人员对演练的效果做出评价，并提交演练报告，详细说明演练过程中发现的问题。按照对应急救援工作及时有效性的影响程度，对应急预案加以改进和完善。

6. 应急预案的修订与更新

预案的修订与更新是实现企业事故应急救援预案持续改进的重要步骤。应急救援预案是企业事故应急救援工作的指导文件，同时又具有法规权威性，通过定期或不定期的应急演练、应急救援后应对之进行评审，针对企业实际情况的变化以及预案中暴露出的缺陷，不断地更新、完善和改进应急预案文件体系。

当发生以下情况时，应对预案进行适时的修订与更新，以保持预案的科学性和适用性。这些变化包括企业的布局和设施发生变化；预案演练或紧急情况过程中发现问题；政策和程序发生变化；组织机构或人员发生变化；救援技术的改进；采用新技术、新材料、新工艺；自然条件变化等。

7. 石家庄运河桥汽车客运站建立高效的救援体系的做法

河北省石家庄市运河桥客运站是石家庄公路主枢纽客运系统七个客运站之一，主要承担石家庄北部周边各县以及保定地区各县市37个方向、183条线路的旅客集散任务。该站建筑面积23万 m^2，设有发车位60个，日发送班次1 500个，日旅客发送能力达2.1万人次，是目前河北省最大、功能最全的客运站。2004年年初全国安全生产工作会议召开后，该站在原有各项制度的基础上，研究制定了一系列新举措，有力保证了乘客的人身及财产安全。

（1）建立高效的救援体系

如果要求一家生产企业绝对不出现任何安全问题，是不太现实的，但如果有一套高效的救援体系，则会将损失降到最低限度。运河桥客运站于 2004 年组建了河北省首个站内"110"。站内"110"由驻站办公室站前广场当班工作人员组成，负责站内各岗位的紧急支援。各岗位在遇有突发事件时，首先通过电话、对讲机向站内"110"报警，由带班科长下达命令，"110"工作人员接到命令后迅速出击，处置险情。为增强"110"处理突发事件的能力，提高反应速度，该站还建立了三级应急预案。当站内发生非重点部位局部火险、打架滋事、诈骗盗窃等紧急情况时，则启动一级（初级）预案，此时，会有至少 6 名工作人员及保卫科的当班领导，于 3 min 之内到达指定地点集合，处置险情；当站内发生车辆起火、站务设施起火、重大交通事故以及全站范围内整顿车场秩序等情况时，则启动二级（中级）应急预案，届时，至少有 11 名工作人员及总控室、站务科的所有当班领导，在 4 min 内到达集合地点；当站内发生大面积火灾、车辆集体停运、抢险抗洪等情况时，启动三级（高级）应急预案，30 名至 35 名工作人员将在 5 min 内到达指定地点集合。

（2）为火灾隐患上"保险"

为了应对突发火灾事故，更好地保障乘客的安全，该站建立了灭火应急机构，分为灭火行动组、通信联络组、疏散引导组、安全救护组。当出现火灾险情后，现场工作人员迅速用对讲机向指挥中心报告。指挥中心接到报警后，迅速下达救火命令，并立即通知"119"。各行动组接到指挥中心的命令后，迅速集合并立即奔赴火灾现场，将旅客引导至安全地带，对围观群众进行疏散。同时，根据不同着火地点，分情况采取不同的灭火措施。

为保证火灾发生后的通信联络畅通，该站为各组配备了无线对讲机、手机等通信工具，并要求通信联络组在万一出现通信联络阻断的情况下，以人工的方式确保指挥中心的命令在 1 min 内传达到指挥现场。此外，该站还根据餐饮中心、司乘公寓、配电室、锅炉房等不同场所的特点，制定了不同的灭火应急疏散预案。

（3）为客运站装上"火眼金睛"

危险化学品、危险爆炸品进站上车和客车超员超载是威胁运输安全的两大"杀手"。为了有效制服这两大"杀手"，该站投资近百万元，设置了监控总控和安检设备。在这套系统中有一种报班机，当客车进站后，司乘人员必须手持 IC 卡进行报班，报班机将自动打印出含有车次、发车时间等内容的班次信息单，并将班次信息传输至售票系统中。售票系统根据班次信息发售车票，当发至该车规定核载人数时，则会自动停止发售，有效避免了超员超载情况的出现。

该站在进站口设立的安检设备，采用了先进的计算机智能化管理，牢牢把住了"三品"进站上车的第一关。在计算机屏幕前，就可以将每一名乘客行李中的物品看得一清二楚。站内职工说，这套安全检查系统，就像是一双"火眼金睛"，任何危险物品都休想从它的眼皮底下溜掉。

第三节 机械制造企业事故应急救援预案参考

按照交通运输部发布的《交通运输突发事件应急管理规定》（2011 年第 9 号令），应急预案应当根据有关法律、法规的规定，针对交通运输突发事件的性质、特点、社会危害程度以及可能需要提供的交通运输应急保障措施，明确应急管理的组织指挥体系与职责、监测与预警、处置程序、应急保障措施、恢复与重建、培训与演练等具体内容。在此介绍公路交通突发事件应急预案、中国石油天然气运输公司天津分公司道路运输应急预案，供道路运输企业参考借鉴。

一、公路交通突发事件应急预案

2009年5月12日，中华人民共和国交通运输部下发《关于印发〈公路交通突发事件应急预案〉的通知》（交公路发〔2009〕226号）。《通知》指出：根据国务院有关要求，并总结2008年抗击低温雨雪冰冻灾害和汶川特大地震抗震救灾经验，对《公路交通突发事件应急预案》进行了修订，现予发布。2005年原交通部发布的《公路交通突发公共事件应急预案》（交公路发〔2005〕296号）同时废止。本预案是交通运输部应对特别重大公路交通突发事件的规范性文件，同时是全国公路交通突发事件应急预案体系的总纲及总体预案，请按照本预案的总体要求，进一步完善本部门相关预案。

《公路交通突发事件应急预案》分为六个部分，即：总则、应急组织体系、运行机制、应急保障、监督管理、附则。

1. 总则

（1）编制目的

为切实加强公路交通突发事件的应急管理工作，建立完善应急管理体制和机制，提高突发事件预防和应对能力，控制、减轻和消除公路交通突发事件引起的严重社会危害，及时恢复公路交通正常运行，保障公路畅通，并指导地方建立应急预案体系和组织体系，增强应急保障能力，满足有效应对公路交通突发事件的需要，保障经济社会正常运行，制定本预案。

（2）编制依据

依据《中华人民共和国突发事件应对法》《中华人民共和国公路法》《中华人民共和国道路运输条例》等法律法规，《国家突发公共事件总体应急预案》及国家相关专项预案和部门预案制定本预案。

（3）分类分级

本预案所称公路交通突发事件是指由下列突发事件引发的造成或者可能造成公路以及重要客运枢纽出现中断、阻塞、重大人员伤亡、大量人员需要疏散、重大财产损失、生态环境破坏和严重社会危害，以及由于社会经济异常波动造成重要物资、旅客运输紧张需要交通运输部门提供应急运输保障的紧急事件。

1）自然灾害。它主要包括水旱灾害、气象灾害、地震灾害、地质灾害、海洋灾害、生物灾害和森林草原火灾等。

2）公路交通运输生产事故。它主要包括交通事故、公路工程建设事故、危险货物运输事故。

3）公共卫生事件。它主要包括传染病疫情、群体性不明原因疾病、食品安全和职业危害、动物疫情，以及其他严重影响公众健康和生命安全的事件。

4) 社会安全事件。它主要包括恐怖袭击事件、经济安全事件和涉外突发事件。

各类公路交通突发事件按照其性质、严重程度、可控性和影响范围等因素，一般分为四级：Ⅰ级（特别重大）、Ⅱ级（重大）、Ⅲ级（较大）和Ⅳ级（一般）。

（4）适用范围

本预案适用于涉及跨省级行政区划的，或超出事发地省级交通运输主管部门处置能力的，或由国务院责成的，需要由交通运输部负责处置的特别重大（Ⅰ级）公路交通突发事件的应对工作，以及需要由交通运输部提供公路交通运输保障的其他紧急事件。

本预案指导地方公路交通突发事件应急预案的编制。

（5）工作原则

1）以人为本、平急结合、科学应对、预防为主。切实履行政府的社会管理和公共服务职能，把保障人民群众生命财产安全作为首要任务，高度重视公路交通突发事件应急处置工作，提高应急科技水平，增强预警预防和应急处置能力，坚持预防与应急相结合、常态与非常态相结合、提高防范意识，做好预案演练、宣传和培训工作，做好有效应对公路交通突发事件的各项保障工作。

2）统一领导、分级负责、属地管理、联动协调。本预案确定的公路交通突发事件应急工作在人民政府的统一领导下，由交通运输主管部门具体负责，分级响应、条块结合、属地管理、上下联动，充分发挥各级公路交通应急管理机构的作用。

3）职责明确、规范有序、部门协作、资源共享。明确应急管理机构职责，建立统一指挥、分工明确、反应灵敏、协调有序、运转高效的应急工作机制和响应程序，实现应急管理工作的制度化、规范化。加强与其他部门密切协作，形成优势互补、资源共享的公路交通突发事件联动处置机制。

（6）应急预案体系

公路交通突发事件应急预案体系包括以下几个方面。

1）公路交通突发事件应急预案。公路交通突发事件应急预案是全国公路交通突发事件应急预案体系的总纲及总体预案，是交通运输部应对特别重大公路交通突发事件的规范性文件，由交通运输部制定并公布实施，报国务院备案。

2）公路交通突发事件应急专项预案。交通突发事件应急专项预案是交通运输部为应对某一类型或某几种类型公路交通突发事件而制定的专项应急预案，由交通运输部制定并公布实施。其主要涉及公路气象灾害、水灾与地质灾害、地震灾害、重点物资运输、危险货物运输、重点交通枢纽的人员疏散、施工安全、特大桥梁安全事故、特长隧道安全事故、公共卫生事件、社会安全事件等方面。

3）地方公路交通突发事件应急预案。地方公路交通突发事件应急预案是由省级、地市级、县级交通运输主管部门按照交通运输部制定的公路交通突发事件应急预案的要求，在上级交通运输主管部门的指导下，为及时应对辖区内发生的公路交通突发事件而制定的应急预案（包括专项预案）。由地方交通运输主管部门制定并公布实施，报上级交通运输主管部门备案。

4）公路交通运输企业突发事件预案。由各公路交通运输企业根据国家及地方的公路交通突发事件应急预案的要求，结合自身实际，为及时应对企业范围内可能发生的各类突发事件而制定的应急预案。由各公路交通运输企业组织制定并实施。

2. 应急组织体系

公路交通应急组织体系由国家级（交通运输部）、省级（省级交通运输主管部门）、市级（市级交通运输主管部门）和县级（县级交通运输主管部门）四级应急管理机构组成。

国家级公路交通应急管理机构包括应急领导小组、应急工作组、日常管理机构、专家咨询组、现场工作组等。省级、市级、县级交通运输主管部门可参照本预案，根据各地的实际情况成立应急管理机构，明确相关职责。应急组织体系如图6—1所示。

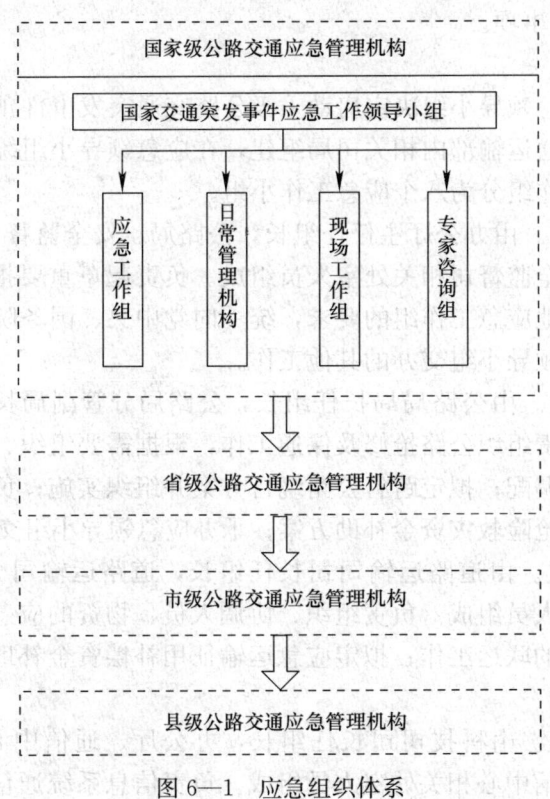

图6—1 应急组织体系

（1）应急领导小组

公路交通突发事件应急工作领导小组（以下简称应急领导小组）是Ⅰ级公路交通突发事件的指挥机构，由交通运输部部长任组长，分管部领导任副组长，交通运输部内相关司局负责人为成员。

日常状态下的职责如下。

1) 审定相关公路交通应急预案及其政策、规划。

2) 审定应急经费预算。

3) 其他相关重大事项。

应急状态下的职责如下。

1) 决定启动和终止Ⅰ级公路交通突发事件预警状态和应急响应行动。

2) 负责统一领导Ⅰ级公路交通突发事件的应急处置工作，发布指挥调度命令，并督促检查执行情况。

3) 根据国务院要求，或根据应急处置需要，指定成立现场工作组，并派往突发事件现场开展应急处置工作。

4) 根据需要，会同国务院有关部门，制定应对突发事件的联合行动方案，并监督实施。

5) 当突发事件由国务院统一指挥时，应急领导小组按照国务院的指令，执行相应的应急行动。

6) 其他相关重大事项。

(2) 应急工作组

应急工作组在应急领导小组决定启动Ⅰ级公路交通突发事件预警状态和应急响应行动时自动成立，由交通运输部内相关司局组建，在应急领导小组统一领导下具体承担应急处置工作。应急工作组分为八个应急工作小组。

1) 综合协调小组。由办公厅主任任组长，公路局、安全监督司分管领导任副组长，办公厅、公路局、安全监督司相关处室人员组成。负责起草重要报告、综合类文件；根据应急领导小组和其他应急工作组的要求，统一向党中央、国务院和相关部门报送应急工作文件；承办应急领导小组交办的其他工作。

2) 公路抢通小组。由公路局局长任组长，公路局分管副局长任副组长，公路局相关处室人员组成。负责组织公路抢修及保通工作，根据需要组织、协调跨省应急队伍调度和应急机械及物资调配；拟定跨省公路绕行方案并组织实施；负责协调社会力量参与公路抢通工作；拟定抢险救灾资金补助方案；承办应急领导小组交办的其他工作。

3) 运输保障小组。由道路运输司司长任组长，道路运输司分管副司长任副组长，道路运输司相关处室人员组成。负责组织、协调人员、物资的应急运输保障工作；负责协调与其他运输方式的联运工作；拟定应急运输征用补偿资金补助方案；承办应急领导小组交办的其他工作。

4) 通信保障小组。由科技司司长任组长，办公厅、通信中心分管领导任副组长，科技司、办公厅、通信中心相关处室人员组成。负责信息系统通信保障工作；负责电视电话会议通信保障工作；保障交通运输部向地方公路交通应急管理机构下发应急工作文件的传真和告知工作；承办应急领导小组交办的其他工作。

5) 新闻宣传小组。由政策法规司司长任组长，政策法规司分管副司长任副组长，政策法规司相关处室人员及新闻办联络员组成。负责收集、处理相关新闻报道，及时消除不实报道带来的负面影响；按照应急领导小组要求，筹备召开新闻发布会，向社会通报突发事件影响及应急处置工作进展情况；负责组织有关新闻媒体，宣传报道应急处置工作中涌现出的先进事迹与典型；指导地方应急管理机构新闻发布工作；承办应急领导小组交办的其他工作。

6) 后勤保障小组。由机关服务中心主任任组长，机关服务中心分管副主任任副组长，机关服务中心相关部门人员组成。负责应急状态期间24 h后勤服务保障工作；承办应急领导小组交办的其他工作。

7）恢复重建小组。由综合规划司司长任组长，公路局、财务司、质监总站分管领导任副组长，综合规划司、公路局、财务司、质监总站相关处室人员组成。负责公路受灾情况统计，组织灾后调研工作；拟定公路灾后恢复重建方案并组织实施；承办应急领导小组交办的其他工作。

8）总结评估小组。由公路局局长任组长，由其他应急工作小组、专家咨询组、交通运输部直属科研单位有关人员组成。负责编写应急处置工作大事记；对突发事件情况、应急处置措施、取得的主要成绩、存在的主要问题等进行总结和评估，提出下一步工作建议，并向应急领导小组提交总结评估报告；承办应急领导小组交办的其他工作。

综合协调小组、公路抢通小组、运输保障小组、通信保障小组、后勤保障小组在应急领导小组决定终止Ⅰ级公路交通突发事件预警状态和应急响应行动时自动解散；新闻宣传小组、恢复重建小组、总结评估小组在相关工作完成后，由应急领导小组宣布解散。

（3）日常管理机构

交通运输部设立公路网管理与应急处置中心（以下简称路网中心），作为国家级公路交通应急日常管理机构，在应急领导小组领导下开展工作。

日常状态下的职责如下。

1）负责国家高速公路网、普通国道干线公路、重要客运枢纽的运行监测及有关信息的收集和处理，向社会发布公路出行信息。

2）负责与国务院相关应急管理机构和地方交通运输应急管理机构的联络、信息上传与下达等日常工作。

3）拟定、修订与公路交通运输相关的各类突发事件应急预案及有关规章制度。

4）指导地方公路交通应急预案的编制和实施。

5）组织公路交通应急培训和演练。

6）组织有关应急科学技术研究和开发，参加有关的国际合作。

7）提出年度应急工作经费预算建议。

8）参与公路交通应急规划的编制。

9）根据地方公路交通应急管理机构的请求，进行应急指导或协调行动。

10）负责督导国家公路交通应急物资储备点建设与管理。

11）承办应急领导小组交办的其他工作。

应急状态下的职责如下。

1）负责24 h值班接警工作。

2）负责接收、处理应急协作部门预测预警信息，跟踪了解与公路交通运输相关的突发事件，及时向应急领导小组提出启动Ⅰ级预警状态和应急响应行动建议。

3）负责收集、汇总突发事件信息及应急工作组开展应急处置工作的相关信息，编写应急工作日报。

4）根据应急领导小组和应急工作组的要求，负责应急处置的具体日常工作，统一向地方公路交通应急管理机构下发应急工作文件。

5）承办应急领导小组交办的其他工作。

(4) 专家咨询组

专家咨询组是由公路交通运输行业及其他相关行业工程技术、科研、管理、法律等方面专家组成的应急咨询机构。专家咨询组具体职责如下。

1) 参与拟定、修订与公路交通运输相关的各类突发事件应急预案及有关规章制度。
2) 负责对应急准备以及应急行动方案提供专业咨询和建议。
3) 负责对应急响应终止和后期分析评估提出咨询意见。
4) 承办应急领导小组或路网中心委托的其他事项。

(5) 现场工作组

现场工作组是由应急领导小组按照国务院要求，或发布公路交通运输Ⅰ级预警和响应时，或根据地方交通运输主管部门请求，指定成立并派往事发地的临时机构。当现场工作组由国务院统一组建时，交通运输部派出部级领导参加现场工作组；当现场工作组由国务院其他部门统一组建时，交通运输部派出司局级领导参加现场工作组。现场工作组具体职责如下。

1) 按照国务院的统一部署，参与地方人民政府组织开展的突发事件应急处置工作，并及时向应急领导小组报告现场有关情况。
2) 负责跨省公路交通应急队伍的现场指挥和调度，并保障作业安全。
3) 提供公路交通运输方面的技术支持。
4) 协助有关部门开展公路建设工程、道路运输、客货运站安全事故的应急处置工作。
5) 承办应急领导小组交办的其他工作。

(6) 应急协作部门职责

公路交通突发事件预警和处置，需要有关部门积极配合和共同实施。在突发事件应急响应中，应急管理机构根据突发事件的级别和类型，在国务院应急管理机构的统一领导下，协调相关部门参加应急协作，各协作部门的应急任务分工据其职责而定。

武警交通部队纳入国家应急救援力量体系，作为国家公路交通突发事件专业应急队伍。国家公路交通突发事件应急专业队伍参与公路交通突发事件应急处置工作按国家有关规定执行。

3. 运行机制

(1) 预测与预警

1) 预警信息。涉及公路交通突发事件的预警及相关信息包括以下内容。

①气象监测、预测、预警信息。每日 24 h 全国降水实况图及图示最严重区域降水、温度、湿度等监测天气要素平均值和最大值；72 h 内短时天气预报（含图示），重大交通事件（包括黄金周、大型活动等常规及各类突发交通事件）天气中期趋势预报（含图示），气象灾害集中时期（汛期、冬季等）天气长期态势预报；各类气象灾害周期预警信息专报（包括主要气象灾害周期的天气类型、预计发生时间、预计持续时间、影响范围、预计强度等）和气象主管部门已发布的台风、暴雨、雪灾、大雾、道路积冰、沙尘暴预警信息。

②强地震（烈度 5.0 以上）监测信息。地震强度、震中位置、预计持续时间、已经

和预计影响范围（含图示）、预计受灾人口与直接经济损失数量、预计紧急救援物资运输途经公路线路和需交通运输主管部门配合的运力需求。

③突发地质灾害监测、预测信息。突发地质灾害监测信息包括突发地质灾害发生时间、发生地点、强度、预计持续时间，受影响道路名称与位置，受灾人口数量，疏散（转移）出发地、目的地、途经公路路线和需交通运输主管部门配合的运力需求。

突发地质灾害预测信息包括突发地质灾害预报的等级、发生时间、发生地点、预计持续时间、预计影响范围。

④洪水、堤防决口与库区垮坝信息。洪水的等级、发生流域、发生时间、洪峰高度和当前位置、泄洪区位置、已经和预计影响区域（含图示）、预计受灾人口与直接经济损失数量，需疏散（转移）的人口数量、出发地、目的地、途经路线和需交通运输主管部门配合的运力需求。

堤防决口与库区垮坝的发生时间、发生地点、已经和预计影响区域（含图示）、预计受灾人口与直接经济损失数量，需疏散（转移）的人口数量、出发地、目的地、途经路线和需交通运输主管部门配合的运力需求。

⑤海啸灾害预测预警信息。风暴潮、海啸灾害预计发生时间、预计影响区域（含图示）、预计受灾人口与直接经济损失、预计紧急救援物资、人口疏散运输的运力要求和途经公路线路。

⑥重大突发公共卫生事件信息。突发疾病的名称、发现时间、发现地点、传播渠道、当前死亡和感染人数、预计受影响人数、需隔离和疏散（转移）的人口数量、该疾病对公路交通运输的特殊处理要求，紧急卫生和救援物资运输途经公路线路、需交通运输主管部门配合的公路干线、枢纽交通管理手段和运力需求。

⑦环境污染事件影响信息。危险化学品（含剧毒品）运输泄漏事件的危险品类型、泄漏原因、扩散形式、发生时间、发生地点、所在路段名称和位置、影响范围、影响人口数量和经济损失、预计清理恢复时间，应急救援车辆途经公路路线；因环境事件需疏散（转移）群众事件的原因，疏散（转移）人口数量，疏散（转移）时间、出发地、目的地、途经路线，需交通运输主管部门配合的运力需求。

⑧重大恶性交通事故影响信息。重大恶性交通事故的原因、发生时间、发生地点、已造成道路中断和阻塞情况、已造成道路设施直接损失情况，预计处理恢复时间。

⑨因市场商品短缺及物价大幅波动引发的紧急物资运输信息。运输物资的种类、数量、来源地和目的地、途经路线、运载条件要求、运输时间要求等。

⑩公路损毁、中断、阻塞信息和重要客运枢纽旅客滞留信息。公路损毁、中断、阻塞的原因、发生时间、起止位置和桩号、预计恢复时间、已造成道路基础设施直接损失、已滞留和积压的车辆数量和排队长度、已采取的应急管理措施、绕行路线等。

重要客运枢纽车辆积压、旅客滞留的原因、发生时间、当前滞留人数和积压车辆数及其变化趋势、站内运力情况、应急运力储备与使用情况、已采取的应急管理措施等。

⑪其他。其他需要交通运输部门提供应急保障的紧急事件信息。

2）预测、预警支持系统。建立面向交通行业的气象灾害、地震、地质灾害等突发事件影响的预测、预警支持系统。建立各级预警联系人常备通信录及信息库，建立公路交通突发事件风险源数据库，建立公路交通突发事件影响的预测评估系统。

联合相关应急协作部门，建立长效预测、预警机制。

路网中心负责交通运输部预测预警支持系统的建设，省级交通运输主管部门在路网中心指导下建设本省各级预测、预警支持系统。

3）预警分级。根据突发事件发生时对公路交通的影响和需要的运输能力分为四级预警，分别为Ⅰ级预警（特别严重预警）、Ⅱ级预警（严重预警）、Ⅲ级预警（较重预警）、Ⅳ级预警（一般预警），分别用红色、橙色、黄色和蓝色来表示。交通运输部负责Ⅰ级预警的启动和发布，省、市、县交通运输主管部门负责Ⅱ级、Ⅲ级和Ⅳ级预警的启动和发布。公路交通突发事件预警级别见表6—1。

表6—1 公路交通突发事件预警级别

预警级别	级别描述	颜色标示	事件情形
Ⅰ级	特别严重	红色	因突发事件可能导致国家干线公路交通毁坏、中断、阻塞或者大量车辆积压、人员滞留，通行能力影响周边省份，抢修、处置时间预计在24 h以上时 因突发事件可能导致重要客运枢纽运行中断，造成大量旅客滞留，恢复运行及人员疏散预计在48 h以上时 发生因重要物资缺乏、价格大幅波动可能严重影响全国或者大片区经济整体运行和人们正常生活，超出省级交通运输主管部门运力组织能力时 其他可能需要由交通运输部提供应急保障时
Ⅱ级	严重	橙色	因突发事件可能导致国家干线公路交通毁坏、中断、阻塞或者大量车辆积压、人员滞留，抢修、处置时间预计在12 h以上时 因突发事件可能导致重要客运枢纽运行中断，造成大量旅客滞留，恢复运行及人员疏散预计在24 h以上时 发生因重要物资缺乏、价格大幅波动可能严重影响省域内经济整体运行和人们正常生活时 其他可能需要由省级交通运输主管部门提供应急保障时
Ⅲ级	较重	黄色	Ⅲ级预警分级条件由省级交通运输主管部门负责参照Ⅰ级和Ⅱ级预警等级，结合地方特点确定
Ⅳ级	一般	蓝色	Ⅳ级预警分级条件由省级交通运输主管部门负责参照Ⅰ级、Ⅱ级和Ⅲ级预警等级，结合地方特点确定

4）预警启动程序。公路交通突发事件Ⅰ级预警时，交通运输部按如下程序启动预警。

①路网中心提出公路交通突发事件Ⅰ级预警状态启动建议。

②应急领导小组在2 h内决定是否启动Ⅰ级公路交通突发事件预警，如同意启动，则正式签发Ⅰ级预警启动文件，并向国务院应急管理部门报告，交通运输部各应急工作组进入待命状态。

③Ⅰ级预警启动文件签发后1 h内，由路网中心负责向相关省级公路交通应急管理机构下发，并电话确认接收。

④根据情况需要，由应急领导小组决定此次Ⅰ级预警是否需面向社会发布，如需要，在12 h内联系此次预警相关应急协作部门联合签发。

⑤已经联合签发的Ⅰ级预警文件由新闻宣传小组联系新闻媒体，面向社会公布。

⑥路网中心立即开展应急监测和预警信息专项报送工作，随时掌握并报告事态进展情况，形成突发事件动态日报制度，并根据应急领导小组要求增加预警报告频率。

⑦交通运输部各应急工作组开展应急筹备工作，公路抢通组和运输保障组开展应急物资的征用准备。

Ⅱ、Ⅲ、Ⅳ级预警启动程序由各级地方交通运输主管部门参考Ⅰ级预警启动程序，结合当地特点，自行编制；在预警过程中，如发现事态扩大，超过本级预警条件或本级交通运输主管部门处置能力，应及时上报上一级交通运输主管部门，建议提高预警等级。

5）预警终止程序。Ⅰ级预警降级或撤销情况下，交通运输部采取如下预警终止程序。

①路网中心根据预警监测追踪信息，确认预警涉及的公路交通突发事件已不满足Ⅰ级预警启动标准，需降级转化或撤销时，向应急领导小组提出Ⅰ级预警状态终止建议。

②应急领导小组在同意终止后，正式签发Ⅰ级预警终止文件，明确提出预警后续处理意见，并在24 h内向国务院上报预警终止文件，交通运输部各应急工作组自行撤销。

③如预警降级为Ⅱ级，路网中心负责在1 h内通知Ⅱ预警涉及的省级交通运输主管部门，省级交通运输主管部门在12 h内启动预警程序，并向路网中心报送已正式签发的Ⅱ预警启动文件。

④如预警降级为Ⅲ级或Ⅳ级，路网中心负责通知预警涉及的省级交通运输主管部门，由省级交通运输主管部门组织涉及的市或县启动预警。

⑤如预警直接撤销，路网中心负责在24 h内向预警启动文件中所列部门和单位发送预警终止文件。

⑥Ⅱ、Ⅲ、Ⅳ级预警终止程序由各级地方交通运输主管部门参考Ⅰ级预警终止程序，结合当地特点，自行编制。

Ⅰ级预警在所对应的应急响应启动后，预警终止时间与应急响应终止时间一致，不再单独启动预警终止程序。

6）应急资源征用。公路抢通小组和运输保障小组应根据预警事件的特征和影响程度与范围，提出公路交通应急保障资源征用方案，经应急领导小组同意后下发。

在交通运输部征用通知下发后24 h内，相关省级交通运输主管部门应按照通知的要求，负责组织和征用相关应急保障资源，签署公路交通应急保障资源征用通知书并下发相关单位，征调相关公路抢险保通和运输保障的人员、车辆、装备和物资，并到指定地点集结待命。

（2）应急处置

1）分级响应

①响应级别。公路交通突发事件按照其可控性、严重程度和影响范围分为特别重大事件（Ⅰ级）、重大事件（Ⅱ级）、较大事件（Ⅲ级）和一般事件（Ⅳ级）四个等级。

交通运输部负责Ⅰ级应急响应的启动和实施，省级交通运输主管部门负责Ⅱ级应急响应的启动和实施，市级交通运输主管部门负责Ⅲ级应急响应的启动和实施，县级交通运输主管部门负责Ⅳ级应急响应的启动和实施。

特别重大事件（Ⅰ级）：对符合本预案"预警启动程序"的公路交通Ⅰ级预警条件的公路交通突发事件或由国务院下达的紧急物资运输等事件，由应急领导小组予以确认，启动并实施本级公路交通应急响应，同时报送国务院备案。

重大事件（Ⅱ级）：对符合本预案"预警启动程序"的公路交通Ⅱ级预警条件的公路交通突发事件或由交通运输部下达的紧急物资运输等事件，由省级交通运输主管部门在省级人民政府的领导下予以确认，启动并实施本级公路交通应急响应，同时报送交通运输部备案。

较大事件（Ⅲ级）：符合由省级交通运输主管部门确定的公路交通运输Ⅲ级预警条件的公路交通突发事件，由市级交通运输主管部门在市级人民政府的领导下，启动并实施本级公路交通应急响应，同时报送省级交通运输主管部门备案。

一般事件（Ⅳ级）：符合由省级交通运输主管部门确定的公路交通运输Ⅳ级预警条件的公路交通突发事件，由县级交通运输主管部门在县级人民政府的领导下，启动并实施本级公路交通应急响应，同时报送市级交通运输主管部门备案。

②交通运输部负责的其他突发事件。除Ⅰ级预警或应急响应外，交通运输部根据突发事件的严重性、紧急程度、可控性、敏感程度、影响范围等，还负责处置如下突发事件。

a. 根据路网中心的日常监测或对已启动的Ⅱ级应急响应事件的重点跟踪，已经发展为特别严重事件（Ⅰ级）或已引起国务院和公众特别关注的、交通运输部认为需要在不启动Ⅰ级应急响应的情况下予以协调处置的突发事件。

b. 根据省级应急管理机构请求，需要交通运输部协调处置的突发事件。

c. 按照国务院部署由交通运输部负责协助处置的突发事件。

2）应急响应启动程序。Ⅰ级响应时，交通运输部按下列程序和内容启动响应。

①路网中心提出公路交通突发事件Ⅰ级应急响应启动建议。

②应急领导小组在2 h内决定是否启动Ⅰ级应急响应。如同意启动，则正式签发Ⅰ级应急响应启动文件，报送国务院，并于24 h内召集面向国务院各相关部门、相关地方交通运输主管部门的电话或视频会议，由应急领导小组组长正式宣布启动Ⅰ级应急响应，并由新闻宣传小组负责向社会公布Ⅰ级应急响应文件。

③Ⅰ级应急响应宣布后，应急领导小组根据需要指定成立现场工作组，赶赴现场指挥公路交通应急处置工作。

④Ⅰ级应急响应宣布后，路网中心和各应急工作组立即启动24 h值班制，根据本预案相关规定开展应急工作。

各地应急管理机构可以参照Ⅰ级响应程序，结合本地区实际，自行确定Ⅱ、Ⅲ、Ⅳ级公路交通突发事件应急响应程序。需要有关应急力量支援时，及时向上一级公路交通应急管理机构提出请求。

3）信息报送与处理。建立部际信息快速通报与联动响应机制，明确各相关部门的应急日常管理机构名称和联络方式，确定不同类别预警与应急信息的通报部门，建立信息快速沟通渠道，规定各类信息的通报与反馈时限，形成较为完善的突发事件信息快速沟通机制。

建立完善部省公路交通应急信息报送与联动机制，路网中心汇总上报的公路交通突发事件信息，及时向可能受影响的省（区、市）发布，并提供跨区域出行路况信息服务。

严重以上预警信息发布和应急响应启动后，事件所涉及的省级公路交通应急管理机构应当将进展情况及时上报路网中心，并按照"零报告"制度，形成每日情况简报。路网中心及时将进展信息汇总形成每日公路交通突发事件情况简报，上报应急领导小组，并通报各应急工作组。

信息报告内容包括事件的类型、发生时间、地点、影响范围和程度、已采取的应急处置措施和成效。

公路交通运输管理有关单位在发现或接到社会公众报告的公路交通突发事件后，经核实后，应依据职责分工，立即组织调集力量开展应急处置工作，全力控制事态发展，并在 2 h 内向交通运输主管部门报告。

4）指挥与协调

①部省路网协调与指挥机制。当发生Ⅱ级以上公路交通突发事件时，路网中心和事发地公路交通应急管理机构均进入 24 h 应急值班状态，确保部省两级日常应急管理机构的信息畅通。

建立交通运输部与相关省份省级交通运输主管部门之间的定期视频应急会商机制。

路网中心协调各省级公路交通应急管理机构，科学实施跨区域公路网绕行分流措施，同时及时发布路况信息。

②部门间协调机制。当发生Ⅰ级公路交通突发事件时，交通运输部与公安部等部门建立协调机制，按照职责分工，加强协作，共同开展应急处置工作。同时，指导地方公路交通应急管理机构建立与公安交警的联合调度指挥机制，实现路警"联合指挥、联合巡逻、联合执法、联合施救"。

③现场指挥协调机制。现场工作组负责指导、协调Ⅰ级公路交通突发事件现场的应急处置工作，并及时收集、掌握相关信息，根据应急物资的特性及其分布、受灾地点、区域路网结构及其损坏程度、天气条件等，优化措施，研究备选方案，及时上报最新事态和运输保障情况。

5）国家应急物资调用。当省级应急物资储备在数量、种类及时间、地理条件等受限制的情况下，需要调用国家公路交通应急物资储备时，由使用地省级公路交通应急管理机构提出申请，经应急领导小组同意，由路网中心下达国家公路交通应急物资调用指令，应急物资储备管理单位接到路网中心调拨通知后，应在 48 h 内完成储备物资发运工作。

6）跨省支援。在交通运输部协调下，建立省际应急资源互助机制，合理充分利用各省级应急物资储备和应急处置力量，以就近原则，统筹协调各地方应急力量支援行动。对于跨省应急力量的使用，各受援地方应当给予征用补偿。

7）应急响应终止程序。Ⅰ级应急响应终止时，交通运输部采取如下终止程序。

①路网中心根据掌握的事件信息，确认公路交通恢复正常运行，公路交通突发事件平息，向应急领导小组提出Ⅰ级应急响应状态终止建议。

②应急领导小组决定是否终止Ⅰ级应急响应状态，如同意终止，签发Ⅰ级应急响应终止文件，提出应急响应终止后续处理意见，并在24 h内向国务院及相关部门报送。

③新闻宣传小组负责向社会宣布Ⅰ级应急响应结束，说明已经采取的措施和效果以及应急响应终止后将采取的各项措施。

Ⅱ、Ⅲ、Ⅳ级应急响应终止程序由各级应急管理机构参照Ⅰ级应急响应终止程序，结合本地区特点，自行编制。

(3) 恢复与重建

1) 善后处置

①抚恤和补助。事发地各级公路交通运输主管部门配合属地人民政府，对参加应急处置的有关人员按照有关规定，给予补助；对因参与应急处理工作致病、致残、死亡的人员，按照国家有关规定，给予相应的补助和抚恤，并提供相关心理和司法援助。

②救援救助。事发地各级公路交通运输主管部门配合民政部门及时组织救灾物资、生活必需品和社会捐赠物品的运送，保障群众基本生活。

③奖励。应急响应终止后，各级公路交通运输主管部门应对参加突发事件应急处置过程中做出贡献的先进集体和个人进行表彰和奖励。

2) 调查与评估。总结评估小组具体负责Ⅰ级响应的调查与评估工作。

省级公路交通应急管理机构应按照国家公路交通应急管理机构的要求上报总结评估材料，包括突发事件情况、采取的应急处置措施、取得的成效、存在的主要问题、建议等。

3) 补偿

①国家公路交通应急物资储备的补偿。在由交通运输部负责处置的Ⅰ级突发事件中使用国家公路交通应急物资储备，采取"无偿使用"原则，对可回收重复使用的应急储备物资由使用地交通运输主管部门负责回收、清洗、消毒和整理，由代储单位清点后入库。损耗、损毁的物资由交通运输部负责补充。其他等级突发事件中经交通运输部同意使用国家公路交通应急物资储备的，按照"谁使用，谁补偿"的原则，根据有关规定进行补偿。

②征用补偿。各级交通运输主管部门负责相应级别的公路交通应急保障资源的征用补偿工作，并上报上级交通运输主管部门。

公路交通应急保障行动结束后，由被征用单位（人）向交通运输主管部门递交应急征用补偿申请书。交通运输主管部门接到补偿申请后，按规定发出行政补偿受理通知书，并结合有关征用记录和事后调查评估的情况，对补偿申请予以审核，审核通过后，发出应急征用补偿通知单，并按有关规定予以补偿。

行政征用补偿形式包括现金补偿、财政税费减免、实物补偿和其他形式的行政性补偿等。

4) 恢复重建。恢复重建小组负责组织Ⅰ级响应的恢复重建工作，省级公路交通运输主管部门负责具体实施。

其他等级事件需要交通运输部援助的，由省级公路交通运输主管部门向交通运输部提出请求，路网中心根据调查评估报告提出建议和意见，报经应急领导小组批准后组织援助，必要时组织专家组进行现场指导。

（4）信息发布与宣传

1）信息共享

①由路网中心负责建立信息共享机制与渠道，负责全国公路交通突发事件信息的汇总和处理。

②国务院相关部门按照国家应急管理要求和部门职责及时提供相关突发事件信息；地方交通运输主管部门和单位及时提供各类事件的信息报告和必要的基础数据。

③路网中心将信息及时通报应急工作组，应急工作组经复核确认后上报应急领导小组。

2）信息发布

①特别重大公路交通突发事件信息发布由路网中心负责。其他公路交通突发事件发布由各级公路交通应急管理机构负责。

②发布渠道包括内部业务系统、交通运输部网站和路网中心管理的服务网站以及经交通运输部授权的各媒体。

③公路交通突发事件相关信息发布应当加强同新闻宣传小组的协调和沟通，及时提供各类相关信息。

3）新闻发布与宣传

①Ⅰ级公路交通突发事件的新闻发布与宣传工作由新闻宣传小组负责，承担新闻发布的具体工作。其他级别事件分别由地方公路交通应急管理机构负责组织发布，并按要求及时上报上级公路交通应急管理机构备案。

②新闻宣传小组负责组织发布公路交通突发事件新闻通稿、预案启动公告、预警启动与应急响应启动公告、预警终止与应急响应终止公告，传递事态进展的最新信息，解释说明与突发事件有关的问题、澄清和回应与突发事件有关的错误报道，宣传公路交通应急管理工作动态，组织召开突发事件相关各单位、部门参加的联席新闻发布会。

③新闻发布主要媒体形式包括电视、报纸、广播、网站等；新闻发布主要方式包括新闻发布会、新闻通气会、记者招待会、接受多家媒体的共同采访或独家媒体专访、发布新闻通稿。

④Ⅰ级公路交通突发事件相关新闻发布材料包括新闻发布词、新闻通稿、答问参考和其他发布材料，由其他应急工作小组及时提供相关材料，新闻宣传小组汇总审核，其中Ⅰ级公路交通突发事件相关新闻发布材料须经应急领导小组审定。

⑤涉外突发事件由交通运输部商外交部，统一组织宣传和报道。

⑥同相关部门建立多部门重大信息联合发布机制，并以会议纪要或者其他规范性文件的形式予以规定。

4. 应急保障

（1）应急队伍

1）组建原则。各级交通运输主管部门按照"平急结合、因地制宜、分类建设、分级负责、统一指挥、协调运转"的原则建立公路交通突发事件应急队伍。

2）专业应急队伍的组建

①公路交通应急抢险保通队伍

a. 国家公路交通应急抢险保通队伍。武警交通部队纳入国家应急救援力量体系，作为国家公路交通应急抢险保通队伍，兵力调动使用按照有关规定执行。

b. 地方公路交通应急抢险保通队伍。省、市级公路交通应急管理机构负责应急抢险保通队伍的组建和日常管理。构建以高速公路及普通国省干线公路养护管理部门、路政管理部门、公路经营管理单位、公路养护工程企业为主体的公路交通应急抢险保通队伍，按照路网规模、结构、地域分布特点，采取全社会范围内公开招投标的方式择优选择公路养护工程企业，并与之签订合作合同，明确技术管理要求、应急征用的条件和程序、征用补偿的标准和程序以及违约责任等，规范公路交通应急抢险保通行为，保障参与公路交通应急抢险保通企业的利益。

省、市公路交通应急管理机构统一调度本预案相关规定的本级应急救援物资储备点的各类应急物资、机械设备，由本级应急抢险保通队伍用于公路的应急抢险。在发生Ⅰ级公路突发事件时，由公路抢通小组统一调度各类储备物资和设备，组织实施跨省的应急抢险、救援工作。

②公路交通应急运输保障队伍

a. 应急运输保障队伍。地方交通运输主管部门负责所辖区域内的应急运输保障队伍建设工作，按照"平急结合、分级储备、择优选择、统一指挥"的原则在本辖区内建立应急运力储备，选择达到一定标准的道路客货运输企业，通过协商签订突发事件运力调用协议，明确纳入应急运力储备的车辆及其吨（座）位数、类型、技术状况，以及对运输人员和车辆管理的要求、应急征用的条件和程序、征用补偿的标准和程序以及违约责任等，通过协议规范应急运输保障行为，并保障参与应急运输保障企业的利益。

在发生特别重大公路突发事件（Ⅰ级）时，由运输保障小组负责协调运力调配，保障各类重点物资、抢险救灾物资的运输和人员的疏散。

b. 运输装备及技术状况。应急运输保障车辆的技术等级要求达到二级以上技术标准，车辆使用年限不超过5年，或行驶里程不超过15万千米。建立应急运输车辆技术档案制度，及时了解和掌握车辆的技术状况。应急运输车辆所属单位负责保持应急运输储备车辆处于良好的技术状况，并强化应急运输车辆的日常养护与保养工作。

地方交通运输主管部门应结合所辖区域内突发事件的特征确定相应的应急运输装备，以满足不同种类的应急运输需求。

c. 应急运输人员。公路交通应急管理机构和执行应急运输保障单位按照相关标准确定从事应急运输的人员，包括现场管理人员、驾驶员、押运员和装卸员。应急运输人员年龄原则上控制在20~55岁之间，身体健康、政治素质高、熟悉有关政策法规等。

应急运输人员在执行应急运输任务时，由公路交通应急管理机构统一配发证件和必要的用品。

d. 应急运力的备案管理。建立相应的应急运力储备档案，包括运力单位、车辆及其吨（座）位数、类型及人员数量等，并上报上级公路交通应急管理机构备案。每年针对储备运力的技术状况、单位及人员变动情况进行审查，对运力储备及时进行调整、补充,及时上报上级应急管理机构更新备案。

3) 社会力量动员与参与。各级应急管理机构应根据属地的实际情况和突发事件特点,制订社会动员方案,明确动员的范围、组织程序、决策程序。在公路交通自有应急力量不能满足应急处置需求时,向同级人民政府提出请求,请求动员社会力量,协调人民解放军、武警部队参与应急处置工作。

4) 应急人员安全防护。应急管理机构应协调有关部门提供不同类型公共突发事件应急人员的安全防护装备并发放使用说明,采取必要的安全防护措施。

应急管理机构应为应急处置过程中有安全风险的工作人员投保人身意外险。

(2) 物资设备保障

1) 应急物资设备种类。建立实物储备与商业储备相结合、生产能力储备与技术储备相结合、政府采购与政府补贴相结合的应急物资储备方式,强化应急物资储备能力。

应急物资包括公路抢通物资和救援物资两类。公路抢通物资主要包括沥青、碎石、砂石、水泥、钢桥、钢板、木材、编织袋、融雪剂、防滑料、吸油材料等;救援物资包括方便食品、饮水、防护衣物及装备、医药、照明、帐篷、燃料、安全标志、车辆防护器材及常用维修工具、应急救援车辆等。

地方交通运输主管部门应采取社会租赁和购置相结合的方式,储备一定数量的机械,如挖掘机、装载机、平地机、撒布机、汽车起重机、清雪车、平板拖车、运油车、发电机和大功率移动式水泵等。

2) 应急物资设备储备体系

①国家公路交通应急物资储备。根据全国高速公路的分布情况,确保应急物资调运的时效性和覆盖区域的合理性,以"因地制宜、规模适当、合理分布、有效利用"为原则,结合各地区的气候与地质条件,建立若干国家公路交通应急物资储备点。

②地方公路交通应急物资储备。省、市交通运输主管部门应根据辖区内公路交通突发事件发生的种类和特点,结合公路抢通和应急运输保障队伍的分布,依托行业内养护施工企业和道路运输企业的各类设施资源,合理布局、统筹规划建设本地区公路交通应急物资储备点。

3) 应急物资管理制度。国家公路交通应急物资储备实行应急物资代储管理制度,由交通运输部负责监管,物资的调度和使用须经交通运输部同意。担负国家公路交通应急物资储备任务的省级交通运输主管部门为代储单位,负责具体建设与管理工作。

代储单位应对储备物资实行封闭式管理,专库存储,专人负责。要建立健全各项储备管理制度,包括物资台账和管理经费会计账等。储备物资入库、保管、出库等要有完备的凭证手续。代储单位应按照交通运输部要求,对新购置入库物资进行数量和质量验收,并在验收工作完成后5个工作日内将验收入库的情况上报路网中心。

地方公路交通运输主管部门应建立完善的各项应急物资管理规章制度,制定采购、储存、更新、调拨、回收各个工作环节的程序和规范,加强物资储备过程中的监管,防止储备物资设备被盗用、挪用、流失和失效,对各类物资及时予以补充和更新。

(3) 通信与信息保障

在充分整合现有交通通信信息资源的基础上,加快建立和完善"统一管理、多网联动、快速响应、处理有效"的公路交通应急平台体系。

公路交通应急平台体系包括交通运输部、省、市三级公路交通应急平台，以及依托中心城市辐射覆盖到城乡基层的面向公众紧急信息接报平台和面向公众的信息发布平台。

各级公路交通应急平台根据公路交通领域突发公共事件信息的接报处理、跟踪反馈和应急处置等应急管理需要，实现与上下级公路交通应急平台的互联互通，具有风险隐患监测、综合预测预警、信息接报与发布、综合研判、辅助决策、指挥调度、异地会商、应急保障、应急评估、模拟演练和综合业务管理等功能，并能够及时向上级公路交通应急平台提供数据、图像、资料等。

公路交通应急平台的基本构成包括应急指挥场所、移动应急平台、基础支撑系统、数据库系统、综合应用系统、信息接报与发布系统、安全保障体系和标准规范体系。

（4）技术支撑

1）科技支撑。依托科研机构，加强应对公路交通突发事件技术支撑体系研究，建立突发事件管理技术的开发体系和储备机制；制订研发计划，借鉴国际先进经验，重点加强智能化的应急指挥通信技术装备、辅助决策技术装备、特种应急抢险技术装备的研制工作；开展预警、分析、评估模型研究，提高防范和处置重大公路交通突发事件的决策水平。

2）应急数据库。建立包括专家咨询、知识储备、应急预案、应急资源等的数据库。

（5）资金保障

公路交通应急保障所需的各项经费，应按照现行事权、财权划分原则，分级负担，并按规定程序列入各级交通运输主管部门年度财政预算中。

国家和地方公路交通专业应急队伍建设以及应急物资储备点的物资采购、运输、储存的相关费用，纳入各级财政预算。

路网中心要根据每年开展宣传、教育、培训、演练等日常工作所需经费编列年度预算，报应急领导小组审批，并统一负责该项工作经费的管理与使用。

对受突发事件影响较大和财政困难的地区，应省级交通运输主管部门的请求，交通运输部根据实际情况给予适当支持。

鼓励自然人、法人或者其他组织按照有关法律、法规的规定进行捐赠和援助。

各级交通运输主管部门应建立有效的监管和评估体系，对公路交通突发事件应急保障资金的使用和效果进行监管和评估。

5. 监督管理

（1）预案演练

路网中心负责协同有关部门制订应急演练计划并组织部省联合应急演练活动。

地方公路应急管理机构要结合所辖区域实际，有计划、有重点地组织预案演练。

（2）宣传与培训

路网中心会同有关部门组织编写统一的公路交通突发事件应急处置培训大纲和教材，编印各类通俗读本，做到图文并茂、通俗易懂、携带方便、快速查询，提高宣传与培训效果，并通过广播、电视、网络、报刊、图书等多种渠道，加强公路交通应急保障的宣传工作。

各级交通运输主管部门应将应急宣传教育培训工作纳入日常管理工作并作为年度考核指标，定期开展应急培训工作。原则上，应急保障相关人员每两年应至少接受一次相关知识的培训，并依据培训记录和考试成绩实施应急人员的动态管理，提高公路交通应急保障人员的素质和专业技能。

（3）应急能力建设评估

各级公路交通应急管理机构应定期开展公路交通突发事件应急能力评估工作，建立规范化的评估机制，综合路网规模、组织体系、重大危险源分布、通信保障和应急队伍数量、规模、分布等因素，制定客观、科学的评价指标，提出评估方法和程序。

（4）责任与奖惩

公路交通突发事件应急处置工作实行行政领导负责制和责任追究制。

对应急管理工作中做出突出贡献的先进集体和个人要及时地给予宣传、表彰和奖励。

对迟报、谎报、瞒报和漏报重要信息或者应急管理工作有其他失职、渎职行为的，依法对有关责任人给予行政处分。构成犯罪的，依法追究刑事责任。

6. 附则

（1）预案管理与更新

路网中心会同有关部门定期对相关应急预案的执行情况进行检查，发现问题和提出改进意见，并根据实际情况的变化，及时修订本预案，上报国务院备案，并抄报有关部门。

下列情况，本预案应进行更新。

1）本预案所依据的法律法规做出调整或修改，或国家出台新的应急管理相关法律法规。

2）原则上每两年组织修订、完善应急预案。

3）根据日常应急演练和特别重大公路交通突发事件应急行动结束后取得的经验，需对预案做出修改。

4）因机构改革需要对应急管理机构进行调整。

5）其他。

公路交通应急抢险保通和应急运输保障队伍及物资的数据资料应每年更新一次。

地方交通运输主管部门应根据形势变化和实际需要，及时修订和更新相关应急预案。

（2）制定与解释部门

本预案由交通运输部制定，由路网中心负责解释与组织实施。交通运输部有关部门和省级交通运输主管部门按照本预案的规定履行职责，并制定相应的应急预案。

本预案自发布之日起实施。

二、中国石油天然气运输公司天津分公司道路运输应急预案

中石油天津销售公司、中石油运输公司天津销售分公司针对所属油库、加油站以及

成品油配送、接卸过程中涉及的岗位、区域的风险特点，编制了危险化学品道路运输应急预案及现场处置卡（现场处置方案）。

应急预案包括危险化学品道路运输应急预案和应急处置卡两个部分。其中应急预案的格式和框架按照《中国石油天然气集团公司应急预案编制通则》要求编制，分为封面、目录、引言、预案内容、附录五个部分；应急预案内容对目的、应急原则、应急组织机构及职责、主要风险、报警和通信联络方式、应急物资、应急响应和处置、预案管理、附件等进行了描述。

现场处置卡包括事件描述、应急措施、重要提示和联络信息四个部分，是应急预案基础上的简化，重点对司机和押运员的分工应急进行明确，同时对一些需要关注的内容进行特别提示，是危险品运输现场应急的指导性文件，主要提供给司机随车携带，便于现场运用，同时用于岗位员工日常应急管理的培训。

1. 目的、原则和范围

（1）目的

为加强天津分公司对汽、柴油等危险品运输、油罐车道路交通安全的有效防范控制，迅速、有效地开展现场处置和救援工作，最大限度地减少或降低事故危害，减少财产损失、环境破坏和社会影响，维护社会稳定和天津分公司声誉，特制定本预案。

（2）应急原则

1）救人高于一切。

2）施救与报告同时进行，逐级报告，就近施救。

3）最大限度地减少损失，防止和减轻损失。

（3）适用范围

本预案适用于天津分公司汽、柴油等危险品运输过程中，各类突发事件的现场应急响应和处置。

2. 应急组织机构及职责

（1）应急组织机构（略）

（2）应急职责

1）天津分公司应急指挥中心

①负责现场总体协调决策。

②接受当地政府应急救援要求，协调配合救援工作。

③下达预警和预警解除指令。

④下达应急预案启动和终止指令。

⑤确定重特大突发事件应急处置的指导方案。

2）应急抢险组

①负责发生事故时按要求处理，并在上级指挥下参加事故处理。

②负责人员的疏散及车辆周边的警戒。

③根据应急指挥部的命令，对现场危险部位进行抢险。

④负责组织对发生灾害的抢险救灾工作，努力减少灾害造成的损失。

3. 油品的危险特性、主要风险

天津分公司主要承担汽油、柴油等危险化学品的道路运输任务，存在的主要风险有火灾爆炸、车辆倾覆、油品泄漏及重大交通事故。

(1) 油品的危险特性

1) 汽油

①理化性质：无色或淡黄色易挥发液体，具特殊臭味，易挥发，易燃。主要成分为 $C_4 \sim C_{12}$ 脂肪烃和环烃类，并含少量芳香烃和硫化物。难溶解于水，馏程为 30～205℃。

②危险特性：极易燃烧。其蒸气与空气可形成爆炸性混合物。遇明火、高热极易燃烧爆炸。与氧化剂能发生强烈反应。其蒸气比空气重，能在较低处扩散到相当远的地方，遇明火会引着回燃。

2) 柴油

①理化性质：为稍有黏性的棕色液体，由不同的碳氢化合物混合组成。易燃、易挥发，不溶于水，易溶于醇和其他有机溶剂。

②危险特性：遇明火、高热或与氧化剂接触，有引起燃烧爆炸的危险。可蓄积静电，引起电火花。

汽油、柴油均为易燃、易爆、易蒸发、易渗漏、易产生静电和具有一定毒性的液体物质。其蒸气与空气形成爆炸性混合物，遇明火、高热易引起燃烧、爆炸。

(2) 主要风险

1) 火灾、爆炸。可能发生火灾种类有：油罐车因为交通事故、罐车自燃以及油品充装、接卸等过程的泄漏引发火灾、爆炸。

危害程度的范围：以油罐车为中心 50 m 为半径的建筑物、设备及人员有受到危害的可能。

对建筑物设备危害程度的预测：汽油、柴油一旦着火，具有爆炸后的燃烧可能，燃烧中又有爆炸的特点，并且伴有较强的震荡、冲击波和同时散发大量的热量。

汽油造成的火灾具有强烈的突发性、高热辐射性及燃爆转换发生的特点。对建筑物、设备有较大的破坏力。

对人员危害程度的预测：一旦发生泄漏或爆炸，会导致人员轻度中毒、急性中毒、吸入中毒、轻度烧伤、严重烧伤及生命危险。

对环境污染的预测：泄漏的油品或灭火的消防用水易造成水体、大气、土壤等环境污染。

2) 交通事故。罐车在道路上行驶和违章停车，与其他车辆等发生碰撞、刮擦、追尾、翻车或因其他原因造大交通事故，引发油品泄漏、火灾、爆炸和环境污染事故，导致人员伤亡、财产损失。

3) 危害预测。车辆倾覆可能发生驾驶员操作不当、罐车与其他车辆和物体相撞导致罐车倾覆，罐体与道路路面摩擦、公路护栏等物体碰撞，引发火灾或爆炸事故。如罐车在高架桥上发生车辆倾覆，罐车还可能掉下高架桥或造成承运油品泄漏、油品沿着高架桥桥面或排水系统流下桥，殃及高架桥下农田、建筑和人员、财产等，引发火灾、爆炸和环境污染等次生灾害，导致人员伤亡、财产损失。

4) 油品跑冒及泄漏。罐车在装卸油及运输过程中，可能因为装卸油设施问题、人员操作问题导致油品发生跑冒油事故，引发火灾、爆炸和环境污染事故。

在运输途中可能因人为违规操作，发生各类事故和环境因素影响等，引发车辆罐内油品泄漏，导致火灾、爆炸事故和环境污染事故，造成人员伤亡、财产损失。

5）环境污染。罐车因交通事故产生的油品跑冒泄漏、火灾或因火灾扑救过程中，对水体、大气、土壤等环境污染。

6）人员伤亡。罐车因各类原因发生的火灾，司押人员及周边人员组织疏散撤离不及时、不彻底造成的人员伤亡；因交通事故产生的司押人员及相关方人员伤亡；因车辆倾覆而造成的相关人员伤亡。

4. 可能发生的事故类型、原因及后果

（1）事故类型

事故类型包括交通伤亡事故、油品泄漏事故、油罐车着火爆炸事故、环境污染事故。

（2）事故原因

1）司机、押运人员安全意识淡薄、酒后驾驶、超速行驶、强超强会等违章行为。

2）对油罐车的检查不到位，油品接卸过程中违章操作。

3）车辆故障，车辆的制动系统、转向系统突然失灵和车胎突然爆裂等造成车辆失控。

4）道路状况差，视线不良，转弯半径、宽度及坡度不符合规定。

5）环境因素的影响：雨、雾、冰雪、台风等恶劣气候。

6）其他因素：行人、骑车人违章和其他车辆违章。

（3）事故可能后果

可能导致人员伤亡、车辆损毁、环境污染和社会影响等。

5. 报警和通信联络方式

（1）紧急情况报警

发生事故，超出司机、押运人员处理能力的，应立即报警。报警内容：事故发生的时间、地点、车辆类型及车牌号、人员伤亡情况，泄漏的危险品名称、主要危险特性等。

——天津分公司应急救援中心电话：24384830。

——道路交通事故报警电话：122。

——消防报警电话：119。

——医疗急救电话：120。

——公安报警电话：110。

（2）内部联络

内部联络是指事故发现者（应急抢险组）及时准确报告天津分公司应急指挥中心，并按照预案要求采取相应的措施，立即开展应急响应和处置。在响应和处置过程中应急抢险组应适时汇报处置最新进程和情况，以便于应急指挥中心能够更好地做出应急指挥决策。

（3）周边应急联络

车辆发生紧急情况，必要时，要及时与周边企业、居民、当地安监局、消防队、医院等联络，告知车辆出现的紧急情况，请求配合疏散及救援。

6. 应急物资

危险品运输车辆随车应急物资清单见表6—2。

表6—2　　　　　　　　　危险品运输车辆随车应急物资清单

序号	名称	规格/型号	单位	数量
1	防爆手电筒	JW7400	套	1
2	灭火毯	1 m×1 m	张	1
3	吸油海绵	43 cm×48 cm	片	2
4	阻燃隔热手套	（短）	双	1
5	阻燃隔热手套	（长）	双	1
6	棉布	30 cm×110 cm	块	2
7	防静电铲	铜制，折叠43 cm，铲子21 cm×17 cm	把	1
8	塑料发光交通锥	可折叠	个	4
9	垫木		块	1
10	三角掩木	材质：橡胶材质	块	2
11	防毒面具		个	1
12	灭火器	8 kg	个	2

7. 事故（事件）发生后采取的应急响应和处置

（1）应急响应

突发事件时按照事先制定的现场应急响应和处置程序执行。当突发事件的事态无法得到有效控制，需要实施扩大应急行动时，按程序向当地政府应急救援指挥中心请求扩大应急响应，采取有利于控制事态的非常措施，并向当地政府有关部门和天津分公司报告。

现场应急响应和处置的过程可分为报警、应急启动、控制及救援行动、判断事态是否扩大、应急终止和后期处置等步骤。

（2）应急处置

1）油罐车发生剐蹭、碰撞、追尾等交通事故应急处置

①司机迅速将车停在停车带内，不能停到停车带内时，要迅速将安全警示墩置于来车方向150 m处，引导并指挥来往车辆远离事故车辆。在城市、乡村等人员聚集区要告诫围观的群众严禁烟火。切断车辆电源开关、监视油罐车各装、卸油口的密封安全情况，布置好安全警戒线。立即报122交通警和公司应急指挥中心。如是装载油品的重车，应在事故现场处理完毕后和交警协调，到就近加油站把装载油品卸掉后再进行事故处理，避免引起意外事故的发生。

②司押人员查看车损、人员伤亡，查勘地势和周边情况，查看罐体有无泄漏、现场封堵、施救。

③发生泄漏后，条件允许时，迅速将车驶离水源、城镇、村庄和城市人员、建筑密集区域，或就近将车停于空旷、低洼处实施封堵，严防油品流入（污染）河、海、水

源、农田和人口密集区等。

④发现罐体溢漏时,迅速判明溢油口大小,配合实施封堵、阻断或改变液体流向;如若能用备用木楔封堵的,迅速采用木楔封堵;发生泄漏不能封堵时,可采取容器收集、围堰、低处积油法积油。在高速公路、城市高架桥上发生油品泄漏时,液体若顺高速路导流槽、排水管流动,高架桥下有人和物时,要迅速封堵导流槽漏点,避免油品顺着高速公路导流槽、排水管流至桥下,遇火源引起爆燃,殃及周边区域及建筑,造成更大损失。

⑤如发生人员受伤的情况,司押人员可请求过往车辆向附近医疗机构运送伤员,或直接拨打"120"向当地医疗机构求助,说明事故发生地点、受伤人员数量及程度、发生次生危害的详细情况。同时,立即向公司应急指挥中心汇报。

⑥司机和押车人员查勘地势和周边情况,根据油气流向,迅速通知当地政府,组织污染区人员疏散、撤离,避免人员和财产损失。

⑦如发生火灾时,应立即取出随车灭火器灭火,或用路边沙土扑救;火势失控时应放弃扑救,立刻报火警和向公司应急指挥中心汇报,向有关部门和现场力量求援;同时,根据油气泄漏量和扩散情况设定隔离直径 200 m 范围的隔离区,封闭事故现场,对油罐车进行警戒,禁止车辆与行人靠近,保护现场人员和财产安全,维护现场秩序,采取措施消除各种隐患,等待社会力量救助。

⑧如果是重载车因交通事故导致车辆下沟或者翻车,应在消防部门的配合下,对车辆进行罐体表层冷却,卸空受损车辆的重载油品后,方可进行拖吊施救。对在事故中外溢的油品应立即进行收集、稀释、挖沟填埋,严格遵照消防和环保部门的要求做好事故(灾害)的善后工作,防止排入附近的河、海、水源等引发环境污染。

2) 油罐车跑冒油事故应急处置

①装油、卸油时发生的跑、冒、洒、漏油品事故

a. 如果在装油时发生事故,应立即切断电源,通知油库付油人员关闭付油阀,检查车辆漏油情况。如系装油过量导致油品溢出,与车辆无关,或车辆漏油能及时控制住泄漏,待油气泄漏停止后,拔掉静电装置,与油库一起组织人员将车辆推离付油台,清理泄漏油。若泄漏不能处理或引发火灾时应报警,启动油库油品泄漏着火应急预案,配合油库共同开展应急响应。

b. 油罐车在加油站卸油过程中跑、冒、洒、漏油时,油罐车司机应立即关闭卸油阀门;通知加油员切断电源,停止加油作业;迅速在泄漏的油品周围围上具有吸附性的物料,如拖把、棉布、棉纱或沙子等。用沙子覆盖溢出的油品,将干粉灭火器放在溢油罐口旁边,随时准备灭火;若泄漏不能处理或引发火灾时应报警,启动加油站油品接卸泄漏着火应急预案,配合加油站共同开展应急响应。

c. 如有人员受伤,应同时抢救受伤人员,并报警。

d. 需要移动车辆时,禁止打火启动车辆,应用人工将油罐车推离现场。

②行驶时发生的跑、冒、洒、漏油品事故

a. 油罐车在行驶过程中,发现洒漏油品时,应立即停车,切断电源,用泥土、沙石等隔断沿路漏油与油罐车的联系。

b. 如果能立即控制漏油，止住漏油后，应用泥土、沙石等妥善处理洒漏的油品。

c. 如果一时难以控制住漏油，应用能找到的各种容器装接漏油，如果无容器，应用泥土、沙石等一切能用的物品将漏油导向附近的沟渠。撒漏严重，应报警并向公司应急指挥中心汇报，在专业抢救人员到来前，疏散人群，禁止其他车辆靠近现场。

d. 油罐车在运行中发生交通事故，或者是意外的灾害导致罐体破裂，闸阀失控，运载的油品引发火灾和爆炸，司机在时间和环境允许的条件下，将车辆驶出人群、建筑物、电网密集区，停放在较为空旷的地带并立即报警，利用车上自备的消防器材，进行灭火自救。同时报警和公司应急指挥中心，设置安全警戒线，劝阻无关群众远离现场。

③交通事故引发的跑、冒、洒、漏油品事故

a. 交通事故引发的油品泄漏，如果能立即控制漏油，止住漏油后，应用泥土、沙石等妥善处理洒漏的油品。

b. 如果一时难以控制住漏油，应用能找到的各种容器装接漏油，如无容器，应用泥土、沙石等一切能用的物品将漏油导向附近的沟渠。洒漏严重，应报警，在专业抢救人员到来前，疏散人群，禁止其他车辆靠近现场。

c. 如果与其他车辆发生碰撞事故引发油品泄漏，应同时切断对方车辆电源。

d. 如果漏油危及周边城市、乡村电力、煤气、自来水、通信、照明灯等公共设施，应报告相关部门和公司应急指挥中心。如有人员受伤，应同时抢救受伤人员，并报警。

e. 事故发生后，应注意保护现场，为查明事故原因提供原始、真实的证据。

f. 如因油品泄漏导致火情发生，按"7.2.3 油罐车火情事故应急处置"处理。

3) 油罐车火情事故应急处置

①油罐车由于电源、线路、用电设备及静电故障引发的火情

a. 油罐车由于电源、线路、用电设备及静电故障引发火情，应立即切断电源，停稳车辆。

b. 查看火情部位，初起火源用车载灭火器或灭火毯扑救，也可用就近的泥土、沙石、来往车辆的灭火器扑救，同时报警。

c. 载油车辆发生火情时，在控制火源的同时，疏散围观人群，条件允许应将车辆移离人口密集区、危险设施（如煤气、电力等）、重要建筑物等地。

d. 火情无法控制，应首先保障人员安全，及时报警同时报告公司应急指挥中心，做好警戒隔离，等待支援。

②维修车辆由于操作不当和违章作业引发的火情

a. 维修车辆引发火情，应立即切断维修设备电源。

b. 查看火情部位，车场内维修引发的初起火源用车载灭火器、周围的灭火设施、灭火毯、泥土、沙石等扑救。路上维修车辆引发火情，也可同时借用来往车辆的灭火器扑救，并报警。

c. 维修载油车辆发生火情时，在控制火源的同时，疏散围观人群，条件允许应将车辆移离人口密集区、危险设施（如煤气、电力等）、重要建筑物等地。

d. 火情无法控制，应首先保障人员安全。及时报警同时报告公司应急指挥中心，做好警戒隔离，等待支援。

③油罐车在装油、卸油过程中由于泄漏、静电引发的火情

a. 油罐车司机应立即关闭卸油阀门,通知加油员(付油员)切断电源,停止付油(加油)作业。

b. 迅速在泄漏的油品周围围上具有吸附性的物料,如拖把、棉布、棉纱或沙子等。用沙子覆盖溢出的油品,将干粉灭火器放在溢油罐口旁边,随时准备灭火。

c. 如果已经出现火情,司押人员迅速与站内员工一起,用灭火毯等盖住罐口、着火部位,力争将火窒息。当火势未熄灭时,应使用灭火器对准着火部位进行封盖灭火。同时,驾驶员应将油罐车迅速驶离现场(市内加油站将车驶离储油区,郊区加油站驶向远离城镇一侧较安全地点),再进行扑救。卸油管口或卸油胶管着火时,用灭火毯将油罐车出口阀关闭。用手提干粉灭火器对准着火部位左右灭火。清理溢油地面时严禁使用铁、钢制工具,以免发生碰撞摩擦起火。

d. 若现场油蒸气爆炸或卸油时遇雷击、明火等外部火源造成爆炸引起着火,应立即停止卸油,关闭阀门,断电、通知加油站停业,同时应对着火罐车用推车灭火器、消防沙等迅速进行灭火;油罐车司机要快速将着火罐车驶离储油罐区,驶出后继续施救。如果火灾较大无法控制,应果断撤出加油站所有人员及车辆,并通知附近居民马上疏散,同时拨打火警电话"119"并报告公司应急指挥中心请求支援。

e. 加油站(油库)现场油罐车以外发生火情时,应听从加油站(油库)的指挥,迅速将罐车驶离现场至安全地带待命。

④油罐车在行驶过程中引发的火情

a. 油罐车在行驶过程中出现油品外漏,司机应立即将油车驶进紧急停车带或远离人群地带,设立有效的安全警戒区,提示来往车辆和行人,做好警戒隔离,防止明火进入。

b. 如果油罐车在行驶过程中出现自燃或因油品泄漏出现起火,司机应立即将油车驶入紧急停车带或远离人群地带后,迅速使用随车灭火器扑救,火势失控时,拨打119报警,并向公司应急指挥中心报告,转移随车重要物品,疏散周围群众,封闭现场,等待救援。

⑤油罐车由于交通事故引发的火情

a. 油罐车由于交通事故引发火情,应停稳车辆切断电源。

b. 查看火情部位,初起火源用车载灭火器或灭火毯扑救,也可用就近的泥土、沙石、来往车辆的灭火器扑救,同时报警。

c. 如果与其他车辆发生碰撞事故引发对方车辆出现火情,应迅速驶离现场或隔离火源。

d. 油品外泄引发火情,在扑救的同时,设法制止泄漏,隔离火源,疏散围观人群。

e. 交通事故现场位于城市市区、高架桥、桥涵时,火情可能威胁到人员、危险设施(如煤气、电力等)、重要建筑物的安全时,必须视情况先行移离事故现场。

f. 清理溢油地面时严禁使用铁、钢制工具,以免发生碰撞摩擦起火。禁止用水扑救油罐车火情事故。

"火情事故应急预案"优于其他应急预案实施。

4) 发生地震、洪水等突发自然灾害事故的应急处置

①突发自然灾害时，司机立即将车辆停放于安全地带，切断电源，及时与公司应急指挥中心联系说明车辆周边情况。

②遇到台风时，所有车辆都不许冒险上路行驶，应避其风头选择有背风的地带行车避险。

③遇到汛情时，应选择地势较高安全地带停车，不许在有桥涵、河道边的低洼地停车。如是在傍山路，应避开桥梁、悬崖边有可能滑坡的地带停车。

④如果出现车辆、罐体受损，发生次生灾害时，迅速隔离现场人员、车辆，采取相应应急处置措施。

⑤现场有伤亡时，拦截过往车辆，将伤者送往最近医院救治，保护现场。

⑥如果出现油品泄漏，应根据油气泄漏量和扩散的情况设定隔离区，封闭事故现场，等待救援。

8. 预案管理

（1）天津分公司应急救援指挥中心每 1～2 年组织一次天津分公司危险品运输现场处置预案的修订。

（2）因以下原因应及时对应急预案进行相应的调整。

1）新法律法规、标准的颁布实施或相关法律法规、标准的修订。

2）预案演习或事件应急处置中发现不符合项。

3）其他原因。

9. 附件

1. 危险品车辆道路运输事故应急处置卡（略）

2. 危险品车辆在油库现场应急处置卡（略）

3. 危险品车辆在加油站现场应急处置卡（略）

第七章 道路运输企业典型事故案例分析

道路运输企业是道路交通的主要参与者，企业安全管理的好与坏，直接影响到道路交通的安全。因此企业必须按照"管生产必须管安全"的原则，切实负起搞好安全生产的重任。在道路交通运输事故中，驾驶员严重违法行为导致的一般事故以及重特大事故比较突出，导致事故的原因，主要是疲劳驾驶、超速行驶、超员超载等，属于驾驶员的事故责任，约占事故总数的85%。在企业安全管理中，要重点抓好驾驶人员的安全管理，注意运用事故案例做好驾驶人员的安全教育，吸取事故教训，提高驾驶人员的安全意识，强化安全观念，做到遵章守纪，安全行驶。

第一节 道路旅客运输重大事故分析

道路旅客运输是道路运输的重要组成部分。从保障旅客安全的角度讲，旅客运输过程的安全与否，直接关系到旅客的生命和财产安全，因此对车辆、道路、交通条件、驾驶人员技术技能等有更高的要求。对于道路旅客运输企业来讲，需要合理组织道路客运，不断提高客运服务质量，为旅客提供安全、迅速、及时、方便、舒适的运送条件，同时进行周密的安排、严格的安全管理，以保证旅客的安全。

一、客运车辆连续转弯超载制动失灵翻下山崖重大交通事故

2011年1月29日14时40分左右，固原市西吉县境内发生一起重大道路交通事故，造成11人死亡，24人不同程度受伤（其中9人重伤），直接经济损失约400余万元。

1. 事故相关基本情况

（1）驾驶员情况

事故车辆驾驶员马继仁，男，1969年3月27日出生，于2005年6月24日取得驾驶证，准驾车型为B1、B2，主要从事道路客运和货物运输。

（2）车辆情况

发生事故车辆车号为宁D-06895，购于2006年6月27日，型号为"山西"牌中型普通级SXK6600-2客车，营运证有效期为2012年1月14日，挂靠于西吉县祥龙农村客运有限公司。核定载客19人，发生事故时实际载有37人，超员95%。

（3）公司基本情况

西吉县祥龙农村客运有限责任公司成立于2006年6月6日，2008年6月16日换发营业执照，营业期限为2006年6月6日至2016年6月6日，注册资本50万元，类型为有限责任公司（自然人投资或控股），属民营企业，经营范围为西吉县内班车客运运输，

公司拥有农村客运车辆 136 辆，其中，正在运营的农村班线客车 60 辆，二类班线客车 60 辆，现有管理人员 14 人。2010 年 7 月取得固原市交通运输管理处颁发的道路运输经营许可证，有效期至 2014 年 6 月 5 日。

（4）事故路面状况

发生事故的路段为西吉县新营至红耀乡张百湾村道路，为沥青路面，由东向西下坡后向南转弯，坡度－2%，有效路面宽度为 8 m，养护单位为西吉县公路管理段红耀养护站。西吉县从 1 月 28 日下午开始普降中雪，天气寒冷，29 日发生事故时降雪停止，多云天气，冰雪覆盖路面。

2. 事故经过及救援情况

2011 年 1 月 29 日 12 时 30 分左右，西吉县祥龙农村客运公司驾驶员马继仁驾驶宁 D-06895 "山西" 牌中型客车，由西吉县城汽车站出站，前往红耀乡，途中不断拉客，14 时 40 分左右车辆行驶至新红公路 71.5 km 处转弯处停车，车辆因连续下坡转弯，多次踩刹车导致制动气压不足（由 8 000 kPa 压降至 2 000 kPa），驾驶员马继仁发现刹车气压严重不足，车辆制动失灵，就让其妻子售票员王梅花拿车上三角木准备将车轮支住后停车充气加压，但因后备箱行李较多，王梅花还未将三角木拿出时，车辆在熄火状态下由于制动失灵和路面下坡较滑向坡下溜去，马继仁想通过挂挡制止车辆下滑，但慌乱中未挂上一挡，挂在三挡上，车辆在下滑过程中因惯性将发动机启动，载着他及 36 名乘客径直驶下路基，翻滚到 15 m 的山坡下，造成 9 人当场死亡，2 人在送医院后抢救无效死亡，24 人不同程度受伤（其中 9 人重伤）。

事故发生后，西吉县委、县政府从 1 月 30 日开始，在全县范围内开展安全生产百日专项整治行动，组织各乡（镇）政府立即发动乡村干部及群众对辖区道路积雪进行清理，交通管理部门在全县乡村道路上增设完善了道路警示标志、路牌和弯道防护墙（桩）等设施，公路养护管理部门对下坡、急弯和临崖等特殊路段采取撒盐、铺沙等措施，消除安全隐患，县政府派出四个组对全县整改工作进行督促检查。

3. 事故原因分析

造成事故的直接原因，是车辆因长下坡连续转弯，驾驶员操作不当，多次点踩刹车导致制动气压严重不足。车辆在熄火状态下由于路面下坡积雪较滑和制动失灵向坡下溜去，驾驶员操作失误挂错挡，车辆在下滑过程中因惯性将发动机启动后翻下山崖。

造成事故的间接原因有以下几个方面。

（1）车辆严重超载，车辆核载 19 人，事发时实际载客 37 人，超员 95%，加之春运乘客行李较多，导致车辆质量太大，安全性能降低，制动力下降，溜下山坡发生事故。

（2）售票员在车辆行驶过程中不断拉客，未及时制止超员行为。

（3）西吉县祥龙农村客运有限公司安全生产责任制不健全，各项规章制度落实不到位，对车辆安全管理流于形式，GPS 监控管理不到位，对严重超员等行为制止不力。

（4）西吉县交通警察大队对冰雪天气后的危险路段安排勤务巡逻不及时，对事故车辆严重超员未能及时发现和制止。

（5）西吉县运管所对祥龙农村客运有限公司 GPS 使用管理监管不到位，对车辆出站后严重超员等违法行为未能及时发现和制止。

(6) 西吉县公路管理段对辖区内公路维护保养不到位，安全警示标志不全，安全设施不完善，存在安全隐患。

4. 事故教训与防范措施

(1) 西吉县祥龙农村客运有限公司要认真吸取事故教训，认真落实企业安全生产主体责任，制定切实有效的整改方案，加大对驾驶员安全管理，强化车辆维护保养，加强冰雪寒冷等极端恶劣天气下的安全管理，所有客车在冰雪路面上行驶必须按规定安装防滑链，加强路面安全检查，落实GPS监管措施，定期回传图像，对于发现的超速、超员、携带"三品"上车等违法违章行为，一经发现，依据企业规定严肃处理，切实提高企业本质安全管理水平，防止再次发生事故。

(2) 公安交管部门要继续强化道路交通"五整顿、三加强"工作措施，进一步加大执法力度，合理配置警力，采取定点检查和流动巡逻相结合、区域协作和联勤等有效措施，重点检查车辆超载、超员、疲劳驾驶、酒后驾驶、无证驾驶、不按规定车道行驶、携带危险品乘车和农用车载人等严重违法违章行为。特别要加大对雨雪天气、重点地区和事故多发路段的巡逻管控力度。对于严重违法违章行为，一经发现，依法严肃处理。

(3) 交通部门要指导和监督运输企业切实落实企业安全主体责任，提高运输企业本质安全水平。运管部门要进一步强化"三关一监督"工作措施，加强源头管理，春运期间要对所有客运企业派驻工作组，指导企业全面加强安全管理。要强化GPS监控管理，采取有力措施确保车辆营运时间不间断和全程监控。公路管理部门要加强公路安全隐患排查治理工作，对全县所有农村公路进行一次彻底排查，完善安全警示标志和安全设施，对连续下坡、急弯、临崖等特殊路段采取挡土墙、草编织袋等措施进行处置，冰雪恶劣天气要加大维护保养力度，对特殊路段要采取撒沙、撒盐等措施消除冰雪隐患。

(4) 西吉县政府及相关部门继续加大交通安全宣传教育工作力度，加强道路交通安全"六进"工作，要注重充分发挥县、乡（镇）、村基层组织的作用，利用各种媒体和手段，向广大群众宣传道路交通事故特别是本次事故的危害，使道路交通安全教育深入农村、社区，做到家喻户晓、人人皆知，切实提高人民群众的交通安全意识。

二、客运车辆制动系统存在问题未能解决导致的重大事故

2014年3月6日，南充市仪陇县杨桥镇金鼓村五一桥路段发生一起重大道路交通事故，造成11人死亡，直接经济损失480万元。

1. 事故相关基本情况

(1) 事故车辆情况

川R41518南骏牌中型普通客车，准载16人，机动车所有人为四川南充汽车运输（集团）有限公司仪陇分公司（以下简称南运集团仪陇分公司），实际车主为鲜跃、宁豪，使用性质为公路客运。该车的行驶证、运营资质、保险等齐全且均在有效期内。经查，该车于2014年1月15日在南运集团仪陇分公司大修厂完成二级维护相关内容，并经维修质量检验合格；2014年2月11日，鲜跃驾驶该车到仪陇县马鞍镇千垭村三组罗建经营的非法机动车维修点进行过换钢板等维修内容。

(2) 事故车辆驾驶人情况

鲜跃，男，川 R41518 客车驾驶人，持有准驾车型代号为 A2 的机动车驾驶证，有效期至 2015 年 6 月 3 日。持有合法有效的道路旅客运输从业资格证。经勘验和调查，未发现鲜跃有酒驾、毒驾和疲劳驾驶迹象；事故发生时，鲜跃无接听、拨打手持电话行为，其驾驶行为未受到车上乘客和车外其他因素影响。

（3）事故路段情况

事故现场位于仪陇县杨桥镇金鼓村五一桥路段，该路段系通村道路，等外四级公路。事故发生地点位于公路五一桥处，三河镇至杨桥镇方向（事故车辆行车方向），桥面平直，视线良好；桥面全宽 5.5 m，有效路面宽 3.5 m，水泥路面，因 3 月 5 日晚下雨，路面潮湿；桥身两侧安装有条石栏杆，石桥一端（三河镇方向）设有限重"10 t"的警示标志，公路三河镇方向与五一桥连接处系一左转弯道，转弯曲线半径为 15.3 m，桥头引道纵坡为 4.9％。事故发生时天气晴间多云，能见度较好。

（4）事故相关单位情况

1）南运集团仪陇分公司，属四川南充汽车运输（集团）有限公司分公司，民营股份制企业，有营运客车 145 台，运营班线 39 条。

2）四川南充汽车运输（集团）有限公司，属民营股份制企业，系全国道路旅客运输一级企业，下辖 21 家分公司，有营运客车 1 713 台，运营班线 549 条。

3）仪陇县马鞍镇千垭村三组罗建机动车维修点。经查，自 2009 年以来，马鞍镇千垭村三组村民罗建在未取得机动车维修经营许可证的情况下，长期擅自从事机动车维修业务。2014 年 2 月 11 日，罗建对事故车辆进行过换钢板等维修作业。

2. 事故经过及救援情况

2014 年 3 月 6 日 9 时 12 分许，南运集团仪陇分公司驾驶人鲜跃驾驶川 R41518 中型普通客车（核载 16 人，实载 12 人）从仪陇县三河镇向杨桥镇方向行驶。9 时 40 分许，该车行至杨桥镇金鼓村五一桥（小地名）路段时，车辆驶向路面左侧，撞断五一桥左侧石栏杆坠入柏杨湖中，造成车上乘客 11 人死亡，川 R41518 号客车受损。

事故发生后，南充市、仪陇县立即启动事故应急救援预案，市、县党政主要领导率相关部门负责人第一时间赶赴现场指挥抢险救援工作。目前遇难者善后处理工作已结束，当地社会秩序稳定。

3. 事故原因分析

造成事故的直接原因，是鲜跃驾驶川 R41518 号客车上路行驶，在五一桥前下坡路段空挡滑行，在行驶至五一桥时，车辆转向横拉杆体右侧与调整螺杆分离脱落，加之该车因前制动储气筒的压缩空气经密封不严的制动总阀排气口泄漏，丧失前左右制动效能，左后制动效能因制动摩擦片缺损而降低，左后主胎及右后副胎胎冠花纹严重磨损，左后副胎胎冠被铁钉刺穿造成胎压严重不足，造成该车在潮湿的五一桥路面不能有效制动和改变向左行驶的趋势；鲜跃临危处置不当，未使用驻车制动装置，致使车辆冲出桥面栏杆，坠入 15 m 水深的柏杨湖中。

造成事故的间接原因有以下几个方面。

（1）南运集团公司仪陇分公司未有效履行企业安全生产主体责任。对客运车辆的技术管理不到位，对农村客运车辆在非法修车点进行维修缺乏监管；未按照相关规定认真进行车辆的安全例检，事故车辆转向、制动等存在的安全隐患未及时发现和整治；对驾驶人安全责任意识、临危处置能力等培训教育不到位；对农村客运车辆和驾驶员未严格实行公司化管理，未按照"五统一"要求对驾驶人统一发放工资，统一考核。

（2）四川南充汽车运输（集团）有限公司对仪陇分公司的车辆技术管理、安全隐患排查、驾驶人培训教育和驾驶员"五统一"管理、定期考核等规章制度执行情况督促检查不力。

（3）仪陇县交通运输部门开展道路旅客运输安全管理和监督检查工作不到位。未有效督促南运集团仪陇分公司严格落实安全生产主体责任，督促企业做好农村客运车辆安全技术例检工作不到位；在对该公司的监督检查工作中，未严格按照《四川省道路运输安全管理督查工作规范》（川运函〔2008〕310号）的相关要求，将公司落实驾驶员考核、"五统一"管理制度作为督查内容，对公司未落实驾驶员考核、"五统一"管理制度的问题失察；组织开展查处非法从事机动车维修业务工作不到位，对罗建未经许可擅自从事机动车维修业务失察。

4. 事故教训与防范措施

（1）南充市各级县（市、区）人民政府要对通客运的乡村道路交通安全工作负总责，乡（镇）政府主责主抓。要建立健全乡镇道路交通安全管理办公室，设立公共服务岗位，聘请3~5名专职农村道路交通安全管理员，提供必要的工作条件，强化农村道路交通安全管理。要按照省政府印发的2014年道路交通安全综合整治攻坚行动要求，切实抓好货车超限超载整治、公路波形护栏安装等六项重点整治工作。要进一步加大道路交通领域"打非治违"工作力度，依法查处、取缔非法违法机动车维修点。

（2）南充市道路交通运输部门要加强对客运企业的监督检查，督促客运企业对融资车辆实行公司化管理，落实"五统一"等管理制度，切实提高客运企业履行安全生产主体责任的意识和能力；要加大隐患排查整治力度，临水临崖等危险路段要安装波形护栏，完善标志标线等安保设施。

（3）四川南充汽车运输（集团）有限公司要进一步落实安全生产主体责任。要强化车辆技术管理、安全例检、二级维护和驾驶员培训教育及考核等工作，特别是农村客运车辆，要采取切实可行的办法让车辆安全例检工作落到实处、强制性要求农村客运车辆定期到汽车站或有资质的维修企业例检，对发现的问题到指定的有资质的维修企业修理，坚决杜绝客运车辆在非法修车点进行维修作业，切实加强车辆日常隐患排查整治工作，确保车辆技术状况良好。加强客运车辆驾驶员的培训教育，特别是应急处置能力和专业技能的培训，切实将安全规章制度、操作规程和技术要求等落实到基层、落实到岗位、落实到操作层面。

三、通勤客车更换报废发动机致使燃油渗漏导致燃烧事故

2014年3月5日7时05分，吉林市富康木业有限公司租用吉林市平安客运有限责任公司名下的通勤大客车在运送职工上班途中发生燃烧，当场造成10人死亡，17人受伤，直接经济损失1 134.86万元。

1. 事故相关基本情况

（1）事故客车情况

事故客车车牌号码吉 BA2057，京通牌 BJK6100E 型普通客车，北京市交通客车制造厂（已工商注销）生产制造，出厂日期 1999 年 5 月 1 日，核载 56 人。强制报废期 2019 年 6 月 18 日，安全技术检验有效期至 2014 年 6 月 30 日，机动车交通事故责任强制保险有效期至 2014 年 7 月 18 日。1999 年 6 月 18 日于北京市初次注册登记，2009 年 6 月转籍吉林市，现登记住所为吉林市昌邑区文庙街江湾路四号江城宾馆，实际所有人张彩霞，无道路营运许可证。事发当天行驶里程约 19 km，行驶时间约 85 min，发生事故时实载 43 人。

（2）事故客车驾驶员情况

事故客车驾驶员付宜杰，男，1963 年 4 月 4 日出生，吉林省吉林市船营区人，1983 年 8 月 8 日初次申领大型货车机动车驾驶证。1984 年 2 月 15 日取得大型客车准驾资格，现持有准驾 A1、A2 车型机动车驾驶证（有效期至 2014 年 8 月），同时持有道路旅客运输从业资格证书。事发当天付宜杰无酒后驾驶迹象，也无违章信息。

（3）事故客车非法挂靠营运情况

事故客车原为北京市非营运车辆。2009 年 6 月，该车以非营运车辆转籍吉林市，挂靠于吉林市平安客运有限责任公司名下，长期非法从事旅游包车、校车、通勤车等营运活动。2009 年 11 月 1 日、2010 年 11 月 1 日，吉林市平安客运有限责任公司与吉林市富康木业有限公司两次签订书面协议，使用该车为富康木业有限公司提供有偿通勤服务。2011 年 11 月 1 日协议终止后，双方口头商定继续由该车按原协议履行有偿通勤服务义务至事故发生。

（4）事故客车换装报废发动机总成情况

2010 年 7、8 月间，事故客车在吉舒公路缸窑镇路段运送旅客途中，发动机缸体（00314729）因顶缸破裂，无法修复。车主张彩霞得知后，擅自指使他人非法从吉林市开源报废汽车回收有限责任公司西关拆解车间承包租赁业户耿武手中购买国家明令销毁、禁止交易使用的报废货车发动机总成，并将其安装在事故客车上继续使用。2012 年年末该发动机总成大修，2014 年 3 月 3 日更换了二缸缸套等部件。

（5）事发地道路和天气情况

事故发生路段位于吉林市船营经济开发区迎宾大路吉长高速引线 3 km 处（距吉林市富康木业有限公司正门东 100 m）。事故路段的技术指标、交通安全设施的设置情况均符合国家和行业相关标准规范。事故发生时，路况良好，能见度较好。

（6）事故相关单位情况

1）吉林市富康木业有限公司。吉林市富康木业有限公司成立于 1998 年，外商独资企业（新加坡），注册资本 1 000 万美元，在册员工 393 人。经营范围：生产销售实木地板、复合地板及家具部件，产品全部出口美国及欧洲。

2）吉林市平安客运有限责任公司。吉林市平安客运有限责任公司成立于 2002 年，民营股份制企业，注册资本 30 万元人民币，在册员工 175 人，名下客运班车 1 台、旅游包车 84 台，非营运车辆 84 台，共 169 台车辆。道路运输经营许可证有效期至 2014 年 6 月 9 日。经营范围：县内、县际、市际、省际班车客运和包车客运。

3）吉林市松江机动车检测有限公司。吉林市松江机动车检测有限公司成立于 1987

年，吉林市城市公共交通集团有限公司全资子公司，国有独资企业，注册资本 187 万元人民币，在册员工 40 人。机动车安全技术检验机构检验资格许可证及计量认证证书有效期均至 2016 年 1 月 9 日。经营范围：机动车安全技术检验和环保检测。

4）吉林市吉广机动车检测有限公司。吉林市吉广机动车检测有限公司成立于 2011 年，民营独资企业，注册资本 50 万元人民币，在册员工 28 人。机动车安全技术检验机构检验资格许可证及计量认证证书有效期均至 2014 年 12 月 19 日。经营范围：机动车安全技术检验和环保检测。

5）吉林市开源报废汽车回收有限责任公司。吉林市开源报废汽车回收有限责任公司成立于 2005 年 7 月 13 日，注册资本 60 万元人民币，下设三个车间：西关车间（实际控制人丁洪卫）、江南车间（已于 2012 年独立成立了吉林市胜亚报废汽车回收有限责任公司）、兴盛车间（自成立之日起未开展经营活动）。经营范围：报废汽车回收、拆解；废旧黑色、有色金属（不含稀贵金属）收购及销售；化工产品（不含危险化学品）、金属材料、电器机械及器材、五金工具、塑料制品（不含农膜）和日用百货批发兼零售。

2. 事故经过及应急救援情况

2014 年 3 月 5 日 5 时 40 分，付宜杰驾驶事故客车从吉林市船营区城市人家装饰公司门前出发。5 时 45 分，车主张彩霞于船营区雪园日本料理门前上车后，陆续接送 16 名吉林市松花江中学学生。6 时 25 分，学生于吉林市松花江中学全部下车后按日常路线接送吉林市富康木业有限公司 43 名职工，期间车主张彩霞下车回家。7 时 05 分，该车行驶至迎宾大路小光村牌子（距吉林市富康木业有限公司正门东 100 m）附近时，坐在车内最后一排左侧座位的富康木业公司职工孙立国（已死亡）突然大喊："火！"（车上其他人员证实其座椅后面和下面均有火苗）。同车第五排职工张伟立即拨打 119 报警，司机付宜杰紧急将车停于路边，随即开门与其他职工跳下车，使用灭火器灭火并协助车内其他人员下车。此时车后部火势迅速蔓延，车内未及逃离的部分职工砸窗跳车，余者拥向车门（位于车右前方）逃生。7 时 10 分，吉林市公安消防支队到场。7 时 15 分，火势被扑灭。

2014 年 3 月 5 日 7 时 05 分，吉林市公安消防支队作战指挥中心接警后，立即调派 4 台消防车赶赴现场，并通知公安、交警、应急办和 120 急救中心等单位到场。相关部门迅速组织灭火救援、伤员救治、现场勘查、秩序维护等工作，并对事故现场实施了交通管制。吉林市政府接到报告后立即启动应急救援预案，成立事故处置指挥部，全力开展人员救治和善后处理工作。7 时 15 分，全部伤员被送至吉林市第三医院紧急救治。11 时 46 分，伤亡人员的基本情况全部查清，10 名遇难者遗体被送至吉林市天怡堂殡仪馆妥善安置。13 时 50 分，事故现场清理完毕，事发路段恢复通行。

3. 事故原因分析

造成事故的直接原因，是吉 BA2057 号大型普通客车更换的报废货车发动机总成燃油管及密封垫片老化，导致燃油渗漏；由于私自改装为涡轮增压，并使用了失效的增压器和规格型号不统一的喷油器，导致发动机热负荷加大，排气温度大幅升高，引起发动机舱着火；发动机舱使用了未加防护的聚氨酯材料，致使发动机舱火势加大；发动机舱检修口盖使用了易燃、可燃材料，且有孔洞与车厢连通，使火焰进入车厢；车厢顶部、侧部、坐垫均使用聚氨酯发泡材料，导致车辆整体迅速燃烧；车厢过道设有并使用了边座，且违反相关规范要求在车厢后部安全门通道设置了乘客座椅，影响人员疏散、逃生，致使事故扩大。

造成事故的间接原因有以下几个方面。

（1）吉林市平安客运有限责任公司安全生产主体责任不落实，安全生产规章制度执行不严格，管理不到位。违法将事故客车挂靠名下从事非法营运活动，对挂靠客车"挂而不管"。未依法对事故客车实施有效的安全管理，未对该车驾驶员进行定期安全培训，致使事故客车长期存在重大安全隐患运行。

（2）吉林市富康木业有限公司安全生产主体责任不落实，安全生产规章制度不健全，管理不到位。该公司未依法设立安全生产管理部门和专职管理人员，相关人员不掌握车辆安全技术要求，未认真核实事故客车营运许可，致使该公司疏于对租用的通勤客车安全管理，对职工安全常识和逃生自救互救能力培训不到位。

（3）吉林市开源报废汽车回收有限责任公司长期未执行市政府的"六统一"要求，长期采取承包租赁方式从事回收、拆解报废汽车经营业务，长期疏于对承包租赁业户收购（拆解）报废汽车、销售拆解零部件等经营活动的管理。致使报废发动机总成流入市场。

（4）吉林市松江机动车检测有限公司执行机动车安全技术检验规章制度不严格，管理混乱，违法出具虚假检验合格报告，致使事故客车先后于2012年8月28日和2013年6月24日两次违法通过机动车安全技术检验。

（5）吉林市吉广机动车检测有限公司执行机动车安全技术检验规章制度不严格，工作管理存在漏洞，违法出具虚假检验合格报告，致使事故客车先后于2012年10月31日和2013年11月14日两次违法通过机动车安全技术检验。

（6）事故客车车主张彩霞法制观念淡薄，长期非法营运。严重违反安全生产法律法规，违法换装国家明令销毁、禁止交易使用的报废发动机总成。未对该车实施有效的安全管理，致使该车长期存在重大安全隐患运行，为了自己的利益而无视乘客生命。

（7）事故客车驾驶员付宜杰法制观念淡薄，协助非法购买并参与换装报废发动机总成。长期驾驶机件不符合标准、存在安全隐患的机动车，致使该车发生重大燃烧事故。

（8）开源报废汽车回收有限责任公司租赁业户耿武法制观念淡薄，非法回收、拆解无手续报废车（吉A22728），并出售其发动机总成，导致重大事故发生。

（9）汽车维修工刘爽法制观念淡薄，受张彩霞雇佣，参与购买并违法将报废车（吉A22728）发动机总成换装到事故客车（吉BA2057），导致重大事故发生。

4. 事故教训与防范措施

（1）深入开展道路运输安全专项整治，认真查找安全隐患和管理漏洞，深入开展道路运输安全专项整治行动。要以7座以上和使用年限超过十年的客车、客运包车、旅游包车、校车、城市公交车、危险化学品运输车和通勤车辆为重点，对客运、危险化学品等道路运输企业开展一次全面的安全隐患摸底排查。要将车辆情况、驾驶人和押运人情况、交通违法情况等信息登记造册，严厉查处道路运营企业安全管理制度不落实等违法违规行为。要加强道路营运车辆的定期安全技术检测和维护，对客车内已设边座的要强制拆除;对擅自改装、拼装、检测不合格的营运车辆,一律责令停止道路营运。

(2) 加大对报废车辆拆解市场和机动车检验机构监管力度,强化源头管控。吉林市政府要按照国家有关规定,进一步明确商务、公安、工商部门在报废车拆解市场中的管理职责,切实加强协调配合,强化报废车辆拆解市场管控,严肃查处非法收购、拆解、销售报废汽车及其零部件行为,严防报废汽车"五大总成"流入市场。鉴于目前吉林市报废车市场管理混乱的情况,责成吉林市政府组织开展专项整顿,对相关监管人员的失职渎职问题作出严肃处理。要组织质检、公安、环保等部门,对机动车安全技术检测机构开展专项治理。对未严格执行国家有关法律法规,机构资质、技术条件和从业资格不符合规定的,特别是违法出具虚假检验报告的,要依法严肃处理。

(3) 认真搞好企业从业人员安全培训教育,切实增强安全防范意识。要严格落实岗位资格准入制度,加强从业人员的岗位安全技能培训,提高企业从业人员的整体素质。要通过集中学习、专题讲座、剖析典型事故案例等方式开展安全生产法律知识培训,普遍提高从业人员自觉抵制安全违法行为意识。各运营企业要以客货运、危险化学品运输驾驶员为重点,进一步建立健全安全培训制度,定期组织安全培训,提高重点人员的安全防范意识。

(4) 加强企业从业人员和司乘人员的安全应急演练,强化事故应急处置能力。要加强对道路运输营运企业应急管理工作的组织领导,建立完善应急预案,定期组织企业职工和司乘人员开展车辆碰撞、自燃和爆炸等突发事故的应急演练。要进一步强化驾驶人员和押运人员的应急演练,确保驾驶人员、押运人员在事故发生后能及时采取相应的安全措施,切实提高他们自救、互救和事故防范、应急处置能力,最大限度地减少生命财产损失。

(5) 完善道路营运车辆的安全标准,提高道路安全保障能力和水平。要进一步明确报废车拆解市场的有关部门的管理职责,特别是要明确无手续报废车回收、拆解和零部件的管理要求。要适应交通安全管理工作的发展需要,加强对道路运输营运安全法规、标准,尤其是涉及车辆安全性能的技术标准的研究。修订道路营运车辆的报废期限和客车内部装饰、填充材料技术标准,适当缩短使用频次高、风险大的车辆报废期限,提高车辆安全性能。

四、大型卧铺客车违规装运危险化学品导致的燃烧事故

2011 年 7 月 22 日 3 时 43 分,京珠高速公路河南省信阳市境内发生一起特别重大卧铺客车燃烧事故,造成 41 人死亡、6 人受伤,直接经济损失 2 342.06 万元。

1. 事故相关基本情况

(1) 事故车辆驾驶人情况

邹建洲,事故车辆驾驶人,男,46 岁,山东省威海市人。1984 年 4 月 5 日在山东省威海市交警支队初次申领准驾车型为大型货车的机动车驾驶证,1999 年 2 月 4 日增驾取得大型客车准驾资格,现持有准驾车型为 A1、A2 的机动车驾驶证,有效期至 2016 年 4 月 5 日,持有道路旅客运输从业资格证书。

孙常芹,事故车辆驾驶人(已在事故中死亡),男,38 岁,山东省文登市人。1994

年10月1日取得军队驾驶证，1997年11月20日在山东省威海市交警支队换领准驾车型为大型货车的机动车驾驶证，2001年12月10日增驾取得大型客车准驾资格，现持有准驾车型为A1、A2的驾驶证，有效期至2015年9月30日，持有道路旅客运输从业资格证书。

经调查，没有发现邹建洲、孙常芹酒后驾驶迹象，两名驾驶人证照齐全，均在有效期内。

（2）事故车辆情况

鲁K08596号大型卧铺客车，厂牌型号为宇通牌ZK6129HW型，核载35人，发生事故时实载47人。2007年4月26日在山东省威海市交警支队办理注册登记，机动车所有人为山东省威海市交通运输集团有限公司（以下简称威海交运集团），车辆使用性质为公路客运，检验有效期至2012年4月。道路客运班线经营行政许可决定书编号为"鲁运客班〔2008〕K001号"，批准的运营线路为：烟威高速、烟青高速、潍莱高速、青银高速、京福高速、沪瑞高速、京珠高速，沿途无停靠站点。

该车投保了最高保额为45万元/座的乘客座保险，保险有效期至2012年5月12日，单次事故最高赔偿限额为1 260万元；机动车交通事故责任强制保险，每次事故最高赔偿限额11万元，保险有效期至2012年5月19日；车损险50万元，保险有效期至2012年6月1日。此外，事故车辆的手续、证照齐全，均在有效期内。

（3）事故车辆承包情况

事故车辆承包人为王恩典，王恩典在向威海交运集团一次性缴纳承包金40万元后，获得该车自2008年6月4日至2012年6月3日期间的承包经营权（在承包期间每月还需要向客运公司缴纳承包金22 148元）。王恩典委托李刚（已在事故中死亡）负责该车的经营管理。

（4）事故道路情况

事故现场位于京珠高速公路938.26 km处，南北方向，双向四车道，东西两侧依次为高速公路护坡、排水沟和树林，道路中央和两侧均设有波形防护栏。事故路段路面平直，东西半幅路均有一条应急车道（其中行车道宽3.8 m，应急车道宽3 m，道路中间为2.9 m宽的绿化隔离带）。事故发生时天气晴好，夜间无照明，路面干燥。

（5）事故相关单位情况

1）威海交运集团。该公司为股份有限责任公司，成立于1998年，下辖6个客运分公司、1个货运公司和1个客运汽车站，共有客运车辆673辆，货运车辆42辆。鲁K08596号大客车日常管理由客运二分公司负责。客运二分公司共管理客运车辆70台，其中自营车辆11台，其他均为承包经营车辆。

2）淄博汇昌石化助剂有限公司（以下简称汇昌公司）和淄博佳泽化工有限公司（以下简称佳泽公司）。汇昌公司与佳泽公司为两个牌子、一套经营管理人员。汇昌公司本身并不生产偶氮二异庚腈，但该公司是福利企业、可以退税，因此佳泽公司将本公司生产的偶氮二异庚腈等化工产品全部卖给汇昌公司，由汇昌公司负责对外销售，销售前产品存放在佳泽公司仓库内。

3）威海拓展纤维有限公司（以下简称拓展公司）。该公司为有限责任公司，成立于

2002年，2005年开始生产军工产品。2010年，该公司因生产需要，从汇昌公司购进偶氮二异庚腈。

4) 湖南株洲化工集团诚信有限公司（以下简称株洲诚信公司）。该公司为国有股份制企业，成立于1958年，注册资金9亿元人民币，年产值近20亿元人民币，主要生产烧碱聚乙烯，用于建筑和塑料等行业。该公司因生产需要，从汇昌公司购进偶氮二异庚腈。

(6) 事故客车搭载危险化学品的经过

2011年7月7日，汇昌公司与株洲诚信公司签订了总量2 t的偶氮二异庚腈销售协议，按照合同约定，货物必须用专用冷藏车运送。7月12日，汇昌公司已用冷藏车向株洲诚信公司运送了总重为1 t的第一批货。在株洲诚信公司供应部业务主管王沙再三催促余货的情况下，汇昌公司业务员兼司机张辉于7月19日通过佳泽公司法定代表人王忠朋，与拓展公司配料室主任苗军壮联系，称需要临时调配借用200 kg偶氮二异庚腈。苗军壮同意后，于7月20日下午，安排配料室副主任吕廷春与公司司机邹福昌驾驶鲁K70412号面包车，从公司冷库中提出10箱偶氮二异庚腈（每箱20 kg，共计200 kg），并按照张辉的安排送至威海市长峰基础公司院内职工餐厅东南角存放。

7月21日10时17分许，事故客车管理人李刚安排工人将10箱偶氮二异庚腈装至事故客车行李舱内。当事故客车行驶至烟台市黄务附近拉客时，上车乘客在客车行李舱内托运一批海鲜，因担心海鲜箱内的冰块解冻致货物受潮，李刚和司机孙常芹等把在威海装上的10箱偶氮二异庚腈从客车行李舱搬至客车舱右后部卫生间内。该卫生间水箱已坏、无法使用，在装入货物后，卫生间门处于锁闭状态。当日16时左右，张辉联系汇昌公司驾驶人杨立论将另外5箱偶氮二异庚腈从佳泽公司仓库提出，由杨立论驾驶面包车将货物运送至青银高速和临淄至齐都公路立交桥下高速路上。当日17时40分，事故客车行驶到此地，杨立论将5箱偶氮二异庚腈交给张辉，存放在客车舱右后部卫生间外侧旁。

2. 事故经过及应急救援情况

(1) 事故经过

2011年7月21日10时7分，事故客车从威海交运集团客运二分公司停车场出发前往湖南省长沙市，班线全长共计1 773 km，至事故发生时已行驶1 254 km，用时17 h 40 min。

车辆发车前报班时，车上只有驾驶员孙常芹、邹建洲和实际管理者李刚3人，且驾驶员邹建洲提供的《客运班车驾驶员即时驾驶证明》显示不是本车驾驶员，不符合单程800 km以上线路配备3名驾驶员的公司规定。因此，汽车站报班员要求车辆完备相关手续后再报班。但是，该车此后并未按照公司规定采取相关措施，也未再报班就直接出发了。

7月21日10时17分，驾驶员孙常芹将车开到位于威海火车站北100 m处的威海市长峰基础公司院内，装载10箱偶氮二异庚腈和其他乘车人员。11时12分，该车行至威海汽车站安检补票签章处附近停车上客，后经烟威高速离开威海，并沿烟威高速、204国道、潍莱高速、青银高速、济广高速、日南高速、京珠高速路线方向行驶。17时40

分,该车行驶至青银高速和临淄至齐都公路立交桥时,装载另外 5 箱偶氮二异庚腈。车辆行驶过程中,在沿途多地上下旅客、装卸货物,在山东省邹平县境内开始超员,最后一次上客是在山东省菏泽市。

7月21日23时27分,事故客车从日南高速公路豫鲁收费站进入河南省境内。7月22日3时10分,事故客车在京珠高速公路确山服务区停车,车辆换由邹建洲驾驶。3时43分,当事故客车(实载47人)行驶至京珠高速公路河南省信阳市境内938.115 km 处时,突然发生爆燃,客车继续前行 145 m 至京珠高速公路 938.26 km 处,与道路中央隔离护栏剐蹭碰撞后停车,共造成 41 人死亡、6 人受伤,客车严重烧毁,直接经济损失2 342.06万元。

（2）事故应急救援情况

7月22日凌晨3时45分,河南省信阳市公安局110接到事故报警后,指派高速交警、消防、派出所等警力迅速出警,并通知120急救中心等相关部门立即赶赴现场,全力做好车辆灭火、伤员救治、现场勘查、交通疏导和秩序维护等工作。河南省信阳市接到事故报告后,立即启动应急救援预案。4时36分,6名伤员全部被救离现场,并被送至信阳市中心医院紧急救治;当日14时,41名遇难者遗体全部被送至信阳市金山殡仪馆妥善安置。

3. 事故原因分析

造成事故的直接原因,是鲁 K08596 号大型卧铺客车违规运输 15 箱共 300 kg 危险化学品偶氮二异庚腈并堆放在客车舱后部,偶氮二异庚腈在挤压、摩擦、发动机放热等综合因素作用下受热分解并发生爆燃。

造成事故的间接原因有以下几个方面。

（1）威海交运集团及其客运二分公司、威海汽车站客运安全管理混乱

1）威海交运集团客运二分公司安全生产工作以包代管,与事故车辆承包人签订的《营运客车承包经营合同》中含有"途中上客由乙方(承包人)自售自收"的条款,默许事故车辆长期违规站外经营;未研究解决公司行车路单发放制度和车辆请假管理制度不健全等问题;未排查治理事故车辆长期不进站报班发车、不按规定班次线路行驶以及违规站外上客、人员超载、违规载货等安全隐患。

2）威海汽车站安全管理责任不落实,未认真核实事故车辆长期请假脱班的情况;发现事故车辆报班手续不全时,未按规定扣留该车进站证;发现事故车辆未按时到达发车位时,未按规定核实原因。

3）威海交运集团未认真开展客运管理和安全隐患排查治理纠正工作;未纠正《营运客车承包经营合同》中的违规条款;未发现和治理解决事故车辆长期不进站报班发车、不按规定班次线路行驶、违规站外上客、人员超载、违规载货等安全隐患和问题。

（2）威海市交通运输管理部门组织开展客运市场管理和监督检查工作不到位

1）威海市道路运输管理处指导和监督客运行业管理工作不到位,对威海交运集团长期存在客运班车不进站报班发车、不按规定班次线路行驶、违规站外上客载货等安全隐患监管不到位。

2）威海市交通运输局组织开展道路运输安全管理工作不到位,对威海市道路运输

管理处履行职责的情况监督检查不到位。

(3) 佳泽公司和汇昌公司危险化学品安全管理混乱

佳泽公司和汇昌公司未认真执行危险化学品安全生产管理制度，多次违规运输危险化学品；销售的偶氮二异庚腈没有化学品安全技术说明书，产品外包装也未按规定加贴或者拴挂化学品安全标签，不符合危险化学品包装标识的要求。

4. 事故教训与防范措施

(1) 进一步落实道路客运企业的安全生产主体责任

山东省人民政府及其有关部门要督促道路客运企业认真履行安全生产工作职责，建立健全并落实各项安全生产制度，通过动态监控、安全检查等措施，有效加强对所属车辆和驾驶人的安全管理，确保各项安全生产制度和措施执行到位。交通运输等相关部门要进一步加强对客运企业的安全监管，配备安全检查人员，认真履行"三关一监督"工作职责，严查无证经营、不进站经营、不按班线行驶等扰乱客运市场经营秩序的行为，督促客运企业认真落实主体责任，严格落实"三不进站、五不出站"安全工作制度。对不具备安全运营条件、安全管理混乱、存在重大安全隐患的客运企业，要依法责令停业整顿，经整顿仍不达标的，坚决取消其相应经营资质。

(2) 进一步加强道路交通违法行为的打击力度

山东省威海市、河南省信阳市人民政府及其有关部门要进一步加强客运班线集中、交通事故多发等路段的巡逻管控，着力提高车辆通行秩序，严查客运车辆超员、超速、疲劳驾驶、不按规定车道行驶、违法超车等交通违法行为，进一步落实客运车辆交通违法信息抄告和转递制度。要加强对跨区域长途、超长途客运班线的监督管理，通过区域合作、联合行动等方式，有效依托省际交通安全服务站，认真检查客运车辆配备的驾驶人驾驶资格、驾驶时间、交通违法信息及车辆乘载人数、审验、货物装载、安全设施配备和轮胎磨损等情况，有针对性地进行安全提示，提高驾驶人的安全意识。

(3) 进一步加强危险化学品的安全管理

山东省尤其是淄博市、威海市人民政府及其有关部门要认真贯彻落实《危险化学品安全管理条例》(国务院令第591号)，进一步加强危险化学品的安全管理，预防和减少危险化学品事故，切实保障人民群众生命财产安全。要坚持"安全第一、预防为主、综合治理"的方针，强化和落实危险化学品企业的安全生产主体责任，明确危险化学品企业主要负责人为本单位的危险化学品安全管理工作的第一责任人，严格遵守国家有关危险化学品安全管理规定，健全各项安全生产工作制度；要加强危险化学品在生产、储存、使用、经营、运输等各个环节的安全监管，科学划分各相关部门的任务职责和具体分工，建立健全危险化学品安全监督管理工作的协调和沟通机制，形成齐抓共管、密切协作、统一高效的工作格局。

(4) 进一步加强对企业从业人员的安全培训教育

山东省尤其是威海市、淄博市人民政府及其有关部门要加强对交通运输、危险化学品等行业企业从业人员的职业道德教育和法制教育，通过集中学习、专题讲座、悬挂横幅标语、设置宣传展板和专栏、张贴宣传挂图、发放宣传资料、曝光典型事故案例等方式，教育从业人员坚决抵制不符合安全管理规范的行为，提高从业人员守法的自觉性和主动性。要加强对企业从业人员的技能培训，组织从业人员参加专项安全学习和岗位培训，认真贯彻法律、行政法规规定和国家标准、行业标准要求，严格落实相关行业从业人员资格准入制度，提高从业人员的整体素质和水平。要以客货运驾驶人、危险化学品运输驾驶人为重点，建立交通安全信息手机短信发布平台，及时通报重特大道路交通事故，警示安全隐患，发布提示、服务信息，提高驾驶人的安全意识。

五、客车司机安全意识淡薄雨雪天气操作不当导致重大事故

2010年2月28日17时35分，新密市道路运输总公司豫A88090宇通客车在郑州市二七区境内S316线侯寨大桥处发生重大交通事故，造成19人死亡（其中司机、售票员当场死亡），7人受伤，直接经济损失960万元。

1. 事故相关基本情况

（1）新密市道路运输总公司概况

新密市道路运输总公司属新密市交通局主管的集体所有制企业。该公司成立于1995年，注册资金500万元，现有员工158人，该公司设立有安全管理机构，配备有相应的安全管理人员，建立有相应的安全管理制度。该公司管理客车353辆，但其中有352辆属于车主承包经营，公司与车主签订有客车经营合同，每月缴纳管理费550元。

（2）事故车辆驾驶人情况

1）基本情况及证件情况。吴建超，男，汉族，1981年4月10日出生，2002年7月5日初次申领机动车驾驶证B证，2004年5月1日转为A2驾驶证，2007年4月10日申请增驾A1车型，检验有效期至2010年7月5日。2009年4月取得道路运输从业资格证，有效期至2015年4月2日。对吴建超进行血液酒精含量检测，未检出酒精成分。

2）违法记录。2009年9月1日至2010年2月28日，吴建超驾驶豫A88090客车违法两次，分别为：2009年9月19日不按车道行驶、2010年1月14日不按规定车道行驶。

（3）事故车辆情况

1）事故车辆审验及保险情况。豫A88090宇通大型客车与新密市道路运输总公司属于车主承包经营关系，签订有"客车经营合同"，每月缴纳管理费550元。该车核载27人；车辆初次登记日期为2007年1月8日；检验合格至2011年1月31日；保险有效期至2011年1月5日，投保机动车交通事故责任强制保险、第三者责任险和车辆座位险，最高赔偿金额分别为11万元、20万元和100万元。该车实际所有人为尚亚军（男，汉族，36岁）。

2）事故车辆专家鉴定情况。根据长安大学机动车物证司法鉴定中心出具的《郑州郑密路"2·28"交通事故鉴定报告》显示，事故车辆"右后轮制动鼓由里到外已裂开，裂缝内黏附有大量陈旧的灰土，制动鼓有大量的横向裂纹（龟裂），制动鼓摩擦面凹凸不平""左后轮胎严重磨损，其外侧轮胎花纹基本磨平，每侧轮胎花纹已磨至磨损标记"。专家鉴定结论如下：一是事故车辆（豫A88090）事故前转向系统技术状况正常；二是事故车辆（豫A88090）事故前行车制动系统技术状况严重不良；三是事故车辆（豫A88090）事故前轮胎技术状况不符合GB 7258—2012《机动车运行安全技术条件》

的规定；四是事故车辆（豫 A88090）碰撞护栏前瞬间计算行驶速度约为 68 km/h。

（4）事故现场道路情况

事故发生地郑密路侯寨大桥位于郑州市公路管理局管辖的 S316 路段，桥梁中心桩号为 K5+403，公路等级为 2 级，管养责任单位为郑州市公路管理局直属分局。事故发生桥面为沥青路面，全宽 17.8 m，其中，两侧各有高出桥面 0.2 m、宽度为 1.3 m 的人行道，桥梁护栏高出人行道 1.1 m，无照明设施。桥面北半幅平整，南半幅多处凹凸不平，交通标线模糊不清。桥下为水深 7.4 m 的尖岗水库，水面距桥面垂直高度 26 m。

（5）事故发生时天气情况

事故发生当日 17—18 时，郑州为雨天；受伤乘客和现场群众证实，事故发生时为雨夹雪天气，桥面湿滑，能见度较低。

（6）新密市天泰客运服务中心（客运东站）概况

新密市天泰客运服务中心（原客运东站）于 2006 年元月成立并投入使用，隶属新密市公路运输管理所，属集体所有制企业。现有职工 89 人。该公司相关证照齐全有效。该客运服务中心日进出客车 1 000 台次，承担着新密市至郑州市区的客运服务任务。

2. 事故经过及应急救援情况

2010 年 2 月 28 日 17 时 35 分，新密市西大街办事处下庄村南吴村 108 号居民吴建超（男，29 岁，准驾车型：A1、A2）驾驶豫 A88090 宇通牌大型客车，从郑州客运总站出发，沿郑密公路（S316 线）郑州至新密方向行至侯寨大桥时，豫 A88090 客车车体发生顺时针方向的侧滑，其头部左侧先与桥护栏接触后，车体继续转动至 180°，车体发生翻滚，且其左侧车身与护栏接触，后继续转动至尾部与桥护栏接触，撞断护栏后坠入尖岗水库中，造成 19 人死亡，7 人受伤。

郑州市迅速成立现场救援指挥部，经过 10 h 的查找和定位，落水客车于 3 月 1 日 4 时 10 分被打捞出水。事故造成 19 人死亡，7 人受伤，19 名事故受害人身份已全部确认，并得到妥善安置。

3. 事故原因分析

造成事故的直接原因，是豫 A88090 客车驾驶人吴建超安全行驶意识淡薄，在雨雪天气、路面湿滑情况下，未按照规定降低车辆行驶速度，操作不当，加之所驾驶车辆制动性能不良，由此导致事故的发生。

造成事故的间接原因有以下几个方面。

（1）车主（车辆经营责任人）尚亚军没有参加过道路运输公司的各种安全例会及培训活动，缺乏基本的运输安全意识，对聘用驾驶员安全教育、管理不到位，是事故发生的主要原因。

（2）新密市道路运输总公司作为客运经营单位，对从业人员业务培训不到位，安全管理制度（包括驾驶员安全教育制度、车辆日常维护和安全检查制度等）没有认真落实，对车辆的安全检查流于形式，没有及时发现客运车辆存在的安全隐患，也是事故发生的重要原因。

（3）新密市天泰客运服务中心作为客运站经营者，没有按照有关规定落实对站务人员特别是安全检查员的业务培训、考核，对进、出站营运车辆的安全检查不深入、不细致，安全管理制度不落实，也是事故发生的重要原因。

（4）新密市运输管理所客运科派驻客运东站运政监督室，对站务人员履行车辆安全检查情况监督检查不到位；在对事故车辆的安全性能抽查中，没有发现车辆存在的安全隐患，也是事故发生的重要原因。

（5）新密市公路运输管理所负责本行政区域内的道路运输管理工作，虽然对客运安全管理进行了安排，但对工作人员业务培训教育不扎实，安全管理制度落实不到位，对客运站、运输公司安全管理工作监督检查不力，也是事故发生的重要原因。

4. 事故教训与防范措施

（1）新密市道路运输总公司要切实吸取事故教训，加强对本公司驾驶员、乘务员和安全管理人员的安全教育和培训。特别是对车主承包经营中的实际车主及其驾驶员，要制定有效的针对性措施，严格安全教育和培训，确保各类人员尤其是驾驶员树立起牢固的安全意识，自觉遵守道路运输和安全生产法律法规，杜绝超速、超载等违法行为，做到安全驾驶、安全行车。

（2）新密市道路运输总公司要切实加强对客运从业人员的安全教育工作；落实国家有关客运车辆安全维护、检查制度，保障营运车辆良好的安全技术形态；加大安全生产方面的投入，强化对车辆行驶状态的监控。

（3）新密市天泰客运服务中心要按照有关规定落实对站务人员特别是安全检查员的业务培训、考核，认真落实安全管理制度，加强对进、出站营运车辆的安全检查。

（4）新密市交巡警大队机动车检测中心要按照国家有关规定，严格执行机动车辆安全检测机构法人制及资格准入制度，加强对技术人员的业务培训和管理，严格按照相关规定对营运车辆进行安全技术检测。

（5）郑州市公安交警部门、交通运输部门要进一步完善道路通行的安全警示标志，加大对客车超速违法行为的查处力度，有效预防和减少因机动车超速导致的道路交通事故。

第二节　道路货物运输重大事故分析

在道路货物运输中，安全是运输企业、驾驶人员永恒的主题。要做到安全运输，道路运输企业必须牢固树立"安全第一、预防为主"的观念，采取积极有效的措施，排查事故隐患，强化安全教育，强化驾驶人员的安全意识，加强对驾驶人员的安全管理，从而增加运输安全，降低事故发生率。

一、厢式货车司机超速行驶与载人三轮摩托车相撞事故

2010年8月2日上午8时30分许，全南县陂头镇潭口村枫山下组叶青林驾驶赣B70481号中型厢式货车在全南县陂头镇陂头村归心路段（上汶线3 km+600 m处），与全南县陂头镇周布村大屋场组曾国中驾驶的赣B4N436普通正三轮摩托车发生正面碰撞，造成10人死亡、9人受伤、两车受损的重大道路交通事故。

1. 事故相关基本情况

(1) 事故车辆及驾驶人情况

1) 赣 B70481 号中型厢式货车。车辆所有人：叶青林。品牌型号：江环牌 GXQ5080XXYM。使用性质：货运。总质量：8 170 kg。核定载质量：1 750 kg。核定载人：3 人，事发时实际载 5 人，未载货。事故发生之后，赣州俊琪机动车技术性能司法鉴定所于 2010 年 8 月 5 日得出赣 B70481 号中型厢式货车司法鉴定结论书。该车多项机件（包括制动性能）不符合技术标准，车辆安全性能具有安全隐患。

2) 赣 B4N436 号普通正三轮摩托车。车辆所有人：曾国中。品牌型号：金马牌 JM250ZH-2。使用性质：非营运。总质量：645 kg。核定载质量：250 kg。核定载人：1 人，事发时实际载 19 人，未载货。车辆未投第三者责任强制保险。车后厢由铁条支撑的青灰色盖顶棚布为车主曾国中自行加装。事故发生之后，赣州俊琪机动车技术性能司法鉴定所于 2010 年 8 月 5 日得出赣 B4N436 号普通正三轮摩托车司法鉴定结论书。该车多项机件（包括制动性能）不符合技术标准，车辆安全性能具有安全隐患。

3) 叶青林，男，1972 年 3 月出生，系赣 B70481 号中型厢式货车驾驶人。准驾车型：B2D。初次领证日期：2004 年 6 月 29 日，于 2010 年 6 月 24 日换领新驾驶证，驾驶证有效期为 6 年，发证机关为赣州市公安局交通警察支队。事故发生之后，江西赣州司法鉴定中心于 2010 年 8 月 3 日得出理化检验报告书。送检的叶青林血液内未检出乙醇成分。

4) 曾国中，男，1969 年 9 月出生，系赣 B4N436 号普通正三轮摩托车驾驶人。准驾车型：C4D。初次领证日期：2003 年 1 月 9 日，于 2010 年 1 月 9 日换领新驾驶证，驾驶证有效期为 6 年，发证机关为赣州市公安局交通警察支队。事故发生之后，江西赣州司法鉴定中心于 2010 年 8 月 3 日得出理化检验报告书。送检的曾国中血液内未检出乙醇成分。

经调查，曾国中曾于 2010 年 3 月 12 日和 4 月 6 日分别因未携带机动车行驶证和使用非客运车辆载人等违法行为被全南县公安局交通管理部门进行过处罚和教育。

(2) 事故现场勘验情况

1) 事故现场情况。事故现场位于全南县陂头镇陂头村归心路段（上汶线 3 km＋600 m）。现场共有肇事车两辆，分别为赣 B70481 号中型厢式货车、赣 B4N436 号普通正三轮摩托车。两车均已损坏。

赣 B70481 号中型厢式货车车头朝西北方向，左前轮已驶入路旁水沟，车左、右前轮分别距西侧路面边缘 3.3 m、1.2 m。赣 B4N436 号普通正三轮摩托车车头朝西，车身朝北侧翻，车前轮距西侧路面边缘 1.7 m。

事故现场道路有赣 B70481 号中型厢式货车左前轮、左后轮制动印，制动印自南向北。左前轮制动印长 31.9 m，起点距离道路东侧路面边缘 2.05 m，终点在道路西侧路肩外；左后轮制动印 31 m，起点距离道路东侧路面边缘 1.9 m，终点在道路西侧路肩。右侧轮胎制动印不明显。

2) 道路情况。事故道路等级为县乡道，设计最高时速为 40 km/h。事故现场路段为南北走向，水泥路面，路面完整、干燥，路宽 4.5 m。道路东面为竹林，西面为桉树林及稻田，弯道路边桉树林影响会车视距。事故路段无交通标志。

(3) 天气情况

事故发生时为上午，天气晴朗，日照充足。

2. 事故经过及应急救援情况

2010 年 8 月 2 日上午 8 时 10 分许，全南县陂头镇潭口村枫山下组村民叶青林驾驶赣 B70481 号中型厢式货车由全南县城出发，前往社迳乡装运西瓜，途中分别接到事先联系好的四个搬运工（谢玉萍、廖显发、刘坚锋、李明清）。8 时 30 分许，当车行驶至全南县陂头镇陂头村归心左转弯路段（上汶线 3 km+600 m 处）时，叶青林发现前方由全南县陂头镇周布村大屋场组村民曾国中驾驶的赣 B4N436 普通正三轮摩托车（实载客 18 人。经询问两名受伤乘客，乘此车到达目的地后，将付给车主 2～3 元路费。）与其相对驶来，便立即采取制动措施欲减速会车，但因制动跑偏，车辆向左偏向行驶后撞向赣 B4N436 普通正三轮摩托车，赣 B4N436 普通正三轮摩托车受正面撞击随即侧翻于路面，车后厢大部分乘客被甩出。此事故共造成 10 人死亡、9 人不同程度受伤，两车受损。

全南县公安局 110 指挥中心接到报警后，事发地辖区陂头镇派出所、全南县交管大队陂头中队、陂头卫生院于 8 时 40 分许到达事故现场进行紧急处置并逐级上报事故情况。接到事故报告后，全南县政府领导及相关部门、赣州市政府分管领导及相关部门、省公安厅、省安监局等分管领导迅速赶赴现场，指挥现场施救和事故善后工作，并赴医院看望慰问受伤人员。这起事故共造成 10 人死亡、9 人受伤，直接经济损失 400 万元。

3. 事故原因分析

造成事故的直接原因，一是驾驶人叶青林驾驶不符合机动车安全技术性能标准的机动车上路行驶且超速行驶，二是驾驶人曾国中驾驶正三轮摩托车非法载客且车辆不符合机动车安全技术性能标准，由此造成此次事故。

造成事故的间接原因有以下几个方面：

(1) 全南县公安局交通管理大队陂头镇中队对辖区内道路交通安全监管不到位，虽对赣 B4N436 号普通正三轮摩托车非法载人行为进行过两次处罚，但制止不力；对道路交通运行秩序管理、机动车非法载人等整治不力；对驾驶员的教育管理不到位，驾驶员安全意识和法制观念淡薄，致使正三轮摩托车非法载客等违法行为的发生。

(2) 全南县道路运输管理所未认真落实赣州市人民政府办公厅赣市府办字〔2010〕151 号文件要求，对辖区内正三轮车非法营运整治不力，致使机动车非法营运情况时常发生。

(3) 全南县人民政府、全南县陂头镇人民政府对道路交通安全专项整治组织领导不力，未认真落实《中华人民共和国道路交通安全法》第六条："各级人民政府应当经常进行道路交通安全教育，提高公民的道路交通安全意识和法制观念。"对交通安全和相关法律、法规、政策的宣传贯彻工作不到位；辖区内村民交通安全意识和法制观念淡薄，致使正三轮摩托车非法载人、村民乘坐不具备客运资质的机动车等违反交通安全的行为时常发生，并导致发生重大交通安全事故。

4. 事故教训与防范措施

(1) 进一步落实道路交通安全责任制，加大对非客运车辆非法载客打击力度各级政府要按照相关法律法规的要求，细化预防道路交通事故各项工作的实施主体、监管主体，明确落实各部门的责任，层层落实安全监管责任。各相关职能部门要加强工作沟通，加强联合执法力度，制定出切合本地区实际的管理办法和措施，要针对非客运车辆驾驶员在人员密集地非法揽客行为，进一步加强对违法载客、货车客运等行为的打击力度，确保对道路交通违法行为形成严管态势。

(2) 进一步加强政策研究，努力解决群众出行难的问题

各级人民政府，特别是边远地区和经济欠发达地区的人民政府，针对农村交通客运市场需求旺盛，而农村客运班线的缺位，切实解决村民出行困难的问题。特别要根据农村老百姓生活习俗，有针对性地根据农村赶集、节日等人员流动性较大的特点，为群众出行提供服务，保障群众出行安全。

(3) 进一步加强道路交通管理队伍建设，努力消除道路交通安全监管盲点

1) 进一步强化组织领导。市、县人民政府应成立由政府主要领导任组长、各职能部门任成员的道路交通安全领导小组，各乡（镇）人民政府也应成立由乡（镇）长任组长的道路交通安全领导小组，进一步加强道路交通安全的组织领导。

2) 进一步加强监管力量建设。各乡（镇）、厂、矿及村、社区应组织社会力量，成立交通安全专管队伍，负责本辖区公路路段交通安全管理。

3) 进一步完善道路交通安全监管机制。基层公安交警部门应逐步完善"一乡一警"工作机制，没有设交警中队的乡（镇），由派出所确定一名人员负责做好道路交通安全工作。同时，采取向社会公开招聘等方式，进一步充实基层公安交警力量。

(4) 进一步加大隐患路段整治力度，完善道路交通安全设施建设

有关部门要高度重视在公路平交路口设置交通安全标志和安全设施对于预防交通事故的积极作用。要针对本省公路实际，特别是乡镇公路，有针对性地开展交通安全专项排查整治活动，对重点路段、危险路段进行严格排查，对查出的隐患要登记造册，落实责任单位、整改时限和资金。对于新上项目必须坚持"三同时"的原则，安全设施与项目同时设计、同时施工、同时投入使用。进一步加大安全投入，确保存在的隐患得到根本整治，积极改善道路交通安全状况，从源头上预防交通安全事故的发生。

(5) 进一步加强道路交通法制宣传教育，切实提高全民防范意识

交通安全法制宣传教育工作涉及部门多、社会面广，各地有关职能部门要在党委、政府的统一领导下，充分发挥工、青、妇等群众组织的作用，切实加强对城市居民、农民、机动车驾驶员及广大职工群众、团员青年、中小学生的教育。

二、重型半挂车司机严重超载遇情况措施不当导致重大事故

2010年10月28日9时40分，车辆号牌为辽H78577/辽HA110挂的重型半挂车在内蒙古自治区乌兰察布境内京藏高速公路集宁段行驶时因严重超载、制动失效先后与九辆车发生碰撞，造成11人死亡、4人受伤的重大道路交通事故，直接经济损失600余万元。

1. 事故相关基本情况

(1) 驾驶人情况

王海平，曾用名：王海萍，男，1983年9月3日出生。准驾车型：A2。发证机关：

辽宁省营口市公安局交警支队。初次领证日期：2002年4月18日，有效期限至2014年4月18日，审验有效期至2012年4月18日。

（2）事故车辆情况

事故车辆为辽H78577重型货车，为重型半挂车，厂牌型号为解放牌CA42，出厂日期为：2009年12月19日。半挂车号牌为辽HA110挂，出厂日期为：2009年9月19日。于2010年1月11日在辽宁省营口市公安局交通警察支队车辆管理所办理注册登记，机动车所有人登记单位为辽宁省大石桥市宏图运输有限公司，实际所有人为辽宁省大石桥市人许华林。事故发生时，该车核载31.8 t，实载60.84 t，超载91.3%，属于严重超载。肇事车手续、证照齐全，均在有效期内。

（3）道路情况

现场位于京藏高速公路内蒙古乌兰察布市境内338.3 km处，道路为东西走向，双向四车道，事故发生路段坡长12 km，坡度为2%~4%（下坡），单侧紧急停车带3.33 m，该路段无紧急避险台。事故发生时肇事车由西向东行驶，天气晴朗，白天，路面干燥。

（4）事故单位情况

辽宁省大石桥市宏图运输有限责任公司，于2008年1月15日经辽宁省大石桥市工商行政管理局批准成立，公司类型：有限责任公司。注册资本：人民币30万元。经营范围：道路货物运输，道路运输经营许可证有效期至2011年1月8日。负责牌号为辽H78577/辽HA110挂重型半挂车的营运和安全监管等工作。

2. 事故经过

2010年10月27日，肇事车辆在呼和浩特市托克托县九鼎煤场装完煤后，（牌照为辽H78577的半挂车/挂车辽HA110，核载31.8 t，实载60.84 t），于10月28日6时15分和6时27分分别途经省道103线辅道白庙子收费站和呼和浩特市绕城高速公路呼和浩特南收费站驶入高速，沿途经卓资山卸载点，但未驶入超载超限检查点进行卸载。上午9时40分，该车沿京藏高速公路由西向东行驶至乌兰察布市集宁段338.45 km处，驾驶人王海平在采取措施时发现车辆制动失灵，采取措施不当，驶入紧急停车带，先后与其他9辆车发生碰撞，造成11人死亡、4人受伤的重大交通事故，直接经济损失600余万元。

3. 事故原因分析

造成事故的直接原因，是驾驶人王海平驾驶严重超载且机件不符合技术标准的辽H78577/辽HA110挂重型半挂车在高速公路上行驶，遇情况采取措施不当。王海平的交通行为违反了《中华人民共和国道路交通安全法》第二十一条、第二十二条第一款以及第四十八条之规定，过错严重，承担此事故的全部责任。

造成事故的间接原因有以下几个方面。

（1）辽宁省大石桥市宏图运输有限责任公司对辽H78577/辽HA110挂重型半挂车的安全监管不到位，对该车长期违法超载运输行为没有进行监督检查并予以制止。与该车实际车主签订了无效的安全生产协议。安全生产培训教育不到位。对该车机件不符合技术标准没有采取任何措施予以改正。

(2) 九鼎煤场位于呼和浩特市托克托县伍什家镇一间房村，现场占地约 50 亩，由鄂尔多斯市东胜区无业人员尚东与一间房村村民签订土地租用协议，于 2008 年筹建煤场，2009 年初建成，开始煤炭集散运营业务。九鼎煤场运营以来，既没有办理土地、环保、煤炭、工商、税务等相关的审批手续，也没有制定任何安全生产管理的规章制度，属于非法经营。九鼎煤场为肇事货车超载装车是造成这起重大交通事故的间接原因。

(3) 伍什家镇地处托克托县中部，呼大线公路贯穿全境，交通便捷，距离准格尔煤田较近。受利益驱使，煤场业主在伍什家镇辖区内呼准公路两侧以每亩 500 元左右的价格与当地农民私自签订土地租赁合同，建储煤场，租赁期限为 10～30 年不等，多属非法经营。目前，伍什家镇共有储煤场 109 家，其中有证经营的有 37 家（有煤炭经营许可证、工商营业执照），无证经营的有 72 家。伍什家镇政府在治理非法煤场方面没有形成一个有效的管理制约机制，加之当地农民从煤场当中获利很大，常常以集体上访形式阻挠执法，导致伍什家镇境内的非法煤场并没有得到有效治理。另外，对煤炭市场日常监管不到位，尤其是对煤场的超载问题没有发现并予以制止，是造成这起重大交通事故的间接原因。

(4) 公路收费站没有把住超载车辆驶入关口。经核实，肇事车辆分别于 10 月 28 日 6 时 15 分和 6 时 27 分分别途经省道 103 线辅道白庙子收费站和呼和浩特绕城高速公路呼和浩特南收费站。肇事车辆途经的两个收费站（省道 103 线白庙子收费站和高路公司呼和浩特南收费站）都没有按照自治区的要求，采取拦截、劝阻和卸载等措施，致使肇事车辆顺利驶入高速公路。

(5) 高速公路肇事路段的警示、限速、应急避险等设施缺失。经实地勘察，肇事车辆事故发生地为长下坡，坡长达 12 km，坡度为 2%～4%。此处为事故频发、易发地段。此段公路缺少警示牌、减速带，没有紧急避险台，使肇事车辆在出现机械故障刹车失灵后，缺乏最后一道保护屏障。

4. 事故教训与防范措施

(1) 强化交通安全的责任意识，落实各项制度和工作措施，严防重大交通事故的发生。

一是加强领导，落实责任。要真正把道路交通安全工作纳入各级政府的重要议事日程，统筹安排，全面推进，不断健全和完善"政府统一领导，部门齐抓共管，全社会共同参与"的道路交通安全社会化工作机制。

(2) 强化治理超限超载工作，消除道路交通安全隐患。

要坚持源头治理，实现标本兼治，把交通安全隐患解决在路下，治理于初始之中。要在加强路面执法监管的同时，把治超和健全预防工作重点放在"三个源头治理上"（即把好车辆标准、源头装载、货物运输"三个关口"）。在各级政府的领导下，切实发挥公安、工商、运管、煤管、税务、环保、国土等部门的职能作用，争取年内对所有的煤炭等货源企业实行派驻和全方位巡查，把违法超限超载的问题遏制在源头。要全面推广运政派驻和巡查制度，加强对货物装载源头的监管，确保超限超载运输车辆不出厂、不出站。同时，加强道路运输市场诚信体系建设，严格落实黑名单制度。对确认的违法超限运输企业和车辆，要在经营许可、颁发从业资格证、车辆营运证审批发放各个环节依法依规予以处罚。使治超和交通安全防范工作走上正规化、常态化、有序化的发展轨道。

（3）继续加大路面执法力度。

杜绝违法超限超载车辆特别是 55 t 以上货车上路行驶。继续采取固定检测与流动检测相结合的方式，保证路面执法监管力度不降低。今后，实行计重收费的路段，要采取积极防范措施，拦截、劝返或卸载，严禁对总重超过 55 t 的车辆收费放行。

三、重型货车逆向驶入高速公路与大客车正面相撞起火事故

2010 年 5 月 23 日，辽宁省阜新市境内长（春）深（圳）高速公路彰武段发生一起逆行货车与客车相撞的特别重大道路交通事故，造成 33 人死亡、24 人受伤，直接经济损失 2 403.5 万元。

1. 事故相关基本情况

（1）驾驶人情况

史永平，重型货车驾驶人（已在事故中死亡），男，40 岁，持准驾车型为 A2 的机动车驾驶证，发证机关为吉林省白城市公安局车管所，初次领证日期为 1993 年 6 月 18 日，有效期限截至 2011 年 6 月 18 日，审验有效期截至 2010 年 6 月 18 日。无货运资格证书。

赵志远，卧铺客车驾驶人（已在事故中死亡），男，37 岁，持准驾车型为 A1、A2 的机动车驾驶证，发证机关为长春市公安局车管所，初次领证日期为 1995 年 12 月 20 日，有效期截至 2012 年 12 月 20 日，审验有效期截至 2010 年 12 月 20 日。该人持有旅客运输从业资格证书，发证机关为长春市道路运输管理处。

经勘验，史永平、赵志远没有发现酒后驾驶迹象。

（2）事故车辆情况

号牌为蒙 F18597 的重型货车，为重型半挂汽车列车，厂牌型号为解放牌 CA42，属个体货运车辆。出厂日期为 2010 年 1 月 19 日。半挂车号牌为蒙 F3806 挂，厂牌型号为泰骋牌 LHT9，出厂日期为 2010 年 1 月 24 日。于 2010 年 2 月 1 日在内蒙古兴安盟公安局车辆管理所办理注册登记，机动车所有人为赵海波（已在事故中死亡），检验合格证有效期均至 2011 年 2 月 28 日。经查，该车经兴安盟突泉县运输管理所许可，准予从事道路运输，车主具有从业资格证书。发生事故时，该车核载 33 t，实载 57.46 t，超载 74.1%，属于严重超载。

号牌为津 AB2626 的大客车，为大型卧铺客车，厂牌型号为星凯龙牌 HFF6121WK68，核载 35 人，属公路客运车辆。出厂日期为 2005 年 3 月 17 日，于 2005 年 4 月 19 日在天津市公安局交通管理局车辆管理所办理注册登记，机动车所有人为天津市长途汽车公司，检验合格证有效期至 2010 年 10 月 31 日，该车持有天津市道路运输管理处核发的道路运输证。5 月 22 日 17 时左右该车从天津市长途汽车客运中心站出发时实载 46 人，发生事故时，该车实载 54 人（含一名 1 岁婴儿），超载 51.4%。该车在碰撞时瞬间车速为 104.35 km/h，超过该路段限速 100 km/h。

事故货、客车辆的手续、证照齐全，均在有效期内。

(3) 道路情况

事故现场位于长深高速公路辽宁省阜新市彰武县境内306.2 km处，道路为东西走向，纵向坡度为1‰（下坡），双向四车道，沥青路面，单侧路宽11.85 m，其中行车道宽3.85 m，应急车道宽3.35 m，中心隔离护栏作业区0.8 m。事故发生时天气晴朗，夜间无照明，路面干燥。

事故现场西侧12.5 km处为长深高速公路彰武立交桥，与沈通高速公路相交。因立交桥桥面施工，沈通高速公路南向北方向自2010年4月7日起单向封闭。沿沈通高速公路前往彰武、阜新、朝阳方向的车辆需提前于于家出口驶出高速公路后，再驶入304国道绕行。事故现场对向车道西侧、长深高速公路317.4~320.3 km处为封闭施工路段，于2010年4月7日开始施工。由东向西行驶车辆在此需借用对向车道行驶，施工单位将此处车道进行了物理隔离。有部分沿沈通高速前往彰武、阜新、朝阳方向的车辆在此违法掉头、穿越物理隔离驶入并道的路段行驶。

(4) 事故有关单位情况

1) 辽宁省锦州道桥工程有限责任公司是由锦州市公路工程公司、锦州市公路工程处等8家单位共同出资，于2002年2月28日成立的股份制有限责任公司，注册资本6 888.7万元，业务范围为公路工程施工。公司下设工程部、质检部等部门。彰武至通辽高速公路项目一标段（彰武立交改造项目）由该公司承担施工任务。

2) 沈阳公路工程监理有限责任公司由沈阳市交通局下属的沈阳市公路规划设计院与沈阳市交通工程研究所共同出资，于1997年2月25日成立的有限责任公司，注册资本410万元，业务范围为公路工程监理。公司下设经营开发部、技术质量部等部门。彰武至通辽高速公路项目一标段（彰武立交改造项目）由该公司承担监理任务。

3) 天津市长途汽车公司为天津市交通（集团）有限公司下属专营道路旅客运输的国有公司，于1979年2月经天津市公用局批准正式成立，具备省际长途运营资质。第四分公司是天津市长途汽车公司下属业务部门，具体负责牌号为津AB2626客运卧铺车的二级维护、隐患排查治理、运营线路监管等工作。

4) 天津市长途汽车客运中心站是天津市一级客运站，隶属天津通莎长途客运有限公司。天津通莎长途客运有限公司为天津市交通（集团）有限公司下属合资客运公司，由天津市交通（集团）有限公司与西班牙阿尔莎香港豪华世纪公司于1999年7月共同出资成立（中方占股份的51％），具备长途汽车站及省际长途客运资质。

2. 事故经过及应急救援情况

2010年5月23日2时50分，史永平驾驶号牌为蒙F18597重型货车，由辽宁省鞍山市台安县达牛镇蓝天压燃厂装载钢材前往内蒙古自治区兴安盟。当由西向东行驶至长深高速公路辽宁阜新境内彰武服务区时，在服务区内掉头后由服务区入口逆向驶入长深高速至306.2 km处，与由西向东驶来的天津市长途汽车公司驾驶员赵志远驾驶的号牌为津AB2626大客车正面相撞起火，造成33人死亡、24人受伤，两车烧毁报废。

2时58分，阜新市彰武县公安局接到报警后，立即赶到事故现场展开救援工作。当地政府和有关部门按要求逐级上报了事故情况。阜新市委、市政府领导同志接到报告后，立即组织当地干部群众、公安、消防、交通、医疗卫生等部门迅速开展救援，9时许,事故现场清理完毕并恢复通车。

3. 事故原因分析

造成事故的直接原因,是蒙 F18597 重型货车行驶至长深高速公路辽宁阜新境内彰武服务区时,在服务区内掉头后由服务区入口逆向驶入长深高速,与津 AB2626 大客车正面相撞起火,导致事故发生。重型货车严重超载、大客车严重超员并超速行驶,加重了事故损害后果。

造成事故的间接原因有以下几个方面。

(1) 辽宁省锦州道桥工程有限责任公司对一标段项目一工区的安全生产工作督促检查不力,违反封道方案要求,未在施工封闭道路两端开口处安排安全员全天值班;发现在长深高速公路彰武立交桥长春方向施工并道行驶路段,存在车辆违法掉头重大安全隐患后,没有采取有效制止措施;违反规定同意安排 3 名无安全资格证书人员上岗。

(2) 沈阳公路工程监理有限责任公司对彰武至通辽高速公路工程项目的现场监理不到位,没有发现施工单位未按照封道方案要求,在施工封闭道路两端开口处安排安全员全天值班的问题;未督促施工单位采取有效措施消除施工封闭区内重大安全隐患。

(3) 辽宁省高等级公路建设局彰武至通辽高速公路项目指挥部和高速公路管理局阜新管理处,对安全生产工作监督检查不力,对道路安全隐患治理不到位;对有关工作人员未认真履行职责的问题失察;未发现高速公路施工路段存在车辆违法掉头等重大安全隐患。

(4) 辽宁省阜新市公安局交通警察支队对交警三大队工作检查指导不到位,对有关执勤民警未认真履行职责的问题失察,对巡查中发现的施工路段存在的违法掉头问题查处不力。沈阳市辽中县公安局六间房警务工作站执勤民警对超载车辆检查不认真,未发现肇事大货车超载的问题。

(5) 天津市长途汽车客运中心站(以下简称客运站)未认真贯彻落实国家有关安全生产的法律法规,安全生产责任制不落实,安全生产管理混乱。未发现 5 月 22 日肇事客运卧铺车辆的乘客未经安全检查并由出站口进站、出站时严重超员等问题;对工作人员未认真履行职责的问题失察。天津通莎长途客运有限公司对客运站安全生产管理混乱的问题督促检查不力,对客运站存在车辆出站严重超员等问题失察。

(6) 天津市长途汽车公司安全生产管理制度不落实,对车辆承包人及驾驶员安全教育管理不到位;擅自以经理办公会议的形式将公司卫星定位装置(以下简称 GPS)监控车辆超速标准值确定为 110 km/h,违反《道路交通安全法》有关此类车辆在高速公路上行驶不得超过 100 km/h 的规定;未就公司运营车辆频繁、长时超速问题提出整改意见。

4. 事故教训与防范措施

(1) 进一步加强货运车辆监督管理

内蒙古自治区人民政府及有关部门要正确处理发展和安全生产的关系,进一步加强对货运车辆的监督检查,加大对货运从业人员的宣传教育力度,对于严重超速超载、安全意识淡薄造成伤亡事故的货运驾驶人,要依法吊销从业资格证。要采取有效措施,坚决打击货运车辆超限超载、"大吨小标"和非法改装等违法行为,超限超载检查站点要配备必要的称重设备、卸载机具和卸载场地,采取固定检查与流动巡查相结合的方式,对超限超载车辆进行严格检测、卸载和处罚。

(2) 进一步落实运输企业、客运站场安全生产主体责任

天津市人民政府和有关部门要督促指导运输企业、客运站场认真贯彻"安全第一、预防为主、综合治理"的安全生产工作方针，落实好安全生产责任制，建立健全安全管理机构，切实承担起安全生产的主体责任。要督促运输企业加强对客运车辆驾驶人员的安全教育，并利用卫星定位装置等多种技术手段，加强对驾驶员、车辆的动态监督管理。要督促客运企业严格落实"三不进站、五不出站"制度，严把进站关、出站关，确保出站车辆技术状况完好，不超员不超载。

(3) 加强高速公路养护施工现场安全管理

辽宁省人民政府及有关部门要加强对施工路段的安全管理，落实公路养护安全作业规程和施工合同规定，规范施工作业，配备有资质的安全员，完善安全防护措施；健全安全监管机制，高速公路管理部门和公安交管部门要协调配合，做好现场布控和交通疏导，加强巡查，及时通报情况，防止通行车辆因在施工现场随意穿越隔离设施、违法掉头、停车等造成事故。

(4) 严厉打击道路交通非法违法行为

进一步深化和拓展预防道路交通事故"五整顿""三加强"工作措施，着力加强高速公路、国省道、农村地区道路交通秩序管理，严厉打击超速、超员、疲劳驾驶、逆行、酒后驾驶、无证驾驶、不按规定让行、货运机动车违法载人等严重交通违法行为。要加强跨区域长途、超长途客运班线的监督管理，严格落实对7座以上客车的检查登记制度，发现客车驾驶人超载超速、无证驾驶等违法行为的，要发现一起处罚一起、抄告一起。